全国高等学校中药资源与开发、中草药栽培与鉴定、中药制药等专业
国家卫生健康委员会"十三五"规划教材

无机化学

主　编　闫　静　张师愚
副主编　吴培云　衷友泉　曹秀莲　郭　惠　徐　飞

编　者（按姓氏笔画排序）

马鸿雁（成都中医药大学）　　　　　　　张师愚（天津中医药大学）

王美玲（内蒙古医科大学）　　　　　　　张浩波（甘肃中医药大学）

刘秀波（黑龙江中医药大学佳木斯学院）　姚华刚（广东药科大学）

刘艳菊（河南中医药大学）　　　　　　　徐　飞（南京中医药大学）

闫　静（黑龙江中医药大学）　　　　　　衷友泉（江西中医药大学）

李德慧（长春中医药大学）　　　　　　　郭　惠（陕西中医药大学）

杨爱红（天津中医药大学）　　　　　　　郭丽敏（山西中医药大学）

吴品昌（辽宁中医药大学）　　　　　　　黄宏妙（广西中医药大学）

吴培云（安徽中医药大学）　　　　　　　曹秀莲（河北中医学院）

邹淑君（黑龙江中医药大学）　　　　　　黎勇坤（云南中医药大学）

宋　慧（广西医科大学）

人民卫生出版社

图书在版编目（CIP）数据

无机化学/闫静，张师愚主编．—北京：人民卫
生出版社，2020
ISBN 978-7-117-29449-2

Ⅰ. ①无…　Ⅱ. ①闫…②张…　Ⅲ. ①无机化学－高
等学校－教材　Ⅳ. ①O61

中国版本图书馆 CIP 数据核字（2020）第 038021 号

| 人卫智网 | www.ipmph.com | 医学教育、学术、考试、健康，购书智慧智能综合服务平台 |
| 人卫官网 | www.pmph.com | 人卫官方资讯发布平台 |

无 机 化 学

主　　编：闫　静　张师愚
出版发行：人民卫生出版社（中继线 010-59780011）
地　　址：北京市朝阳区潘家园南里 19 号
邮　　编：100021
E - mail：pmph @ pmph.com
购书热线：010-59787592　010-59787584　010-65264830
印　　刷：中农印务有限公司
经　　销：新华书店
开　　本：850×1168　1/16　印张：19　插页：1
字　　数：461 千字
版　　次：2020 年 6 月第 1 版　2023 年 7 月第 1 版第 3 次印刷
标准书号：ISBN 978-7-117-29449-2
定　　价：68.00 元
打击盗版举报电话：010-59787491　E-mail：WQ @ pmph.com
质量问题联系电话：010-59787234　E-mail：zhiliang @ pmph.com

出版说明

高等教育发展水平是一个国家发展水平和发展潜力的重要标志。办好高等教育,事关国家发展,事关民族未来。党的十九大报告明确提出,要"加快一流大学和一流学科建设,实现高等教育内涵式发展",这是党和国家在中国特色社会主义进入新时代的关键时期对高等教育提出的新要求。近年来,《关于加快建设高水平本科教育全面提高人才培养能力的意见》《普通高等学校本科专业类教学质量国家标准》《关于高等学校加快"双一流"建设的指导意见》等一系列重要指导性文件相继出台,明确了我国高等教育应深入坚持"以本为本",推进"四个回归",建设中国特色、世界水平的一流本科教育的发展方向。中医药高等教育在党和政府的高度重视和正确指导下,已经完成了从传统教育方式向现代教育方式的转变,中药学类专业从当初的一个专业分化为中药学专业、中药资源与开发专业、中草药栽培与鉴定专业、中药制药专业等多个专业,这些专业共同成为我国高等教育体系的重要组成部分。

随着经济全球化发展,国际医药市场竞争日趋激烈,中医药产业发展迅速,社会对中药学类专业人才的需求与日俱增。《中华人民共和国中医药法》的颁布,"健康中国2030"战略中"坚持中西医并重,传承发展中医药事业"的布局,以及《中医药发展战略规划纲要(2016—2030年)》《中医药健康服务发展规划(2015—2020年)》《中药材保护和发展规划(2015—2020年)》等系列文件的出台,都系统地筹划并推进了中医药的发展。

为全面贯彻国家教育方针,跟上行业发展的步伐,实施人才强国战略,引导学生求真学问、练真本领,培养高质量、高素质、创新型人才,将现代高等教育发展理念融入教材建设全过程,人民卫生出版社组建了全国高等学校中药资源与开发、中草药栽培与鉴定、中药制药专业规划教材建设指导委员会。在指导委员会的直接指导下,经过广泛调研论证,我们全面启动了全国高等学校中药资源与开发、中草药栽培与鉴定、中药制药等专业国家卫生健康委员会"十三五"规划教材的编写出版工作。本套规划教材是"十三五"时期人民卫生出版社的重点教材建设项目,教材编写将秉承"夯实基础理论、强化专业知识、深化中医药思维、锻炼实践能力、坚定文化自信、树立创新意识"的教学理念,结合国内中药学类专业教育教学的发展趋势,紧跟行业发展的方向与需求,并充分融合新媒体技术,重点突出如下特点:

1. **适应发展需求,体现专业特色** 本套教材定位于中药资源与开发专业、中草药栽培与鉴定专业、中药制药专业,教材的顶层设计在坚持中医药理论、保持和发挥中医药特色优势的前提下,重视现代科学技术、方法论的融入,以促进中医药理论和实践的整体发展,满足培养特色中医药人才的需求。同时,我们充分考虑中医药人才的成长规律,在教材定位、体系建设、内容设计上,注重理论学习、生产实践及学术研究之间的平衡。

2. 深化中医药思维,坚定文化自信 中医药学根植于中国博大精深的传统文化,其学科具有文化和科学双重属性,这就决定了中药学类专业知识的学习,要在对中医药学深厚的人文内涵的发掘中去理解、去还原,而非简单套用照搬今天其他学科的概念内涵。本套教材在编写的相关内容中注重中医药思维的培养,尽量使学生具备用传统中医药理论和方法进行学习和研究的能力。

3. 理论联系实际,提升实践技能 本套教材遵循"三基、五性、三特定"教材建设的总体要求,做到理论知识深入浅出,难度适宜,确保学生掌握基本理论、基本知识和基本技能,满足教学的要求,同时注重理论与实践的结合,使学生在获取知识的过程中能与未来的职业实践相结合,帮助学生培养创新能力,引导学生独立思考,理清理论知识与实际工作之间的关系,并帮助学生逐渐建立分析问题、解决问题的能力,提高实践技能。

4. 优化编写形式,拓宽学生视野 本套教材在内容设计上,突出中药学类相关专业的特色,在保证学生对学习脉络系统把握的同时,针对学有余力的学生设置"学术前沿""产业聚焦"等体现专业特色的栏目,重点提示学生的科研思路,引导学生思考学科关键问题,拓宽学生的知识面,了解所学知识与行业、产业之间的关系。书后列出供查阅的主要参考书籍,兼顾学生课外拓展需求。

5. 推进纸数融合,提升学习兴趣 为了适应新教学模式的需要,本套教材同步建设了以纸质教材内容为核心的多样化的数字教学资源,从广度、深度上拓展了纸质教材的内容。通过在纸质教材中增加二维码的方式"无缝隙"地链接视频、动画、图片、PPT、音频、文档等富媒体资源,丰富纸质教材的表现形式,补充拓展性的知识内容,为多元化的人才培养提供更多的信息知识支撑,提升学生的学习兴趣。

本套教材在编写过程中,众多学术水平一流和教学经验丰富的专家教授以高度负责、严谨认真的态度为教材的编写付出了诸多心血,各参编院校对编写工作的顺利开展给予了大力支持,在此对相关单位和各位专家表示诚挚的感谢!教材出版后,各位教师、学生在使用过程中,如发现问题请反馈给我们(renweiyaoxue@163.com),以便及时更正和修订完善。

人民卫生出版社

2019 年 2 月

教材书目

序号	教材名称	主编	单位
1	无机化学	闫 静 张师愚	黑龙江中医药大学 天津中医药大学
2	物理化学	孙 波 魏泽英	长春中医药大学 云南中医药大学
3	有机化学	刘 华 杨武德	江西中医药大学 贵州中医药大学
4	生物化学与分子生物学	李 荷	广东药科大学
5	分析化学	池玉梅 范卓文	南京中医药大学 黑龙江中医药大学
6	中药拉丁语	刘 勇	北京中医药大学
7	中医学基础	战丽彬	南京中医药大学
8	中药学	崔 瑛 张一昕	河南中医药大学 河北中医学院
9	中药资源学概论	黄璐琦 段金廒	中国中医科学院中药资源中心 南京中医药大学
10	药用植物学	董诚明 马 琳	河南中医药大学 天津中医药大学
11	药用菌物学	王淑敏 郭顺星	长春中医药大学 中国医学科学院药用植物研究所
12	药用动物学	张 辉 李 峰	长春中医药大学 辽宁中医药大学
13	中药生物技术	贾景明 余伯阳	沈阳药科大学 中国药科大学
14	中药药理学	陆 茵	南京中医药大学
15	中药分析学	李 萍 张振秋	中国药科大学 辽宁中医药大学
16	中药化学	孔令义 冯卫生	中国药科大学 河南中医药大学
17	波谱解析	邱 峰 冯 锋	天津中医药大学 中国药科大学

序号	教材名称	主编	单位
18	制药设备与工艺设计	周长征 王宝华	山东中医药大学 北京中医药大学
19	中药制药工艺学	杜守颖 唐志书	北京中医药大学 陕西中医药大学
20	中药新产品开发概论	甄汉深 孟宪生	广西中医药大学 辽宁中医药大学
21	现代中药创制关键技术与方法	李范珠	浙江中医药大学
22	中药资源化学	唐于平 宿树兰	陕西中医药大学 南京中医药大学
23	中药制剂分析	刘　斌 刘丽芳	北京中医药大学 中国药科大学
24	土壤与肥料学	王光志	成都中医药大学
25	中药资源生态学	郭兰萍 谷　巍	中国中医科学院中药资源中心 南京中医药大学
26	中药材加工与养护	陈随清 李向日	河南中医药大学 北京中医药大学
27	药用植物保护学	孙海峰	黑龙江中医药大学
28	药用植物栽培学	巢建国 张永清	南京中医药大学 山东中医药大学
29	药用植物遗传育种学	俞年军 魏建和	安徽中医药大学 中国医学科学院药用植物研究所
30	中药鉴定学	吴啟南 张丽娟	南京中医药大学 天津中医药大学
31	中药药剂学	傅超美 刘　文	成都中医药大学 贵州中医药大学
32	中药材商品学	周小江 郑玉光	湖南中医药大学 河北中医学院
33	中药炮制学	李　飞 陆兔林	北京中医药大学 南京中医药大学
34	中药资源开发与利用	段金廒 曾建国	南京中医药大学 湖南农业大学
35	药事管理与法规	谢　明 田　侃	辽宁中医药大学 南京中医药大学
36	中药资源经济学	申俊龙 马云桐	南京中医药大学 成都中医药大学
37	药用植物保育学	缪剑华 黄璐琦	广西壮族自治区药用植物园 中国中医科学院中药资源中心
38	分子生药学	袁　媛 刘春生	中国中医科学院中药资源中心 北京中医药大学

全国高等学校中药资源与开发、中草药栽培与鉴定、中药制药专业规划教材建设指导委员会

成员名单

主 任 委 员　黄璐琦　中国中医科学院中药资源中心
　　　　　　　　段金廒　南京中医药大学

副主任委员（以姓氏笔画为序）

王喜军　黑龙江中医药大学

牛　阳　宁夏医科大学

孔令义　中国药科大学

石　岩　辽宁中医药大学

史正刚　甘肃中医药大学

冯卫生　河南中医药大学

毕开顺　沈阳药科大学

乔延江　北京中医药大学

刘　文　贵州中医药大学

刘红宁　江西中医药大学

杨　明　江西中医药大学

吴啟南　南京中医药大学

邱　勇　云南中医药大学

何清湖　湖南中医药大学

谷晓红　北京中医药大学

张陆勇　广东药科大学

张俊清　海南医学院

陈　勃　江西中医药大学

林文雄　福建农林大学

罗伟生　广西中医药大学

庞宇舟　广西中医药大学

宫　平　沈阳药科大学

高树中　山东中医药大学

郭兰萍　中国中医科学院中药资源中心

唐志书　陕西中医药大学
黄必胜　湖北中医药大学
梁沛华　广州中医药大学
彭　成　成都中医药大学
彭代银　安徽中医药大学
简　晖　江西中医药大学

委　　员（以姓氏笔画为序）

马　琳	马云桐	王文全	王光志	王宝华	王振月	王淑敏
申俊龙	田　侃	冯　锋	刘　华	刘　勇	刘　斌	刘合刚
刘丽芳	刘春生	闫　静	池玉梅	孙　波	孙海峰	严玉平
杜守颖	李　飞	李　荷	李　峰	李　萍	李向日	李范珠
杨武德	吴　卫	邱　峰	余伯阳	谷　巍	张　辉	张一昕
张永清	张师愚	张丽娟	张振秋	陆　茵	陆兔林	陈随清
范卓文	林　励	罗光明	周小江	周日宝	周长征	郑玉光
孟宪生	战丽彬	钟国跃	俞年军	秦民坚	袁　媛	贾景明
郭顺星	唐于平	崔　瑛	宿树兰	巢建国	董诚明	傅超美
曾建国	谢　明	甄汉深	裴妙荣	缪剑华	魏泽英	魏建和

秘 书 长　吴啟南　郭兰萍

秘　　书　宿树兰　李有白

前　言

无机化学作为高等医药院校药学类、中药学及相关专业本科生开设的第一门化学基础课,其授课对象是大一新生。无机化学课程既有自身丰富的科学内容,又承担着对新生学习方法、能力思维的引导作用,更会对其后续化学课程乃至整个大学期间的学习方法、学习态度产生潜移默化的影响。

本教材以全国高等医药院校药学类专业人才的培养目标为指导,以满足中药资源与开发、中草药栽培与鉴定,以及中药制药等专业对无机化学的需求为目标,在充分体现无机化学学科的完整性和科学性的前提下,力求满足不同学校三个专业的教学需要。在内容编写上,精简化学理论内容,尽量减少公式的冗长推导,强调对理论的理解和应用。对难度较大的理论和结构内容,采取深入浅出、循序渐进的叙述方式,以利于学生学习。为了加强学生对课程内容的理解,培养和训练其分析问题和解决问题的能力,在每章后设置了与各章内容密切相关的拓展阅读模块和小结模块,各章重要知识点后增加了思考题。此外,本教材还提供了相应的数字教学资源内容,期待取得更好的教学效果。

本教材编者是来自全国 19 所院校的一线教师,他们都长期从事无机化学课程的教学工作。具体编写分工如下:绪论(张师愚),溶液(衷友泉,张浩波),化学平衡基础(徐飞,刘艳菊),酸碱平衡(吴培云,李德慧),沉淀-溶解平衡(邹淑君,郭丽敏),氧化还原反应(曹秀莲,黄宏妙),原子结构(王美玲,吴品昌),分子结构(闫静,姚华刚),配合物(郭惠,马鸿雁),主族元素(杨爱红,刘秀波),副族元素(黎勇坤,宋慧),附录(邹淑君,杨爱红)。全书最后由闫静进行了补充、修改和统稿工作。

各位编委老师对本教材的成稿倾注了大量心血,同时,本教材的编写也得到了人民卫生出版社以及各参编院校领导的指导和大力支持,在此表示衷心感谢。黑龙江中医药大学许树军高级实验师协助绘制和修改了部分图形,谨表谢意。本教材编者在编写过程中参考了许多国内外优秀的无机化学教材和相关科技文献(列于书后),在此向各位作者深表谢意。

本教材可供高等医药院校中药资源与开发、中草药栽培与鉴定、中药制药专业及相关专业本科生使用,亦可供从事无机化学、基础化学、普通化学教学的教师教学时参考。

本教材虽然经过多次修改和校对,但由于时间和水平所限,疏漏和不足之处在所难免,恳请专家、同行和各位读者不吝赐教。

编者

2020.01

目　录

第一章　绪论 ··· 1

■ **第一节　无机化学的研究对象和研究内容** ·················· 1

　一、无机化学发展简史及研究对象 ·························· 1

　二、无机化学的研究内容 ································· 2

■ **第二节　无机化学学科的现状和发展趋势** ·················· 2

■ **第三节　化学与药学的关系** ··························· 4

■ **第四节　无机化学的课程任务和学习方法** ·················· 5

　一、无机化学的课程任务 ································· 5

　二、无机化学的学习方法 ································· 5

第二章　溶液 ··· 7

■ **第一节　溶液浓度的表示方法** ························· 7

　一、物质的量浓度 ···································· 7

　二、摩尔分数 ······································· 8

　三、质量摩尔浓度 ···································· 8

　四、质量分数 ······································· 8

　五、质量浓度 ······································· 9

■ **第二节　难挥发非电解质稀溶液的依数性** ·················· 9

　一、蒸气压下降 ····································· 9

　二、沸点升高 ······································ 11

　三、凝固点降低 ···································· 13

　四、渗透现象和渗透压 ································ 14

■ **第三节　强电解质溶液简介** ·························· 17

　一、强电解质溶液理论 ································ 17

　二、离子强度 ······································ 18

　三、活度与活度因子 ································· 19

第三章　化学平衡基础 ·································· 23

■ **第一节　可逆反应与化学平衡** ························ 23

一、化学反应的可逆性 ··· 23

二、化学平衡的建立与特征 ··· 24

■ **第二节　化学平衡常数** ··· 24

一、实验平衡常数 ··· 25

二、标准平衡常数 ··· 25

■ **第三节　影响化学平衡的因素** ··· 28

一、浓度对化学平衡的影响 ··· 29

二、压力对化学平衡的影响 ··· 30

三、温度对化学平衡的影响 ··· 31

四、催化剂对化学平衡的影响 ··· 32

第四章　酸碱平衡 ··· 35

■ **第一节　水溶液中的酸碱平衡** ··· 35

一、水的电离及溶液的 pH ··· 35

二、一元弱酸(弱碱)的电离平衡 ··· 36

三、多元弱酸的电离平衡 ··· 39

四、电离平衡的移动 ··· 41

五、盐的水解平衡 ··· 43

■ **第二节　缓冲溶液** ··· 49

一、缓冲溶液的概念及作用原理 ··· 49

二、缓冲溶液 pH 的近似计算 ··· 50

三、缓冲容量和缓冲范围 ··· 51

四、缓冲溶液的选择和配制 ··· 52

■ **第三节　酸碱理论简介** ··· 53

一、酸碱电离理论 ··· 53

二、酸碱质子理论 ··· 54

三、酸碱电子理论 ··· 56

第五章　沉淀 - 溶解平衡 ··· 63

■ **第一节　溶度积和溶度积规则** ··· 63

一、溶度积常数 ··· 63

二、溶度积与溶解度的关系 ··· 64

三、影响沉淀 - 溶解平衡的因素 ··· 65

四、溶度积规则 ··· 67

■ **第二节　沉淀的生成与溶解** ··· 68

一、沉淀的生成 ··· 68

二、沉淀的溶解 ··· 69

■ **第三节 分步沉淀与沉淀的转化** ·································· 72

一、分步沉淀 ·· 72

二、沉淀的转化 ·· 74

■ **第四节 沉淀－溶解平衡在药学中的应用** ··············· 75

一、在制药生产上的应用 ·· 75

二、在药物质量控制上的应用 ····································· 76

第六章 氧化还原反应 80

■ **第一节 氧化还原反应基本概念** ······························· 80

一、氧化值 ·· 81

二、氧化还原电对 ··· 82

■ **第二节 氧化还原反应方程式的配平** ························ 82

■ **第三节 原电池** ·· 84

一、原电池的组成及工作原理 ····································· 84

二、原电池的符号 ··· 86

三、常见电极类型 ··· 87

■ **第四节 电极电势** ·· 88

一、电极电势的产生 ·· 88

二、标准电极电势 ··· 89

三、能斯特方程 ·· 92

■ **第五节 电极电势的应用** ··· 95

一、比较氧化剂和还原剂相对强弱 ······························· 95

二、判断氧化还原反应方向 ·· 95

三、确定氧化还原反应进行的程度 ······························· 97

■ **第六节 元素电势图** ··· 97

一、元素电势图的表示方法 ·· 97

二、元素电势图的应用 ·· 98

第七章 原子结构 104

■ **第一节 原子结构发展的历史回顾** ····························· 104

■ **第二节 核外电子运动的特性** ···································· 105

一、核外电子运动的量子化特征 ··································· 106

二、核外电子运动的波粒二象性 ··································· 108

三、海森伯测不准原理 ·· 109

■ **第三节 氢原子结构的量子力学模型** ························· 110

一、薛定谔方程 ·· 110

二、波函数的物理意义 ·· 110

三、波函数与原子轨道 ·································· 112

四、四个量子数 ·································· 112

■ **第四节 波函数的图像表示** ·································· 114

一、原子轨道角度分布图 ·································· 115

二、概率密度与电子云 ·································· 117

三、电子云角度分布图 ·································· 118

四、径向分布函数图 ·································· 118

■ **第五节 核外电子排布和元素周期系** ·································· 119

一、单电子体系的能级 ·································· 119

二、多电子原子体系的能级 ·································· 120

三、原子核外电子排布 ·································· 123

四、原子的电子层结构与元素周期律 ·································· 128

■ **第六节 元素基本性质的周期性** ·································· 131

一、有效核电荷 ·································· 131

二、原子半径 ·································· 132

三、电离能 ·································· 133

四、电子亲和能 ·································· 134

五、电负性 ·································· 135

第八章 分子结构 ·································· 141

■ **第一节 共价键理论** ·································· 141

一、价键理论 ·································· 142

二、杂化轨道理论 ·································· 145

三、价层电子对互斥理论 ·································· 150

四、分子轨道理论 ·································· 152

■ **第二节 分子间作用力** ·································· 158

一、范德华力 ·································· 159

二、氢键 ·································· 162

■ **第三节 离子键理论** ·································· 164

一、离子键的形成和特点 ·································· 164

二、离子的特征 ·································· 164

三、离子极化理论 ·································· 166

第九章 配合物 ·································· 172

■ **第一节 配合物的基本概念** ·································· 172

一、配合物的定义 ·································· 172

二、配合物的组成 ·································· 173

三、配合物的类型 ·· 175

四、配合物的命名 ·· 176

五、配合物的空间构型和几何异构 ····························· 177

第二节　配合物的化学键理论 ································ 179

一、价键理论 ·· 179

二、晶体场理论 ·· 183

第三节　配合物的稳定性 ····································· 191

一、配位平衡与稳定常数 ······································· 191

二、影响配合物稳定性的因素 ··································· 193

第四节　配合物的应用 ······································· 199

一、在离子分离及鉴定方面的应用 ····························· 199

二、在生物化学方面的应用 ····································· 199

三、在药物开发方面的应用 ····································· 200

四、在中药化学方面的应用 ····································· 200

第十章　主族元素 ·· 205

第一节　s区元素 ··· 205

一、氢 ·· 205

二、碱金属 ·· 206

三、碱土金属 ·· 209

第二节　p区元素 ·· 211

一、卤族元素 ·· 211

二、氧族元素 ·· 216

三、氮族元素 ·· 222

四、碳族元素 ·· 227

五、硼族元素 ·· 230

第十一章　副族元素 ·· 235

第一节　副族元素概述 ······································· 235

第二节　d区元素 ·· 236

一、通性 ·· 236

二、铬及其重要化合物 ··· 239

三、锰及其重要化合物 ··· 241

四、铁及其重要化合物 ··· 244

五、d区元素及其化合物在医药中的应用 ······················ 247

第三节　ds区元素 ··· 247

一、ⅠB族元素 ·· 248

二、ⅡB 族 ·· 254

三、ds 区元素在医药中的应用 ··· 257

习题答案 ·· 263

参考文献 ·· 275

附录 ··· 276

附录一　中华人民共和国法定计量单位 ·· 276

附录二　常用物理常数和单位换算 ·· 277

附录三　常见弱酸、弱碱在水中的电离常数（298K） ····························· 278

附录四　难溶化合物的溶度积（298K） ·· 279

附录五　标准电极电势表（298K） ·· 280

附录六　配离子的稳定常数（298K） ··· 284

元素周期表

第一章 绪论

第一节 无机化学的研究对象和研究内容

一、无机化学发展简史及研究对象

化学是一门研究物质化学变化(或称化学运动)的自然科学。自然界中存在的实物可分为无机物和有机物两类。无机物是指所有元素的单质和除碳氢化合物(二氧化碳、一氧化碳、二硫化碳、碳酸盐等简单的碳化合物仍属无机物质,其余均属于有机物质)及其衍生物以外的化合物。无机化学是研究无机物的科学,其研究范围是无机物的存在、制备、组成、结构、性质、变化规律和应用。

古代人类在最基本的生产活动和生活实践中逐步学会了制陶、冶金、酿酒、染色等工艺,积累了不少零星的化学知识,这个时期可称为实用化学时期,是化学学科的萌芽时期。在世界范围的医药实践中,人类总结了许多物质及分类知识,魏晋时期及以后,中国炼丹术和同时期阿拉伯人点金术的盛行,促进了化学的研究,最终传到欧洲,与那里旧有的哲学结合,当然最重要的是生产发展的需要,促使了化学学科的产生。

17 世纪及以后的两百多年是化学作为独立学科的形成和发展时期,为近代化学时期。由于这一时期化学研究的多为无机物,所以近代无机化学的建立就标志着近代化学的创始,无机化学是化学首先发展的学科,体现了化学学科的特点和研究方法。

对近代化学的建立贡献较大的化学家有玻意耳(R. Boyle)、拉瓦锡(Antoine-Laurent De Lavoisier)和道尔顿(J. Dalton)。英国的玻意耳建立了化学元素的概念,法国化学家拉瓦锡否定了"燃素说",英国化学家道尔顿创立了科学的原子说。俄国化学家门捷列夫(Dmitri Ivanovich Mendeleev)1869 年提出元素周期律,揭示了化学元素的自然系统分类。元素周期表是根据元素周期律将化学元素按周期和族类排列,元素周期律对于无机化学的研究、应用起了极为重要的作用,使化学成为高度理论性的学科。

1913 年玻尔(N. Bohr)的原子模型为原子量子理论的建立奠定了基础,量子力学及量子化学的创立,使化学进入了现代化学时期。整个现代科学体系,包括物理学、化学,以及现代科学技术体系,都是建立在相对论及量子力学这两大理论支柱上的。

现代化学的发展特点是既高度分化,又高度综合。通常说的四大化学(无机化学、有机化学、分析化学、物理化学)就是大学教育中的化学基本理论课程。这些基本理论课程与其他应用学科的知识结合就有了生物化学、中药化学、药物化学等课程,也产生了各种实用的化学知识及化学工业理论。

二、无机化学的研究内容

化学变化的本质是原子之间旧化学键的断裂和新化学键的产生,表现形式则是物质的性质变化,在化学中称之为"结构决定性质"。在药学研究中,"结构决定性质"常常简化为"构效关系",即药物结构决定药物的功效。现代无机化学认为分子是原子核外电子相互作用的结果,体现在1926年薛定谔(E. Schrödinger)建立的微观粒子运动的波动方程,以及次年海特勒(W. Heitler)和伦敦(F. London)的氢分子量子力学模型。鲍林(L. C. Pauling)等化学家提出了化学键的现代观点,包括价键理论、分子轨道理论和配位场理论的化学键理论无疑成为了现代无机化学的重要理论内容。

目前已知的元素共118种,其中94种存在于自然界,其余都是人造的。元素周期律对化学的发展起着重大的推动作用。根据周期律,门捷列夫曾预言当时尚未发现的元素的存在和性质。周期律还指导了对元素及其化合物性质的系统研究,成为现代物质结构理论发展的基础。系统无机化学一般就是指按周期分类对元素及其化合物的性质、结构、反应所进行的叙述和讨论。

无机化学在成立之初,其知识内容已有四类,即事实、概念、定律和学说。用感官直接观察事物所得的材料,称为事实;对于事物的具体特征加以分析、比较、综合和概括得到概念,如元素、化合物、化合、化分、氧化、还原、原子等皆是无机化学最初明确的概念;组合相应的概念以概括相同的事实则成定律,例如,不同元素化合成各种各样的化合物,总结相互之间的定量关系得出质量守恒、定比、倍比等定律;建立新概念以说明有关的定律,该新概念又经实验证明为正确的,即成为学说。

无机化学在事实、概念、定律和学说四要素的基础之上,对化学变化进行了概括和定量的计算关系的描述,发现化学变化基本可以概括为四种平衡关系,分别称为弱电解质和盐类产生的酸碱平衡、难溶电解质的沉淀-溶解平衡、氧化还原平衡、配位平衡,四大平衡也被概括为化学平衡理论。

综上所述,无机化学的研究内容主要是三大部分,即包括原子结构、分子结构在内的物质结构理论,以四大平衡为代表的化学平衡理论,以及元素与其化合物的性质、结构、制备、用途等知识。

第二节　无机化学学科的现状和发展趋势

无机化学是化学学科里其他各分支学科的基础,随着科学技术的发展及生产、生活的需要,无机化学自身也在不断发展,其理论及知识又被精细地划分为许多分支学科,包括普通元素化学、稀有元素化学、稀土元素化学、配位化学、无机高分子化学、无机合成化学、同位素化学、金属间化合物化学等等。随着现代化学整体的发展,无机化学与其他学科交叉渗透,又产生了一系列新的边缘学科:生物无机化学、固体无机化学、金属有机化学、元素无机化学、药物无机化学等。

目前无机化学的研究方向主要是新型无机化合物的合成和应用,以及新的研究领域的开辟和建立,如石墨烯、超导物质的合成与开发研究等。

石墨烯是一种由碳原子以 sp² 杂化轨道组成六角型呈蜂巢晶格的二维碳纳米材料。石墨烯具有优异的光学、电学、力学特性,在材料学、微纳加工、能源、生物医学和药物传递等方面具有重要的应用前景,被认为是一种未来革命性的材料。2004 年英国曼彻斯特大学物理学家安德烈·盖姆和康斯坦丁·诺沃肖洛夫,用微机械剥离法成功从石墨中分离出石墨烯,共同获得 2010 年诺贝尔物理学奖。现在石墨烯生产方法分为粉体和薄膜两种,粉体生产方法为机械剥离法、氧化还原法、SiC 外延生长法,薄膜生产方法为化学气相沉积法(CVD)。2017 年电子科技大学基础与前沿研究院 2013 级博士生唐永亮与美国德克萨斯州立大学教授于庆凯共同提出了制备石墨烯的新方法。他们把甲烷导入熔融的铜液中形成气泡,甲烷在气泡表面分解为碳原子,碳原子在气泡表面组装为石墨烯,而后随气泡到达熔融铜表面,并被氮气吹到收集器中。随着气泡不断产生,高质量的石墨烯便会不断生长出来。他们的研究论文在材料与化学科学领域顶级期刊《材料化学》上发表,该期刊审稿人认为,"该工作填补了传统化学气相沉积法(CVD)和氧化还原法之间的空白,对石墨烯的实际应用将起到极大的推进作用,并且有望进一步地应用于其他高质量二维材料的大量制备中"。

超导物质具有在一定的条件下呈现出电阻等于零以及超导材料排斥磁力线的性质。目前发现具有超导特性的材料已有数千种,包括金属材料、合金材料、化合物以及有机物材料等。超导体的制备方法,是指原料经过物理化学加工过程而形成超导性物质产品的方法。由于物质的超导性与物质的结构和状态有关,对于不同结构和不同状态的超导体有不同的制备方法,如铌钛合金、铜镍合金、铜硅合金等超导体材料采用合金冶炼法制成,而钇钡铜氧高温超导材料多是陶瓷型氧化物,一般采用高温烧结法制成。随着超导材料研究的不断拓展,还会有更多的制备方法和超导材料出现。

无机合成与制备化学在固体化学和材料化学研究中占有重要的地位,是化学和材料科学的基础学科。近年来无机合成与制备化学研究的新进展主要表现在极端条件合成、软化学合成、缺陷与价态控制、计算机辅助合成、组合化学、理想合成、仿生合成等。

面对生命科学、材料科学、信息科学等其他学科迅速发展的挑战和人类对认识和改造自然提出的新要求,化学家在不断地创造出新的物质和品种来满足人民的物质文化生活的同时,还要考虑资源的有效开发利用、环境保护与治理、社会和经济的可持续发展、人口与健康和人类安全、高新材料的开发和应用等问题,还需要化学家在更高层次上进行化学的基础研究和应用研究,发现和创造出新的理论、方法。

无机化学与纳米科学交叉产生的超分子化学体现了未来发展的趋势。超分子化学以超分子配位化学和功能配位超分子材料的自组装化学作为核心研究方向。近年来,化学家们通过配位键导向自组装高效构筑了大量结构精美的超分子金属自组装体系。基于其在传感、催化、信息存储、光捕获、疾病诊疗等领域的应用前景,超分子荧光金属组装体引起了广泛的研究兴趣。

生物无机化学又称生物配位化学,为生物化学和无机化学间的交叉学科。自 20 世纪 60 年代以来逐步形成。其研究对象是生物体内的金属(和少数非金属)元素及其化合物,特别是痕量金属元素和生物大分子配体形成的生物配合物,如各种金属酶、金属蛋白等。侧重研究它们的结

构 - 性质 - 生物活性之间的关系以及在生命环境内参与反应的机制。为便于研究,常用人工模拟的方法合成具有一定生理功能的金属配合物。

生命过程的核心问题之一是能量转换(如呼吸和光合作用),而能量转换的中心过程是电子传递,因此在蛋白质和核酸介质中长程电子传递(long-range electron transfer)是近几年来生物无机化学研究的热门课题之一。金属蛋白为一类含金属元素的蛋白,如含铁蛋白有血红蛋白、肌红蛋白、细胞色素 C 等;蓝铜蛋白是含铜的重要金属蛋白,呈显著的蓝色,如血浆蓝铜蛋白和质体蓝素,前者参与调节组织中铜的含量,后者是一系列生物过程中的重要电子传递体。铁硫蛋白是含铁、硫原子的天然原子簇金属化合物与蛋白质链上半胱氨酸结合的金属蛋白,铁硫蛋白是生物体中重要的电子传递体,如铁氧还蛋白在叶绿体的光合作用和固氮酶的固氮过程中起传递电子的作用。

许多金属蛋白能催化体内的化学反应,是生物体中的催化剂。金属原子与蛋白质结合较强的称金属酶,较弱的称金属激活酶。金属酶中金属原子常是活性中心的组成部分,如羧肽酶和碳酸酐酶都是锌酶,前者能催化肽和蛋白质分子羧端氨基酸的水解,后者能催化体内代谢产生的二氧化碳的水合反应。一系列的金属酶还含其他金属离子,许多氧化还原酶含价态可变的铁、铜、钼、钴等过渡金属元素,如固氮酶是含铁、钼原子的酶,由铁蛋白和铁钼蛋白组成,在生物体中能催化氮合成氨的反应。

离子载体为一类能与碱金属、碱土金属等元素结合,生成脂溶性配合物,从而增大金属离子透过生物膜可能性的物质。离子载体有天然和合成的两种:天然离子载体如缬氨霉素等,能使正常情况下不易通过线粒体内膜的钾离子得以顺利通过;合成的离子载体主要为冠醚,如二苯并 -18- 冠 -6 冠醚为环状多醚,其中央空穴的大小,决定与金属离子配位的选择性。

生物无机化学可用生物无机化合物的模拟方法等来研究,含金属元素的生物无机化合物的功能常能用较简单的金属配合物或类似物来模拟,此种化合物称模型化合物。模型化合物常具有被模拟体系的结构特点或有一定的有关生物活性。通过模型化合物的研究,常能了解复杂的被模拟体系的结构与其功能间的关系。

第三节　化学与药学的关系

化学与药学是相互关联的,无机化学自然也如此,某些无机物质可直接作为药物,顺式二氯二氨合铂(Ⅱ)有抗癌作用,而其反式结构却没有。原因在于顺式化合物是与肿瘤细胞 DNA 分子上的两个邻位碱基相结合,仍然保持 DNA 的双螺旋结构;而反式化合物是与 DNA 上的两个间位碱基相结合,使 DNA 的双螺旋结构严重变形,很容易被 DNA 修复酶识别辨认并进行修复,因而丧失其对肿瘤细胞的毒性作用。在顺铂的基础上,科学家又研制了第二代、第三代甚至第四代含铂化合物作为更高效的抗癌药物。

目前在新药开发中,以无机物为主的制剂也大量出现。不仅如此,无机化学还为药学的研究提供了许多新的理论与研究方法,如微量元素研究、现代药物合成、纳米制药技术等。

无机化学同样与中药研究有着重要的联系,如矿物药的成分多是一些无机化合物,中药材及中成药中含有重金属等问题。

前面提到了药物的化学结构与药效的关系,这里再举一例,青霉素是常用抗生素,但不能口服,20 世纪 90 年代,科学家在青霉素母核上引入了一个氨基,生成氨苄青霉素,解决了不能口服的问题,但氨苄青霉素疗效较差,后来在氨苄青霉素上又引入了一个羟基,生成了羟氨苄青霉素,又称阿莫西林,药效比氨苄青霉素提高了四倍。保持药物的基本结构,仅在结构中的官能团作一些修改,以克服药物的缺点,这称为药物结构修饰。

有些药物结构中具有易氧化或易还原的基团,在贮存过程中易失效。若将这些化学活性较强的基团保护起来,可以达到增强药物化学稳定性的目的。如维生素 C 分子结构中具有连二烯醇结构,还原性强,不稳定,但制成维生素 C 磷酸酯,稳定性增加,进入体内后可释放出原药维生素 C 而发挥药效。

有些药物发挥药效首先必须溶解,而一些药物在水中的溶解度较小,溶解速度也很慢。若将其结构改造,制成水溶性的前药,增加溶解度和溶解速度,以更适应制剂的要求。传统的提高水溶性的方法是在药物结构中引入极性基团,如氯霉素在水中溶解度较小,制成氯霉素丁二酸单酯钠盐,则易溶于水,可以制备成注射剂和眼药水等剂型供临床使用;中药丹参酮不能溶于水,形成丹参酮II_A的磺酸盐,就可制成丹参酮II_A的注射液。

第四节　无机化学的课程任务和学习方法

一、无机化学的课程任务

无机化学是药学、中药学、中药制药等药学类专业的第一门化学基础课。作为大一学生进入科学殿堂的第一步,无机化学课程对于学生建立科学素养、培养科学作风担负着重要的作用。该课程向新生比较全面地介绍化学学科的全貌、化学学科的各个分支、无机化学的基本原理和理论、元素化学的基本知识与理论、现代化学研究的热门领域等。无机化学对于培养学生的基本素质和创新能力起着至关重要的作用。

无机化学课程教学分为理论课和实验课。理论课教学系统讲授化学的基本原理、理论、现代化学研究的热门领域等内容。在教学过程中要求学生系统掌握无机化学的基本原理和方法,了解现代化学发展趋势及特点,并初步具有分析和解决一些实际问题的能力。实验课教学的主要目的是使学生掌握和了解无机化学的实验研究方法,掌握最基本的无机化学实验技术和操作技能,熟悉和掌握实验数据的处理及实验结果的分析与归纳的方法,从而加深对无机化学基本理论和概念的理解,提高学生科学研究和解决实际问题的能力。

二、无机化学的学习方法

无机化学和其他学科一样,有共同的学习方法,如抓住重点、抓住规律、重视实践等。无机化学中的物质结构(原子结构、分子结构)理论、四大平衡理论是学习的重点,原子结构、分子结构的理论各有特点,四大平衡的研究方法也各有不同的规律,这就要求学生必须认识到它们各自的特点和规律。同时无机化学也有自己独有的学习方法,比如:

(1)理论和实验相结合的方法:无机化学设有理论课和实验课,是互相补充和完善的,学习中不能偏废。

(2)相互联系的方法:无机化学课的内容涉及面广,四大平衡既有共同的特点,也有彼此各异的处理方式。这就要求学习中,经常进行比较和联系,利用已有的技能解决不熟悉的内容。既要注意本章内容和其他章节的联系,也要注意无机化学和其他医药学科之间的联系。

(3)主动与他人讨论:由于无机化学相对远离日常经验,教师花费了大量的精力,学生却往往感到枯燥乏味,理解不了。为了达到理想的教学效果,学生要主动接近化学,最简单的方法就是与他人讨论,寻找线索,激发自己对化学的理解,同时讨论本身对学生的思维方法和学习能力的提高也有很重要的作用。

(张师愚)

第二章 溶液

第二章课件

【学习目标】

掌握：溶液浓度的常用表示方法、计算及不同浓度表示方法之间的换算；强电解质溶液理论、离子
　　　强度、活度、活度因子的概念及有关计算。

熟悉：难挥发非电解质稀溶液的依数性；稀溶液的依数性在工农业生产中的应用。

了解：溶液的定义、组成及分类。

　　在科学研究、工农业生产和日常生活中，溶液有着广泛的应用和意义。大多数化学反应常在
溶液中进行，人体内的许多物质都是以溶液的形式存在，中药栽培过程中所使用的农药和肥料常
常配制成溶液。因此掌握溶液的基础知识十分必要，本章主要讨论常用溶液浓度的表示方法、难
挥发非电解质稀溶液的依数性和强电解质溶液理论及有关概念。

第一节　溶液浓度的表示方法

　　由两种或两种以上的物质混合所形成的物理、化学性质均匀稳定的分散体系称为溶液
（solution）。溶液由溶质和溶剂两部分组成，通常把能溶解其他物质的化合物叫作溶剂（solvent），
被溶解的物质叫溶质（solute）。按聚集状态，溶液可分为气态溶液、液态溶液和固态溶液。

　　溶液的性质除了与溶质和溶剂的本性有关外，还与溶质和溶剂的相对含量——溶液的浓度有
关。溶液的浓度是指一定量的溶剂或溶液中所含溶质的量。如果定性表达溶液的浓度，可以用浓
溶液和稀溶液来表示，而定量表达溶液浓度的方法比较多，本节主要介绍几种常用的定量表示
方法。

一、物质的量浓度

　　物质的量浓度（amount-of-substance concentration）又称摩尔浓度或浓度，其定义为：溶质 B 的
物质的量（n_B）与混合物体积（V）之比，用符号 c_B 表示，即：

$$c_B = \frac{n_B}{V} \qquad\qquad 式（2-1）$$

物质的量浓度的国际单位（internationl system of unit，以下简称 SI 单位）是 mol/m^3，但常用单

位为 mol/dm^3 或 mol/L。

二、摩尔分数

摩尔分数(mole fraction)定义为:混合物中物质 B 的物质的量(n_B)与混合物总物质的量($n_总$)之比,称为物质 B 的摩尔分数,用符号 x_B 表示,即:

$$x_B = \frac{n_B}{n_总}$$

式(2-2)

摩尔分数的 SI 单位为 1。显然,混合物中各物质的摩尔分数之和等于 1,即:

$$\sum_i x_i = 1$$

若所讨论的溶液由溶剂 A 和溶质 B 组成,则:

$$x_A = \frac{n_A}{n_A + n_B} \quad x_B = \frac{n_B}{n_A + n_B} \quad x_A + x_B = 1$$

三、质量摩尔浓度

质量摩尔浓度(molality)定义为:溶质 B 的物质的量(n_B)与溶剂 A 的质量(m_A)之比,用符号 b_B 表示,即:

$$b_B = \frac{n_B}{m_A}$$

式(2-3)

质量摩尔浓度的 SI 单位为 mol/kg。

四、质量分数

质量分数(mass fraction)定义为:溶液中溶质 B 的质量(m_B)与溶液的总质量($m_总$)之比,用符号 ω_B 表示,即:

$$\omega_B = \frac{m_B}{m_总}$$

式(2-4)

质量分数与摩尔分数一样,SI 单位均为 1。

【例题 2-1】试计算质量分数 ω_B 为 28%,密度 d 为 0.90g/ml 的浓氨水的物质的量浓度、质量摩尔浓度及摩尔分数。

解 氨的摩尔质量 M_{NH_3} 为 17g/mol,则其物质的量浓度为:

$$c_{NH_3} = \frac{n_{NH_3}}{V_{溶液}} = \frac{m_{NH_3}/M_{NH_3}}{V_{溶液}} = \frac{\omega_{NH_3} \times d \times 1\,000ml}{M_{NH_3} \times 1.00L} = \frac{0.28 \times 0.90g/ml \times 1\,000ml}{17g/mol \times 1.00L} = 15mol/L$$

设溶液的总质量为 100g,则其质量摩尔浓度及摩尔分数为:

$$b_{NH_3} = \frac{n_{NH_3}}{m_{H_2O}} = \frac{\dfrac{28g}{17g/mol}}{72g \times 10^{-3}kg/g} = 23mol/kg$$

$$x_{NH_3} = \frac{n_{NH_3}}{n_{NH_3} + n_{H_2O}} = \frac{\dfrac{28g}{17g/mol}}{\dfrac{28g}{17g/mol} + \dfrac{72g}{18g/mol}} = 0.29$$

五、质量浓度

质量浓度(mass concentration)定义为:溶液中溶质 B 的质量 m_B 除以溶液的体积 V,用符号 ρ_B 表示,即:

$$\rho_B = \frac{m_B}{V} \qquad\qquad 式(2\text{-}5)$$

质量浓度的 SI 单位为 kg/m^3,常用单位为 g/L 或 g/ml,如注射用生理盐水的浓度为 9g/L 或 0.9%(100ml H_2O 含 0.9g NaCl)。

综上所述,常用浓度表示方法可分为两大类。一类是用一定体积的溶液中所含溶质的量表示的,如 c_B、ρ_B。这类表示方法的优点是用容量瓶配制较容易,缺点是浓度数值随温度略有变化。第二类是用溶液中所含溶质与溶剂的相对量表示的,如 b_B、x_B、ω_B。该类浓度表示方法的优点是浓度数值不受温度变化影响,缺点是用天平或台秤称量液体很不方便。在实际应用时,可根据需要选取不同的浓度表示方法。

【思考题 2-1】用质量摩尔浓度和物质的量浓度表示物质的浓度时,各有何优缺点?

第二节　难挥发非电解质稀溶液的依数性

当溶质溶解于溶剂中形成溶液时,保持分子形式的溶质称为非电解质;部分或全部形成离子的溶质称为电解质。研究发现,难挥发非电解质稀溶液的某些性质只取决于溶液中所含溶质粒子的数目,而与溶质的本性无关。这种只依赖于溶质粒子的数目,而与溶质本性无关的性质,称之为依数性(colligative properties)。本节讨论非电解质稀溶液的依数性,稀溶液的依数性包括蒸气压下降、沸点升高、凝固点降低和渗透压,其中渗透压与医药学的关系最为密切。

一、蒸气压下降

(一)液体的蒸气压

一定温度下,处于密封容器中的液体,由于液体分子不断地蒸发,在液面上方形成了蒸气。同时,液面附近的蒸气分子也会凝聚回到液体之中。当蒸发与凝聚速度相等时,气、液两相处于平衡状态,这时该温度条件下蒸气的压强,称为该液体的饱和蒸气压,简称蒸气压(vapor pressure),如图 2-1 所示。

蒸气压与物质的本性和温度有关。一定温度下,不同的物

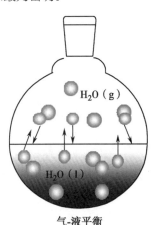

气-液平衡

● 图 2-1　饱和蒸气压示意图

质有不同的蒸气压,如在 293K 时,水的蒸气压为 2.34kPa,而乙醚的蒸气压却高达 57.6kPa。同一物质的饱和蒸气压随温度升高而增大,如水在 278K 时的蒸气压为 0.872kPa,在 373K 时为 101.325kPa。固体也具有蒸气压,而且也随温度升高而增大。大多数固体的蒸气压都很小,但冰、碘、樟脑、萘等均有较显著的蒸气压。

(二)溶液的蒸气压下降

实验证明,难挥发的非电解质溶入溶剂形成溶液后,溶液的蒸气压总是低于同温度下纯溶剂的蒸气压。这是因为,在溶液中,溶剂的部分表面被溶质分子占据。由于溶质是难挥发性的,这样,使得单位时间内逸出液面的溶剂分子数相应地要比纯溶剂少。因此达到平衡后,溶液的蒸气压必然低于纯溶剂的蒸气压,这种现象称为溶液的蒸气压下降(vapor pressure lowering)。溶液中难挥发性溶质浓度愈大,占据溶液表面的溶质质点数愈多,蒸气压下降愈多,如图 2-2 所示。

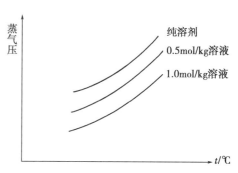

● 图 2-2　纯溶剂与溶液蒸气压曲线

法国物理学家拉乌尔(F. M. Raoult)根据实验结果,于 1887 年提出了拉乌尔定律:在一定温度下,难挥发非电解质稀溶液的蒸气压等于纯溶剂的蒸气压与溶剂摩尔分数的乘积,即:

$$p = p_A^0 x_A \qquad 式(2-6)$$

式(2-6)中,p 表示溶液的蒸气压;p_A^0 是纯溶剂的蒸气压;x_A 为溶剂的摩尔分数。

设 x_B 为溶质的摩尔分数,由于 $x_A + x_B = 1$,则有:

$$p = p_A^0 (1 - x_B)$$

$$p = p_A^0 - p_A^0 x_B$$

$$p_A^0 - p = p_A^0 x_B$$

则:

$$\Delta p = p_A^0 x_B \qquad 式(2-7)$$

式(2-7)表明,在一定温度下,难挥发非电解质稀溶液的蒸气压下降值与溶质的摩尔分数成正比,而与溶质本性无关,这是对拉乌尔定律的另一种描述。

设 n_A、n_B 分别代表溶剂和溶质的物质的量,因稀溶液中 $n_A \gg n_B$,则:

$$\Delta p = p_A^0 x_B = p_A^0 \frac{n_B}{n_A + n_B} \approx p_A^0 \frac{n_B}{n_A}$$

在含 m kg 溶剂的溶液中,设 M_A(单位为 g/mol)为溶剂的摩尔质量,则:

$$n_A = \frac{m}{M_A}$$

根据质量摩尔浓度的定义:$b_B = \frac{n_B}{m}$,则:

$$\Delta p = p_A^0 \frac{n_B}{n_A} = p_A^0 n_B \frac{1}{n_A} = p_A^0 \frac{M_A}{m} n_B = p_A^0 M_A b_B$$

温度一定时,对给定的溶剂,$p_A^0 M_A$ 为常数,用 K 代替,则:

蒸气压下降实验(动画)

$$\Delta p = Kb_B \qquad \text{式（2-8）}$$

式（2-8）表明，对于难挥发非电解质稀溶液，蒸气压的下降值只取决于溶剂的本性及溶液的质量摩尔浓度，与溶质的本性无关。

【例题 2-2】 33.9g 苯中溶有某有机物 0.883g，测得该溶液的蒸气压为 630mmHg，而在相同温度时纯苯的蒸气压为 640mmHg。试求该有机化合物的摩尔质量。

解 根据拉乌尔定律，稀溶液的蒸气压下降与溶质的摩尔分数成正比。

溶剂苯的摩尔质量为 78.1g/mol，$\Delta p = 640\text{mmHg} - 630\text{mmHg} = 10\text{mmHg}$

设该有机化合物的摩尔质量为 M_B，则：

$$n_A = \frac{33.9\text{g}}{78.1\text{g/mol}} = 0.434\text{mol}$$

$$n_B = \frac{0.883\text{g}}{M_B}$$

$$\Delta p = p_A^0 \ x_B = p_A^0 \ \frac{n_B}{n_A + n_B}$$

$$10\text{mmHg} = 640\text{mmHg} \times \frac{n_B}{0.434\text{mol} + n_B}$$

解得：$n_B = 0.006\,89\text{mol}$ $\qquad M_B = \frac{0.883\text{g}}{0.006\,89\text{mol}} = 128.16\text{g/mol}$

二、沸点升高

（一）液体的沸点

液体沸腾时不仅在表面上，而且在液体内部都发生蒸发。要使液体中的气泡形成并增大，气泡内的蒸气压力必须与外界压力相等。液体的蒸气压随温度升高而增加，在一定温度下，液体的蒸气压等于外界压力时，液体就沸腾了，这个温度就是液体的正常沸点（boiling point），例如水的正常沸点是 373.15K。

（二）溶液的沸点升高

实验表明，溶液的沸点要高于相应纯溶剂的沸点，这一现象称之为溶液的沸点升高（boiling point elevation）。溶液沸点（T_b）和溶剂沸点（T_b^0）之差（$T_b - T_b^0$），为溶液沸点升高值 ΔT_b。

图 2-3 是水溶液的沸点升高和凝固点降低示意图。横坐标表示温度，纵坐标表示蒸气压。曲线 AB 和 CD 分别表示纯溶剂（水）和溶液的蒸气压随温度变化的关系，T_b 为溶液的沸点。由图可知，在相同的温度下，纯溶剂的蒸气压比溶液的蒸气压高。在 100℃时，水的蒸气压等于外压 101.325kPa，水开始沸腾；而此时溶液的蒸气压为 B′点所对应的纵坐标，很明显，仍小于外压 101.325kPa，未达到沸腾条件。要使溶液的蒸气压达到 101.325kPa，就必须继续加热至 D 点（溶液沸点）。显然，D 点的温度 T_b 比纯溶剂的沸点 100℃高，亦即溶液的沸点升高了。

实验结果和理论推导表明，难挥发非电解质稀溶液的沸点升高值符合式（2-9）：

$$\Delta T_b = K_b b_B \qquad \text{式（2-9）}$$

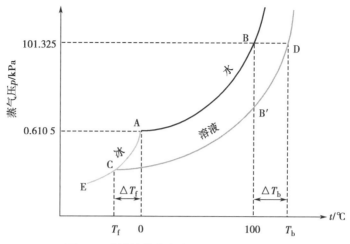

● 图 2-3　水溶液的沸点升高和凝固点降低示意图

式（2-9）中，K_b 为溶剂的摩尔沸点升高常数，简称沸点升高常数，即溶质的质量摩尔浓度为 1mol/kg 时所引起沸点升高的度数，单位为 K·kg/mol 或 ℃·kg/mol，它只与溶剂的本性有关。

从式（2-9）可以看出，在一定溶剂中，难挥发非电解质稀溶液的沸点升高值只与溶质的质量摩尔浓度成正比，而与溶质的本性无关。表 2-1 列出了一些常见溶剂的沸点 T_b^0 及摩尔沸点升高常数 K_b 值。

需要指出的是，外压恒定时，纯溶剂的沸点是恒定的，但溶液的沸点却在不断变化。因为随着溶液的沸腾，溶剂不断蒸发，溶液浓度不断增大，沸点也不断升高，直到形成饱和溶液。此时，溶剂蒸发，溶质析出，溶液浓度不再改变，蒸气压也不再改变，此刻沸点才是恒定的。但溶液的沸点一般是指溶液刚开始沸腾时的温度。

【例题 2-3】烟草的有害成分尼古丁的实验式为 C_5H_7N，今有 1.00g 尼古丁溶于 20.00g 水中，所得溶液在 101.325kPa 下的沸点是 373.31K，求尼古丁的分子式。已知：水的 $K_b=0.512$K·kg/mol。

解　$\Delta T_b = K_b b_B$

则 $b_B = \dfrac{\Delta T_b}{K_b} = \dfrac{373.31\text{K} - 373.15\text{K}}{0.512\text{K} \cdot \text{kg} / \text{mol}} = 0.312\,5\text{mol/kg}$

而 $b_B = \dfrac{n_B}{m_A} = \dfrac{m_B / M_B}{m_A}$

解得：$M_B = \dfrac{m_B}{m_A \times b_B} = \dfrac{1.00\text{g}}{20.00 \times 10^{-3}\text{kg} \times 0.312\,5\text{mol/kg}} = 160\text{g/mol}$

尼古丁实验式 C_5H_7N 的式量为 81，分子量与式量之比为：$\dfrac{160}{81} \approx 2$

即尼古丁的分子式为 $C_{10}H_{14}N_2$。

表 2-1　常见溶剂的 T_b^0、K_b 与 T_f^0、K_f

溶剂	沸点 T_b^0/K	K_b/(K·kg/mol)	凝固点 T_f^0/K	K_f/(K·kg/mol)
水	373.1	0.512	273.0	1.86
苯	353.1	2.53	278.5	5.10
环己烷	354.0	2.79	279.5	20.2
乙酸	391.0	2.93	290.0	3.90

溶剂	沸点 T_b^0/K	K_b/(K·kg/mol)	凝固点 T_f^0/K	K_f/(K·kg/mol)
乙醇	351.4	1.22	155.7	1.99
乙醚	307.7	2.02	156.8	1.80
三氯甲烷	334.2	3.63	209.5	4.90
四氯化碳	349.7	5.03	250.1	32.0
萘	491.0	5.80	353.0	6.90

三、凝固点降低

（一）液体的凝固点

凝固点（freezing point）是物质的固态与它的液态平衡共存时的温度。固体和液体一样，在一定温度下也有一定的蒸气压。液态物质的凝固点是该物质的液相与固相具有相同蒸气压而能共存时的温度。若两相蒸气压不相等，则蒸气压大的一相将自发地向蒸气压小的一相转变。图 2-3 中曲线 ACE 表示固态纯溶剂的蒸气压随温度变化的关系，曲线 AB 表示液态纯溶剂的蒸气压随温度变化的关系。由图 2-3 可以看出，0℃时，冰和水的蒸气压相等，0℃即为水的凝固点；在 0℃以上，冰的蒸气压将大于水的蒸气压，冰将融化为水；在 0℃以下，水的蒸气压大于冰的蒸气压，水将凝固成冰。

（二）溶液的凝固点下降

当固态纯溶剂的蒸气压与溶液的蒸气压相等时，溶液的固相与液相达到平衡，此时的温度就是溶液的凝固点。由于溶液的蒸气压比纯溶剂的蒸气压低，此时溶液的蒸气压尚比冰的蒸气压低，不能凝固，依然为液态。当温度降到 C 点时，曲线 ACE 与 CD 相交，冰的蒸气压与溶液的蒸气压相等，此时的温度 T_f 即为溶液的凝固点。很明显，溶液的凝固点 T_f 比纯溶剂的凝固点 T_f^0 低，如图 2-3 所示。

溶液凝固点降低的根本原因也是由于溶液的蒸气压下降，因此和沸点升高一样，难挥发非电解质稀溶液的凝固点降低值与溶液的质量摩尔浓度成正比，而与溶质的本性无关。即：

$$\Delta T_f = K_f b_B \qquad\qquad 式（2-10）$$

式（2-10）中，ΔT_f 为溶液凝固点降低值，单位为 K 或℃；K_f 为溶剂的摩尔凝固点降低常数，简称凝固点降低常数，即溶质的质量摩尔浓度为 1mol/kg 时所引起凝固点降低的度数，单位为 K·kg/mol 或℃·kg/mol。K_f 值只与溶剂本性有关。几种常见溶剂的凝固点 T_f^0 及摩尔凝固点降低常数 K_f 值见表 2-1。

利用溶液凝固点降低和沸点升高可以测定溶质的摩尔质量，而且凝固点降低法比沸点升高法更优。因为大多数溶剂的 K_f 值大于 K_b 值（表 2-1），因此与溶液的沸点升高相比，同一溶液的凝固点降低值比沸点升高值大，故实验误差较小；而且达到凝固点时溶液中有溶剂的晶体析出，现象明显，易于观察；再者，溶液的凝固点测定是在低温下进行的，即使多次重复测定也不会引起待测样品的变性或破坏，溶液浓度也不会变化。

凝固点降低原理在生产、生活、科研等方面有着广泛的应用。例如汽车散热器（水箱）的冷却水在冬季时，常需加入适量的乙二醇、甘油或甲醇，目的是降低冷却液的凝固点，防止冻结。

【例题2-4】乙二醇是一种常用的汽车防冻剂，它溶于水且是非挥发性的，计算：

（1）在2 500g水中溶解600g该物质溶液的凝固点是多少？

（2）夏天能否将它用于汽车散热器中？

已知：乙二醇的摩尔质量为62.01g/mol，水的$K_f = 1.86$K·kg/mol，$K_b = 0.512$K·kg/mol。

解 （1）溶液的质量摩尔浓度：

$$b_B = \frac{n_B}{m_A} = \frac{m_B / M_B}{m_A} = \frac{\dfrac{600g}{62.01g/mol}}{2\,500 \times 10^{-3}kg} = 3.87mol/kg$$

凝固点降低值：$\Delta T_f = K_f b_B = 1.86$K·kg/mol $\times 3.87$mol/kg $= 7.20$K

纯水的凝固点是273.15K，则该溶液的凝固点：

$$T_f = 273.15K - 7.20K = 265.95K$$

（2）溶液的沸点升高值为：

$$\Delta T_b = K_b b_B = 0.512K·kg/mol \times 3.87mol/kg = 1.98K$$

纯水的沸点为373.15K，该溶液的沸点：

$$T_b = 373.15K + 1.98K = 375.13K$$

由于此溶液在375.13K沸腾，所以在夏天，乙二醇能用于汽车散热器中防止溶液沸腾。

【思考题2-2】甘油的沸点是290.9℃，乙醇的沸点是78.3℃，哪一种用作防冻剂更好？为什么？

四、渗透现象和渗透压

人在淡水中游泳，会觉得眼球胀痛；施过化肥的农作物，需要立即浇水，否则化肥会"烧死"植物；淡水鱼和海水鱼不能互换生活环境；因失水而发蔫的花草，浇水后又可重新复原等，这些现象都和渗透现象及渗透压有关。

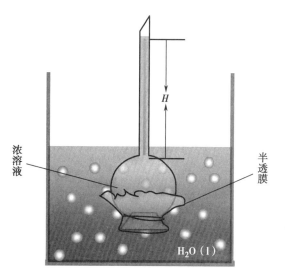

● 图2-4　渗透现象实验

（一）渗透现象

若用一种只允许溶剂分子透过而溶质分子不能透过的半透膜，把溶液和纯溶剂隔开，由于膜两侧单位体积内溶剂分子数不等，因此，在单位时间内由纯溶剂进入溶液中的溶剂分子数要比由溶液进入纯溶剂的多，其结果是溶液一侧的液面升高。这称为渗透现象，简称渗透（osmosis），如图2-4所示。

半透膜的存在以及膜两侧单位体积内溶剂分子数不相等是产生渗透现象的两个必要条件。

渗透压实验（动画）

（二）溶液的渗透压与浓度和温度的关系

为了使渗透现象不发生，必须在溶液液面上施加一额外的压力。维持只允许溶剂分子通过的膜所隔开的溶液与溶剂之间的渗透平衡而需要的额外压力称为溶液的渗透压（osmotic pressure）。渗透压的符号为 Π，单位为 Pa 或 kPa。

若选用一种高强度且耐高压的半透膜把纯溶剂和溶液隔开，此时，如在溶液上施加的外压大于渗透压，则溶液中将有更多的溶剂分子通过半透膜进入溶剂一侧。这种使渗透作用逆向进行的过程称为反向渗透（reverse osmosis）。反向渗透技术常用于从海水中快速提取淡水，还可用于环境保护，对废水进行处理，除去废水中的有害物质。

反渗透技术进展及难题（文档）

1866 年，荷兰化学家范托夫（van't Hoff）指出，稀溶液的渗透压与溶液浓度和温度的关系为：

$$\Pi V = n_B RT \qquad\qquad 式（2-11）$$

$$\Pi = c_B RT \qquad\qquad 式（2-12）$$

式（2-11）和式（2-12）中 n_B 为溶液中非电解质的物质的量，V 为溶液的体积，c_B 为物质的量浓度，R 为气体摩尔常数，其值是 8.314J/（K·mol）；T 为热力学温度。式（2-12）称为范托夫定律，它表明稀溶液渗透压的大小仅与单位体积溶液中溶质微粒数的多少有关，而与溶质的本性无关。因此，渗透压也是溶液的依数性。

对稀水溶液来说，其物质的量浓度近似地与质量摩尔浓度相等，因此，式（2-12）可改写为：

$$\Pi = b_B RT \qquad\qquad 式（2-13）$$

【例题 2-5】人体血液的凝固点与 54.2g 葡萄糖和 4.00g 摩尔质量为 2.00×10^4 的某蛋白质溶于 1.00kg 水中形成溶液的凝固点相同，求在体温 37℃时血液的渗透压。已知：葡萄糖的摩尔质量为 180g/mol。

解 凝固点降低为依数性质，凝固点降低常数 K_f 与溶质的种类无关，对相同溶剂的不同溶液，K_f 相同。凝固点相同，则其凝固点降低值也一定相同，其溶质粒子的总浓度也相同。

对葡萄糖与蛋白质的混合溶液，溶剂质量为 1.00kg，则：

$$b_B = b_B（葡萄糖）+ b_B（蛋白质）= \frac{\dfrac{54.2g}{180g/mol}}{1.00kg} + \frac{\dfrac{4.00g}{2.00 \times 10^4 g/mol}}{1.00kg} = 0.301mol/kg$$

$$\Pi = b_B RT = 0.301mol/kg \times 8.314J/（K \cdot mol）\times（273.15K + 37K）= 776kPa$$

（三）渗透压在医学上的应用

1．等渗、高渗和低渗溶液　溶液渗透压的高低是相对的，若两种溶液具有相等的渗透压，称它们为等渗溶液（isotonic solution）。若两种溶液渗透压不等，则渗透压高的那种溶液就是高渗溶液（hypertonic solution），渗透压低的溶液为低渗溶液（hypotonic solution）。在医学上，溶液渗透压的大小也常用渗透浓度来表示，即溶液中产生渗透作用的各种溶质粒子（分子或离子）的浓度，单位为 mmol/L 或 mol/L。正常人血浆的渗透浓度为 303.7mmol/L，等渗、高渗和低渗是以血浆的渗透浓度为标准确定的。临床上规定渗透浓度在 280～320mmol/L 的溶液为生理等渗溶液。如 9g/L

的生理盐水溶液（渗透浓度为 308mmol/L）、12.5g/L 的 $NaHCO_3$ 溶液（渗透浓度为 298mmol/L）、50.0g/L 的葡萄糖溶液（渗透浓度为 278mmol/L）等都是生理等渗溶液。渗透浓度大于 320mmol/L 的溶液称高渗溶液，渗透浓度小于 280mmol/L 的溶液称低渗溶液。

在临床治疗中，当为病人大剂量补液时，要特别注意补液的渗透浓度，必须用等渗溶液，否则可能导致机体内水分调节失常及细胞的变形和破坏。如人红细胞的形态与其所处介质的渗透浓度有关，这可以从红细胞在不同渗透浓度的 NaCl 溶液中的形态加以说明。

（1）若将红细胞置于等渗溶液（如 9g/L NaCl 溶液）中，在显微镜下观察，看到红细胞的形态没有什么改变，如图 2-5（a）。这是因为生理盐水与红细胞内液的渗透浓度相等，细胞内外液处于渗透平衡状态。细胞不会被破坏，保持正常的生理功能。

（2）若将红细胞置于低渗溶液（如 6.0g/L NaCl 溶液）中，在显微镜下观察可见红细胞先是逐渐胀大，最后破裂，如图 2-5（b），释放出红细胞内的血红蛋白而使溶液染成红色，医学上称之为溶血（hemolysis）。产生这种现象的原因是细胞内溶液的渗透浓度高于外液，外液的水向细胞内渗透所致。

（3）若将红细胞置于高渗溶液（如 16.0g/L NaCl 溶液）中，在显微镜下可见红细胞内的水分外逸，逐渐皱缩。如图 2-5（c），皱缩的红细胞互相聚结成团。若此现象发生于血管内，将产生"栓塞"。产生这些现象的原因是红细胞内液的渗透浓度低于浓 NaCl 溶液，红细胞内的水向外渗透所致。

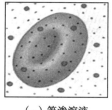 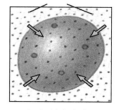 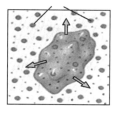

（a）等渗溶液　　　　　（b）低渗溶液　　　　　（c）高渗溶液

生理盐水简
介（文档）

● 图 2-5　红细胞在不同浓度 NaCl 溶液中的形态示意图

2. 晶体渗透压和胶体渗透压　人体体液（如血浆、组织液、淋巴液、细胞内液等）是以水为分散介质的复杂分散体系，其中包含多种无机离子（如 Na^+、Ca^{2+}、Cl^-、HCO_3^-、PO_4^{3-} 等）、气体分子（主要是 O_2 和 CO_2）、中小分子有机物质（如葡萄糖、尿素、氨基酸等）和高分子物质（如蛋白质、糖类、脂类等）。由于电解质、小分子物质很多能形成晶体，高分子物质分散在水中通常具有胶体的一些性质，因此，医学上把电解质、小分子物质等所产生的渗透压叫做晶体渗透压，高分子物质产生的渗透压叫做胶体渗透压。血浆的渗透压便是这两种渗透压的总和。

血浆渗透压是由溶于其中的各种粒子（分子和离子）的浓度决定的。渗透压只跟溶于其中的粒子浓度有关，而跟溶质的本性无关。晶体渗透压占到了血浆总渗透压的 99.5%，胶体渗透压只占约 0.5%。水可以自由透过细胞膜，很多电解质和小分子物质不能自由通过细胞膜，但可通过有孔的毛细血管。因此，晶体渗透压对维持细胞内外的水分平衡起着重要作用。医生要求有水肿的肾病患者尽量少吃盐，其目的便是防止血浆和组织液内盐分过高，吸引细胞内的水分更多地流到组织液中，加重水肿。

毛细血管壁也是一种半透膜,水和小分子物质都可自由出入,但高分子蛋白物质不能透过。因此,胶体渗透压对维持血容量和血管内外水盐平衡起主要作用。如果血浆中蛋白质含量减少,血浆中的胶体渗透压就会降低,血浆中的水就会通过毛细血管壁进入组织液,导致血容量降低而组织液增多,形成水肿。

【思考题 2-3】为什么临床上常用质量浓度为 9g/L 的生理盐水和 50g/L 的葡萄糖溶液输液?

第三节 强电解质溶液简介

在水溶液中或熔融状态下能够产生离子并导电的化合物称为电解质(electrolyte),电解质导电的根本原因在于产生了离子。根据导电能力的差异,电解质又可以进一步分为强电解质和弱电解质。在水溶液中或熔融状态下能完全电离成离子的电解质称为强电解质(strong electrolyte),仅能部分电离成离子的电解质称为弱电解质(weak electrolyte)。

弱电解质在水溶液中仅能部分电离,其电离程度的大小可用电离度表示。电离度是指弱电解质达到电离平衡时,已电离的弱电解质分子数和原有的分子总数之比。电离度可以通过测定电解质溶液的电导或其他方法求得。由于强电解质在水溶液中完全电离,因此从理论上讲其电离度应该是 100%。但实际上,导电性实验表明,强电解质的电离度测定值都小于 100%(表 2-2)。

表 2-2 几种强电解质的表观电离度(0.10mol/kg,298K)

强电解质	HCl	HNO$_3$	NaOH	KCl	Ba(OH)$_2$	H$_2$SO$_4$	ZnSO$_4$
表观电离度 /%	92	92	91	86	81	61	40

电解质溶液也具有蒸气压下降、沸点升高和渗透压等依数性,但对电解质特别是强电解质溶液依数性实验的测定结果表明,溶液的沸点升高值、凝固点下降值等与理论计算值相比都存在一定程度的偏差,而且电解质溶液中离子浓度越大,电荷越高,偏差越大。例如,实验测得 0.10mol/kg NaCl 溶液的凝固点下降值 ΔT_f 为 0.348K,而根据 NaCl 全部电离后溶液中存在的质点数目,按照式(2-10)计算出的 ΔT_f 值为 0.372K(误差 6.45%);又如 0.10mol/kg K$_2$SO$_4$ 溶液 ΔT_f 的实验测定值为 0.458K,理论计算值为 0.558K(误差 18%)。这些现象表现出强电解质在溶液中似乎并没有完全电离,而现代结构理论及测试技术证明,强电解质无论是在晶体或熔融状态还是在水溶液中,都不以分子状态存在。

针对强电解质溶液的这些异常现象,1923 年德拜(P. Debye)和休克尔(E.Hückel)提出了强电解质溶液理论,也称为德拜 - 休克尔理论,初步解释了前面提到的矛盾现象。

一、强电解质溶液理论

德拜和休克尔认为,强电解质在水中是完全电离的,但是电离产生的正、负离子之间存在静电引力,即相同电荷的离子间相互排斥,不同电荷的离子间相互吸引。因此,溶液中每个离子的周围都被带相反电荷的离子包围着,形成所谓的离子氛(ion atmosphere),见图 2-6。离子氛的形成，使离子间相互牵制，离子活动的自由程度降低，表现出单位体积的电解质溶液中所含的离子数目少于电解质完全电离时应有的离子数目，即电离出的离子不能百分之百地发挥它们应有的效能，因而会出现溶液的导电能力下降、电离度小于100%以及依数性定量关系出现一定程度偏差的现象。

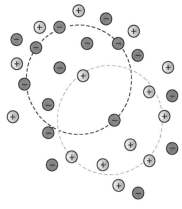

● 图2-6　离子氛示意图

可见，对强电解质溶液而言，实验测得的电离度并不代表其实际电离度，所以称为表观电离度（apparent degree of dissociation）。从表2-2可以看出，溶液中离子浓度越大、离子电荷越高，离子间相互吸引作用越强，离子活动的自由度越小，强电解质的表观电离度越小。因此，强电解质表观电离度的大小恰好反映出溶液中离子之间相互牵制作用的强弱程度。

【思考题2-4】强电解质溶液为什么会出现电离度小于100%的现象？

二、离子强度

为了定量描述电解质溶液中离子之间相互牵制的程度，引入了离子强度（ionic strength）的概念。离子强度定义式为：

$$I = \frac{1}{2}\sum_{i=1}^{n} b_i Z_i^2 \qquad 式（2-14）$$

式（2-14）中：I为离子强度，b_i和Z_i分别为溶液中i种离子的质量摩尔浓度和该离子的电荷数。稀溶液中，可用c_i代替b_i。I的单位为mol/kg或mol/L。

由式（2-14）可知，离子强度仅与溶液中各离子的浓度和电荷数有关，与离子的种类无关。离子浓度越大，电荷越高，溶液的离子强度越大，离子间相互牵制作用越强。

【例题2-6】计算下列溶液的离子强度。

（1）0.010mol/kg NaCl溶液。

（2）0.010mol/kg CaCl$_2$溶液。

（3）0.010mol/kg CaCl$_2$溶液和0.010mol/kg FeCl$_3$溶液等体积混合。

解　（1）$I = \frac{1}{2}\sum_{i=1}^{n} b_i Z_i^2 = \frac{1}{2}(b_{Na^+} Z_{Na^+}^2 + b_{Cl^-} Z_{Cl^-}^2)$

$= \frac{1}{2}[0.010mol/kg \times (+1)^2 + 0.010mol/kg \times (-1)^2] = 0.010mol/kg$

（2）$I = \frac{1}{2}\sum_{i=1}^{n} b_i Z_i^2 = \frac{1}{2}(b_{Ca^{2+}} Z_{Ca^{2+}}^2 + b_{Cl^-} Z_{Cl^-}^2)$

$= \frac{1}{2}[0.010mol/kg \times (+2)^2 + 2 \times 0.010mol/kg \times (-1)^2] = 0.030mol/kg$

（3）$I = \frac{1}{2}\sum_{i=1}^{n} b_i Z_i^2 = \frac{1}{2}(b_{Ca^{2+}} Z_{Ca^{2+}}^2 + b_{Fe^{3+}} Z_{Fe^{3+}}^2 + b_{Cl^-} Z_{Cl^-}^2)$

$= \frac{1}{2}[0.005mol/kg \times 2^2 + 0.005mol/kg \times 3^2 + 0.025mol/kg \times (-1)^2] = 0.045mol/kg$

三、活度与活度因子

由于电解质溶液中离子的相互牵制作用，电离出的离子不能完全发挥其应有的效能。为了定量地说明电解质溶液中实际起作用的离子浓度，美国化学家路易斯（G. N. Lewis）提出了活度（activity）的概念。活度又称为有效浓度，用 a 表示。溶液中某离子 i 的活度 a_i 与其浓度 b_i 的关系定义为：

$$a_i = \gamma_i (b_i/b^{\ominus}) \qquad\qquad 式（2\text{-}15）$$

式（2-15）中，$b_i/b^{\ominus}$ 为离子 i 的相对浓度，$b^{\ominus} = 1\text{mol/kg}$，为标准质量摩尔浓度，$b_i$ 为 i 离子的质量摩尔浓度（稀溶液中可近似为 c_i），显然，活度的 SI 单位为 1；γ_i 称为离子 i 的活度因子（activity coefficent），也叫活度系数（activity factor）。由于 $a_i < b_i$，故 $\gamma_i < 1$。一般来说，离子浓度越大、电荷越高，溶液的离子强度则越大，离子的活度因子越小，离子活动的自由程度越小，活度就越偏离浓度。此时，用活度代替浓度能更真实地体现溶液的行为。一般来说，中性分子的活度因子为 1；当溶液极稀时，$I \to 0$，离子的 $\gamma \to 1$，离子活动的自由程度接近 100%，此时，活度无限接近浓度。

在电解质溶液中，由于正、负离子同时存在，还无法用实验方法测定某种离子的活度因子，但可用实验方法求得电解质溶液中离子的平均活度因子 $\gamma_{\pm}$。$\gamma_{\pm}$ 除了能用实验方法求得，还可以通过离子强度等信息计算获得。

1923 年，德拜和休克尔推导出溶液中离子的活度因子与溶液离子强度的近似关系式：

$$\lg \gamma_{\pm} = -A|Z_+ Z_-| \frac{\sqrt{I}}{1+\sqrt{I}} \qquad\qquad 式（2\text{-}16）$$

式（2-16）中：$\gamma_{\pm}$ 为正、负离子的平均活度因子，Z_+ 和 Z_- 分别为正、负离子的电荷数，A 为常数，在 298K 的水溶液中，其值为 0.509。显然，活度因子与溶液的离子强度和离子电荷有关，与离子的种类无关。

式（2-16）对离子强度高达 $0.10 \sim 0.20\text{mol/kg}$ 的电解质溶液，均可得到较好的结果。通过计算溶液的离子强度，依据式（2-16）求出离子的活度因子，进而求出离子的活度。

【例题 2-7】 计算 0.010mol/kg KCl 溶液中各离子的活度。

解 0.010mol/L KCl 溶液的离子强度为：

$$I = \frac{1}{2}\sum_{i=1}^{n} c_i Z_i^2 = \frac{1}{2}(c_{K^+} Z_{K^+}^2 + c_{Cl^-} Z_{Cl^-}^2)$$

$$= \frac{1}{2}[0.010\text{mol/kg} \times (+1)^2 + 0.010\text{mol/kg} \times (-1)^2] = 0.010\text{mol/kg}$$

$$\lg \gamma_{\pm} = -A|Z_+ Z_-| \frac{\sqrt{I}}{1+\sqrt{I}} = -0.509 \times 1^2 \frac{\sqrt{0.01}}{1+\sqrt{0.01}} = -0.0463$$

解得：$\gamma_{\pm} = 0.90$

则：$a_{K^+} = a_{Cl^-} = \gamma \dfrac{c}{c^{\ominus}} = 0.90 \times 0.01 = 0.009$

对于弱电解质溶液、难溶电解质溶液以及强电解质的稀溶液，由于溶液中离子浓度较小，离子强度则很小，离子的活度因子 $\gamma \to 1$，因此可以用浓度进行计算，而不必考虑用活度来校正。但在生物体内,电解质离子以一定的浓度和比例存在体液中,离子强度对酶、激素和维生素等的功能影响不能忽视。

本章小结

本章讨论了常用溶液浓度的表示方法、难挥发非电解质稀溶液的依数性和强电解质溶液简介。主要内容归纳如下。

1. 溶液浓度的常用表示方法

溶液浓度的表示方法	表达式	SI 单位
物质的量浓度	$c_B = \dfrac{n_B}{V}$	mol/L
摩尔分数	$x_B = \dfrac{n_B}{n_{总}}$	1
质量摩尔浓度	$b_B = \dfrac{n_B}{m_A}$	mol/kg
质量分数	$\omega_B = \dfrac{m_B}{m_{总}}$	1
质量浓度	$\rho_B = \dfrac{m_B}{V}$	kg/m³

2. 难挥发非电解质溶液的依数性　当将难挥发的非电解质溶入溶剂形成稀溶液后,会发生下列现象:与纯溶剂相比,稀溶液的蒸气压下降、沸点升高、凝固点降低和产生渗透压。上述性质的变化只取决于溶液中所含溶质的粒子数目而与溶质的本性无关,由于这类性质只依赖于溶质粒子数目的变化而变化,所以称之为稀溶液的依数性。

3. 强电解质溶液简介　电解质溶液也具有蒸气压下降、沸点升高、凝固点降低和渗透压等性质。但按照强电解质完全电离的浓度计算依数性的定量关系时会产生一定程度的偏差,电解质溶液浓度越大,离子电荷越高,偏差越大。这种现象可以通过德拜 - 休克尔理论得到说明。

(1)强电解质在水中是 100% 电离,但不能 100% 发挥其应有的效能,因为溶液中离子间存在相互牵制作用。

(2)离子强度可以衡量溶液中离子间相互牵制作用的程度大小,离子强度与溶液中存在的离子数目、离子电荷和离子浓度有关,与离子的种类无关。离子数目越多,离子浓度越大,电荷越高,离子强度越大,离子间相互牵制作用程度越强。离子强度定义式如下:

$$I = \frac{1}{2} \sum_{i=1}^{n} b_i Z_i^2$$

(3)活度是溶液中真正发挥作用离子的有效浓度,活度的定义式为: $a_i = \gamma_i (b_i / b^{\ominus})$。活度因子是溶液中离子之间相互作用程度的反映,溶液中离子浓度越大、电荷越高,离子强度则越大,离子的活度因子越小,活度就越偏离浓度;当溶液极稀时, $\gamma \to 1$,活度接近浓度。

弱电解质溶液、难溶电解质溶液以及强电解质稀溶液中,可以不考虑离子强度的影响,用浓度进行计算即可。

植物具有抗寒抗旱能力的原因

当植物所处的环境温度发生较大改变时,植物细胞中就会形成大量的可溶性碳水化合物以增加细胞液的浓度,细胞液浓度越大,其凝固点越低,使细胞液能在较低的温度环境中不结冰,表现出一定的抗寒能力;另一方面,细胞液浓度增大,有利于细胞液的蒸气压下降,从而使其水分的蒸发量减少,蒸发速率降低,因此植物在较高温度下仍能保持必要的水分而表现出抗旱性。

渗透压在生物科学中的重要意义

动植物细胞膜大多具有半透膜的性质,水分、养料在动植物体内的循环都是通过渗透而实现的;植物细胞液的渗透压高达 2 000kPa,所以水分可从植物的根部运送到数十米高的顶端;给农作物施肥后必须立即浇水,否则会引起局部渗透压过高,导致植物失水枯萎(俗称"烧死");人体血液的平均渗透压约为 780kPa,在对人体进行静脉注射时,要使用与血液渗透压相等的等渗溶液,临床使用的质量分数为 0.9% 的生理盐水和质量分数为 5% 的葡萄糖溶液都是等渗溶液。

习题

1. 溶液是指由两种或多种组分所组成的物理、化学性质_____分散体系。溶液的性质不仅与_____有关,还与_____有关。

2. 难挥发非电解质稀溶液的某些性质取决于所含溶质粒子的浓度而与溶质本身的性质无关,称_____;包括:_____;依数性产生的根本原因是_____。

3. 在一定温度下,稀溶液的蒸气压等于纯溶剂的蒸气压与_____的乘积。

4. 渗透现象得以进行的基本条件是:_____和_____。

5. 临床上规定渗透浓度在_____之间的溶液为生理等渗溶液,如:生理盐水的浓度为_____,葡萄糖的浓度为_____。

6. 下列哪种浓度的表示方法与温度有关(　　　)

  A. 质量分数　　　　　　　　　B. 质量摩尔浓度

  C. 物质的量浓度　　　　　　　　D. 摩尔分数

7. 用等重量的下列化合物作防冻剂,防冻效果最好的是(　　　)

  A. 乙醇　　　　　　　　　　　B. 甘油

  C. 四氢呋喃(C_4H_8O)　　　　　D. 乙二醇

8. 土壤中 NaCl 含量高时植物难以生存,这与下列稀溶液的哪个性质有关(　　　)

  A. 蒸气压下降　　　　　　　　B. 沸点的升高

  C. 凝固点的下降　　　　　　　D. 渗透压

9. 0.1mol/L 的下列溶液,离子强度最大的是(　　　)

  A. K_2SO_4　　　　　　　　　　B. $ZnSO_4$

  C. Na_3PO_4　　　　　　　　　D. NaAc

10. 相同温度相同体积的三杯葡萄糖溶液, A 杯浓度为 1mol/kg, B 杯浓度为 1mol/L, C 杯质量分数为 0.1, 则各杯中的葡萄糖的质量最大的是(　　)

    A. A 杯   B. B 杯

    C. C 杯   D. A 杯 B 杯一样

11. 计算下列几种常用试剂的物质的量浓度(mol/L)和摩尔分数。

    （1）质量分数为 37%, 密度 d 为 1.19g/ml 的浓盐酸。

    （2）质量分数为 28%, 密度 d 为 0.90g/ml 的浓氨水。

12. 在 100ml 水中, 溶解有 11.1g NaCl, 溶液的密度为 1.07g/ml。求 NaCl 的物质的量浓度和摩尔分数。

13. 浓度均为 0.01mol/kg 的葡萄糖、HAc、NaCl、$BaCl_2$ 的水溶液, 凝固点最高、渗透压最大的分别是什么?

14. 将 0.115g 奎宁溶解在 1.36g 樟脑中, 其凝固点为 169.6℃, 试计算奎宁的摩尔质量。已知: 樟脑的凝固点为 179.8℃, K_f = 39.70K·kg/mol。

15. 如果 30g 水中含有甘油 $C_3H_8O_3$ 1.5g, 求溶液的沸点。已知: 水的 K_b = 0.512K·kg/mol。

16. 将 40.00g 血红蛋白(Hb)溶于足量水中配成 1L 溶液, 若此溶液在 298K 的渗透压是 1.52kPa, 计算 Hb 的摩尔质量。

17. 孕酮是一种雌性激素, 其中含 9.5% H、10.2% O 和 80.3% C。今有 2.0g 孕酮试样溶于 20.0g 苯, 所得的溶液的凝固点为 277.04K, 求孕酮的分子式。已知: 苯的 K_f = 5.1K·kg/mol, T_f = 278.5K。

第二章同步练习

（衷友泉　张浩波）

第三章 化学平衡基础

人们在研究和利用化学反应时，不仅需要了解一定条件下反应的方向和速率，还须知道反应进行的程度大小，即在给定条件下反应物转化成生成物的最大限度，也就是化学平衡。本章将介绍化学平衡基础知识，为溶液中四大化学平衡的学习奠定基础。

第一节 可逆反应与化学平衡

一、化学反应的可逆性

对化学反应研究发现，不同反应完成的程度不尽相同。如下列反应：$H_2(g) + F_2(g) \longrightarrow 2HF(g)$，其逆向进行的程度极小，与正向反应进行的程度相比，可以忽略不计。像这种在一定条件下，反应物几乎完全转变为生成物，同时生成物几乎不能生成反应物的反应称为不可逆反应（irreversible reaction）。放射性元素蜕变反应也是典型的不可逆核反应。通常用符号"$\longrightarrow$"或"$=\!=\!=$"表示不可逆反应。

又如，高温下在封闭体系发生的 $H_2(g) + I_2(g) \rightleftharpoons 2HI(g)$ 反应，在氢气和碘蒸气反应生成碘化氢蒸气的同时，也进行着碘化氢分解生成氢气和碘蒸气的反应。像这种在相同条件下，既可以向某一方向进行，又可以向相反方向进行的反应称为可逆反应（reversible reaction）。通常把可逆反应中按化学反应计量方程式从左向右进行的反应叫做正反应，从右向左进行的反应叫做逆反应。可逆反应通常用符号"$\rightleftharpoons$"表示。

实际上，绝大多数的化学反应都具有可逆性，只不过可逆程度不同而已，不可逆反应的可逆程度极其微小。因此，一般说来，可逆性是化学反应的普遍特征，而反应的可逆性必然会导致体系中化学平衡的建立。

二、化学平衡的建立与特征

对某可逆反应,随着反应的进行,反应物的浓度逐渐减小,则正反应速率逐渐降低,生成物的浓度逐渐增加,则逆反应速率逐渐增大,最终达到正、逆反应速率相等,如图 3-1 所示。此时,体系中反应物和生成物的浓度不再随时间发生变化,反应达到了最大限度,体系处于平衡状态。因此化学平衡(chemical equilibrium)是指一定温度下,封闭体系中进行的可逆反应正、逆反应速率相等时的一种状态,平衡状态是该条件下反应进行的最大限度。

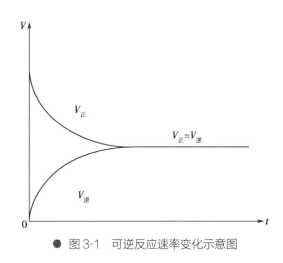

● 图 3-1　可逆反应速率变化示意图

化学平衡状态具有以下几个特征。

（1）化学平衡建立的条件:正、逆反应速率相等时,达到平衡状态。

（2）化学平衡是动态平衡:达到平衡时,从宏观上看,反应似乎"静止"了。但实际上,正、逆反应仍在以相等的速率进行,正、逆反应的效果相互抵消,反应体系中各组分的浓度已不再随反应时间而改变,即反应物与生成物处于动态平衡。

（3）化学平衡是条件平衡:化学平衡是在一定的条件下建立的,当外界条件改变时,平衡将会发生移动,直至在新的条件下建立起新的化学平衡。

【思考题 3-1】化学平衡的特征有哪些?

第二节　化学平衡常数

化学反应普遍具有可逆性,但可逆程度却不尽相同。化学平衡常数可以定量地衡量可逆反应到达平衡状态时,反应进行程度的大小。根据来源和表示方法,化学平衡常数有实验平衡常数和标准平衡常数。

一、实验平衡常数

大量可逆反应的实验结果表明，在一定温度下，可逆反应无论是从正反应开始，还是从逆反应开始，达到平衡时，各生成物的平衡浓度或平衡分压以反应方程式中计量系数为指数的幂的乘积与各反应物平衡浓度或平衡分压以反应方程式中计量系数为指数的幂的乘积之比是一个常数，与各物质的起始浓度无关。即一定温度下，对任一可逆反应

$$a\text{A} + d\text{D} \Longrightarrow e\text{E} + f\text{F}$$

达平衡时，体系中各物质之间存在如下关系：

若平衡为溶液体系：
$$K_c = \frac{[\text{E}]^e[\text{F}]^f}{[\text{A}]^a[\text{D}]^d}$$
式（3-1）

若平衡为气相体系：
$$K_p = \frac{[p_{eq}(\text{E})]^e[p_{eq}(\text{F})]^f}{[p_{eq}(\text{A})]^a[p_{eq}(\text{D})]^d}$$
式（3-2）

式（3-1）和式（3-2）中各物质的浓度和分压均是平衡浓度或平衡分压，如 [E] 代表 E 物质的平衡浓度。$p_{eq}(\text{E})$ 代表气相物质 E 的平衡分压（eq 表示平衡），a、d、e 和 f 分别表示各物质在化学平衡式中的化学计量系数。式中平衡浓度或平衡分压都是实验测定值，因此 K_c 和 K_p 称为实验平衡常数，也叫经验平衡常数。需要指出的是，气相体系的平衡常数也可以用 K_c 表示，K_c 与 K_p 存在一定的换算关系。

从式（3-1）和式（3-2）可以看出，K_c 或 K_p 数值越大，表示正反应进行的程度越大，因此可以用化学平衡常数表示一定条件下可逆反应进行程度的大小。

从式（3-1）和式（3-2）也不难看出，K_c 或 K_p 的量纲是不确定的，随分压或浓度所用的单位不同而异，而且一般不为 1，除非反应前后化学计量系数之和相等。对于气相反应，既有 K_c 也有 K_p，尽管表达的是同一平衡态，但数值可能不同。此外，实验平衡常数需要通过实验测定获得。因此在讨论化学平衡时，为应用方便起见，引入了标准平衡常数的概念。

二、标准平衡常数

（一）标准平衡常数的定义

在了解标准平衡常数之前，先定义标准浓度、标准压力、相对浓度（或相对分压）、相对平衡浓度（或相对平衡分压）的概念。

热力学规定，溶液中物质的标准浓度为 1mol/L，用 $c^\ominus$ 表示；气相物质的标准压力为 100kPa，用 $p^\ominus$ 表示。相对浓度则是以物质某时刻的浓度除以标准浓度得到的一个量纲为 1 的比值，用 $c/c^\ominus$ 表示；以气相物质某时刻的分压除以标准压力得到的一个量纲为 1 的比值则称为相对分压，用 $p/p^\ominus$ 表示。

将平衡浓度除以标准浓度 $c^\ominus$，得到的比值称为相对平衡浓度，如物质 B 的相对平衡浓度表示为 $[\text{B}]/c^\ominus$；将平衡分压除以标准压力，得到的比值称为相对平衡分压，如气相物质 B 的相对平衡分压为 $p_{eq}(\text{B})/p^\ominus$。

在一定温度下,可逆反应达到化学平衡时,若将平衡浓度或平衡分压用相对平衡浓度或相对平衡分压表示,得到的常数称作标准平衡常数(standard equilibrium constant),用 $K^\ominus$ 表示。即对任一可逆反应:

$$cC(g)+dD(aq) \rightleftharpoons yY(g)+zZ(aq)+xX(s)$$

在一定温度下达平衡时,反应的标准平衡常数 $K^\ominus$ 为:

$$K^\ominus = \frac{[p_{eq}(Y)/p^\ominus]^y([Z]/c^\ominus)^z}{[p_{eq}(C)/p^\ominus]^c([D]/c^\ominus)^d} \qquad \text{式(3-3)}$$

式(3-3)中, $p_{eq}(Y)/p^\ominus$、$p_{eq}(C)/p^\ominus$、$[Z]/c^\ominus$、$[D]/c^\ominus$ 分别为物质 Y、C、D、Z 的相对平衡分压和相对平衡浓度。因标准浓度 $c^\ominus = 1mol/L$,则 $K^\ominus$ 的表达式可简写为:

$$K^\ominus = \frac{[p_{eq}(Y)/p^\ominus]^y[Z]^z}{[p_{eq}(C)/p^\ominus]^c[D]^d} \qquad \text{式(3-4)}$$

显然,$K^\ominus$ 量纲为1。

$K^\ominus$ 可以根据化学反应方程式,通过热力学函数关系计算获得,所以也称为热力学平衡常数。$K^\ominus$ 反映了可逆反应进行程度的大小,其值越大,正反应进行的程度越大,到达平衡时反应物的转化率越高;反之,反应正向进行的程度越小,反应的转化率越低。$K^\ominus$ 只与化学反应的本质和温度有关,与浓度、分压、反应达到平衡的方向和时间均无关。由于 $K^\ominus$ 无须实验测定,且量纲为1,应用方便,因此本书中的平衡常数均为标准平衡常数。

(二)书写标准平衡常数的注意事项

1. 确定各物质的热力学状态 若物质是溶液中的溶质,以相对平衡浓度表示(严格地讲,相对平衡浓度应该用活度表示,但一般稀溶液中,可近似为相对平衡浓度),为简化起见,$c^\ominus$ 可不写出,直接用平衡浓度表示。若物质是气体,以相对平衡分压表示(注意 $p^\ominus$ 不能省略);纯固体和纯液体不出现在 $K^\ominus$ 表达式中(相对平衡浓度为1);如果 H_2O 参与反应,但反应在水溶液中进行,其浓度不列入(因反应前后浓度基本不变),但在非水溶液中进行,则其浓度必须列入。例如:

$$CaCO_3(s) \rightleftharpoons CaO(s)+CO_2(g) \qquad K^\ominus = \frac{p_{eq}(CO_2)}{p^\ominus}$$

$$Br_2(l) \rightleftharpoons Br_2(g) \qquad K^\ominus = \frac{p_{eq}(Br_2)}{p^\ominus}$$

$$Cr_2O_7^{2-}(aq)+3H_2O(l) \rightleftharpoons 2CrO_4^{2-}(aq)+2H_3O^+(aq) \qquad K^\ominus = \frac{[CrO_4^{2-}]^2[H_3O^+]^2}{[Cr_2O_7^{2-}]}$$

2. $K^\ominus$ 要与其化学反应方程式相对应 对于同一反应,若反应方程式化学计量系数不同,$K^\ominus$ 的表达式和数值亦不相同。例如:

$$2SO_2(g)+O_2(g) \rightleftharpoons 2SO_3(g) \qquad K_1^\ominus = \frac{[p_{eq}(SO_3)/p^\ominus]^2}{[p_{eq}(SO_2)/p^\ominus]^2[p_{eq}(O_2)/p^\ominus]}$$

$$SO_2(g)+\frac{1}{2}O_2(g) \rightleftharpoons SO_3(g) \qquad K_2^\ominus = \frac{[p_{eq}(SO_3)/p^\ominus]}{[p_{eq}(SO_2)/p^\ominus][p_{eq}(O_2)/p^\ominus]^{1/2}}$$

$$2SO_3(g) \rightleftharpoons 2SO_2(g) + O_2(g) \qquad K_3^\ominus = \frac{[p_{eq}(SO_2)/p^\ominus]^2[p_{eq}(O_2)/p^\ominus]}{[p_{eq}(SO_3)/p^\ominus]^2}$$

$K_1^\ominus = (K_2^\ominus)^2 = \dfrac{1}{K_3^\ominus}$，$K_1^\ominus$、$K_2^\ominus$、$K_3^\ominus$ 数值不等。

推广得到如下结论：如果化学反应方程式的计量系数乘以 n，则反应的标准平衡常数等于原反应标准平衡常数的 n 次方；如果化学反应方程式的计量系数除以 n，则反应的标准平衡常数为原反应标准平衡常数的 n 次方根；正、逆反应的标准平衡常数互为倒数。

【思考题3-2】实验（经验）平衡常数与标准平衡常数有何区别？

（三）多重平衡原理

在实际应用中遇到的化学平衡体系，通常同时存在多个平衡，各个平衡互相联系，有的物质同时参与了多个化学平衡，其平衡浓度或平衡分压同时满足多个平衡，这种平衡体系称为多重平衡体系。

在多重平衡体系中，相同温度下，如果某一平衡可以由几个平衡相加（或相减）得到，则该平衡的 $K^\ominus$ 等于几个平衡 $K^\ominus$ 的乘积（或商），这种关系称为多重平衡原理。根据多重平衡原理，利用已知化学反应的 $K^\ominus$，可求算一些未知化学反应的 $K^\ominus$。例如：

$$2BrCl(g) \rightleftharpoons Cl_2(g) + Br_2(g) \qquad K_1^\ominus \qquad\qquad (1)$$

$$I_2(g) + Br_2(g) \rightleftharpoons 2IBr(g) \qquad K_2^\ominus \qquad\qquad (2)$$

（1）+（2）可得下列反应：

$$2BrCl(g) + I_2(g) \rightleftharpoons Cl_2(g) + 2IBr(g) \qquad K_3^\ominus \qquad\qquad (3)$$

则 $K_3^\ominus = K_1^\ominus \cdot K_2^\ominus$。但应注意，所有平衡常数必须是相同温度时的值，否则此原理不能使用。

（四）标准平衡常数的应用

1. 计算平衡体系的组成　一定温度下，$K^\ominus$ 可以用来衡量可逆反应进行的程度大小，而且，已知反应物的起始浓度，根据 $K^\ominus$ 还可以计算各物质的平衡浓度（或平衡分压）、反应物的平衡转化率等。

可逆反应进行程度的大小也常用平衡转化率 α 来表示，α 是指反应达到平衡时，某反应物已转化的量与反应前该物质的总量之比，即：

$$\alpha = \frac{\text{平衡时某物质转化的量}}{\text{该物质初始总量}} \times 100\% \qquad\qquad \text{式（3-5）}$$

平衡转化率简称转化率，是化学反应在某条件下的最大转化率，其值越大，表示该条件下反应进行的程度越大。在一定温度下，转化率与反应体系的起始状态有关，而且必须明确指出是反应物中哪种物质的转化率。

虽然 $K^\ominus$ 与 α 都可以表示反应程度的大小，但 $K^\ominus$ 只与温度有关，与起始浓度无关，而 α 不仅与温度有关，还与起始浓度有关。

【例题3-1】763.8K 时，反应 $H_2(g) + I_2(g) \rightleftharpoons 2HI(g)$ 的 $K^\ominus = 45.7$。若反应开始时 H_2 和 I_2 的浓度均为 $1.00mol/L$，计算反应达到平衡时各物质的平衡浓度及 I_2 的转化率。

解 设达平衡时 $c(\text{HI})$ 为 $x\,\text{mol/L}$，则：

$$\text{H}_2(\text{g}) \;+\; \text{I}_2(\text{g}) \Longleftrightarrow 2\text{HI}(\text{g})$$

相对起始浓度   1.00   1.00   0

相对平衡浓度 $1.00-\dfrac{1}{2}x$ $1.00-\dfrac{1}{2}x$ x

$$K^{\ominus} = \frac{[p_{\text{eq}}(\text{HI})/p^{\ominus}]^2}{[p_{\text{eq}}(\text{H}_2)/p^{\ominus}][p_{\text{eq}}(\text{I}_2)/p^{\ominus}]} = \frac{[p_{\text{eq}}(\text{HI})]^2}{p_{\text{eq}}(\text{H}_2)\,p_{\text{eq}}(\text{I}_2)} = \frac{[\text{HI}]^2(RT)^2}{[\text{H}_2][\text{I}_2](RT)^2} = \frac{[\text{HI}]^2}{[\text{H}_2][\text{I}_2]}$$

$$45.7 = \frac{x^2}{\left(1.00-\dfrac{1}{2}x\right)\left(1.00-\dfrac{1}{2}x\right)}$$

$$x = 1.54$$

所以达到平衡时各物质的浓度分别为：

$$[\text{H}_2] = [\text{I}_2] = (1.00-1.54/2)\,\text{mol/L} = 0.23\,\text{mol/L}$$

$$[\text{HI}] = 1.54\,\text{mol/L}$$

I_2 的平衡转化率为：

$$\alpha = (0.77/1.00)\times100\% = 77\%。$$

2. 预测可逆反应的方向   对任一可逆反应，例如：

$$c\text{C}(\text{g})+d\text{D}(\text{aq}) \Longleftrightarrow y\text{Y}(\text{g})+z\text{Z}(\text{aq})+x\text{X}(\text{s})$$

令：

$$Q = \frac{[p(\text{Y})/p^{\ominus}]^y[c(\text{Z})/c^{\ominus}]^z}{[p(\text{C})/p^{\ominus}]^c[c(\text{D})/c^{\ominus}]^d}$$

式中，$p(\text{Y})$、$p(\text{C})$、$c(\text{Z})$、$c(\text{D})$ 为任意时刻 Y、C、Z、D 的分压及浓度，Q 称为反应商。Q 表示任意时刻下各生成物的相对浓度或相对分压以反应方程式中计量系数为指数的幂的乘积与各反应物的相对浓度或相对分压以反应方程式中计量系数为指数的幂的乘积之比。Q 的数学表达式与标准平衡常数 $K^{\ominus}$ 的形式类似，但前者中物质的分压和浓度为任意时刻下的，而后者为平衡时刻下的。通过比较 Q 与 $K^{\ominus}$ 的关系，可判断化学反应是否达到平衡，以及平衡移动的方向。

当 $Q<K^{\ominus}$ 时，说明生成物的分压 $p(\text{Y})$ 和浓度 $c(\text{Z})$ 比平衡时小，此时化学反应正向进行。当 $Q>K^{\ominus}$ 时，说明生成物的分压 $p(\text{Y})$ 和浓度 $c(\text{Z})$ 比平衡时大，则化学反应逆向移动。当 $Q=K^{\ominus}$ 时，化学反应达到平衡状态，此时 Q 中的分压（或浓度）即为相对平衡分压（或相对平衡浓度）。

第三节   影响化学平衡的因素

化学平衡是在一定条件下建立的，是动态平衡。当外界条件如浓度、压力、温度等发生改变，原有的平衡状态就被破坏，反应将自发地正向或逆向进行，直至在新的条件下建立新的平衡。这种因外界条件的改变使可逆反应从一种平衡状态向另一种平衡状态转变的过程，称为化学平衡的移动（shift of chemical equilibrium）。下面讨论浓度、压力、温度及催化剂等对化学平衡的影响。

一、浓度对化学平衡的影响

在一定的温度下,浓度的改变会影响平衡移动的方向,但不能改变反应的 $K^\ominus$ 值。因此,可根据反应商(Q)判据来推断化学平衡移动的方向。由反应商判据可知,在平衡态时,$Q = K^\ominus$;若增加反应物的浓度或者减小生成物的浓度,都会使 Q 减小,此时 $Q < K^\ominus$,原有平衡将被破坏,平衡向正反应方向移动。反之,如果增加生成物的浓度或减小反应物的浓度,将导致 $Q > K^\ominus$,平衡逆向移动。

在实际工作中,为了尽可能利用某一反应物,常用过量的另一种廉价反应物和它作用,即增大另一反应物的浓度,并将生成物从反应系统中不断地分离出去,以便得到更多的生成物。

【例题 3-2】已知某温度时,反应 $CH_3COOC_2H_5 + NaOH \rightleftharpoons CH_3COONa + C_2H_5OH$ 的 $K^\ominus$ 为 4.5。若反应体系中:$c(CH_3COOC_2H_5) = c(NaOH) = 5.0\,mol/L$,$c(CH_3COONa) = 2.5\,mol/L$,$c(C_2H_5OH) = 5.0\,mol/L$,问:

(1)此时反应向何方进行?达到平衡时,各物质的浓度是多少?乙酸乙酯($CH_3COOC_2H_5$)的转化率是多少?

(2)如果温度不变,在上述平衡体系中增加 NaOH 的浓度至 $10.0\,mol/L$,平衡将如何移动?乙酸乙酯共转化多少?

解 (1)根据题意:

$$Q = \frac{c(CH_3COONa)\,c(C_2H_5OH)}{c(CH_3COOC_2H_5)\,c(NaOH)} = \frac{5.0 \times 2.5}{5.0 \times 5.0} = 0.50$$

$Q < K^\ominus$,反应正向自发。

设平衡时 $CH_3COOC_2H_5$ 消耗了 $x\,mol/L$,则:

$$CH_3COOC_2H_5 + NaOH \rightleftharpoons CH_3COONa + C_2H_5OH$$

相对起始浓度	5.0	5.0	2.5	5.0
相对平衡浓度	$5.0 - x$	$5.0 - x$	$2.5 + x$	$5.0 + x$

$$K^\ominus = \frac{[CH_3COONa][C_2H_5OH]}{[CH_3COOC_2H_5][NaOH]} = \frac{(2.5+x)(5.0+x)}{(5.0-x)(5.0-x)} = 4.5$$

$$x = 2.24$$

所以平衡时 $\quad c(CH_3COOC_2H_5) = c(NaOH) = (5.0 - 2.24)\,mol/L = 2.76\,mol/L$

$$c(CH_3COONa) = (2.5 + 2.24)\,mol/L = 4.74\,mol/L$$

$$c(C_2H_5OH) = (5.0 + 2.24)\,mol/L = 7.24\,mol/L$$

$CH_3COOC_2H_5$ 的转化率为:

$$\alpha = \frac{2.24}{5.0} \times 100\% = 44.8\%$$

(2)根据题意:

$$Q = \frac{c(CH_3COONa)\,c(C_2H_5OH)}{c(CH_3COOC_2H_5)\,c(NaOH)} = \frac{7.24 \times 4.74}{10 \times 2.76} = 1.24$$

$Q < K^\ominus$，反应正向进行。

设达到新平衡时 $CH_3COOC_2H_5$ 又消耗了 y mol/L，则：

$$CH_3COOC_2H_5 + NaOH \rightleftharpoons CH_3COONa + C_2H_5OH$$

相对起始浓度   2.76   10   4.74   7.24

相对平衡浓度 $2.76 - y$ $10 - y$ $4.74 + y$ $7.24 + y$

$$K^\ominus = \frac{[CH_3COONa][C_2H_5OH]}{[CH_3COOC_2H_5][NaOH]} = \frac{(4.74+y)(7.24+y)}{(2.76-y)(10-y)} = 4.5$$

$$y = 1.39$$

达到新平衡时乙酸乙酯共转化 $(2.24 + 1.39)$ mol/L $= 3.63$ mol/L

二、压力对化学平衡的影响

压力的变化对没有气体参加的化学反应影响不大，因为压力对液体和固体体积的影响很小。但对于有气体参加的反应，压力改变可能会使 Q 发生变化。当 $Q \neq K^\ominus$ 时，化学平衡将发生移动。改变压力的方法有改变组分分压和总压两种方式。

1. 改变分压对化学平衡的影响   在温度、体积不变的条件下，改变平衡体系中任意一种反应物或产物的分压，其对平衡的影响与浓度的影响相似。即增大反应物的分压或减小产物的分压，Q 减小，$Q < K^\ominus$，平衡正向移动；反之，减小反应物的分压或增大产物的分压，Q 增大，$Q > K^\ominus$，平衡逆向移动。

2. 改变总压对化学平衡的影响   对于有气体参与的化学反应，改变体系的体积会使体系总压和各物质的分压发生变化。以合成氨反应为例说明总压的影响。

合成氨反应在某温度下达到平衡：

$$N_2(g) + 3H_2(g) \rightleftharpoons 2NH_3(g)$$

$$K^\ominus = \frac{[p_{eq}(NH_3)/p^\ominus]^2}{[p_{eq}(N_2)/p^\ominus][p_{eq}(H_2)/p^\ominus]^3}$$

若压缩体积，将平衡体系的总压增至原来的两倍，此时各组分的分压也分别变为原来的两倍，则有：

$$Q = \frac{[2p_{eq}(NH_3)/p^\ominus]^2}{[2p_{eq}(N_2)/p^\ominus][2p_{eq}(H_2)/p^\ominus]^3} = \frac{1}{4}K^\ominus$$

此时：$Q < K^\ominus$，反应正向进行。即增大体系的总压，平衡向正反应方向移动，或向气体分子数减少的方向移动。

若增加体积，将平衡体系的总压降至原来的二分之一，此时各组分的分压也分别变为原来的二分之一，则有：

$$Q = \frac{[\frac{1}{2}p_{eq}(NH_3)/p^\ominus]^2}{[\frac{1}{2}p_{eq}(N_2)/p^\ominus][\frac{1}{2}p_{eq}(H_2)/p^\ominus]^3} = 4K^\ominus$$

此时：$Q > K^\ominus$，反应逆向进行，即降低体系的总压，平衡向逆反应方向移动，或向气体分子数增加的方向移动。

同理,对下列反应:

$$CO(g) + H_2O(g) \Longrightarrow CO_2(g) + H_2(g)$$

由于该反应在反应前后气体分子数目相等,因此改变体系总压,$Q = K^\ominus$,平衡不发生移动。这意味着对于反应前后气体分子数相等的化学反应,改变总压,平衡不会发生移动。

对任一气相反应:

$$cC(g) + dD(g) \Longrightarrow yY(g) + zZ(g)$$

设 $\Delta n =$ 生成物气体分子总数 $-$ 反应物气体分子总数,则根据 Δn 可得以下结论:

(1)当 $\Delta n = 0$,改变总压,各气体物质的分压均以相同倍数改变,故不会改变 Q 值,$Q = K^\ominus$,平衡不发生移动。

(2)若 $\Delta n \neq 0$,体系总压改变时,$Q \neq K^\ominus$,平衡将发生移动。增加总压,平衡将向气体分子总数减少的方向移动;减小总压,平衡将向气体分子总数增加的方向移动。

【例题 3-3】平衡体系 $N_2O_4(g) \Longrightarrow 2NO_2(g)$ 在某温度和 100kPa 时,N_2O_4 的转化率为 50%,问压力增加到 200kPa 时,N_2O_4 的转化率为多少?

解 设起始 N_2O_4 为 n mol,其转化率为 α,则:

$$N_2O_4(g) \Longrightarrow 2NO_2(g)$$

起始(mol)　　　　　　n　　　　　　0

平衡时(mol)　　　　$n(1-\alpha)$　　　　$2n\alpha$

由于 $p_i = p_总 x_i$(x_i 为摩尔分数),$n_总 = n(1+\alpha)$,则:

$$K^\ominus = \frac{[p_{eq}(NO_2)/p^\ominus]^2}{p_{eq}(N_2O_4)/p^\ominus} = \frac{(\dfrac{2\alpha}{1+\alpha} \times \dfrac{p_总}{p^\ominus})^2}{\dfrac{1-\alpha}{1+\alpha} \times \dfrac{p_总}{p^\ominus}} = \frac{4\alpha^2}{1-\alpha^2}\frac{p_总}{p^\ominus}$$

当 $p_{总1} = 100kPa$,$p_{总2} = 200kPa$,$\alpha_1 = 0.5$ 时,则:

$$\frac{4\alpha_1^2}{1-\alpha_1^2}p_{总1} = \frac{4\alpha_2^2}{1-\alpha_2^2}p_{总2}$$

$$\frac{0.25}{1-0.25} = \frac{\alpha_2^2}{1-\alpha_2^2} \times 2$$

得 $\alpha_2 = 0.378 = 37.8\%$

3. 惰性气体对化学平衡的影响　惰性气体是指不能与研究对象发生化学反应的气态物质。如果在平衡体系中引入惰性气体,对化学平衡的影响分两种情况。

(1)在等温等容条件下:向已达到平衡的反应体系中加入惰性气体,体系总压增加,但各组分分压未改变,即加入的惰性气体并未改变体系中各组分的分压,$Q = K^\ominus$,平衡不发生移动。

(2)在等温等压条件下:向已达到平衡的反应体系中加入惰性气体,为保持总压不变,体系的体积必须增大,此时体系中各组分气体的分压减小,平衡向气体分子数增多的方向移动。

三、温度对化学平衡的影响

浓度、压力以及惰性气体等对化学平衡的影响都只能改变平衡的组成,从而影响 Q 值。而温

度则是通过改变 $K^\ominus$ 来影响化学平衡的,因为 $K^\ominus$ 是温度的函数。

通过化学热力学可以导出温度与标准平衡常数 $K^\ominus$ 的关系式:

$$\ln\frac{K_2^\ominus}{K_1^\ominus} = \frac{\Delta_r H_m^\ominus}{R}\left(\frac{1}{T_1} - \frac{1}{T_2}\right)$$ 式(3-6)

式(3-6)称为范托夫方程(van't Hoff equation),其中 $K_1^\ominus$ 和 $K_2^\ominus$ 分别表示温度 T_1 和 T_2 时的标准平衡常数;$\Delta_r H_m^\ominus$ 为化学反应的标准摩尔焓变(定压热),其中 r 表示反应(reaction),m 表示 mol。R 是摩尔气体常数,其值取 8.314J/(mol·K)。由式(3-6)可以看出:

(1)当正反应为吸热反应($\Delta_r H_m^\ominus > 0$)时:若升高温度($T_2 > T_1$),则 $K_2^\ominus > K_1^\ominus$,平衡常数随温度的升高而增大,导致 $Q < K_2^\ominus$,平衡正向移动,即向吸热方向移动。若降低温度($T_2 < T_1$),则 $K_2^\ominus < K_1^\ominus$,平衡常数随温度的降低而增大,从而导致 $Q > K_2^\ominus$,平衡逆向移动,即向放热方向移动。

(2)当正反应为放热反应($\Delta_r H_m^\ominus < 0$)时:若升高温度($T_2 > T_1$),则 $K_2^\ominus < K_1^\ominus$,$Q > K_2^\ominus$,平衡逆向移动,即向吸热方向移动。若降低温度($T_2 < T_1$),则 $K_2^\ominus > K_1^\ominus$,$Q < K_2^\ominus$,平衡正向移动,即向放热方向移动。

总之,升高温度,平衡向吸热反应方向进行;降低温度,平衡向放热反应方向进行。

应用范托夫方程,已知某温度下反应的标准平衡常数,可以计算该反应其他温度下的标准平衡常数。

【例题3-4】已知反应:$2SO_2(g) + O_2(g) \rightleftharpoons 2SO_3(g)$,298.15K 时的 $K^\ominus = 6.8 \times 10^{24}$,$\Delta_r H_m^\ominus(298.15K) = -197.78kJ/mol$,求 723K 时的 $K^\ominus$。

解 由式(3-6)得:

$$\ln\frac{K_2^\ominus}{K_1^\ominus} = \frac{\Delta_r H_m^\ominus}{R}\left(\frac{1}{T_1} - \frac{1}{T_2}\right)$$

已知 $T_1 = 298.15K$,$K_1^\ominus = 6.8 \times 10^{24}$,$T_2 = 723K$,则:

$$\ln\frac{K_2^\ominus}{6.8 \times 10^{24}} = \frac{-197.78 \times 1\,000J/mol}{8.314J/(mol \cdot K)}\left(\frac{1}{298.15K} - \frac{1}{723K}\right)$$

$$K_2^\ominus(723K) = 2.95 \times 10^4$$

四、催化剂对化学平衡的影响

除了浓度、压力和温度等因素会影响反应速率外,催化剂也是影响反应速率的另一重要因素,在现代化工生产中 80%~90% 的反应过程都使用催化剂,如合成氨、石油裂解、油脂加氢和药物合成等。

催化剂是一种能改变化学反应速率,但自身的化学组成、性质和质量在反应前后不发生变化的物质。催化剂对化学反应速率的影响称为催化作用,能加速反应速率的催化剂称为正催化剂,能减缓反应速率的催化剂称为负催化剂。常见的催化剂大多是金属、金属氧化物、多酸化合物、配合物和酶等。

催化剂虽然能改变化学反应速率,缩短到达平衡的时间,但对于任一确定的可逆反应来说,催化剂同等程度的加快或减慢正、逆反应的速率,无论是否使用催化剂,正、逆反应的速率均相等,因此,催化剂不会影响化学平衡状态,也不会使化学平衡发生移动。

另外,催化剂不是万能的,只有在特定条件下才具有催化活性,并且具有高度选择性,相同反应物在不同催化剂作用下可生成不同生成物。

总结浓度、压力和温度对化学平衡移动的影响,可以得出一个结论:如果改变平衡体系的条件之一(如浓度、压力或温度),平衡就会向减弱这种改变的方向移动。这一规律称为化学平衡移动原理,又称为吕·查德里原理(Le Chatelier principle)。但必须注意,吕·查德里原理只适用于已达平衡的体系,而不适用于非平衡体系。

白酒的人工
催陈与化学
平衡(文档)

【思考题3-3】催化剂为什么不影响化学平衡?

本章小结

本章讨论了化学平衡的基础知识,主要内容归纳如下。

1. 化学平衡及特征   正、逆反应速率相等时的状态称化学平衡状态,简称化学平衡。平衡特征:化学平衡是动态平衡,平衡时体系中反应物和生成物的浓度或分压不再随时间发生变化,平衡状态是该条件下反应进行的最大限度;化学平衡是相对的、有条件的。

2. 标准平衡常数   对任一可逆反应

$$cC(g)+dD(aq) \rightleftharpoons yY(g)+zZ(aq)+xX(s)$$

在一定温度下达平衡时,标准平衡常数可表示为:

$$K^{\ominus} = \frac{[p_{eq}(Y)/p^{\ominus}]^y[Z]^z}{[p_{eq}(C)/p^{\ominus}]^c[D]^d}$$

3. 化学平衡的移动   浓度、压力、温度等外界因素的改变会使可逆反应从一种平衡状态向另一种平衡状态转变。根据反应商判据可推测化学平衡移动的方向:

$Q<K^{\ominus}$,平衡正向移动。

$Q>K^{\ominus}$,平衡逆向移动。

$Q=K^{\ominus}$,反应处于平衡态。

吕·查德里原理:如果改变平衡体系的条件之一(如浓度、压力或温度),平衡就会向减弱这种改变的方向移动。

拓展阅读

化学家奥斯特瓦尔德简介

奥斯特瓦尔德(Friedrich Wilhelm Ostwald),德国物理化学家,催化现象研究的开创者。1909年,因在催化作用、化学平衡条件和反应速率等方面的杰出贡献获得诺贝尔化学奖。1895年他提出,在可逆反应中催化剂仅能加速反应平衡的到达,而不能改变平衡常数。1902年提出著名的奥斯特瓦尔德过程,即氨气通过催化剂(例如铂)作用被氧化生成一氧化氮,一氧化氮在空气中氧化为二氧化氮,二氧化氮和水反应生成硝酸和一氧化氮,生成的一氧化氮可以重新利用。这一方法使得肥料和炸药的产量大量增加,正如奥斯特瓦尔德自己所说的"工业的关键在于催化剂的使用"。后来这一过程在其学生马克斯·博登斯坦（Max Bodenstein）等人的改进后，一直广泛应用。

习题

1．判断下列说法是否正确。

（1）一个化学反应的浓度改变时，标准平衡常数也会改变。（　　）

（2）可逆反应达平衡时，各反应物和生成物的浓度相等。（　　）

（3）转化率和平衡常数都可以表示化学反应进行的程度，它们都与浓度无关。（　　）

（4）标准平衡常数不随起始浓度的改变而变化。（　　）

（5）改变反应物和产物的浓度，使 $Q > K^{\ominus}$，平衡将会向右移动。（　　）

（6）对气相反应 $CO(g) + H_2O(g) \rightleftharpoons CO_2(g) + H_2(g)$，体系总压力变化时平衡不会移动。（　　）

2．下列方法中，能改变可逆反应标准平衡常数的是（　　）

　　A．改变体系的温度　　　　　　　　B．改变反应物浓度

　　C．加入催化剂　　　　　　　　　　D．改变平衡压力

3．对于特定的反应，在一定温度下，$K^{\ominus}$ 的值是（　　）

　　A．由该反应的本质决定

　　B．由反应物和生成物的浓度决定

　　C．随反应物和生成物的浓度改变而改变

　　D．与系统是否处于标准状态有关

4．下列反应在同一体系内进行：

　　①$2NO(g) + O_2(g) \rightleftharpoons 2NO_2(g)$　$K_1^{\ominus}$

　　②$2NO_2(g) \rightleftharpoons N_2O_4(g)$　$K_2^{\ominus}$

　　③$2NO(g) + O_2(g) \rightleftharpoons N_2O_4(g)$　$K_3^{\ominus}$

则反应③的标准平衡常数 $K_3^{\ominus}$ 与反应①和反应②的标准平衡常数之间有何关系？

5．甲醇可以通过反应 $CO(g) + 2H_2(g) \rightleftharpoons CH_3OH(g)$ 来合成，498.15K 时该反应的 $K^{\ominus} = 6.08 \times 10^{-3}$。反应开始时 $p(CO) : p(H_2) = 1 : 2$，平衡时 $p_{eq}(CH_3OH) = 50.0 kPa$。计算 CO 和 H_2 的平衡分压。

6．反应 $SO_2Cl_2(g) \rightleftharpoons SO_2(g) + Cl_2(g)$ 在 375K 时，平衡常数 $K^{\ominus} = 2.4$，以 7.6g SO_2Cl_2 和 100kPa 的 Cl_2 作用于 1.0L 的烧瓶中，试计算平衡时 SO_2、SO_2Cl_2 和 Cl_2 的分压。

第三章同步练习

（徐　飞　刘艳菊）

第四章 酸碱平衡

【学习目标】

掌握：一元弱酸、弱碱的电离平衡及溶液 pH 的计算；同离子效应和盐效应对酸碱平衡的影响；缓冲溶液的作用原理、pH 的计算及配制方法。

熟悉：多元弱酸的电离特点及 pH 的计算；各类盐的水解平衡及溶液酸碱度的近似计算。

了解：水的离子积及水溶液酸碱度的表示方法；酸碱质子理论和电子理论。

弱酸、弱碱及大多数的盐溶于水后，由于发生电离反应和水解反应，水溶液的酸碱性将发生改变。我们将弱酸、弱碱在水中产生的电离平衡，盐溶于水后建立的水解平衡统称为酸碱平衡。酸碱平衡在医药学领域具有非常重要的意义，如人体体液中的酸碱平衡体系，对维持人体体液的 pH 在一定范围内起着至关重要的作用；许多中药的种植、栽培、炮制、药材的理化鉴别及中药有效成分的提取等也与酸碱平衡有关。本章将重点讨论水溶液中的酸碱平衡规律以及与酸碱平衡密切相关的重要溶液——缓冲溶液。

第一节 水溶液中的酸碱平衡

一、水的电离及溶液的 pH

（一）水的离子积

作为一个重要的溶剂，纯水是一个很弱的电解质，具有微弱的导电性。这是因为水分子间发生了如下自偶电离：

$$H_2O + H_2O \rightleftharpoons H_3O^+ + OH^-$$

简写成：$H_2O \rightleftharpoons H^+ + OH^-$

根据化学平衡原理，水的自偶电离平衡的标准平衡常数为：

$$K_w^\ominus = [H^+][OH^-]$$

实验测得，298K 时，纯水中 H^+ 和 OH^- 相对平衡浓度为 1.0×10^{-7}。则 298K 时：

$$K_w^\ominus = [H^+][OH^-] = 1.0 \times 10^{-14}$$

$K_w^\ominus$ 称为水的离子积常数，简称水的离子积（ionic product of water）。它表明纯水中 H^+ 和 OH^- 相对平衡浓度的乘积，在一定温度下是一常数。水的离子积具有以下特点：

（1）温度升高，$K_w^\ominus$ 值增大，这是由于水的自偶电离是吸热反应。表 4-1 给出了某些温度下的 $K_w^\ominus$ 值，一般室温范围内，通常采用 $K_w^\ominus = 1.0 \times 10^{-14}$。

（2）水的离子积适用于一切稀水溶液。由于 $K_w^\ominus$ 不随浓度改变，因此，只要是稀水溶液，不论是酸、碱还是盐溶液，总是存在着 [H+] 和 [OH−] 之积等于 $K_w^\ominus$ 的关系。因此已知水溶液的 H+ 浓度，可以求出 OH− 的浓度，反之亦然。

表 4-1　不同温度时水的离子积

T/K	273	283	293	298	323	373
$K_w^\ominus$	1.14×10^{-15}	2.92×10^{-15}	6.81×10^{-15}	1.01×10^{-14}	5.47×10^{-14}	5.51×10^{-13}

（二）水溶液的酸碱性与 pH

任何水溶液中总是同时存在 H+ 和 OH−，当溶液中 [H+] = [OH−] 时，溶液显中性；[H+] > [OH−] 时，溶液显酸性；[H+] < [OH−] 时，溶液显碱性。因此可以用 H+ 浓度或 OH− 浓度表示溶液的酸碱性。

对于 H+ 或 OH− 浓度很小的溶液，为方便，通常采用 H+ 或 OH− 相对浓度的负对数 pH 或 pOH 表示溶液的酸碱性，即：

$$pH = -\lg[H^+] \qquad pOH = -\lg[OH^-]$$

同理可以定义：$pK_w^\ominus = -\lg K_w^\ominus$。

显然，水溶液中：$pH + pOH = pK_w^\ominus$，298K 时，$pH + pOH = 14$。

若 $[H^+] = [OH^-] = 1.0 \times 10^{-7}$，$pH = pOH = 7$ 为中性溶液。

若 $[H^+] > 1.0 \times 10^{-7}$ 或 $[OH^-] < 1.0 \times 10^{-7}$，$pH < 7$ 或 $pOH > 7$ 为酸性溶液。

若 $[H^+] < 1.0 \times 10^{-7}$ 或 $[OH^-] > 1.0 \times 10^{-7}$，$pH > 7$ 或 $pOH < 7$ 为碱性溶液。

由于水的离子积随温度改变，因此，上述稀溶液酸碱性的判断只适于室温范围内。

室温范围内，pH 和 pOH 的适用范围是 0～14 之间。当 pH < 0 时，H+ 浓度大于 1.0mol/L，当 pH > 14 时，OH− 浓度大于 1.0mol/L，此时，直接用 H+ 或 OH− 的浓度表示溶液的酸碱性更方便。

【思考题 4-1】313K 时，pH = 7 的溶液是中性溶液吗？

二、一元弱酸（弱碱）的电离平衡

在水溶液中，一个分子只能电离出一个 H+ 的弱酸称为一元弱酸，只能电离出一个 OH− 的弱碱称为一元弱碱。弱酸、弱碱在水溶液中只有少部分电离，已电离出来的离子和未电离的分子间存在电离平衡（dissociation equilibrium）。

（一）电离平衡与电离常数

以一元弱酸 HAc、一元弱碱 $NH_3 \cdot H_2O$ 为例。一定温度下，HAc、$NH_3 \cdot H_2O$ 在水溶液中存在如下电离平衡：

$$HAc \rightleftharpoons H^+ + Ac^- \qquad NH_3 \cdot H_2O \rightleftharpoons NH_4^+ + OH^-$$

根据化学平衡原理：$K_a^\ominus = \dfrac{[H^+][Ac^-]}{[HAc]}$　　　　$K_b^\ominus = \dfrac{[NH_4^+][OH^-]}{[NH_3 \cdot H_2O]}$

$K_a^\ominus$、$K_b^\ominus$ 是弱酸、弱碱的标准电离平衡常数，简称电离常数（dissociation constant）。电离常数是弱酸、弱碱的特征常数，表示弱酸、弱碱电离程度的大小，其值越大，弱酸、弱碱的电离程度越大，酸、碱性越强；反之，则电离程度越小，酸、碱性越弱。$K_a^\ominus$、$K_b^\ominus$ 与其他化学平衡常数一样，只与温度有关，与浓度无关。但温度对它们的影响并不显著，在温度变化不大时，通常采用常温下（298K）的数值。常见弱酸、弱碱的电离常数列于附录三。

（二）电离度

弱酸、弱碱在溶液中的电离程度还可以用电离度表示。一定温度下，当弱电解质溶液达电离平衡时，已电离的弱电解质分子数与该弱电解质分子总数之比称为电离度（degree of dissociation），用符号 α 表示。即：

$$\alpha = \frac{\text{已电离的分子数}}{\text{电离前的分子总数}} \times 100\% \qquad\qquad \text{式（4-1）}$$

例如，298K 时，0.10mol/L 的 HAc 溶液中，有 1.3×10^{-3}mol/L 的 HAc 分子电离为 H^+ 和 Ac^-，则 HAc 的电离度 α 为 1.3%。

电离度的大小除了与弱电解质的本性有关外，还受外部因素如浓度、温度、溶剂和其他共存电解质的影响。同一弱电解质溶液，浓度越低，电离度越大（见稀释定律）；因电离过程的热效应一般不显著，故温度对电离度影响不大，但水的电离有较明显的吸热现象，温度上升时水的电离度较明显地增大；同一弱电解质在不同的溶剂中电离度也不同；溶液中同时存在其他易溶强电解质时，对弱电解质的电离度也有影响（见同离子效应和盐效应）。

电离常数 $K_a^\ominus(K_b^\ominus)$ 和电离度 α 都能反映弱电解质的电离程度，它们之间既有联系又有区别。$K_a^\ominus(K_b^\ominus)$ 是化学平衡常数的一种形式，只与温度有关，与浓度无关；α 是转化率的一种形式，它表示弱电解质在一定条件下的电离百分率，既与温度有关又与浓度有关。

（三）一元弱酸（弱碱）溶液酸碱度的近似计算

以一元弱酸 HAc 为例。HAc 水溶液中存在以下两个电离平衡：

$$HAc \Longrightarrow H^+ + Ac^- \qquad K_a^\ominus = \frac{[H^+][Ac^-]}{[HAc]}$$

$$H_2O \Longrightarrow H^+ + OH^- \qquad K_w^\ominus = [H^+][OH^-]$$

一元弱酸酸
度的精确计
算（文档）

显然，要精确求出溶液中 H^+ 的浓度，需要考虑上述两个电离平衡。由于水的电离平衡常数 $K_w^\ominus$ 极小，因此一般情况下（即酸不是很弱，也不是很稀），可以忽略水的电离平衡，即在允许的误差范围内，采取合理的近似计算。

设 HAc 的起始浓度为 c mol/L，当 $cK_a^\ominus \geqslant 20K_w^\ominus$ 时，可忽略水的电离平衡（计算的相对误差 < 2.5%），只考虑一元弱酸的电离平衡，则：

$$HAc \Longrightarrow H^+ + Ac^-$$

相对起始浓度　　　　　　　　c　　　　0　　　0

相对平衡浓度　　　　　　$c - [H^+]$　　$[H^+]$　$[H^+]$

代入电离常数表达式得:

$$K_a^\ominus = \frac{[H^+][Ac^-]}{[HAc]} = \frac{[H^+]^2}{c-[H^+]}$$ 式(4-2)

整理得一元二次方程:$[H^+]^2 + K_a^\ominus[H^+] - cK_a^\ominus = 0$

$$[H^+] = -\frac{K_a^\ominus}{2} + \sqrt{\frac{(K_a^\ominus)^2}{4} + cK_a^\ominus}$$ 式(4-3)

式(4-3)为计算一元弱酸 H^+ 浓度的近似公式。

当 $\dfrac{c}{K_a^\ominus} \geqslant 400$ 或 $\alpha \leqslant 5\%$ 时,$c-[H^+] \approx c$(计算的相对误差<2.5%),则式(4-2)可进一步简化为:

$$K_a^\ominus \approx \frac{[H^+]^2}{c}$$

即: $$[H^+] \approx \sqrt{cK_a^\ominus}$$ 式(4-4)

式(4-4)为计算一元弱酸 H^+ 浓度的最简公式。

同理,当 $c \cdot K_b^\ominus \geqslant 20K_w^\ominus$ 时,可推导出计算一元弱碱 OH^- 浓度的近似公式:

$$[OH^-] = -\frac{K_b^\ominus}{2} + \sqrt{\frac{(K_b^\ominus)^2}{4} + cK_b^\ominus}$$ 式(4-5)

当 $\dfrac{c}{K_b^\ominus} \geqslant 400$ 或 $\alpha \leqslant 5\%$ 时,可推导出计算一元弱碱 OH^- 浓度的最简公式:

$$[OH^-] \approx \sqrt{cK_b^\ominus}$$ 式(4-6)

【例题 4-1】计算 0.010mol/L $NH_3 \cdot H_2O$ 溶液的 pH 和电离度 α。已知:$NH_3 \cdot H_2O$ 的 $K_b^\ominus = 1.74 \times 10^{-5}$。

解 $cK_b^\ominus = 1.74 \times 10^{-7} > 20K_w^\ominus$,又 $\because \dfrac{c}{K_b^\ominus} = \dfrac{0.010}{1.74 \times 10^{-5}} > 400$

$\therefore$ 可用最简公式计算:$[OH^-] \approx \sqrt{cK_b^\ominus} = \sqrt{0.010 \times 1.74 \times 10^{-5}} = 4.2 \times 10^{-4}$

$$pOH = -lg[OH^-] = -lg 4.2 \times 10^{-4} = 3.38$$

$$pH = 14 - pOH = 10.62$$

$$\alpha = \frac{[OH^-]}{c} \times 100\% = \frac{4.2 \times 10^{-4}}{0.010} \times 100\% = 4.2\%$$

【例题 4-2】计算 0.010mol/L 某一元弱酸 HA 溶液的 pH 和电离度 α。已知:HA 的 $K_a^\ominus = 2.0 \times 10^{-4}$。

解 $\because cK_a^\ominus = 2.0 \times 10^{-6} > 20K_w^\ominus$,又 $\because \dfrac{c}{K_a^\ominus} = \dfrac{0.010}{2.0 \times 10^{-4}} < 400$

$\therefore$ 不能用最简公式计算,须用近似公式计算:

$$[H^+] = -\frac{K_a^\ominus}{2} + \sqrt{\frac{(K_a^\ominus)^2}{4} + cK_a^\ominus}$$

$$= -\frac{2.0 \times 10^{-4}}{2} + \sqrt{\frac{(2.0 \times 10^{-4})^2}{4} + 1.0 \times 10^{-2} \times 2.0 \times 10^{-4}}$$

$$= 1.3 \times 10^{-3}$$

$$pH = -\lg[H^+] = -\lg 1.3 \times 10^{-3} = 2.89$$

$$\alpha = \frac{[H^+]}{c} \times 100\% = \frac{1.3 \times 10^{-3}}{1.0 \times 10^{-2}} \times 100\% = 13\%$$

【例题 4-3】已知,298K 时,测得 0.10mol/L HAc 溶液的 pH 为 2.89,试求该温度下 HAc 的 $K_a^\ominus$ 和 α。

解 由 pH = 2.89 得,$[H^+] = 10^{-pH} = 10^{-2.89} = 1.3 \times 10^{-3}$

$$\alpha = \frac{[H^+]}{c} \times 100\% = \frac{1.3 \times 10^{-3}}{0.10} \times 100\% = 1.3\%$$

$\because \alpha = 1.3\% < 5\%$,$\therefore$ 可用最简公式计算:

$$K_a^\ominus \approx \frac{[H^+]^2}{c} = \frac{(1.3 \times 10^{-3})^2}{0.10} = 1.7 \times 10^{-5}$$

也可将 $[H^+]$ 直接代入 $K_a^\ominus$ 表达式:

$$K_a^\ominus = \frac{[H^+][Ac^-]}{[HAc]} = \frac{[H^+]^2}{c - [H^+]} = \frac{(1.3 \times 10^{-3})^2}{0.10 - 1.3 \times 10^{-3}} = 1.7 \times 10^{-5}$$

【思考题 4-2】将 HAc 和 HCl 溶液均稀释为原来的二分之一,则两种溶液中 $[H^+]$ 均减小为原来的二分之一,这句话对吗?

三、多元弱酸的电离平衡

在水溶液中,一个分子能够电离出两个或两个以上 H^+ 的弱酸称为多元弱酸,如 H_2S、H_2CO_3、$H_2C_2O_4$ 是二元弱酸,H_3PO_4、H_3AsO_4 是三元弱酸。需要注意的是,对于多元酸的判断,要根据在水溶液中可以电离出的 H^+ 个数,而不是分子中的氢原子个数,如亚磷酸 H_3PO_3 是二元酸。

多元弱酸在水溶液中的电离是分步进行的,多元弱酸在水溶液中依次电离 H^+ 的过程,称为多元弱酸的分步电离(或分级电离)。多元弱酸溶液中存在多个电离平衡,对应每一步电离平衡都有相应的电离常数。如 H_2CO_3 在水溶液中存在如下两步电离:

第一步电离 $\quad H_2CO_3 \rightleftharpoons H^+ + HCO_3^- \quad K_{a1}^\ominus = \dfrac{[H^+][HCO_3^-]}{[H_2CO_3]} = 4.17 \times 10^{-7}$

第二步电离 $\quad HCO_3^- \rightleftharpoons H^+ + CO_3^{2-} \quad K_{a2}^\ominus = \dfrac{[H^+][CO_3^{2-}]}{[HCO_3^-]} = 5.62 \times 10^{-11}$

从 H_2CO_3 的两步电离常数可见,H_2CO_3 的第二步电离程度远小于第一步。这是因为,从离子间的静电引力考虑,从带负电荷的 HCO_3^- 中再电离出一个带正电荷的 H^+,要比从中性分子 H_2CO_3 中电离出一个 H^+ 要困难得多;从平衡角度考虑,第一步电离出的 H^+ 对第二步电离有抑制作用。其他多元弱酸的各级电离常数也具有大致相同的规律,即多元弱酸的分步电离逐级减弱,电离常数逐级显著减小,一般都彼此相差 $10^3 \sim 10^5$,如表 4-2 所示。

多元弱酸溶液中除了存在弱酸的各步电离平衡外,还存在水的电离平衡,属于多重平衡体系,服从多重平衡规则。溶液中的 H^+ 浓度是各平衡所提供 H^+ 浓度的总和,但由于第二步或第三步电离以及水的电离提供的 H^+ 非常少,因此,比较多元弱酸的酸性强弱及近似计算 H^+ 浓度时,一般只考虑第一步电离。

表 4-2　常见多元弱酸的电离平衡常数

多元弱酸	$K_{a1}^{\ominus}$	$K_{a2}^{\ominus}$	$K_{a3}^{\ominus}$
H_2CO_3	4.17×10^{-7}	5.62×10^{-11}	
H_2S	1.32×10^{-7}	7.08×10^{-15}	
H_3PO_4	7.59×10^{-3}	6.31×10^{-8}	4.37×10^{-13}
$H_2C_2O_4$	5.37×10^{-2}	5.37×10^{-5}	
H_3AsO_4	6.30×10^{-3}	10.5×10^{-7}	3.16×10^{-12}

【例题 4-4】常温常压下,H_2S 气体在水中饱和浓度为 0.10mol/L,计算 H_2S 饱和溶液中各离子浓度。已知:H_2S 的 $K_{a1}^{\ominus} = 1.32 \times 10^{-7}$,$K_{a2}^{\ominus} = 7.08 \times 10^{-15}$。

解　$\because cK_{a1}^{\ominus} > 20K_{w}^{\ominus}$,忽略水的电离平衡;$K_{a1}^{\ominus} \gg K_{a2}^{\ominus}$,求 H^+ 近似浓度只考虑第一步电离平衡,按一元弱酸处理。

又 $\because \dfrac{c}{K_{a1}^{\ominus}} > 400$,可用一元弱酸的最简公式计算。

$\therefore [H^+] \approx \sqrt{cK_{a1}^{\ominus}} = \sqrt{0.10 \times 1.32 \times 10^{-7}} = 1.1 \times 10^{-4}$

$[OH^-] = \dfrac{K_{w}^{\ominus}}{[H^+]} = \dfrac{1.0 \times 10^{-14}}{1.1 \times 10^{-4}} = 9.1 \times 10^{-11}$

$[S^{2-}]$ 须根据第二步电离平衡计算:$HS^- \rightleftharpoons H^+ + S^{2-}$

$$K_{a2}^{\ominus} = \frac{[H^+][S^{2-}]}{[HS^-]} = 7.08 \times 10^{-15}$$

由于 $[HS^-] \approx [H^+]$,所以 $[S^{2-}] \approx K_{a2}^{\ominus} = 7.08 \times 10^{-15}$

H_2S 饱和溶液中,存在下述两个电离平衡:

$$H_2S \rightleftharpoons H^+ + HS^- \quad K_{a1}^{\ominus}$$

$$HS^- \rightleftharpoons H^+ + S^{2-} \quad K_{a2}^{\ominus}$$

根据多重平衡规则,将 H_2S 的两步电离平衡相加得总平衡:

$$H_2S \rightleftharpoons 2H^+ + S^{2-}$$

平衡常数 $K^{\ominus} = \dfrac{[H^+]^2[S^{2-}]}{[H_2S]} = K_{a1}^{\ominus} K_{a2}^{\ominus}$

整理得:$[H^+]^2[S^{2-}] = K_{a1}^{\ominus} K_{a2}^{\ominus}[H_2S] \approx K_{a1}^{\ominus} K_{a2}^{\ominus} c(H_2S)$

$$[H^+] \approx \sqrt{\frac{K_{a1}^{\ominus} K_{a2}^{\ominus} c(H_2S)}{[S^{2-}]}}$$

从上式可知,在氢硫酸饱和溶液中,H^+ 浓度与 S^{2-} 浓度的平方根成反比关系。通过调节溶液的 H^+ 浓度,可以控制溶液中的 S^{2-} 浓度,这一点在分析化学离子分离中具有广泛应用(将在沉淀 - 溶解平衡章节中介绍)。

综上所述:

(1)室温下,饱和 H_2S 水溶液的浓度是 0.10mol/L,这是一个重要数据。

(2)当多元弱酸的 $K_{a1}^{\ominus} \gg K_{a2}^{\ominus} \gg K_{a3}^{\ominus}$,求 $[H^+]$ 只考虑第一步电离,按一元弱酸处理,且当 $\dfrac{c}{K_{a1}^{\ominus}} > 400$ 时,可用一元弱酸的最简公式计算:$[H^+] \approx \sqrt{cK_{a1}^{\ominus}}$。

（3）多元弱酸第二步电离平衡所得的酸根离子浓度近似等于$K_{a2}^{\ominus}$，与酸的起始浓度关系不大，如H_2S、H_3PO_4溶液中，$[S^{2-}] \approx K_{a2}^{\ominus}$，$[HPO_4^{2-}] \approx K_{a2}^{\ominus}$。

（4）在氢硫酸饱和溶液中，氢离子和硫离子浓度关系式为：$[H^+] \approx \sqrt{\dfrac{K_{a1}^{\ominus} K_{a2}^{\ominus} c(H_2S)}{[S^{2-}]}}$。

四、电离平衡的移动

根据化学平衡移动原理，改变到达平衡的条件之一，如温度、浓度以及外加电解质等，会引起电离平衡的移动。由于温度对电离平衡的影响较小，下面仅讨论浓度及外加电解质的影响。

（一）浓度的影响

稀释使溶液中离子浓度减小，弱电解质的电离平衡向电离方向移动，电离度增大。以HAc为例推导浓度、电离度和电离常数之间的定量关系。

设一元弱酸HAc的起始浓度为c mol/L，电离常数为$K_a^{\ominus}$，电离度为α，则：

$$HAc \rightleftharpoons H^+ + Ac^-$$

相对起始浓度 $\qquad\qquad c \qquad\quad 0 \qquad 0$

相对平衡浓度 $\qquad\quad c-c\alpha \qquad c\alpha \qquad c\alpha$

$$K_a^{\ominus} = \frac{[H^+][Ac^-]}{[HAc]} = \frac{c\alpha^2}{1-\alpha}$$

当$\dfrac{c}{K_a^{\ominus}} \geqslant 400$或$\alpha \leqslant 5\%$时，$1-\alpha \approx 1$，$K_a^{\ominus} \approx c\alpha^2$

$$\alpha \approx \sqrt{\frac{K_a^{\ominus}}{c}} \qquad\qquad\qquad 式（4-7）$$

同理，对于一元弱碱可推导出：$K_b^{\ominus} \approx c\alpha^2$

$$\alpha \approx \sqrt{\frac{K_b^{\ominus}}{c}} \qquad\qquad\qquad 式（4-8）$$

式（4-7）、式（4-8）表示一元弱酸和一元弱碱的电离度、电离常数、溶液浓度三者之间的定量关系，称为稀释定律（dilution law）。表明在一定温度下，同一弱电解质的电离度与其浓度的平方根成反比，溶液越稀，电离度越大；相同浓度的不同弱电解质的电离度与电离常数的平方根成正比，电离常数越大，电离度也越大。

（二）外加电解质的影响

1. 盐效应　若在弱电解质溶液中加入其他易溶强电解质，弱电解质的电离平衡是否受到影响？以HAc溶液中加入NaCl为例来说明。

HAc是弱电解质，在溶液中存在如下电离平衡：

$$HAc \rightleftharpoons H^+ + Ac^-$$

NaCl是强电解质，在溶液中完全电离。加入NaCl后，溶液的离子强度增加，离子间相互作用增强。离子活度因子减小,离子活度则相应减小,即 H^+ 和 Ac^- 的有效浓度降低,不足以维持原来的平衡。因此 HAc 的电离平衡将向右移动,电离度增大。

【例题4-5】在 0.10mol/L HAc 中加入固体 NaCl,使 NaCl 的浓度达到 0.20mol/L,计算溶液中 $[H^+]$ 和 α。已知:HAc 的 $K_a^{\ominus} = 1.75 \times 10^{-5}$。

解 加入 NaCl 后,溶液的离子强度为(HAc 电离出的 H^+ 和 Ac^- 很少,计算离子强度时只考虑 NaCl):

$$I \approx \frac{1}{2}\sum_i b_i z_i^2 \approx \frac{1}{2}\sum_i c_i z_i^2 = \frac{1}{2} \times (0.20\text{mol/L} \times 1^2 + 0.20\text{mol/L} \times 1^2) \text{ mol/L} = 0.20\text{mol/L}$$

$$\lg\gamma(H^+) = \lg\gamma(Ac^-) = -0.509 \times |z_+ z_-| \left(\frac{\sqrt{I}}{1+\sqrt{I}}\right)$$

$$= -0.509 \times 1 \times \left(\frac{\sqrt{0.20}}{1+\sqrt{0.20}}\right)$$

$$= -0.157$$

$$\gamma(H^+) = \gamma(Ac^-) = 0.70$$

由于离子强度对中性 HAc 分子的影响很小,所以 $\gamma(\text{HAc}) \approx 1.0$,代入平衡常数表达式:

$$K_a^{\ominus} = \frac{a(H^+) \times a(Ac^-)}{a(\text{HAc})} = \frac{\gamma(H^+) \times [H^+] \times \gamma(Ac^-) \times [Ac^-]}{[\text{HAc}]} = \frac{0.70^2 \times [H^+]^2}{0.10}$$

$$[H^+] = \sqrt{\frac{0.10 \times 1.75 \times 10^{-5}}{0.70^2}} = 1.9 \times 10^{-3}$$

$$\alpha = \frac{[H^+]}{c} \times 100\% = \frac{1.9 \times 10^{-3}}{0.10} \times 100\% = 1.9\%$$

由例 4-3 可知,0.10mol/L HAc 溶液的电离度 $\alpha = 1.3\%$,所以加入 NaCl 后,HAc 的电离度略有增加。

这种由于其他易溶强电解质的存在而使弱电解质的电离度略有增大的现象称为盐效应(salt effect)。一般来说,稀溶液中盐效应的影响并不太大。而且,虽然称为盐效应,但并不意味着只有"盐"才有此作用,任何易溶电解质(如酸、碱、盐)的存在,都会或多或少地产生盐效应。

2. 同离子效应 当在弱电解质溶液中加入与弱电解质具有相同离子的易溶强电解质时,将会产生比盐效应更强烈的相反效果,弱电解质的电离度将大大地降低。以 $NH_3 \cdot H_2O$ 溶液中加入 NH_4Cl 为例。

$NH_3 \cdot H_2O$ 是弱电解质,在溶液中存在电离平衡;NH_4Cl 是强电解质,在溶液中完全电离。由于 NH_4Cl 的加入,溶液中 NH_4^+ 浓度增大,使 $NH_3 \cdot H_2O$ 的电离平衡逆向移动,从而降低了氨水的电离度,溶液中 OH^- 浓度降低(pH 减小):

这种在弱电解质溶液中,加入与该弱电解质具有共同离子的易溶强电解质,而使弱电解质的电离度降低的现象,称为同离子效应(common ion effect)。

【例题 4-6】在 0.10mol/L 的 HAc 溶液中,加入 NaAc 晶体,使其浓度为 0.20mol/L,求溶液的 pH 和电离度 α。已知:HAc 的 $K_a^\ominus = 1.75 \times 10^{-5}$。

解

$$HAc \rightleftharpoons H^+ + Ac^-$$

相对起始浓度   0.10   0   0.20

相对平衡浓度 $0.10-[H^+]$ $[H^+]$ $0.20+[H^+]$

代入平衡常数表达式: $K_a^\ominus = \dfrac{[H^+][Ac^-]}{[HAC]} = \dfrac{[H^+](0.20+[H^+])}{0.10-[H^+]}$

由于 Ac^- 的加入,抑制了 HAc 的电离,所以 $0.10-[H^+] \approx 0.10$,$0.20+[H^+] \approx 0.20$,代入上式并整理得: $[H^+] = \dfrac{0.10 \times 1.75 \times 10^{-5}}{0.20} = 8.8 \times 10^{-6}$

$$pH = -lg[H^+] = -lg8.8 \times 10^{-6} = 5.06$$

$$\alpha = \frac{[H^+]}{c} \times 100\% = \frac{8.8 \times 10^{-6}}{0.10} \times 100\% = 8.8 \times 10^{-3}\%$$

由例题 4-3 可知,加入 NaAc 前,0.10mol/L 的 HAc 溶液的电离度为 1.3%,加入 NaAc 后,电离度由 1.3% 下降到 0.008 8%。由此可见,同离子效应使弱电解质电离度降低的幅度比较大。

需要注意的是,在产生同离子效应的同时也会产生盐效应。但由于稀溶液中同离子效应的影响要比盐效应大得多,因此,稀溶液中两效应共存时,一般可忽略盐效应,只考虑同离子效应。

【思考题 4-3】在氨水中分别加入下列物质时,氨水的电离度及 pH 有何变化?①NaCl; ②NH₄Cl;③H₂O;④NaOH;⑤HCl。

五、盐的水解平衡

许多盐溶于水后电离产生的离子,能与水电离产生的 H^+ 和 OH^- 作用生成弱电解质,使水的电离平衡发生移动,从而可能改变水溶液的酸碱度,故大多数盐的水溶液并不显中性。这种盐的组成离子与水电离产生的 H^+ 和 OH^- 结合生成弱电解质的反应叫做盐的水解(hydrolysis of salt)。盐的水解反应是中和反应的逆反应,是可逆反应,也称水解平衡。水解平衡与弱酸、弱碱的电离平衡一样,属于酸碱平衡体系。需要注意的是,不是所有的盐都能发生水解,只有组成盐的酸或碱是弱电解质时,才能发生水解反应,强酸强碱盐在水溶液中不发生水解。

不同的盐,其水溶液的酸碱性不同,可能显酸性、碱性或中性,这与盐的类型有关,下面将讨论不同类型盐的水解平衡及影响水解平衡的因素。

(一)各类盐的水解平衡及溶液酸碱度的计算

1. 弱酸强碱盐   以 NaAc 溶液为例。NaAc 在水溶液中完全电离为 Na^+ 和 Ac^-,由于 NaOH 是强碱,因此,Na^+ 不影响水的电离平衡。但 Ac^- 可与水电离出的 H^+ 结合成弱电解质 HAc 分子,使水的电离平衡向右移动。因此,NaAc 水溶液中存在如下平衡:

$$H_2O \rightleftharpoons H^+ + OH^- \qquad K_w^\ominus = [H^+][OH^-] \qquad (1)$$

$$Ac^- + H^+ \rightleftharpoons HAc \qquad \frac{1}{K_a^\ominus} = \frac{[HAc]}{[H^+][Ac^-]} \qquad (2)$$

（1）和（2）两个平衡相加得 Ac^- 的水解平衡式：

$$Ac^- + H_2O \rightleftharpoons HAc + OH^-$$

从以上水解平衡式可知，弱酸强碱盐的水解，实质上是盐的负离子（弱酸根离子）的水解。达水解平衡时，溶液中 $[OH^-] > [H^+]$，因此溶液显碱性。

根据化学平衡原理，一定温度下，水解平衡的标准平衡常数为：

$$K_h^\ominus = \frac{[HAc][OH^-]}{[Ac^-]} = \frac{K_w^\ominus}{K_a^\ominus}$$

$K_h^\ominus$ 是水解平衡常数，简称水解常数（hydrolysis constant）。弱酸强碱盐的水解常数等于水的离子积与弱酸 $K_a^\ominus$ 的比值。当温度一定时，组成盐的酸越弱（$K_a^\ominus$ 越小），酸根离子的水解程度越大（$K_h^\ominus$ 越大），溶液的碱性越强，反之亦然。

盐的水解程度大小还可以用水解度 h（dregree of hydrolysis）来表示，水解度 h 也属于转化率的一种，与电离平衡中的电离度 α 类似。一定温度下，盐的水解达平衡时：

$$h = \frac{\text{已水解的盐浓度}}{\text{盐的起始浓度}} \times 100\%$$

根据水解平衡和水解常数 $K_h^\ominus$，可计算弱酸强碱盐溶液 OH^- 的近似浓度。以 NaAc 为例。设 NaAc 的起始浓度为 c mol/L，达水解平衡时，已水解的 Ac^- 浓度为 x mol/L，则：

$$Ac^- + H_2O \rightleftharpoons HAc + OH^-$$

相对起始浓度 c 0 0

相对平衡浓度 $c-x$ x x

$$K_h^\ominus = \frac{K_w^\ominus}{K_a^\ominus} = \frac{[HAc][OH^-]}{[Ac^-]} = \frac{x^2}{c-x}$$

当 $\dfrac{c}{K_h^\ominus} \geqslant 400$ 时，$c-x \approx c$，得：$x \approx \sqrt{cK_h^\ominus}$

即 $$[OH^-] \approx \sqrt{cK_h^\ominus} \qquad\qquad 式（4-9）$$

也可写成 $$[OH^-] \approx \sqrt{c\frac{K_w^\ominus}{K_a^\ominus}} \qquad\qquad 式（4-10）$$

当 $\dfrac{c}{K_h^\ominus} < 400$ 时，$c-x$ 不能约等于 c，须解一元二次方程。

【例题 4-7】计算 0.10mol/L NaCN 溶液的 pH 和水解度 h。已知：HCN 的 $K_a^\ominus = 6.17 \times 10^{-10}$。

解 $K_h^\ominus = \dfrac{K_w^\ominus}{K_a^\ominus} = \dfrac{1.0 \times 10^{-14}}{6.17 \times 10^{-10}}$，$\dfrac{c}{K_h^\ominus} = c \times \dfrac{K_a^\ominus}{K_w^\ominus} > 400$，可用公式（4-10）计算。

$$[OH^-] = \sqrt{c\frac{K_w^\ominus}{K_a^\ominus}} = \sqrt{0.10 \times \frac{1.0 \times 10^{-14}}{6.17 \times 10^{-10}}} = 1.3 \times 10^{-3}$$

$$pH = 14 - pOH = 14 + \lg[OH^-] = 14 + \lg 1.3 \times 10^{-3} = 11.12$$

$$h = \frac{[OH^-]}{c} \times 100\% = \frac{1.3 \times 10^{-3}}{0.10} \times 100\% = 1.3\%$$

2. 弱碱强酸盐   以 NH_4Cl 为例，NH_4Cl 在水溶液中完全电离为 NH_4^+ 和 Cl^-，NH_4^+ 可与水电离出的 OH^- 结合成弱碱 $NH_3 \cdot H_2O$，使水的电离平衡向电离方向移动。因此，NH_4Cl 水溶液中存在如下平衡：

$$H_2O \rightleftharpoons OH^- + H^+ \qquad\qquad K_w^\ominus = [H^+][OH^-] \tag{1}$$

$$NH_4^+ + OH^- \rightleftharpoons NH_3 \cdot H_2O \qquad \frac{1}{K_b^\ominus} = \frac{[NH_3 \cdot H_2O]}{[NH_4^+][OH^-]} \tag{2}$$

（1）和（2）两个平衡相加得 NH_4^+ 的水解平衡：

$$NH_4^+ + H_2O \rightleftharpoons NH_3 \cdot H_2O + H^+$$

从以上水解平衡式可知，弱碱强酸盐的水解，实质上是盐的正离子（弱碱的离子）的水解。达水解平衡时，溶液中 $[H^+] > [OH^-]$，因此溶液显酸性。

根据化学平衡原理，一定温度下，上述水解平衡的平衡常数为：

$$K_h^\ominus = \frac{[NH_3 \cdot H_2O][H^+]}{[NH_4^+]} = \frac{K_w^\ominus}{K_b^\ominus}$$

$K_h^\ominus$ 是弱碱强酸盐的水解常数，等于水的离子积与弱碱 $K_b^\ominus$ 的比值。当温度一定时，组成盐的碱越弱（ $K_b^\ominus$ 越小），水解程度越大（ $K_h^\ominus$ 越大），溶液的酸性越强，反之亦然。

根据水解平衡和水解常数 $K_h^\ominus$，同理可推导出计算弱碱强酸盐溶液 H^+ 浓度的近似公式：

$$当 \frac{c}{K_h^\ominus} \geqslant 400时，[H^+] \approx \sqrt{cK_h^\ominus} \tag{式（4-11）}$$

也可写成

$$[H^+] \approx \sqrt{c\frac{K_w^\ominus}{K_b^\ominus}} \tag{式（4-12）}$$

当 $\frac{c}{K_h^\ominus} < 400$ 时，解一元二次方程。

【例题4-8】将 0.20mol/L $NH_3 \cdot H_2O$ 溶液和 0.20mol/L HCl 溶液等体积混合，计算混合溶液的 pH。已知：$NH_3 \cdot H_2O$ 的 $K_b^\ominus = 1.74 \times 10^{-5}$。

解 $NH_3 \cdot H_2O$ 和 HCl 等体积混合，完全反应生成弱碱强酸盐 NH_4Cl，溶液的 pH 按弱碱强酸盐的水解计算。

混合后，生成 NH_4Cl 的浓度 $c = 0.10$mol/L，$\frac{c}{K_h^\ominus} = c \times \frac{K_b^\ominus}{K_w^\ominus} > 400$，

按 4-12 式计算，得：

$$[H^+] \approx \sqrt{c\frac{K_w^\ominus}{K_b^\ominus}} = \sqrt{0.10 \times \frac{1.0 \times 10^{-14}}{1.74 \times 10^{-5}}} = 7.6 \times 10^{-6}$$

$$pH = -\lg[H^+] = -\lg 7.6 \times 10^{-6} = 5.12$$

3．**多元弱酸强碱盐**　多元弱酸强碱盐与弱酸强碱盐一样，都是负离子即弱酸根离子水解，溶液显碱性。但多元弱酸根离子的水解过程与多元弱酸的电离类似，是分步进行的，每一步都有相应的水解常数。例如，Na_2S 是二元弱酸 H_2S 的盐，在水溶液中完全电离为 Na^+ 和 S^{2-}。S^{2-} 是二元弱酸根离子，在水溶液中发生以下两步水解：

第一步水解　　　　　　　　　$S^{2-} + H_2O \rightleftharpoons HS^- + OH^-$

$$K_{h1}^\ominus = \frac{[HS^-][OH^-]}{[S^{2-}]} = \frac{[HS^-][OH^-][H^+]}{[S^{2-}][H^+]} = \frac{K_w^\ominus}{K_{a2}^\ominus}$$

第二步水解　　　　　　　　　$HS^- + H_2O \rightleftharpoons H_2S + OH^-$

$$K_{h2}^{\ominus} = \frac{[H_2S][OH^-]}{[HS^-]} = \frac{[H_2S][OH^-][H^+]}{[HS^-][H^+]} = \frac{K_w^{\ominus}}{K_{a1}^{\ominus}}$$

由于多元弱酸的 $K_{a1}^{\ominus} \gg K_{a2}^{\ominus}$，所以多元弱酸盐的 $K_{h1}^{\ominus} \gg K_{h2}^{\ominus}$，即第一步水解的程度远大于第二步。因此，判断这类盐的碱性强弱、计算溶液的 pH 时，只需考虑第一步水解即可。

参照弱酸强碱盐计算公式的推导，可得：

$$当 \frac{c}{K_{h1}^{\ominus}} \geqslant 400 时, [OH^-] \approx \sqrt{cK_{h1}^{\ominus}} \qquad 式（4-13）$$

也可写成

$$[OH^-] \approx \sqrt{c\frac{K_w^{\ominus}}{K_{a2}^{\ominus}}} \qquad 式（4-14）$$

当 $\frac{c}{K_h^{\ominus}} < 400$ 时，解一元二次方程。

【例题 4-9】 计算 0.10mol/L $Na_2C_2O_4$ 溶液的 pH。已知：$H_2C_2O_4$ 的 $K_{a1}^{\ominus} = 5.37 \times 10^{-2}$，$K_{a2}^{\ominus} = 5.37 \times 10^{-5}$。

解 由于 $K_{a1}^{\ominus} \gg K_{a2}^{\ominus}$，所以 $K_{h1}^{\ominus} \gg K_{h2}^{\ominus}$，因此只需考虑第一步水解。

$$K_{h1}^{\ominus} = \frac{K_w^{\ominus}}{K_{a2}^{\ominus}} = \frac{1.0 \times 10^{-14}}{5.37 \times 10^{-5}} = 1.86 \times 10^{-10}$$

又由于 $\frac{c}{K_{h1}^{\ominus}} > 400$，按照公式（4-14）计算，得：

$$[OH^-] \approx \sqrt{c\frac{K_w^{\ominus}}{K_{a2}^{\ominus}}} = \sqrt{0.10 \times \frac{1.0 \times 10^{-14}}{5.37 \times 10^{-5}}} = 4.3 \times 10^{-6}$$

$$pH = 14 - pOH = 14 + lg[OH^-] = 14 + lg4.3 \times 10^{-6} = 8.63$$

4．弱酸弱碱盐 弱酸和弱碱中和生成的盐为弱酸弱碱盐，如 NH_4Ac、NH_4F、NH_4CN 等。这类盐俗称双弱盐。弱酸弱碱盐中的正离子与水电离出的 OH^- 生成弱碱，负离子与水电离出的 H^+ 生成弱酸。

例如，NH_4Ac 在水溶液中完全电离为 NH_4^+ 和 Ac^-，水溶液中存在如下平衡：

$$H_2O \rightleftharpoons OH^- + H^+ \qquad K_w^{\ominus} = [H^+][OH^-] \qquad （1）$$

$$Ac^- + H^+ \rightleftharpoons HAc \qquad \frac{1}{K_a^{\ominus}} = \frac{[HAc]}{[H^+][Ac^-]} \qquad （2）$$

$$NH_4^+ + OH^- \rightleftharpoons NH_3 \cdot H_2O \qquad \frac{1}{K_b^{\ominus}} = \frac{[NH_3 \cdot H_2O]}{[NH_4^+][OH^-]} \qquad （3）$$

（1）、（2）、（3）三个平衡相加，得弱酸弱碱盐的水解平衡：

$$NH_4^+ + Ac^- + H_2O \rightleftharpoons NH_3 \cdot H_2O + HAc$$

弱酸弱碱盐的水解实质上是盐中的正离子和负离子同时水解，一定温度下水解平衡常数 $K_h^{\ominus}$ 为：

$$K_h^{\ominus} = \frac{[NH_3 \cdot H_2O][HAc]}{[NH_4^+][Ac^-]} = \frac{K_w^{\ominus}}{K_a^{\ominus}K_b^{\ominus}}$$

$K_h^{\ominus}$ 是弱酸弱碱盐的水解常数，等于水的离子积与弱酸、弱碱电离常数乘积的比值。显然，弱酸弱碱盐的 $K_h^{\ominus}$ 比前面讨论的三种单弱盐的 $K_h^{\ominus}$ 要大得多，说明该类盐的水解程度较单弱盐要大。

弱酸弱碱盐溶液的酸碱性可根据生成的弱酸、弱碱相对弱强判断。

（1）当 $K_a^\ominus = K_b^\ominus$ 时，酸的离子、碱的离子水解程度相当，水解产生的 H^+ 和 OH^- 完全中和，溶液中 $[H^+] = [OH^-]$，因此溶液显中性，如 NH_4Ac。

（2）当 $K_a^\ominus > K_b^\ominus$ 时，酸的离子水解程度小于碱的离子，碱的离子水解产生的 H^+ 和酸的离子水解产生的 OH^- 中和后还有剩余，溶液中 $[H^+] > [OH^-]$，因此溶液显酸性，如 NH_4F。

（3）当 $K_a^\ominus < K_b^\ominus$ 时，酸的离子水解程度大于碱的离子，酸的离子水解产生的 OH^- 和碱的离子水解产生的 H^+ 中和后还有剩余，溶液中 $[OH^-] > [H^+]$，因此溶液显碱性，如 NH_4CN。

下面以 $K_a^\ominus > K_b^\ominus$ 的 NH_4F 为例，推导弱酸弱碱盐 H^+ 浓度的近似计算公式。

设 NH_4F 的起始浓度为 $c\,mol/L$，达平衡时，溶液中同时存在下述两个水解平衡：

$$NH_4^+ + H_2O \rightleftharpoons NH_3 \cdot H_2O + H^+ \qquad K_h^\ominus(NH_4^+) = \frac{[NH_3 \cdot H_2O][H^+]}{[NH_4^+]} = \frac{K_w^\ominus}{K_b^\ominus} \qquad (1)$$

$$F^- + H_2O \rightleftharpoons HF + OH^- \qquad\qquad K_h^\ominus(F^-) = \frac{[HF][OH^-]}{[F^-]} = \frac{K_w^\ominus}{K_a^\ominus} \qquad (2)$$

由（1）可知，有一个 NH_4^+ 水解，就有一个 $NH_3 \cdot H_2O$ 生成，同时生成一个 H^+；由（2）可知，有一个 F^- 水解，就有一个 HF 生成，同时生成一个 OH^-，H^+ 和 OH^- 中和生成水。由于 $K_a^\ominus > K_b^\ominus$，导致 $K_h^\ominus(NH_4^+) > K_h^\ominus(F^-)$，所以中和后 H^+ 有剩余，平衡时溶液中：

$$[H^+] = [NH_3 \cdot H_2O] - [HF] \qquad (3)$$

由（1）得：
$$[NH_3 \cdot H_2O] = \frac{K_w^\ominus[NH_4^+]}{K_b^\ominus[H^+]} \qquad (4)$$

由（2）得：
$$[HF] = \frac{K_w^\ominus[F^-]}{K_a^\ominus[OH^-]} = \frac{[H^+][F^-]}{K_a^\ominus} \qquad (5)$$

（4）、（5）代入（3）得：
$$[H^+] = \frac{K_w^\ominus[NH_4^+]}{K_b^\ominus[H^+]} - \frac{[H^+][F^-]}{K_a^\ominus}$$

将上式两边同乘以 $K_a^\ominus K_b^\ominus[H^+]$，整理得：

$$[H^+]^2(K_a^\ominus K_b^\ominus + K_b^\ominus[F^-]) = K_a^\ominus K_w^\ominus[NH_4^+]$$

$$[H^+] = \sqrt{\frac{K_a^\ominus K_w^\ominus[NH_4^+]}{K_b^\ominus(K_a^\ominus + [F^-])}}$$

由于 $K_a^\ominus$、$K_b^\ominus$ 都不是很小，所以 NH_4^+ 和 F^- 水解很少，$[NH_4^+] \approx [F^-] \approx c$，$K_a^\ominus + [F^-] \approx K_a^\ominus + c \approx c$，上式可近似为：

$$[H^+] \approx \sqrt{\frac{K_a^\ominus K_w^\ominus}{K_b^\ominus}} \qquad\qquad 式（4-15）$$

同理，对于 $K_a^\ominus = K_b^\ominus$ 和 $K_a^\ominus < K_b^\ominus$ 的弱酸弱碱盐均可推导出上述公式。由式（4-15）可知，弱酸弱碱盐水溶液的酸度与盐的原始浓度无关，只取决于盐的组成。

【例题 4-10】计算 $0.10mol/L$ 甲酸铵溶液的 pH。已知：$K_a^\ominus(HCOOH) = 1.80 \times 10^{-4}$，$K_b^\ominus(NH_3 \cdot H_2O) = 1.74 \times 10^{-5}$。

解 甲酸铵是弱酸弱碱盐，根据公式（4-15）可得：

$$[H^+] \approx \sqrt{\frac{K_a^{\ominus} K_w^{\ominus}}{K_b^{\ominus}}} = \sqrt{\frac{1.80 \times 10^{-4} \times 1.0 \times 10^{-14}}{1.74 \times 10^{-5}}} = 3.2 \times 10^{-7}$$

$$pH = -\lg[H^+] = -\lg 3.2 \times 10^{-7} = 6.50$$

5. 多元弱酸的酸式盐 多元弱酸的酸式盐，如 $NaHCO_3$、NaH_2PO_4、Na_2HPO_4 等。盐电离产生的多元弱酸根离子在水溶液中既存在水解平衡又存在电离平衡，溶液的酸碱性则根据水解和电离程度的相对大小判断。

例如，$NaHCO_3$ 在水溶液中完全电离为 Na^+ 和 HCO_3^-，HCO_3^- 在水溶液中的平衡可表示如下：

电离平衡：$HCO_3^- \rightleftharpoons H^+ + CO_3^{2-}$ $K_1^{\ominus} = K_{a2}^{\ominus}(H_2CO_3) = 5.62 \times 10^{-11}$

水解平衡：$HCO_3^- + H_2O \rightleftharpoons H_2CO_3 + OH^-$ $K_2^{\ominus} = \frac{K_w^{\ominus}}{K_{a1}^{\ominus}} = 2.40 \times 10^{-8}$

由于 $K_1^{\ominus} < K_2^{\ominus}$，说明 HCO_3^- 的水解程度大于电离程度，因此 $NaHCO_3$ 溶液显碱性。

由于酸式盐在水溶液中是既水解又电离，当水解大于电离时，溶液显碱性，如 $NaHCO_3$、Na_2HPO_4 等；当水解小于电离时，溶液显酸性，如 NaH_2PO_4、$NaHC_2O_4$ 等。

与弱酸弱碱盐同理，可推导出多元弱酸的酸式盐溶液 H^+ 浓度的近似计算公式：

$$[H^+] \approx \sqrt{K_{a1}^{\ominus} K_{a2}^{\ominus}} \qquad \text{式（4-16）}$$

【例题 4-11】计算 0.10mol/L $NaHCO_3$ 溶液的 pH。已知：H_2CO_3 的 $pK_{a1}^{\ominus} = 6.38$，$pK_{a2}^{\ominus} = 10.25$。

解 由公式（4-16）$[H^+] \approx \sqrt{K_{a1}^{\ominus} K_{a2}^{\ominus}}$

得：$pH \approx \frac{1}{2}(pK_{a1}^{\ominus} + pK_{a2}^{\ominus}) = \frac{1}{2}(6.38 + 10.25) = 8.32$

碳酸氢钠在
医药中的
应用（文档）

由于强酸强碱盐的正、负离子均不能和水电离出的 H^+ 和 OH^- 结合生成弱电解质，所以强酸强碱盐不水解，其水溶液显中性。

【思考题 4-4】Na_2HPO_4 和 NaH_2PO_4 均为酸式盐，但前者的水溶液呈弱碱性，而后者的水溶液呈弱酸性，为什么？

（二）水解平衡的移动

温度、浓度、酸度等外部条件的改变，都会使水解平衡发生移动。

1. 温度的影响 水解反应是中和反应的逆反应，中和反应是放热反应，水解反应是吸热反应。因此，温度升高，平衡向吸热反应方向移动，水解程度增大；反之，若温度降低，水解平衡逆向移动，水解程度减小。若生成物是气体，加热促使它不断挥发，水解程度增大会更加显著，如加热浓缩 $MgCl_2$ 溶液时，要不断加酸来抑制水解。

2. 浓度的影响 弱酸强碱盐、弱碱强酸盐等单弱盐，稀释可以促进其水解，原理类似于一元弱酸（碱）的稀释定律。以弱酸强碱盐 NaAc 为例，其水解度与盐浓度之间的关系可推导如下。

设 NaAc 的起始浓度为 c mol/L，达水解平衡时，水解度为 h，则：

$$Ac^- + H_2O \rightleftharpoons HAc + OH^-$$

相对起始浓度	c	0	0
相对平衡浓度	$c-ch$	ch	ch

$$K_h^{\ominus} = \frac{K_w^{\ominus}}{K_a^{\ominus}} = \frac{[HAc][OH^-]}{[Ac^-]} = \frac{ch^2}{1-h}$$

当 $h \leqslant 5\%$ 时, $1-h \approx 1$ $h = \sqrt{\dfrac{K_h^{\ominus}}{c}}$ 式（4-17）

由此可知，浓度 c 越稀，h 越大，即稀释有利于单弱盐的水解。由弱酸弱碱盐、酸式盐溶液 H^+ 浓度近似计算公式可知，这两类盐的浓度对水解度几乎无影响。

3. 酸度的影响　根据同离子效应的原理，水解显酸性的盐，如弱碱强酸盐，加酸可抑制其水解，加碱则促进其水解。水解显碱性的盐，如弱酸强碱盐，加碱可以抑制其水解，加酸则促进水解。

有些盐，因为水解而产生沉淀，如：

$$FeCl_3 + 3H_2O \Longrightarrow Fe(OH)_3 \downarrow + 3HCl$$
$$Bi(NO_3)_3 + H_2O \Longrightarrow BiONO_3 \downarrow + 2HNO_3$$
$$SbCl_3 + H_2O \Longrightarrow SbOCl \downarrow + 2HCl$$
$$SnCl_2 + H_2O \Longrightarrow Sn(OH)Cl \downarrow + HCl$$

所以在配制这些盐溶液时，要采取措施抑制水解。通常是将它们先溶于较浓的酸中，然后再加水稀释到所需浓度。同时，也可利用水解反应鉴定和除去这些离子。

某些药物水溶液，由于水解而不稳定，如盐酸普鲁卡因注射液，pH 过高时，会发生水解，水解产物既无麻醉效力，还有毒性，应用盐酸调至 pH 4.2～4.5。

第二节　缓冲溶液

控制溶液的 pH 是保证化学反应，特别是生物体内的化学反应正常进行的重要条件之一。如生理过程中起重要作用的酶，必须在特定的 pH 下，才能发挥有效的作用。很多中药有效成分的提取、分离、分析测定和药理作用等也与控制一定的 pH 密切相关。那么，怎样使溶液的 pH 保持稳定呢？人们发现由弱酸（或弱碱）及其强碱（或其强酸）盐等组成的酸碱平衡体系，具有保持溶液 pH 相对稳定的性能。

一、缓冲溶液的概念及作用原理

能够抵抗外来少量强酸、强碱或水的稀释而保持体系 pH 基本不变的溶液称为缓冲溶液（buffer solution）。缓冲溶液所具有的这种抗酸、抗碱、抗稀释的作用称为缓冲作用。

缓冲溶液是如何控制体系 pH 基本不变的呢？以一元弱酸（HA）及其盐（NaA）组成的缓冲溶液为例讨论缓冲作用原理。

在 HA-NaA 缓冲溶液中，HA 是弱电解质，存在电离平衡，NaA 是强电解质，完全电离。由于溶液中 A^- 浓度较大，对 HA 的电离平衡产生同离子效应，使 HA 的电离平衡向左移动，HA 的电离度降低。因此，混合溶液中弱酸分子 HA 和 A^- 的浓度都比较大。

根据 HA 的电离平衡可知，HA-NaA 混合溶液的 pH 由下式决定：

$$[H^+] = K_a^{\ominus} \frac{[HA]}{[A^-]}$$

当外加少量强酸时，A^- 与 H^+ 作用，HA 的电离平衡向左移动。由于溶液中 HA、A^- 浓度较大，使所加的 H^+ 几乎全变成了 HA，HA 浓度仅略有增大，A^- 浓度略有减小，$\frac{[HA]}{[A^-]}$ 比值变化很小，所以溶液的 pH 没有明显改变。A^- 发挥了抵抗外来少量强酸的作用，所以 A^- 是缓冲溶液的抗酸成分（anti-acid component）。

当外加少量强碱时，OH^- 与 H^+ 作用，HA 的电离平衡向右移动，HA 电离补充消耗掉的 H^+。由于溶液中 HA、A^- 浓度较大，使消耗的 H^+ 几乎全部得到补充，HA 浓度仅略有减小，A^- 浓度略有增大，$\frac{[HA]}{[A^-]}$ 比值变化很小，溶液的 pH 几乎不变。HA 发挥了抵抗外来少量强碱的作用，故 HA 是缓冲溶液的抗碱成分（anti-base component）。

当外加少量水稀释时，HA 和 A^- 浓度降低倍数相等，$\frac{[HA]}{[A^-]}$ 的比值不变，溶液的 pH 不变。

综上所述，缓冲作用原理可总结为：缓冲溶液中因同时含有较大量的抗碱成分和抗酸成分，利用弱酸或弱碱的电离平衡移动可抵抗并消耗掉外来的少量强酸、强碱和水的稀释，使溶液的 pH 基本保持不变。

缓冲溶液中的抗酸成分和抗碱成分称为缓冲对或缓冲系，常见的缓冲对有以下几类：

弱酸及其盐：$HAc - NaAc$。

弱碱及其盐：$NH_3 \cdot H_2O - NH_4Cl$、$CH_3NH_2 - CH_3NH_3Cl$。

多元弱酸及次级盐：$H_2CO_3 - NaHCO_3$、$H_3PO_4 - NaH_2PO_4$。

酸式盐及次级盐：$NaH_2PO_4 - Na_2HPO_4$、$Na_2HPO_4 - Na_3PO_4$、$NaHCO_3 - Na_2CO_3$。

缓冲溶液性质（视频）

除了上述缓冲系外，浓度较大的强酸、强碱溶液，也具有一定的缓冲能力。因为外加少量的酸或碱对强酸、强碱浓度影响很小，所以 pH 基本不变。

二、缓冲溶液 pH 的近似计算

以 $NH_3 \cdot H_2O - NH_4Cl$ 组成的缓冲体系为例。$NH_3 \cdot H_2O$ 在溶液中存在如下电离平衡：

$$NH_3 \cdot H_2O \rightleftharpoons NH_4^+ + OH^-$$

相对起始浓度 $c(碱)$ $c(盐)$ 0

相对平衡浓度 $c(碱) - [OH^-]$ $c(盐) + [OH^-]$ $[OH^-]$

                   $\approx c(碱)$ $\approx c(盐)$

代入电离常数表达式：$K_b^{\ominus} \approx \frac{[OH^-]c(盐)}{c(碱)}$，$[OH^-] \approx K_b^{\ominus} \frac{c(碱)}{c(盐)}$

两边同取负对数得：$pOH \approx pK_b^{\ominus} - \lg\dfrac{c(\text{碱})}{c(\text{盐})}$

$$298K \text{ 时，} pH \approx 14 - pK_b^{\ominus} + \lg\dfrac{c(\text{碱})}{c(\text{盐})} \qquad\qquad \text{式（4-18）}$$

同理，可推导出弱酸及其盐类型缓冲溶液 pH 的近似计算公式：

$$pH \approx pK_a^{\ominus} - \lg\dfrac{c(\text{酸})}{c(\text{盐})} \qquad\qquad \text{式（4-19）}$$

式（4-18）、式（4-19）是计算缓冲溶液 pH 的近似计算公式，也是常用公式。由此可知，缓冲溶液的 pH 由 $pK_a^{\ominus}$（$pK_b^{\ominus}$）和缓冲对的浓度比，即 $c(\text{酸})/c(\text{盐})$ 或 $c(\text{碱})/c(\text{盐})$ 共同决定。对于给定的缓冲对，$pK_a^{\ominus}$（$pK_b^{\ominus}$）一定，只要缓冲对的浓度比值变化不大，溶液的 pH 则变化不大。改变缓冲溶液的浓度比，可以获得不同 pH 的缓冲溶液。

【例题 4-12】将 0.40mol/L HAc 溶液 50ml 和 0.20mol/L NaOH 溶液 50ml 混合，计算混合溶液的 pH。已知：HAc 的 $K_a^{\ominus} = 1.75 \times 10^{-5}$。

解 两溶液混合后，酸碱中和，过量的 HAc 和生成的 NaAc 组成缓冲溶液，缓冲溶液中两组分的浓度分别为：

$$c(\text{HAc}) = \frac{0.40\text{mol/L} \times 50\text{ml} - 0.20\text{mol/L} \times 50\text{ml}}{100\text{ml}} = 0.10\text{mol/L}$$

$$c(\text{Ac}^-) = \frac{0.20\text{mol/L} \times 50\text{ml}}{100\text{ml}} = 0.10\text{mol/L}$$

代入式（4-19）$pH \approx pK_a^{\ominus} - \lg\dfrac{c(\text{酸})}{c(\text{盐})}$，得：

$$pH \approx 4.76 - \lg\frac{0.10}{0.10} = 4.76$$

【例题 4-13】在上述缓冲溶液中，加入 10ml 0.010mol/L HCl 溶液后，混合溶液的 pH 为多少？

解 加 HCl 后，由于 H^+ 与溶液中的 Ac^- 反应，使溶液中 Ac^- 浓度减小，HAc 浓度增大，HAc、Ac^- 的浓度分别为：

$$c(\text{HAc}) = \frac{0.10\text{mol/L} \times 100\text{ml} + 0.010\text{mol/L} \times 10\text{ml}}{110\text{ml}} = 0.092\text{mol/L}$$

$$c(\text{Ac}^-) = \frac{0.10\text{mol/L} \times 100\text{ml} - 0.010\text{mol/L} \times 10\text{ml}}{110\text{ml}} = 0.090\text{mol/L}$$

代入式（4-19）$pH \approx pK_a^{\ominus} - \lg\dfrac{c(\text{酸})}{c(\text{盐})}$，得：

$$pH \approx 4.76 - \lg\frac{0.092}{0.090} = 4.75$$

三、缓冲容量和缓冲范围

缓冲溶液的缓冲能力是有一定限度的，若在缓冲溶液中加入大量强酸或强碱，则缓冲溶液中抗酸和抗碱成分消耗殆尽后，就会失去缓冲作用。缓冲能力的大小常用缓冲容量来衡量。

（一）缓冲容量

缓冲容量（buffer capacity）在量值上等于单位体积（1L 或 1ml）缓冲溶液的 pH 增大或减小 1 个单位时所需加入的一元强酸或一元强碱的物质的量（mol 或 mmol）。缓冲容量用 β 表示，数学表达式为：

$$\beta = \frac{\Delta n_{a(b)}}{V |\Delta pH|}$$

式中，V 是缓冲溶液的体积，$\Delta n_{a(b)}$ 是缓冲溶液中加入的一元强酸（Δn_a）或一元强碱（Δn_b）的物质的量，$|\Delta pH|$ 是缓冲溶液 pH 改变量的绝对值。缓冲容量越大，缓冲能力越强，反之，则越弱。

实验证明，对于给定的缓冲系，缓冲容量的大小与缓冲溶液的总浓度和缓冲对的浓度比有关。

（1）当缓冲对的浓度比固定时，缓冲溶液的总浓度越大，缓冲容量越大，缓冲能力越强。

（2）当缓冲溶液的总浓度固定时，缓冲对的浓度比越接近 1，缓冲容量越大，缓冲能力越强，缓冲对的浓度比等于 1 时，缓冲能力最强。

【思考题 4-5】缓冲溶液若加大量水稀释，浓度比不变，其 pH 是否也能够保持不变？

（二）缓冲范围

缓冲对的浓度比越接近 1，缓冲容量越大，缓冲能力越强；浓度比过大或过小，缓冲溶液都将会失去缓冲作用。因此，为了使所配缓冲溶液具有较大的缓冲能力，除了考虑有较大的总浓度外，浓度比一般控制在 $\frac{1}{10}$: 10 之间，代入缓冲溶液 pH 近似计算公式，可得相应的 pH 变化范围：

$$对弱酸及其盐缓冲系：pH = pK_a^{\ominus} \pm 1$$
$$对弱碱及其盐缓冲系：pH = pK_w^{\ominus} - pK_b^{\ominus} \pm 1$$

上式是缓冲溶液的有效 pH 范围，简称缓冲范围（buffer effective range）。在此 pH 范围内，缓冲溶液能够发挥缓冲作用。表 4-3 列出常用缓冲溶液的缓冲范围。

表 4-3 常用缓冲溶液及其缓冲范围

缓冲溶液	缓冲对	$pK_a^{\ominus}$	缓冲范围
HCOOH－HCOONa	HCOOH－HCOO$^-$	3.75	2.75～4.75
HAc－NaAc	HAc－Ac$^-$	4.76	3.76～5.76
NaH$_2$PO$_4$－Na$_2$HPO$_4$	H$_2$PO$_4^-$－HPO$_4^{2-}$	7.20	6.20～8.20
NH$_3$·H$_2$O－NH$_4$Cl	NH$_4^+$－NH$_3$	9.24	8.24～10.24
Na$_2$B$_4$O$_7$－HCl	H$_3$BO$_3$－H$_2$BO$_3^-$	9.24	8.24～10.24
NaHCO$_3$－Na$_2$CO$_3$	HCO$_3^-$－CO$_3^{2-}$	10.25	9.25～11.25
Na$_2$HPO$_4$－Na$_3$PO$_4$	HPO$_4^-$－PO$_4^{3-}$	12.36	11.36～13.36

四、缓冲溶液的选择和配制

实际工作中，常常需要配制一定 pH 的缓冲溶液。缓冲溶液的选择和配制可按下述原则和步骤进行。

（1）选用的缓冲对物质不能与反应体系发生反应。药用缓冲对，还要考虑缓冲对物质不能与主药发生配伍禁忌，在加温灭菌和贮存期内要稳定，不能有毒性等。

（2）选择合适的缓冲对，使弱酸的 $pK_a^\ominus$ 或弱碱的 $pK_w^\ominus - pK_b^\ominus$ 与所要求的 pH 相等或相近，以使缓冲对的浓度比控制在 $\dfrac{1}{10}:10$ 之间，保证有较大的缓冲能力。

（3）总浓度要适当，总浓度太低，缓冲能力弱。但在实际工作中总浓度太高也没必要，一般控制在 0.05～0.5mol/L 之间。

（4）按所要求的 pH 和总浓度，计算出缓冲溶液中各组分的量。

（5）用 pH 计测定和校准所配缓冲溶液的 pH。

【例题 4-14】配制 1.0L，pH = 10.00 的 $NH_3 \cdot H_2O - NH_4Cl$ 缓冲溶液，用去 350ml 15mol/L 氨水，问需要 NH_4Cl 多少克？如何配制？已知：$NH_3 \cdot H_2O$ 的 $pK_b^\ominus = 4.76$。

解 根据式（4-18），$pH \approx 14 - pK_b^\ominus + \lg\dfrac{c(碱)}{c(盐)}$，得：

$$10.00 \approx 9.24 + \lg\dfrac{15 \times 0.35}{c(NH_4^+)} \qquad c(NH_4^+) \approx 0.91$$

$$m(NH_4Cl) = 1.0L \times 0.91mol/L \times 53.5g/mol = 49g$$

称取 49g 固体 NH_4Cl，加适量水溶解，加入 350ml 浓氨水，加水稀释至 1.0L，即配成 pH = 10.00 的缓冲溶液，最后用 pH 计校准。

第三节　酸碱理论简介

人类对酸碱的认识经历了由浅入深，由低级到高级的过程。最初，人们是根据物质的表面现象来区分酸碱的。随着各种酸碱理论的提出，对酸碱的认识产生了飞跃，对酸碱的本质也有了深刻的了解，酸碱的范围在不断扩大。目前，常用的酸碱理论有酸碱电离理论、酸碱质子理论和酸碱电子理论。

一、酸碱电离理论

1887 年瑞典科学家阿伦尼乌斯（S. A. Arrhenius）提出了酸碱电离理论（ionization theory of acid and base）。该理论认为：凡是在水溶液中电离出的正离子全部是 H^+ 的物质称为酸，如 HCl、HNO_3、H_3PO_4 等；电离出的负离子全部是 OH^- 的物质称为碱，如 NaOH、$Ca(OH)_2$、$NH_3 \cdot H_2O$ 等。酸碱反应的实质是 H^+ 和 OH^- 结合生成 H_2O。在水中完全电离的酸、碱称为强酸、强碱，如 HCl、HNO_3、NaOH、$Ca(OH)_2$ 等；在水中部分电离的酸、碱称为弱酸、弱碱，如 H_3PO_4、$NH_3 \cdot H_2O$ 等。酸、碱的相对强弱是根据一定浓度下它们在水溶液中电离出 H^+ 或 OH^- 的多少来衡量。

酸碱电离理论首先给出了酸碱的科学定义，是人类认识酸碱的一次质的飞跃，对化学学科的发展起到了积极的推动作用,至今仍在水溶液中被普遍应用着。然而,它也有一定的局限性,把酸碱局限在水溶液中,对非水溶剂和无溶剂体系均不适用。因此,又有新的酸碱理论被提出。

二、酸碱质子理论

1923 年,丹麦化学家布朗斯特德(J. N. Bronsted)和英国化学家劳莱(T. M. Lowry)提出了酸碱质子理论。该理论克服了电离理论的局限性,既适用于以水为溶剂的体系,也适用于非水溶剂和无溶剂体系。

(一)酸碱的定义

酸碱质子理论(proton theory of acid and base)认为:凡是能够给出质子(H^+)的物质称为酸,凡是能够接受质子的物质称为碱。如 HNO_3、HAc、NH_4^+、HPO_4^{2-}、$[Fe(H_2O)_6]^{3+}$ 等能给出质子,都是酸;而 NO_3^-、NH_3、Ac^-、HPO_4^{2-}、$[Fe(H_2O)_5(OH)]^{2+}$ 等能接受质子,都是碱。质子理论中的酸、碱,既可以是分子,也可以是正离子或负离子。显然,质子理论和阿伦尼乌斯的酸碱电离理论相比,酸碱的范畴更加扩大了。

根据酸碱质子理论,酸碱不是孤立存在的,而是互相依存的,酸给出质子后变成碱,碱接受质子后变成酸。酸与碱的这种相互依存关系称为共轭关系。例如:

$$HAc \rightleftharpoons H^+ + Ac^-$$

$$HNO_3 \rightleftharpoons H^+ + NO_3^-$$

$$NH_4^+ \rightleftharpoons H^+ + NH_3$$

$$H_2PO_4^- \rightleftharpoons H^+ + HPO_4^{2-}$$

$$[Fe(H_2O)_6]^{3+} \rightleftharpoons H^+ + [Fe(H_2O)_5(OH)]^{2+}$$

凡是满足上述关系的一对酸碱称为共轭酸碱。方程式左边的酸是右边碱的共轭酸,右边的碱是左边酸的共轭碱。酸碱共轭关系可用如下通式表示:

$$共轭酸 \rightleftharpoons 质子 + 共轭碱$$

有些物质既可以给出质子为酸,又可以接受质子为碱,称为两性物质,如 H_2O、HCO_3^-、$H_2PO_4^-$、HPO_4^{2-} 等。

酸碱质子理论中没有盐的概念,电离理论中的盐,在质子理论中都是离子酸或离子碱,如可溶性盐 NH_4F 中的 F^- 是碱,NH_4^+ 是酸。

(二)酸碱反应的实质

酸碱质子理论认为,酸碱反应的实质是两对共轭酸碱之间的质子传递反应(proton protolysis reaction)。

$$
\begin{array}{c}
\overset{\displaystyle H^+}{\overbrace{}\big\downarrow} \\
酸_1 + 碱_2 \rightleftharpoons 酸_2 + 碱_1
\end{array}
$$

反应中,酸将质子转移给碱,生成其共轭碱,碱接受质子,生成其共轭酸。反应方向是较强的酸与较强的碱作用,生成较弱的酸和较弱的碱。相互作用的酸、碱强度越大,反应进行越完全。

从酸碱反应实质来看,酸碱电离理论中水的自偶电离、非水溶剂的自偶电离、弱酸或弱碱的电离平衡、盐的水解平衡、酸碱中和反应等都是质子传递反应,即都属于酸碱反应。如:

$$H_2O + H_2O \rightleftharpoons H_3O^+ + OH^- \qquad \text{水的自偶电离}$$

$$HAc + H_2O \rightleftharpoons H_3O^+ + Ac^- \qquad \text{弱酸的电离平衡}$$

$$H_2O + NH_3 \rightleftharpoons NH_4^+ + OH^- \qquad \text{弱碱的电离平衡}$$

$$H_2O + Ac^- \rightleftharpoons NAc + OH^- \qquad \text{盐的水解平衡}$$

$$HCl + NH_3 \rightleftharpoons NH_4^+ + Cl^- \qquad \text{酸碱中和反应}$$

$$NH_3 + NH_3 \rightleftharpoons NH_4^+ + NH_2^- \qquad \text{液氨的自偶电离}$$

质子理论不仅适用于水溶液中的酸碱反应,也适用于气相和非水溶液中的酸碱反应。如 HCl 和 NH_3 的中和反应,无论在水溶液中,还是在气相中或苯溶液中,其实质都是质子转移反应。

(三)酸碱强度

酸碱强度不仅取决于酸碱自身给出质子或接受质子的能力,同时也与溶剂接受和给出质子的能力有关。

在同一溶剂中,不同酸碱的强弱取决于酸碱的本性。酸给出质子的能力强,酸性强;碱接受质子的能力强,碱性强。例如:HCN、HF、H_2SO_4 在水溶液中给出质子的能力逐渐增强,则酸性逐渐增强。

同一种酸碱在不同溶剂中的相对强弱则由溶剂的性质决定。例如:

$$HNO_3 + H_2O \longrightarrow H_3O^+ + NO_3^-$$

$$HNO_3 + HAc \rightleftharpoons H_2Ac^+ + NO_3^-$$

$$H_2SO_4 + HNO_3 \rightleftharpoons H_2NO_3^+ + HSO_4^-$$

HNO_3 在水中给出质子能力强,为强酸;在冰醋酸中给出质子能力减弱,其酸性显著降低;而在纯 H_2SO_4 中则接受质子,表现为碱。

【思考题4-6】酸碱的强弱只与酸碱的本性有关吗？

由于酸碱的固有强度无法确定，只能借助它与某一物质的反应来确定其相对值。所以需要用一种酸（基准酸）来衡量碱的强度，用一种碱（基准碱）来衡量酸的强度。基准酸和基准碱可以是任何一种两性溶剂，若以水作为基准酸和基准碱，则：

$$酸 + H_2O \rightleftharpoons H_3O^+ + 碱$$

其酸常数（可衡量酸的强度）为：$K_a^\ominus = \dfrac{[H_3O^+][碱]}{[酸]}$

$$碱 + H_2O \rightleftharpoons OH^- + 酸$$

其碱常数（可衡量碱的强度）为：$K_b^\ominus = \dfrac{[OH^-][酸]}{[碱]}$

以 $HAc - Ac^-$ 共轭酸碱对为例：

$$HAc + H_2O \rightleftharpoons H_3O^+ + Ac^- \qquad Ac^- + H_2O \rightleftharpoons HAc + OH^-$$

$$K_a^\ominus(HAc) = \dfrac{[H_3O^+][Ac^-]}{[HAc]} \qquad K_b^\ominus(Ac^-) = \dfrac{[HAc][OH^-]}{[Ac^-]}$$

由此可知，若以水为基准溶剂，则分子酸、分子碱的酸常数和碱常数正好对应电离理论中弱酸、弱碱的电离常数，离子酸、离子碱的酸常数和碱常数则对应电离理论的水解常数。

将 $K_a^\ominus$ 与 $K_b^\ominus$ 相乘得：$K_a^\ominus(HAc)K_b^\ominus(Ac^-) = [H_3O^+][OH^-] = K_w^\ominus$

由此可以得出结论：水溶液中，任何酸的酸常数与其共轭碱的碱常数乘积必定等于水的离子积，即：$K_a^\ominus K_b^\ominus = K_w^\ominus$。由此可以推论：在质子性溶剂中，任何共轭酸碱对的酸常数和碱常数的乘积等于该溶剂的离子积。

根据式 $K_a^\ominus K_b^\ominus = K_w^\ominus$ 可知，共轭酸碱对中，酸给出质子的能力越强，其共轭碱接受质子的能力就越弱；反之，碱接受质子的能力越强，其共轭酸给出质子的能力就越弱。例如：HCN、HF、H_2SO_4 酸性渐强，其共轭碱 CN^-、F^-、HSO_4^- 碱性减弱。

酸碱质子理论虽然解决了非水溶剂和气相间的酸碱反应，但也有它的局限性，不能解释没有质子传递的酸碱反应。在质子理论提出的同年，美国化学家路易斯（G. N. Lewis）又提出了酸碱电子理论。

三、酸碱电子理论

（一）酸碱定义

酸碱电子理论（electron theory of acid and base）认为：凡是能够接受电子对的物质都称为酸，如 H^+、BF_3、Ag^+ 等，酸是电子对的受体；凡是能够给出电子对的物质都称为碱，如 OH^-、NH_3、H_2O、Cl^- 等，碱是电子对的给体。由于酸碱电子理论是路易斯提出的，所以电子理论的酸碱也称为路易斯酸和路易斯碱。

（二）酸碱反应

酸碱电子理论中，酸碱反应的实质是形成配位键，生成酸碱配合物的过程。例如：

$$H^+ + :OH^- \Longrightarrow H \leftarrow :OH$$

$$HCl + :NH_3 \Longrightarrow [H \leftarrow :NH_3]^+ + Cl^-$$

$$BF_3 + F^- \Longrightarrow [F: \rightarrow BF_3]^-$$

$$Ag^+ + 2:NH_3 \Longrightarrow [H_3N: \rightarrow Ag \leftarrow :NH_3]^+$$

$$CH_3CO^+ + :OC_2H_5^- \Longrightarrow [CH_3CO \leftarrow :OC_2H_5]$$

按照酸碱电子理论,酸碱反应可用以下通式表示:

$$酸 + 碱 \Longrightarrow 酸碱配合物$$

根据酸碱电子理论,大多数的物质都归为酸、碱或酸碱配合物;大多数反应都可以归为酸碱反应或酸碱与酸碱配合物之间的反应。但正是由于其包罗万象,所以显得酸碱的特征不明显,这也是其不足之处。

本章小结

本章重点讨论了水溶液中的酸碱平衡规律(包括弱电解质的电离平衡和盐类的水解平衡)及与酸碱平衡密切相关的重要溶液——缓冲溶液。本章主要知识点归纳如下。

1. 水的离子积和溶液酸碱性的标度

任何稀水溶液中恒有:$K_w^\ominus = [H^+][OH^-]$,298K 时,$K_w^\ominus = [H^+][OH^-] = 1.0 \times 10^{-14}$,稀溶液酸碱度通常用 pH 或 pOH 表示:

$$pH = -lg[H^+] \quad pOH = -lg[OH^-]$$

2. 电离常数和水解常数 弱电解质和盐(强酸强碱盐除外)溶于水后,将发生程度不同的电离反应和水解反应,建立电离平衡和水解平衡(统称为酸碱平衡),相应的平衡常数为电离常数和水解常数。

(1)弱酸、弱碱的电离常数:弱酸、弱碱的电离常数 $K_a^\ominus$ 和 $K_b^\ominus$ 是弱酸、弱碱的特征常数,只与温度有关,表示一定温度下,弱酸、弱碱电离的程度。多元弱酸存在多级电离且电离程度逐级显著下降,即 $K_{a1}^\ominus \gg K_{a2}^\ominus \gg K_{a3}^\ominus$。

(2)盐的水解常数:盐的类型不同,其水解常数则不同。

弱酸强碱盐   弱碱强酸盐   弱酸弱碱盐   多元弱酸强碱盐

$$K_h^\ominus = \frac{K_w^\ominus}{K_a^\ominus} \qquad K_h^\ominus = \frac{K_w^\ominus}{K_b^\ominus} \qquad K_h^\ominus = \frac{K_w^\ominus}{K_a^\ominus K_b^\ominus} \qquad K_{h1}^\ominus = \frac{K_w^\ominus}{K_{a2}^\ominus} \qquad K_{h2}^\ominus = \frac{K_w^\ominus}{K_{a1}^\ominus}$$

3. 电离度和水解度 一定条件下,弱电解质电离程度和盐水解程度的大小还可用电离度和水解度衡量,电离度 α 和水解度 h 可分别表示为:

$$\alpha = \frac{已电离的分子数}{电离前的分子总数} \times 100\% \qquad h = \frac{已水解的盐浓度}{盐的起始浓度} \times 100\%$$

电离度和水解度的大小除与电解质的本性有关外,还受外部因素如浓度、温度、溶剂和其他电解质的影响。

4. 酸碱平衡体系溶液酸碱度的近似计算

(1)弱酸(或弱碱)水溶液酸碱度的计算:由于水的电离程度较小,所以计算弱酸(弱碱)水溶液酸度时，一般情况下可忽略水的电离平衡，只考虑弱酸或弱碱的电离平衡。由于多元弱酸电离的特点，计算氢离子浓度时，一般也只考虑其第一步电离平衡。

当 $\dfrac{c}{K_{a(b)}^{\ominus}} \geqslant 400$ 或 $\alpha < 5\%$ 时，或 $K_{a1}^{\ominus} \gg K_{a2}^{\ominus} \gg K_{a3}^{\ominus}$，$\dfrac{c}{K_{a1}^{\ominus}} \geqslant 400$ 时：

$$\underset{\text{一元弱酸}}{[H^+] \approx \sqrt{cK_a^{\ominus}}} \qquad \underset{\text{一元弱碱}}{[OH^-] \approx \sqrt{cK_b^{\ominus}}} \qquad \underset{\text{多元弱酸}}{[H^+] \approx \sqrt{cK_{a1}^{\ominus}}}$$

（2）盐溶液酸碱度的计算

当 $\dfrac{c}{K_h^{\ominus}} \geqslant 400$ 时：

$$\underset{\text{弱酸强碱盐（显碱性）}}{[OH^-] \approx \sqrt{c\dfrac{K_w^{\ominus}}{K_a^{\ominus}}}} \qquad \underset{\text{弱碱强酸盐（显酸性）}}{[H^+] \approx \sqrt{c\dfrac{K_w^{\ominus}}{K_b^{\ominus}}}} \qquad \underset{\text{多元弱酸强碱盐（显碱性）}}{[OH^-] \approx \sqrt{cK_{h1}^{\ominus}}}$$

$$\underset{\text{弱酸弱碱盐}}{[H^+] \approx \sqrt{\dfrac{K_a^{\ominus}K_w^{\ominus}}{K_b^{\ominus}}}} \qquad \underset{\text{多元弱酸的酸式盐}}{[H^+] \approx \sqrt{K_{a1}^{\ominus}K_{a2}^{\ominus}}}$$

对弱酸弱碱盐：当 $K_a^{\ominus} = K_b^{\ominus}$ 时，溶液显中性；当 $K_a^{\ominus} > K_b^{\ominus}$ 时，溶液显酸性；当 $K_a^{\ominus} < K_b^{\ominus}$ 时，溶液显碱性。

对多元弱酸的酸式盐：既水解又电离，当电离 > 水解，溶液显酸性；当电离 < 水解，溶液显碱性。

5. 酸碱平衡的移动

（1）电离平衡的移动：影响电离平衡的主要因素是浓度和外加电解质，主要表现是稀释定律、盐效应和同离子效应。稀释可促进弱酸（弱碱）的电离；同离子效应可显著降低弱酸、弱碱的电离度，盐效应使弱电解质的电离度略有增大；一般同离子效应存在情况下，可忽略盐效应。

（2）水解平衡的移动：影响水解平衡的主要因素是浓度、温度和外加电解质（强酸和强碱）。温度对水解平衡影响较大，温度升高，盐的水解程度将加大；单弱盐的水解程度与盐溶液的浓度成反比，双弱盐或酸式盐的水解程度与盐溶液浓度几乎无关。加强酸可以抑制强酸弱碱盐的水解，促进强碱弱酸盐的水解；加强碱可以抑制强碱弱酸盐的水解，促进强酸弱碱盐的水解。

6. 缓冲溶液
是一种能抵抗外来少量强酸、强碱或水的稀释而保持体系 pH 基本不变的溶液。缓冲溶液中因同时含有较大量的抗碱成分和抗酸成分，可抵抗并消耗掉外来的少量强酸、强碱和水的稀释，使溶液的 pH 基本不变。缓冲溶液一般由弱酸及其盐、弱碱及其盐、多元弱酸及次级盐，以及酸式盐及次级盐组成。

缓冲溶液 pH 的近似计算公式：

$$\underset{\text{弱酸及其盐类型}}{pH \approx pK_a^{\ominus} - \lg\dfrac{c(\text{酸})}{c(\text{盐})}} \qquad \underset{\text{弱碱及其盐类型}}{pH \approx pK_w^{\ominus} - pK_b^{\ominus} + \lg\dfrac{c(\text{碱})}{c(\text{盐})}}$$

缓冲容量 β 是衡量缓冲溶液缓冲能力的物理量，与总浓度和浓度比有关：当浓度比固定时，总浓度越大，缓冲容量越大，缓冲能力越强；当总浓度固定时，浓度比越接近 1，缓冲容量越大，缓冲能力越强,浓度比等于1时,缓冲能力最强。

缓冲溶液的有效缓冲范围:

$$pH = pK_a^{\ominus} \pm 1 (弱酸及其盐类型)$$
$$pH = pK_w^{\ominus} - pK_b^{\ominus} \pm 1 (弱酸及其盐类型)$$

选择和配制缓冲溶液的方法:首先根据对 pH 的要求,选择合适的缓冲对,使弱酸的 $pK_a^{\ominus}$ 或弱碱的 $pK_w^{\ominus} - pK_b^{\ominus}$ 与所要求的 pH 相等或相近,调整缓冲对的浓度比使该溶液的 pH 为要求值(浓度比控制在 0.1~10 之间)。为保证有较大的缓冲能力,总浓度一般控制在 0.05~0.5mol/L 之间。

7. 酸碱理论简介

(1)酸碱电离理论:凡是在水溶液中电离出的正离子全部是 H^+ 的物质称为酸,电离出的负离子全部是 OH^- 的物质称为碱。酸碱反应的实质是 H^+ 和 OH^- 结合生成 H_2O。

(2)酸碱质子理论:凡是能够给出质子(H^+)的物质称为酸,凡是能够接受质子的物质称为碱。酸碱反应的实质是两对共轭酸碱之间的质子传递反应。酸碱强度不仅取决于酸碱自身给出质子或接受质子的能力,同时也与反应对象(溶剂)接受和给出质子的能力有关。水溶液中,任何酸的酸常数和它的共轭碱的碱常数的乘积必定等于水的离子积。

(3)酸碱电子理论:凡是能够接受电子对的物质都称为酸,凡是能够给出电子对的物质都称为碱。酸碱反应的实质是形成配位键,生成酸碱配合物的过程。

拓展阅读

缓冲溶液在医药领域应用简介

在实际应用中,许多药物本身就是酸或碱,它们的制备、分析和储存都与溶液的酸碱性有着重要的关系;人体内许多化学反应,必须在适宜的 pH 范围内才能进行。所以缓冲溶液在医学、药学工作中应用非常广泛,这里就缓冲溶液在医药领域中的应用向初学者作一个粗浅的介绍。

《中国药典》规定,滴眼剂应符合 pH 在 5.0~9.0 范围,pH 过高或过低将会刺激眼睛大量分泌泪液而将药液冲洗出结膜囊,不能发挥预期效果。此外,pH 对药效及药物的稳定性也有很大的影响。为避免过强的刺激性和使药物稳定,在滴眼剂的处方设计中常用缓冲溶液稳定药液的 pH,常用的缓冲系有磷酸盐缓冲液、硼酸盐缓冲液和枸橼酸盐缓冲液等。

在对抗环境中酸、碱、水蒸气等因素对药品的影响时,缓冲溶液就起到了不容小觑的作用。如某些注射剂经灭菌后 pH 可能发生改变,常用盐酸、枸橼酸、酒石酸、枸橼酸钠、磷酸二氢钠、磷酸氢二钠等物质的稀溶液调节 pH,使注射剂在加热灭菌过程中 pH 保持相对稳定。在不同的注射液中常用不同的缓冲溶液,例如巯乙胺注射液中用醋酸缓冲溶液、葡萄糖酸钙注射液中用乳酸缓冲溶液、精蛋白胰岛素锌注射液中用磷酸缓冲溶液。

在进行许多医学检验时,都需要使溶液的 pH 保持在一定范围内,才能使反应和一些酶的活性保持正常。如果测定过程中溶液的 pH 不稳定,就会引起测定误差,造成误诊,这就需要使用有关缓冲溶液。如进行血清丙氨酸转氨酶(ALT)的测定,要用到磷酸盐缓冲体系;血清酸性磷酸酶(ACP)测定,要用到醋酸缓冲体系;蛋白电泳要用到巴比妥缓冲体系等。

人体血液中的缓冲系

人体内各种体液都有较稳定的 pH 范围,超过这个范围,就可能引起机体内许多功能失调。如人体血液的 pH 恒定在 7.35～7.45 之间,若低于 7.35 会出现酸中毒,若高于 7.45 则会出现碱中毒。

血液是由多种缓冲系组成的缓冲溶液,血液中的 pH 之所以能恒定在 7.35～7.45 之间,是血液中各种缓冲系的缓冲作用和肺、肾调节作用的结果。

血浆中的缓冲系:$H_2CO_3 - HCO_3^-$、$H_2PO_4^- - HPO_4^{2-}$、$H_nP - H_{n-1}P^-$(H_nP 代表蛋白质)。

红细胞中的缓冲系:$H_2b - Hb^-$(H_2b 代表血红蛋白)、$H_2bO_2 - HbO_2^-$(H_2bO_2 代表氧合血红蛋白)、$H_2CO_3 - HCO_3^-$、$H_2PO_4^- - HPO_4^{2-}$。

在这些缓冲系中,以碳酸缓冲系在血液中浓度最高,缓冲能力最大,在维持血液正常 pH 中发挥的作用最重要。碳酸在溶液中主要是以溶解的 CO_2 形式存在,在 $HCO_3^- - CO_2$(溶解)缓冲系中存在如下平衡:

$$CO_2(溶解) + H_2O \rightleftharpoons H_2CO_3 \rightleftharpoons H^+ + HCO_3^-$$

当 $[H^+]$ 增加时,抗酸成分 HCO_3^- 与它结合使上述平衡向左移动,使 $[H^+]$ 不发生明显改变。当 $[H^+]$ 减少时,上述平衡向右移动,使 $[H^+]$ 不发生明显改变。正常血浆中 $HCO_3^- - CO_2$(溶解)缓冲对的浓度比为 20:1,已超出体外缓冲溶液有效浓度比(即 1:10～10:1)的范围,该缓冲系的缓冲能力应该不大。而事实上,在血液中它们的缓冲能力是很强的。这是因为在体外,当 $HCO_3^- - CO_2$(溶解)发生缓冲作用后,HCO_3^- 或 CO_2(溶解)浓度的改变得不到补充或调节。而体内当 $HCO_3^- - CO_2$(溶解)发生缓冲作用后,HCO_3^- 或 CO_2(溶解)的浓度改变可由呼吸作用和肾的生理功能获得补充或调节,使得血液中的 HCO_3^- 或 CO_2(溶解)的浓度保持相对稳定。因此,血浆中的碳酸缓冲系总能保持相当强的缓冲能力。

血浆中碳酸缓冲系的缓冲作用与肺、肾的调节作用的关系可用下式表示:

$$\begin{array}{ccc}
H_2CO_3 & \xrightleftharpoons[H^+]{OH^-} & HCO_3^- \\
\big\updownarrow & & \big\updownarrow \\
肺 \rightleftharpoons CO_2 | H_2O & & 肾
\end{array}$$

血液红细胞中的缓冲系以血红蛋白和氧合血红蛋白缓冲系最为重要。因为血液对体内代谢所产生的大量 CO_2 的缓冲作用,主要是靠它们实现的。代谢过程产生的大量 CO_2 先与血红蛋白离子反应:

$$CO_2 + H_2O + Hb^- \rightleftharpoons HHb + HCO_3^-$$

反应产生的 HCO_3^-,由血液运输至肺,并与氧合血红蛋白反应:

$$HCO_3^- + HHbO_2 \rightleftharpoons HbO_2^- + H_2O + CO_2$$

释放出的 CO_2 从肺呼出。这说明由于血红蛋白和氧合血红蛋白的缓冲作用,在大量 CO_2 从组织细胞运送至肺的过程中,血液的 pH 不会受到大的影响。

综上所述,由于血液中多种缓冲系的缓冲作用和肺、肾的调节作用,使正常人血液的 pH 维持在 7.35～7.45 的狭小范围。

1．判断下列说法是否正确。

（1）按酸碱质子理论，$HCN-CN^-$ 为共轭酸碱对，HCN 是弱酸，CN^- 是强碱。（　　）

（2）一定温度时，稀释一元弱酸或弱碱溶液，电离常数不变而电离度增大。（　　）

（3）将氨水的浓度稀释一倍，溶液中 OH^- 浓度就减小到原来的一半。（　　）

（4）$NaHCO_3$ 中含有氢，故其水溶液呈酸性。（　　）

2．选择题

（1）下列同浓度的盐溶液中，pH 最小的是（　　）

  A．NaAc
        B．Na_3PO_4

  C．Na_2HPO_4
       D．NaH_2PO_4

（2）欲使 0.1mol/L HAc 溶液电离度减小，pH 增大，可加入（　　）

  A．0.1mol/L HCl
     B．固体 NaAc

  C．固体 NaCl
      D．H_2O

（3）在稀氨水中：①加 NH_4Cl 固体；②通入 NH_3；③煮沸；④加入少量 NaOH；⑤加入少量 NaCl 固体。其中能使碱性增强的是（　　）

  A．①②④
       B．②③④

  C．②③④⑤
      D．④⑤

（4）欲配制 pH=9 的缓冲溶液，应选用下列何种弱酸或弱碱和它们的盐来配制（　　）

  A．HNO_2（$K_a^\ominus=5.13\times10^{-4}$）
   B．$NH_3\cdot H_2O$（$K_b^\ominus=1.74\times10^{-5}$）

  C．HAc（$K_a^\ominus=1.75\times10^{-5}$）
    D．HCOOH（$K_a^\ominus=1.80\times10^{-4}$）

3．填空题

（1）下列分子或离子：HS^-、CO_3^{2-}、$H_2PO_4^-$、NH_3、H_2S、NO_2^-、HCl、Ac^-、OH^-、H_2O，根据酸碱质子理论，属于酸的是（　　），属于碱的是（　　），属于两性物质的是（　　）。

（2）若将 HAc 溶液与等体积的 NaAc 溶液相混合，欲使混合溶液的 pH 为 4.34，混合后，酸和盐的浓度比近似为（　　）。当将该溶液释 5 倍后，其 pH（　　），将该缓冲溶液中 c（HAc）和 c（NaAc）同时增大相同倍数时，其缓冲能力（　　）。

4．某弱酸 HA 在 0.015mol/L 时电离度为 0.80%，浓度为 0.10mol/L 时电离度为多少？

5．麻黄碱（$C_{10}H_{15}NO$）是一种弱碱，常用作鼻喷剂，以减轻充血症状。已知麻黄碱的电离常数 $K_b^\ominus=1.4\times10^{-4}$，计算 0.10mol/L 麻黄碱溶液的 pH？

6．今有 2.0L 的 0.50mol/L 氨水和 2.0L 0.50mol/L HCl 溶液，若配制 pH=9.00 的缓冲溶液，不允许再加水，最多能配制多少升缓冲溶液？其中 c（NH_3）和 c（NH_4^+）各为多少？已知：$NH_3\cdot H_2O$ 的 $K_b^\ominus=1.74\times10^{-5}$。

7．计算下列各种溶液的 pH，已知：$NH_3\cdot H_2O$ 的 $K_b^\ominus=1.74\times10^{-5}$，HAc 的 $K_a^\ominus=1.75\times10^{-5}$。

（1）10ml 5.0×10^{-3}mol/L 的 NaOH 。

（2）10ml 0.40mol/L HCl 与 10ml 0.10mol/L NaOH 的混合溶液。

（3）10ml 0.20mol/L $NH_3 \cdot H_2O$ 与 10ml 0.20mol/L HCl 的混合溶液。

（4）10ml 0.20mol/L HAc 与 10ml 0.10mol/L NaOH 的混合溶液。

8．将 Na_2CO_3 和 $NaHCO_3$ 混合物 30g 配成 1L 溶液，测得溶液的 pH = 10.62，计算溶液含 Na_2CO_3 和 $NaHCO_3$ 各多少克？已知：H_2CO_3 的 $K_{a2}^{\ominus} = 5.62 \times 10^{-11}$。

第四章同步练习

（吴培云　李德慧）

第五章　沉淀 - 溶解平衡

【学习目标】

掌握: 溶度积概念及溶度积规则, 会运用溶度积规则判断沉淀的生成、溶解、分步沉淀等。

熟悉: 影响沉淀 - 溶解平衡的因素。

了解: 溶度积与溶解度之间的关系; 沉淀 - 溶解平衡原理在医药领域中的应用。

在科学实验及生产实践中, 经常要利用沉淀反应来制备物质、处理污水、鉴定离子和分离杂质等; 药物的生产、分离鉴定及药品的质量控制也与沉淀反应密切相关。如何判断沉淀的生成? 怎样使沉淀反应趋于完全? 如何使沉淀溶解? 这些问题都涉及难溶电解质水溶液中存在的沉淀 - 溶解平衡。

通常把在 100g 水中溶解小于 0.01g, 水中溶解的部分能完全电离的电解质称为难溶强电解质, 如 $CaCO_3$、$BaSO_4$ 等物质。对某些溶解度超过上述标准 [0.01g/(100g H_2O)], 但摩尔质量较大, 饱和溶液中物质的量浓度极小的强电解质, 如 $PbCl_2$、$CaSO_4$ 等, 也是本章的研究对象。此外, 某些难溶弱电解质如 $Fe(OH)_3$、AgI 等, 由于其溶解度很小, 水溶液中分子浓度也很小, 根据稀释效应, 在如此稀的溶液中, 其电离度接近 100%, 也在本章讨论范围。

第一节　溶度积和溶度积规则

一、溶度积常数

与弱电解质在水溶液中的电离类似, 难溶电解质的溶解也是可逆过程。以 $CaCO_3$ 在水中的溶解过程为例。

在一定温度下, 将难溶 $CaCO_3$ 固体置于水中。由于水分子是极性分子, 有些水分子的负极指向 $CaCO_3$ 固体表面的 Ca^{2+}, 而有些水分子的正极则指向 $CaCO_3$ 固体表面的 CO_3^{2-}。这种指向削弱了 Ca^{2+} 和 CO_3^{2-} 之间的静电吸引力, 因而使得一部分 Ca^{2+} 和 CO_3^{2-} 脱离 $CaCO_3$ 固体表面, 以水合离子的形式进入溶液, 这个过程称为溶解(dissolution)。另一方面, 溶液中的水合 Ca^{2+} 及水合 CO_3^{2-} 在做无序运动时, 会发生相互碰撞而结合成 $CaCO_3$, 或受到固体表面上异电荷离子的吸引, 重新回到 $CaCO_3$ 固体表面, 这个与溶解相反的过程称为沉淀(precipitation)。

一定温度下, 当溶解过程和沉淀过程的速率相等时, 体系便达到动态平衡, 即建立了沉淀 - 溶解平衡(equilibrium of precipitation and dissolution)。平衡建立时,溶液中各离子浓度不再随时间改变,则溶液为该温度下溶质的饱和溶液。在 $CaCO_3$ 饱和溶液中,$CaCO_3(s)$ 与 $Ca^{2+}(aq)$ 及 $CO_3^{2-}(aq)$ 间存在如下多相平衡:

$$CaCO_3(s) \rightleftharpoons Ca^{2+}(aq) + CO_3^{2-}(aq)$$

上式为 $CaCO_3$ 的沉淀-溶解平衡式,为简便起见,平衡式中水合符号"aq"常略去。根据化学平衡原理,在一定温度下,上述平衡的标准平衡常数为:

$$K_{sp}^{\ominus}(CaCO_3) = [Ca^{2+}][CO_3^{2-}]$$

式中,$[Ca^{2+}]$ 和 $[CO_3^{2-}]$ 分别代表两种离子的相对平衡浓度($c^{\ominus}$ 已省略)。$K_{sp}^{\ominus}(CaCO_3)$ 值的大小反映了 $CaCO_3$ 的溶解程度,称为溶度积常数,简称溶度积(solubility product)。

如以 A_mB_n 表示一般难溶电解质,其沉淀-溶解平衡为:

$$A_mB_n(s) \rightleftharpoons mA^{n+} + nB^{m-}$$

根据化学平衡原理,一定温度下,A_mB_n 的溶度积可表示为:

$$K_{sp}^{\ominus}(A_mB_n) = [A^{n+}]^m[B^{m-}]^n \qquad \text{式}(5\text{-}1)$$

溶度积 $K_{sp}^{\ominus}(A_mB_n)$ 是一定温度下沉淀-溶解平衡的标准平衡常数,$[A^{n+}]$、$[B^{m-}]$ 分别代表难溶电解质 A_mB_n 饱和溶液中 A^{n+}、B^{m-} 的相对平衡浓度,m 和 n 分别是沉淀-溶解平衡式中 A^{n+}、B^{m-} 的化学计量系数。

溶度积与其他化学平衡常数一样,只与难溶电解质的本性和温度有关。虽然 $K_{sp}^{\ominus}$ 随温度变化而变化,但一般改变不大,所以通常采用 298K 附近的数值。298K 下一些常见难溶电解质的 $K_{sp}^{\ominus}$ 数值列于附录四。

【思考题 5-1】溶度积与难溶电解质溶液中固体量的多少是否有关系?

二、溶度积与溶解度的关系

溶度积 $K_{sp}^{\ominus}$ 从平衡常数的角度表达了难溶电解质的溶解趋势,而溶解度 s 表示难溶电解质饱和溶液中溶解部分的浓度。因此 s 和 $K_{sp}^{\ominus}$ 都可以表示难溶电解质的溶解能力,两者之间有着必然的联系,可以互相换算。若 s 以物质的量浓度表示,可通过难溶电解质的沉淀-溶解平衡式和相应的溶度积表达式,得出 s 与 $K_{sp}^{\ominus}$ 之间的定量关系。由于溶解度的单位通常是 g/(100g H_2O),因此计算时应将溶解度单位转换成 mol/L。一般来说,难溶电解质的溶解度都很小,即溶液很稀,所以计算时,可认为它们饱和溶液的密度近似等于纯水的密度,即为 1.0g/ml。

【思考题 5-2】室温时 $BaSO_4$ 的溶解度为 0.00024g/(100g H_2O),若以 mol/L 表示溶解度,应该如何转换?

不同类型的难溶电解质由于沉淀-溶解平衡式不同,$K_{sp}^{\ominus}$ 与 s 之间的定量关系也不同,下面通过具体例子进行讨论。

【例题 5-1】已知 298K 时,难溶电解质 AgCl、$BaSO_4$ 及 MgF_2 的 $K_{sp}^{\ominus}$ 分别为 1.77×10^{-10}、1.08×10^{-10} 和 5.16×10^{-11},求 AgCl、$BaSO_4$ 和 MgF_2 的溶解度 s。

解 设 AgCl、$BaSO_4$ 和 MgF_2 的溶解度分别为 s_1 mol/L、s_2 mol/L 和 s_3 mol/L。

AgCl 达到沉淀-溶解平衡时,饱和溶液中 Ag^+ 和 Cl^- 的浓度在数值上等于 AgCl 的溶解度 s_1。

根据 AgCl 的沉淀 - 溶解平衡：

$$AgCl(s) \Longrightarrow Ag^+ + Cl^-$$

相对平衡浓度 $\qquad\qquad\qquad s_1 \quad s_1$

溶度积表达式：$K_{sp}^{\ominus}(AgCl) = [Ag^+][Cl^-] = s_1^2$

$$s_1 = \sqrt{K_{sp}^{\ominus}(AgCl)} = \sqrt{1.77 \times 10^{-10}} = 1.33 \times 10^{-5}$$

$BaSO_4$ 与 AgCl 属于同一类型难溶电解质，同理可计算其溶解度 s_2：

$$s_2 = \sqrt{K_{sp}^{\ominus}(BaSO_4)} = \sqrt{1.08 \times 10^{-10}} = 1.04 \times 10^{-5}$$

MgF_2 达到沉淀 - 溶解平衡时，溶液中 F^- 的浓度是 Mg^{2+} 的 2 倍，Mg^{2+} 的浓度等于 MgF_2 的溶解度 s_3，则：

$$MgF_2(s) \Longrightarrow Mg^{2+} + 2F^-$$

相对平衡浓度 $\qquad\qquad\qquad s_3 \quad 2s_3$

根据溶度积表达式：$K_{sp}^{\ominus}(MgF_2) = s_3(2s_3)^2$

$$s_3 = \sqrt[3]{\frac{K_{sp}^{\ominus}(MgF_2)}{4}} = \sqrt[3]{\frac{5.16 \times 10^{-11}}{4}} = 2.34 \times 10^{-4}$$

答：298K 时，AgCl、$BaSO_4$ 和 MgF_2 在水中的溶解度分别为 1.33×10^{-5}mol/L、1.04×10^{-5}mol/L 和 2.34×10^{-4}mol/L。

从例 5-1 的计算结果可知，AgCl 和 $BaSO_4$ 属于同类型难溶电解质（AB 型），s 与 $K_{sp}^{\ominus}$ 的换算关系式相同。由于 $K_{sp}^{\ominus}(BaSO_4) < K_{sp}^{\ominus}(AgCl)$，所以 $s(BaSO_4) < s(AgCl)$。而 AgCl（或 $BaSO_4$）与 MgF_2（AB_2 型）为不同类型难溶电解质，两者 s 与 $K_{sp}^{\ominus}$ 的定量关系式不同，尽管 $K_{sp}^{\ominus}(MgF_2) < K_{sp}^{\ominus}(AgCl)$、$K_{sp}^{\ominus}(MgF_2) < K_{sp}^{\ominus}(BaSO_4)$，但是 $s(MgF_2) > s(AgCl)$，$s(MgF_2) > s(BaSO_4)$。

综上，$K_{sp}^{\ominus}$ 可以用来估计和比较难溶电解质溶解度的大小。对相同类型的难溶电解质，可根据 $K_{sp}^{\ominus}$ 大小直接比较 s 的大小，即相同温度下，同类型难溶电解质的 $K_{sp}^{\ominus}$ 越大，则溶解度 s 也越大，反之亦然。对不同类型的难溶电解质，不能直接用 $K_{sp}^{\ominus}$ 的大小来比较 s 的大小，必须由 $K_{sp}^{\ominus}$ 计算出 s 才能得出正确结论。

需要指出的是，溶解度和溶度积的换算关系只是一种近似的计算，由于没有考虑溶液中某些离子的水解或配位反应等，因此运算结果与实验数据会有偏差。

【思考题 5-3】已知室温下，Ag_2CrO_4 的溶度积小于 AgCl，能否认为 Ag_2CrO_4 的溶解度就小于 AgCl？

【思考题 5-4】试推导 $Ca_3(PO_4)_2$ 的 $K_{sp}^{\ominus}$ 与溶解度 s 的关系式。

三、影响沉淀 - 溶解平衡的因素

沉淀 - 溶解平衡与其他化学平衡一样，是暂时的、相对的、有条件的平衡，当外界条件发生改变时，原有的平衡将发生移动。常见的影响化学平衡的因素有温度、压力和浓度。由于压力的改变对固体和液体的体积影响较小，因此一般可不考虑其对沉淀 - 溶解平衡的影响。下面仅讨论温度及外加电解质（离子浓度）的影响。

（一）温度

绝大多数难溶电解质溶于水时都会伴随吸收热量,所以多数情况下,温度升高,会使难溶电解质的沉淀-溶解平衡向溶解的方向移动,溶解度增大,$K_{sp}^{\ominus}$ 也增大。如 AgBr 的 $K_{sp}^{\ominus}$ 随温度的变化见表 5-1,由表 5-1 可知,温度变化不大时,对 $K_{sp}^{\ominus}$ 影响不大。所以对于多数难溶电解质,常用 298K 附近的数值。

表 5-1 不同温度下 AgBr 的溶度积 $K_{sp}^{\ominus}$

T/K	288	293	298	303	308	313	323
$K_{sp}^{\ominus}$	1.48×10^{-13}	2.69×10^{-13}	5.20×10^{-13}	8.51×10^{-13}	1.48×10^{-12}	2.45×10^{-12}	6.46×10^{-12}

需要指出的是,有少数难溶电解质溶解于水的过程是放热的,因此温度升高时,沉淀-溶解平衡会向生成沉淀的方向移动。如 $Ca(OH)_2$,温度升高,其溶解度减小,$K_{sp}^{\ominus}$ 也减小。

（二）外加电解质的影响

一定温度下,如果在难溶电解质溶液中引入其他易溶性强电解质,沉淀-溶解平衡将发生移动。新的平衡建立时,难溶电解质的溶解度将发生改变。

1. 盐效应　在难溶电解质的溶液中加入其他易溶性强电解质,使难溶电解质的溶解度略有增大的现象,称为盐效应(salt effect)。

如 $BaSO_4$ 饱和溶液存在如下平衡:

$$BaSO_4(s) \rightleftharpoons Ba^{2+} + SO_4^{2-}$$

向以上平衡体系中加入一定量的 NaCl,由于 NaCl 在溶液中完全电离成 Na^+ 和 Cl^-,导致溶液的离子强度增大,离子活动的自由程度降低,即离子活度减小,不足以支持原有的平衡。因此 $BaSO_4$ 的沉淀-溶解平衡将向溶解的方向移动,结果是 $BaSO_4$ 溶解度略有增大。

一般来说,加入的易溶性强电解质浓度越大,离子电荷越高,溶液的离子强度越大,离子的活度越小,盐效应越显著。

2. 同离子效应　如果在难溶电解质溶液中加入的易溶性强电解质,与难溶电解质具有相同离子,根据化学平衡移动原理,平衡将向生成沉淀的方向进行,结果将导致难溶电解质的溶解度减小。

例如,在 AgCl 饱和溶液中存在如下平衡:

$$AgCl(s) \rightleftharpoons Ag^+ + Cl^-$$

若向 AgCl 饱和溶液中加入 NaCl,由于溶液中 Cl^- 浓度增大,沉淀-溶解平衡向生成 AgCl 的方向移动,溶液中有新的 AgCl 沉淀生成,直至新的平衡建立,其结果导致 AgCl 的溶解度减小。

这种因加入含有相同离子的易溶性强电解质,而使难溶电解质的溶解度降低的现象称为同离子效应(common ion effect)。这与上一章加入含有共同离子的易溶性强电解质抑制弱酸、弱碱的电离,使其电离度降低是类似的。

在难溶电解质溶液中加入含有相同离子的易溶性强电解质时,不仅会产生同离子效应,也会产生盐效应。但由于同离子效应的影响远大于盐效应,因此,在一般情况下,当两种效应共存时,以同离子效应的影响为主。

【例题 5-2】分别计算 298K 时 AgCl 在 0.10mol/L 和 0.20mol/L AgNO$_3$ 中的溶解度。已知：AgCl 在纯水中的溶解度为 1.33×10^{-5}mol/L。

解 根据 AgCl 在纯水中的溶解度可计算出其 $K_{sp}^{\ominus}$，即：

$$K_{sp}^{\ominus}(AgCl) = [Ag^+][Cl^-] = s^2 = (1.33 \times 10^{-5})^2 = 1.77 \times 10^{-10}$$

（1）设 AgCl 在 0.10mol/L AgNO$_3$ 溶液中的溶解度为 s_1 mol/L，则平衡时各离子的相对平衡浓度分别为：

$$[Ag^+] = s_1 + 0.10 \approx 0.10$$

$$[Cl^-] = s_1$$

根据溶度积表达式：

$$K_{sp}^{\ominus}(AgCl) = [Ag^+][Cl^-] = 0.10s_1$$

$$s_1 = 1.77 \times 10^{-9}$$

（2）设 AgCl 在 0.20mol/L AgNO$_3$ 溶液中的溶解度为 s_2 mol/L，则平衡时各离子的相对平衡浓度分别为：

$$[Ag^+] = s_2 + 0.20 \approx 0.20$$

$$[Cl^-] = s_2$$

根据溶度积表达式：

$$K_{sp}^{\ominus}(AgCl) = [Ag^+][Cl^-] = 0.20s_2$$

$$s_2 = 8.85 \times 10^{-10}$$

答：AgCl 在 0.10mol/L AgNO$_3$ 中的溶解度是 1.77×10^{-9}mol/L，在 0.20mol/L 的 AgNO$_3$ 中溶解度是 8.85×10^{-10}mol/L。

由以上计算结果可知，在 AgCl 的饱和溶液中，加入与其含有相同离子的 AgNO$_3$ 试剂后，AgCl 溶解度降低的程度较大。在一定浓度范围内，加入的相同离子量越多，其溶解度降低得越多。因此，在利用沉淀反应来制备难溶物质时，常根据同离子效应的原理，加入适当过量的沉淀剂，使沉淀反应更趋于完全。但沉淀剂的用量并非愈多愈好，过量太多可能会引起盐效应增强，甚至有配位效应的发生，反而使沉淀溶解度增大。沉淀剂的过量一般以 20%～50% 为宜。

【思考题 5-5】在任何情况下，同离子效应的影响都大于盐效应吗？

四、溶度积规则

$K_{sp}^{\ominus}$ 是难溶电解质沉淀 - 溶解平衡的标准平衡常数，若 $K_{sp}^{\ominus}$ 表达式中各离子的相对平衡浓度用任意情况下的相对浓度表示，则得到的表达式定义为浓度积（ionic product），用 Q 表示（Q 相当于沉淀 - 溶解平衡的反应商）。显然，$K_{sp}^{\ominus}$ 是 Q 的一个特例。例如，CaCO$_3$ 溶液的浓度积 Q 为：

$$Q(CaCO_3) = \frac{c(Ca^{2+})}{c^{\ominus}} \times \frac{c(CO_3^{2-})}{c^{\ominus}}$$

其中，$c(Ca^{2+})$、$c(CO_3^{2-})$ 表示两种离子任意情况下的浓度。由于 $c^{\ominus} = 1$mol/L，可简写为：$Q(CaCO_3) = c(Ca^{2+}) \times c(CO_3^{2-})$。

根据化学平衡移动原理,可以通过比较 Q 与 $K_{sp}^\ominus$ 的大小来判断反应方向,对于任一难溶电解质:

若 $Q=K_{sp}^\ominus$,体系达到沉淀 - 溶解平衡状态,溶液是饱和溶液。

若 $Q<K_{sp}^\ominus$,溶液是不饱和溶液,若体系中有沉淀,沉淀溶解。

若 $Q>K_{sp}^\ominus$,溶液是过饱和溶液,有沉淀生成。

上述 Q 与 $K_{sp}^\ominus$ 的关系称为溶度积规则(solubility product rule)。溶度积规则是对沉淀 - 溶解平衡移动规律的总结,可以用来判断沉淀的生成和溶解。

溶度积规则
（微课）

第二节　沉淀的生成与溶解

一、沉淀的生成

根据溶度积规则,欲使某物质生成沉淀,需要满足 $Q>K_{sp}^\ominus$。可通过加入沉淀剂,增大相关离子浓度,使难溶电解质的沉淀 - 溶解平衡向生成沉淀的方向移动。

【例题 5-3】现有 2.0×10^{-4}mol/L 的 $MgSO_4$ 溶液,通过计算说明下列两种情况下能否生成 $Mg(OH)_2$ 沉淀?

（1）与等体积的 2.0×10^{-3}mol/L NaOH 溶液混合。

（2）与等体积的 2.0×10^{-3}mol/L 氨水混合。已知:$K_{sp}^\ominus[Mg(OH)_2]=5.61\times10^{-12}$; $K_b^\ominus(NH_3\cdot H_2O)=1.74\times10^{-5}$。

解　（1）$MgSO_4$ 溶液与等体积 NaOH 溶液混合时,Mg^{2+} 与 OH^- 相对浓度分别为:

$$c(Mg^{2+})=\frac{2.0\times10^{-4}}{2}=1.0\times10^{-4}$$

$$c(OH^-)=\frac{2.0\times10^{-3}}{2}=1.0\times10^{-3}$$

$$Q=c(Mg^{2+})[c(OH^-)]^2=1.0\times10^{-4}\times(1.0\times10^{-3})^2=1.0\times10^{-10}$$

$Q>K_{sp}^\ominus[Mg(OH)_2]$,因此混合后有沉淀生成。

（2）$MgSO_4$ 溶液与等体积的氨水混合时,Mg^{2+} 与氨水相对浓度分别为:

$$c(Mg^{2+})=\frac{2.0\times10^{-4}}{2}=1.0\times10^{-4}$$

$$c(NH_3\cdot H_2O)=\frac{2.0\times10^{-3}}{2}=1.0\times10^{-3}$$

氨水电离产生 OH^-: $NH_3\cdot H_2O \rightleftharpoons NH_4^+ + OH^-$

由于:$c(NH_3\cdot H_2O)K_b^\ominus=1.74\times10^{-8}>20K_w^\ominus$,$\dfrac{c(NH_3\cdot H_2O)}{K_b^\ominus}=\dfrac{1.0\times10^{-3}}{1.74\times10^{-5}}<400$

所以:$c(OH^-)=-\dfrac{K_b^\ominus}{2}+\sqrt{\dfrac{(K_b^\ominus)^2}{4}+c(NH_3\cdot H_2O)K_b^\ominus}$

$$= -\frac{1.74 \times 10^{-5}}{2} + \sqrt{\frac{(1.74 \times 10^{-5})^2}{4} + 1.0 \times 10^{-3} \times 1.74 \times 10^{-5}} = 1.23 \times 10^{-4}$$

$$Q = c(\text{Mg}^{2+})[c(\text{OH}^-)]^2 = 1.0 \times 10^{-4} \times (1.23 \times 10^{-4})^2 = 1.51 \times 10^{-12}$$

$Q < K_{sp}^{\ominus}[\text{Mg(OH)}_2]$，混合后无沉淀生成。

答：根据溶度积规则判断，2.0×10^{-4}mol/L 的 $MgSO_4$ 溶液与等体积的 2.0×10^{-3}mol/L NaOH 溶液混合有 $Mg(OH)_2$ 沉淀生成；与等体积的 2.0×10^{-3}mol/L 氨水混合，无 $Mg(OH)_2$ 沉淀生成。

由于沉淀－溶解平衡的存在，在加入沉淀剂沉淀某种离子时，无论加入的沉淀剂如何过量，总会有极少量的待沉淀离子留在溶液中。一般认为，只要溶液中残留离子浓度不大于 1.0×10^{-5}mol/L 时，用一般化学方法已无法定性检出，就可以认为该离子已经沉淀"完全"了。

【例题5-4】向 1.0×10^{-2}mol/L 的 $CuCl_2$ 溶液中通入 H_2S 气体，求 Cu^{2+} 开始沉淀和沉淀完全时的 S^{2-} 浓度？已知：$K_{sp}^{\ominus}(\text{CuS}) = 6.3 \times 10^{-36}$。

解 开始沉淀和沉淀完全时，溶液中都存在如下平衡：

$$\text{CuS(s)} \Longrightarrow \text{Cu}^{2+} + \text{S}^{2-}$$

（1）溶液中 $c(\text{Cu}^{2+}) = 1.0 \times 10^{-2}$mol/L，开始沉淀即刚好达到饱和，即 $Q = K_{sp}^{\ominus}$，根据溶度积规则：

$$[\text{Cu}^{2+}][\text{S}^{2-}] = 6.3 \times 10^{-36}$$

$$[\text{S}^{2-}] = \frac{K_{sp}^{\ominus}}{[\text{Cu}^{2+}]} = \frac{6.3 \times 10^{-36}}{1.0 \times 10^{-2}} = 6.3 \times 10^{-34}$$

（2）Cu^{2+} 沉淀完全时，即允许 Cu^{2+} 最大浓度为 1.0×10^{-5}mol/L，则求 $[\text{Cu}^{2+}] = 1.0 \times 10^{-5}$mol/L 时的 $[\text{S}^{2-}]$：

$$[\text{S}^{2-}] = \frac{K_{sp}^{\ominus}}{[\text{Cu}^{2+}]} = \frac{6.3 \times 10^{-36}}{1.0 \times 10^{-5}} = 6.3 \times 10^{-31}$$

答：当 Cu^{2+} 开始沉淀时，$[\text{S}^{2-}] = 6.3 \times 10^{-34}$mol/L；当 Cu^{2+} 刚好沉淀完全时，$[\text{S}^{2-}] = 6.3 \times 10^{-31}$mol/L。

钟乳石的形成（文档）

二、沉淀的溶解

根据溶度积规则，欲使沉淀溶解，需满足 $Q < K_{sp}^{\ominus}$。因此只要创造条件，降低溶液中有关离子的浓度，即可使沉淀溶解。常用溶解沉淀的方法有以下几种。

（一）生成弱电解质使沉淀溶解

许多难溶电解质遇到酸、碱、盐溶液时，由于反应生成 H_2O、弱酸、弱碱以及难电离的盐等弱电解质而发生溶解。

1. 生成 H_2O 难溶金属氢氧化物会与酸发生中和反应生成 H_2O 而溶解。以 $Cu(OH)_2$ 为例，其沉淀－溶解平衡为：

$$\text{Cu(OH)}_2(\text{s}) \Longrightarrow \text{Cu}^{2+} + 2\text{OH}^-$$

向体系中加酸，则 H^+ 与饱和溶液中的 OH^- 结合生成弱电解质 H_2O，降低了 OH^- 浓度，从而使 $Q < K_{sp}^{\ominus}$，随着酸的加入，平衡不断向溶解的方向移动。

若加入 HCl，则酸溶解反应平衡为：

$$Cu(OH)_2(s) + 2H^+ \rightleftharpoons Cu^{2+} + 2H_2O$$

酸溶解反应的标准平衡常数为：

$$K^{\ominus} = \frac{[Cu^{2+}]}{[H^+]^2} = \frac{[Cu^{2+}][OH^-]^2}{[H^+]^2[OH^-]^2} = \frac{K_{sp}^{\ominus}[Cu(OH)_2]}{(K_w^{\ominus})^2} = \frac{2.2 \times 10^{-20}}{(1.0 \times 10^{-14})^2} = 2.2 \times 10^8$$

该溶解反应 $K^{\ominus}$ 很大，反应容易进行，$Cu(OH)_2$ 在 HCl 中可以溶解比较完全。

若加入 HAc，则酸溶解反应平衡为：

$$Cu(OH)_2(s) + 2HAc \rightleftharpoons Cu^{2+} + 2Ac^- + 2H_2O$$

酸溶解反应的标准平衡常数为：

$$K^{\ominus} = \frac{[Cu^{2+}][Ac^-]^2}{[HAc]^2} = \frac{[Cu^{2+}][Ac^-]^2[H^+]^2[OH^-]^2}{[HAc]^2[H^+]^2[OH^-]^2} = \frac{K_{sp}^{\ominus}[Cu(OH)_2] \times [K_a^{\ominus}(HAc)]^2}{[K_w^{\ominus}]^2}$$

$$= \frac{2.2 \times 10^{-20} \times (1.75 \times 10^{-5})^2}{(1.0 \times 10^{-14})^2} = 0.067$$

该溶解反应平衡常数 $K^{\ominus} < 1$，可见，HAc 溶解 $Cu(OH)_2$ 有一定的难度。从酸溶解反应 $K^{\ominus}$ 的表达式不难看出，酸溶解反应的难易程度与金属氢氧化物的 $K_{sp}^{\ominus}$、所用酸的 $K_a^{\ominus}$ 及水的离子积有关。金属氢氧化物的 $K_{sp}^{\ominus}$ 越大、所用的酸越强，则 $K^{\ominus}$ 越大，金属氢氧化物越易溶。反之，则越难溶。

2. 生成弱酸　许多弱酸盐型难溶电解质，如 $CaCO_3$、$BaCO_3$、FeS、ZnS 等，能在强酸溶液中生成弱酸而溶解。以 FeS 为例，其沉淀 - 溶解平衡为：

$$FeS(s) \rightleftharpoons Fe^{2+} + S^{2-}$$

若向该平衡体系中加盐酸，由于 HCl 提供的 H^+ 与 S^{2-} 结合生成弱酸 H_2S，使溶液中 S^{2-} 浓度减小，$Q < K_{sp}^{\ominus}$，则 FeS 开始溶解。酸溶解反应平衡为：

$$FeS(s) + 2H^+ \rightleftharpoons Fe^{2+} + H_2S$$

该反应标准平衡常数为：

$$K^{\ominus} = \frac{[Fe^{2+}][H_2S]}{[H^+]^2} = \frac{[Fe^{2+}][H_2S][S^{2-}]}{[H^+]^2[S^{2-}]} = \frac{K_{sp}^{\ominus}(FeS)}{K_{a1}^{\ominus}K_{a2}^{\ominus}}$$

$$= \frac{6.3 \times 10^{-18}}{1.32 \times 10^{-7} \times 7.08 \times 10^{-15}} = 6.74 \times 10^3$$

反应的 $K^{\ominus}$ 较大，说明 FeS 易溶于盐酸。上述关系式也说明，难溶弱酸盐的 $K_{sp}^{\ominus}$ 越大、生成的弱酸越弱（$K_a^{\ominus}$ 越小），溶解反应的平衡常数 $K^{\ominus}$ 越大，难溶弱酸盐在酸中溶解性越好。反之，在酸中溶解性越差。

3. 生成弱碱　对于某些 $K_{sp}^{\ominus}$ 较大的难溶金属氢氧化物，如 $Mg(OH)_2$、$Mn(OH)_2$ 等，除了可以加强酸溶解外，还可以通过加入铵盐生成弱电解质 $NH_3 \cdot H_2O$ 而溶解。例如，在 $Mg(OH)_2$ 的饱和溶液中加入 NH_4Cl，则溶液中 OH^- 与 NH_4^+ 结合生成弱电解质 $NH_3 \cdot H_2O$，减少了 OH^- 浓度，导致 $Q < K_{sp}^{\ominus}$，$Mg(OH)_2$ 的沉淀 - 溶解平衡向溶解的方向进行。溶解反应方程式为：

$$Mg(OH)_2(s) + 2NH_4^+ \rightleftharpoons Mg^{2+} + 2NH_3 \cdot H_2O$$

溶解反应的标准平衡常数为：

$$K^\ominus = \frac{[\text{Mg}^{2+}][\text{NH}_3 \cdot \text{H}_2\text{O}]^2}{[\text{NH}_4^+]^2} = \frac{[\text{Mg}^{2+}][\text{NH}_3 \cdot \text{H}_2\text{O}]^2[\text{OH}^-]^2}{[\text{NH}_4^+]^2[\text{OH}^-]^2} = \frac{K_{sp}^\ominus[\text{Mg(OH)}_2]}{[K_b^\ominus(\text{NH}_3 \cdot \text{H}_2\text{O})]^2}$$

$$= \frac{5.61 \times 10^{-12}}{(1.74 \times 10^{-5})^2} = 1.85 \times 10^{-2}$$

该反应的平衡常数 $K^\ominus$ 虽然不是很大，但也不是太小，若加入足量的 NH_4Cl 可促进平衡右移，还是可以实现 $Mg(OH)_2$ 的溶解。

显然，难溶金属氢氧化物能否溶于铵盐主要与其 $K_{sp}^\ominus$ 有关。难溶金属氢氧化物的 $K_{sp}^\ominus$ 越大，则溶解反应越容易进行，反之越难。如 $K_{sp}^\ominus$ 较小的 $Fe(OH)_3$ 很难溶于 NH_4Cl 溶液中，只能通过加入强酸得到溶解。

4. 生成难电离的盐 尽管绝大多数盐都是强电解质，但也有少数盐是弱电解质，如 $Pb(Ac)_2$ 等。某些难溶二价铅盐如果遇到醋酸盐溶液，则会因为生成弱电解质 $Pb(Ac)_2$ 而溶解。例如 $PbSO_4$ 可以被饱和 $NaAc$ 溶解，溶解反应为：

$$PbSO_4(s) + 2Ac^- \Longrightarrow SO_4^{2-} + Pb(Ac)_2$$

（二）发生氧化还原反应使沉淀溶解

有些难溶电解质难溶于酸，甚至是高浓度的强酸，只有遇到强氧化性酸或其他强氧化剂才能被溶解。如 CuS 的 $K_{sp}^\ominus$ 非常小，仅为 6.3×10^{-36}。如果 CuS 遇到强氧化性酸，如热的稀 HNO_3，则溶液中的 S^{2-} 被氧化成单质 S 而从溶液析出，导致溶液中 S^{2-} 降低，$Q < K_{sp}^\ominus$，CuS 沉淀溶解。溶解反应如下：

$$3CuS(s) + 8HNO_3(稀) \Longrightarrow 3Cu(NO_3)_2 + 2NO\uparrow + 3S\downarrow + 4H_2O$$

（三）发生配位反应使沉淀溶解

某些难溶电解质，既难溶于非氧化性强酸，也难溶于氧化性酸。但它们能与配位剂反应生成配合物而溶解。如难溶性的卤化银，饱和溶液中的 Ag^+ 可以与某些配位剂反应生成配合物，使 Ag^+ 浓度减小，$Q < K_{sp}^\ominus$，达到溶解的目的。例如 $AgCl$ 能溶于 $NH_3 \cdot H_2O$ 中，$AgBr$ 能溶于 $Na_2S_2O_3$ 溶液中，AgI 能溶于 KCN 溶液中。溶解反应式如下：

$$AgCl(s) + 2NH_3 \Longrightarrow [Ag(NH_3)_2]^+ + Cl^-$$

$$AgBr(s) + 2S_2O_3^{2-} \Longrightarrow [Ag(S_2O_3)_2]^{3-} + Br^-$$

$$AgI(s) + 2CN^- \Longrightarrow [Ag(CN)_2]^- + I^-$$

另外，有些极难溶的电解质，需既有氧化还原作用又有配位作用的双重功能试剂才可能将其溶解。如 HgS，$K_{sp}^\ominus$ 仅为 4.0×10^{-53}，须用王水（1 体积浓 HNO_3 加 3 体积浓 HCl）才能将其溶解，反应式如下：

$$3HgS(s) + 2NO_3^- + 12Cl^- + 8H^+ \Longrightarrow 3[HgCl_4]^{2-} + 3S\downarrow + 2NO\uparrow + 4H_2O$$

其中 Hg^{2+} 与 Cl^- 结合成稳定的 $[HgCl_4]^{2-}$ 配离子，S^{2-} 被 HNO_3 氧化为单质 S，溶液中的 Hg^{2+} 与 S^{2-} 浓度同时减小，$Q < K_{sp}^\ominus$，使 HgS 沉淀溶解。

沉淀的溶解
（微课）

【思考题5-6】弱酸盐型难溶电解质遇到强酸时，一定能溶解吗？

第三节 分步沉淀与沉淀的转化

一、分步沉淀

若溶液中同时含有多种离子,这些离子都能与同一种沉淀剂反应生成难溶物质,当加入沉淀剂时,离子的沉淀顺序将如何呢? 第二种离子沉淀时,第一种离子沉淀到什么程度呢? 现以 Cl^-、I^- 共存溶液中加入 $AgNO_3$ 为例,运用溶度积规则进行讨论。

【例题 5-5】在含有 Cl^- 和 I^- 均为 0.010mol/L 的溶液中,逐滴加入 $AgNO_3$ 溶液,哪一种离子先沉淀? 当第二种离子开始沉淀时,第一种离子是否沉淀完全(忽略滴加 $AgNO_3$ 溶液引起的体积变化)? 已知: $K_{sp}^{\ominus}(AgCl) = 1.77 \times 10^{-10}$, $K_{sp}^{\ominus}(AgI) = 8.52 \times 10^{-17}$。

解 根据溶度积规则,AgCl 和 AgI 开始沉淀所需要的 Ag^+ 相对浓度分别为:

$$[Ag^+]_{AgCl} = \frac{K_{sp}^{\ominus}(AgCl)}{[Cl^-]} = \frac{1.77 \times 10^{-10}}{0.010} = 1.77 \times 10^{-8}$$

$$[Ag^+]_{AgI} = \frac{K_{sp}^{\ominus}(AgI)}{[I^-]} = \frac{8.52 \times 10^{-17}}{0.010} = 8.52 \times 10^{-15}$$

计算结果表明,沉淀 I^- 所需的 $[Ag^+]$ 要小得多,所以,逐滴加入 $AgNO_3$ 溶液时,当 Ag^+ 离子浓度大于 8.52×10^{-15}mol/L 时,AgI 首先达到溶度积,开始产生 AgI 沉淀。继续滴加 $AgNO_3$,AgI 沉淀继续产生,并且随着 AgI 沉淀的生成,溶液中 I^- 浓度不断减小。当 Ag^+ 浓度达到 1.77×10^{-8}mol/L 时,AgCl 沉淀也开始产生。此时,溶液中的 Ag^+ 同时满足两个沉淀 - 溶解平衡,即:

$$AgCl(s) \rightleftharpoons Ag^+ + Cl^- \qquad [Ag^+] = \frac{K_{sp}^{\ominus}(AgCl)}{[Cl^-]}$$

$$AgI(s) \rightleftharpoons Ag^+ + I^- \qquad [Ag^+] = \frac{K_{sp}^{\ominus}(AgI)}{[I^-]}$$

即:
$$\frac{K_{sp}^{\ominus}(AgCl)}{[Cl^-]} = \frac{K_{sp}^{\ominus}(AgI)}{[I^-]}$$

因为 $[Cl^-]$ 为 0.010,所以:

$$[I^-] = \frac{K_{sp}^{\ominus}(AgI)}{K_{sp}^{\ominus}(AgCl)} \times [Cl^-] = \frac{8.52 \times 10^{-17}}{1.77 \times 10^{-10}} \times 0.010 = 4.81 \times 10^{-9}$$

由于 $4.81 \times 10^{-9} < 1.0 \times 10^{-5}$,说明 AgCl 开始沉淀时,$I^-$ 早已经沉淀完全了。

这种加入一种沉淀剂,使溶液中多种离子按到达溶度积的先后次序分别被沉淀的现象称为分步沉淀(fractional precipitation)。

【例题 5-6】在含有 0.030mol/L 的 NaCl 和 0.010mol/L 的 K_2CrO_4 溶液中,逐滴加入 $AgNO_3$ 溶液,哪一种离子先沉淀? 两种离子能否进行完全分离(忽略滴加 $AgNO_3$ 溶液引起的体积变化)? 已知: $K_{sp}^{\ominus}(AgCl) = 1.77 \times 10^{-10}$, $K_{sp}^{\ominus}(Ag_2CrO_4) = 1.12 \times 10^{-12}$。

解 AgCl 开始沉淀时所需要的 Ag^+ 相对浓度为:

$$[Ag^+]_{AgCl} = \frac{K_{sp}^{\ominus}(AgCl)}{[Cl^-]} = \frac{1.77 \times 10^{-10}}{0.030} = 5.90 \times 10^{-9}$$

Ag_2CrO_4 开始沉淀时所需要的 Ag^+ 相对浓度为：

$$[Ag^+]_{Ag_2CrO_4} = \sqrt{\frac{K_{sp}^{\ominus}(Ag_2CrO_4)}{[CrO_4^{2-}]}} = \sqrt{\frac{1.12 \times 10^{-12}}{0.010}} = 1.06 \times 10^{-5}$$

可见，沉淀 Cl^- 需要的 Ag^+ 浓度小，所以 Cl^- 先沉淀。当 CrO_4^{2-} 开始沉淀时，溶液中 $[Ag^+] = 1.06 \times 10^{-5}$，此时溶液中 $[Cl^-]$ 为：

$$[Cl^-] = \frac{K_{sp}^{\ominus}(AgCl)}{[Ag^+]} = \frac{1.77 \times 10^{-10}}{1.06 \times 10^{-5}} = 1.67 \times 10^{-5}$$

$1.67 \times 10^{-5} > 1.0 \times 10^{-5}$，因此当 CrO_4^{2-} 开始沉淀时，Cl^- 还未沉淀完全，所以两者不能完全分离。

除了碱金属和部分碱土金属外，大多数金属的氢氧化物和硫化物溶解度都比较小，而且彼此之间溶解度往往有较大的差别。因此，根据分步沉淀的原理，实验室通常以生成硫化物沉淀或氢氧化物沉淀的形式进行离子的分离。通过控制溶液的 pH，则可以使某些金属离子以氢氧化物沉淀析出而达到分离。或者以 H_2S 为沉淀剂，通过调节溶液的酸度控制 S^{2-} 的浓度，使某些金属离子以硫化物沉淀析出而达到分离。下面通过实例说明。

【例题 5-7】现有 0.10mol/L $MgCl_2$ 溶液，其中含有少量 Fe^{3+} 杂质，欲通过滴加 NaOH 除去 Fe^{3+}，溶液的 pH 应控制在什么范围（不考虑滴加 NaOH 造成的体积变化）？已知：$K_{sp}^{\ominus}[Mg(OH)_2] = 5.61 \times 10^{-12}$，$K_{sp}^{\ominus}[Fe(OH)_3] = 2.79 \times 10^{-39}$。

解 要除去 Fe^{3+} 杂质，可通过加入 NaOH 调节溶液的 pH，控制 Fe^{3+} 沉淀完全，而 Mg^{2+} 留在溶液中。

Fe^{3+} 沉淀完全时，需要 $[Fe^{3+}] \leq 10^{-5}$mol/L，$[OH^-]$ 可由下式求得：

$$Fe(OH)_3(s) \rightleftharpoons Fe^{3+} + 3OH^-$$

$$[Fe^{3+}][OH^-]^3 = K_{sp}^{\ominus}[Fe(OH)_3] = 2.79 \times 10^{-39}$$

$$[OH^-] = \sqrt[3]{\frac{K_{sp}^{\ominus}[Fe(OH)_3]}{[Fe^{3+}]}} = \sqrt[3]{\frac{2.79 \times 10^{-39}}{10^{-5}}} = 6.5 \times 10^{-12}$$

此时 pOH = 11.2，pH = 14 − 11.2 = 2.80，因此控制溶液的 pH 大于 2.80，可使 Fe^{3+} 沉淀完全。

Mg^{2+} 开始沉淀时：

$$Mg(OH)_2(s) \rightleftharpoons Mg^{2+} + 2OH^-$$

$$[Mg^{2+}][OH^-]^2 = K_{sp}^{\ominus}[Mg(OH)_2] = 5.61 \times 10^{-12}$$

$$[OH^-] = \sqrt{\frac{K_{sp}^{\ominus}[Mg(OH)_2]}{[Mg^{2+}]}} = \sqrt{\frac{5.61 \times 10^{-12}}{0.10}} = 7.50 \times 10^{-6}$$

pOH = 5.12，即 $Mg(OH)_2$ 开始沉淀时的 pH = 14 − 5.12 = 8.88。

因此，只要将溶液的 pH 控制在 2.80～8.88 之间，则可将杂质 Fe^{3+} 除去，而 Mg^{2+} 留在溶液中，达到分离去除杂质的目的。

【例题 5-8】某溶液中含有 0.10mol/L Mn^{2+} 和 0.10mol/L Zn^{2+}，利用通入 H_2S 达到饱和使两种

离子分离，pH 应控制在什么范围？已知：$K_{sp}^{\ominus}(MnS)=2.5\times10^{-13}$，$K_{sp}^{\ominus}(ZnS)=2.5\times10^{-22}$，$H_2S$ 的电离常数 $K_{a1}^{\ominus}\times K_{a2}^{\ominus}=9.35\times10^{-22}$。

解 ZnS 和 MnS 同为 AB 型难溶电解质，根据其溶度积常数可判断，通入 H_2S 时 ZnS 先沉淀。如果要达到分离的目的，需要 Zn^{2+} 沉淀完全，而 Mn^{2+} 不沉淀，即控制溶液中：$c(Zn^{2+})\leqslant 1.0\times10^{-5}mol/L$，$c(Mn^{2+})=0.10mol/L$。

根据题意，需满足：$c(Zn^{2+})\times c(S^{2-})\geqslant K_{sp}^{\ominus}(ZnS)$，$c(Mn^{2+})\times c(S^{2-})\leqslant K_{sp}^{\ominus}(MnS)$

整理得：$\dfrac{K_{sp}^{\ominus}(ZnS)}{c(Zn^{2+})}\leqslant c(S^{2-})\leqslant \dfrac{K_{sp}^{\ominus}(MnS)}{c(Mn^{2+})}$

在 H_2S 饱和溶液中存在：$[H^+]^2[S^{2-}]\approx K_{a1}^{\ominus}K_{a2}^{\ominus}[H_2S]$

整理得：$[S^{2-}]=K_{a1}^{\ominus}K_{a2}^{\ominus}\dfrac{[H_2S]}{[H^+]^2}$

即：$\dfrac{K_{sp}^{\ominus}(ZnS)}{c(Zn^{2+})}\leqslant K_{a1}^{\ominus}K_{a2}^{\ominus}\dfrac{[H_2S]}{[H^+]^2}\leqslant \dfrac{K_{sp}^{\ominus}(MnS)}{c(Mn^{2+})}$

进一步整理得：

$$\sqrt{\dfrac{K_{a1}^{\ominus}K_{a2}^{\ominus}c(Mn^{2+})[H_2S]}{K_{sp}^{\ominus}(MnS)}}\leqslant[H^+]\leqslant\sqrt{\dfrac{K_{a1}^{\ominus}K_{a2}^{\ominus}c(Zn^{2+})[H_2S]}{K_{sp}^{\ominus}(ZnS)}}$$

将 $c(Zn^{2+})=1.0\times10^{-5}$，$c(Mn^{2+})=0.10$，饱和 $[H_2S]=0.10$ 代入上式，得：

$$\sqrt{\dfrac{9.35\times10^{-22}\times0.10\times0.10}{2.5\times10^{-13}}}\leqslant[H^+]\leqslant\sqrt{\dfrac{9.35\times10^{-22}\times1.0\times10^{-5}\times0.10}{2.5\times10^{-22}}}$$

$$6.11\times10^{-6}\leqslant[H^+]\leqslant1.93\times10^{-3}$$

所以 $\qquad\qquad\qquad\qquad\qquad\qquad 2.71\leqslant pH\leqslant5.11$

答：要使溶液中 Mn^{2+} 和 Zn^{2+} 分离，pH 应控制在 2.71～5.11 之间。

分步沉淀
（微课）

二、沉淀的转化

使一种沉淀转变成另一种沉淀的过程称为沉淀的转化(transformation of precipitation)。沉淀的转化有很多实际应用，例如锅炉中锅垢的主要成分 $CaSO_4$ 既不溶于水，也不溶于酸，难以去除。锅垢存在时传热不均，不仅浪费燃料，而且还可能引起锅炉爆炸事故。若用 Na_2CO_3 溶液处理，则可使 $CaSO_4$ 转化为结构疏松且溶于酸的 $CaCO_3$ 沉淀而被除去。以上转化反应可表示如下：

$$CaSO_4(s)+CO_3^{2-}\Longleftrightarrow CaCO_3(s)+SO_4^{2-}$$

该反应标准平衡常数为：

$$K^{\ominus}=\dfrac{[SO_4^{2-}]}{[CO_3^{2-}]}=\dfrac{[SO_4^{2-}][Ca^{2+}]}{[CO_3^{2-}][Ca^{2+}]}=\dfrac{K_{sp}^{\ominus}(CaSO_4)}{K_{sp}^{\ominus}(CaCO_3)}=\dfrac{4.93\times10^{-5}}{3.36\times10^{-9}}=1.47\times10^4$$

以上转化反应是将溶解度大的沉淀($CaSO_4$)转化为溶解度小的沉淀($CaCO_3$)，转化反应的 $K^{\ominus}$ 较大，可见转化反应是很容易进行的。因此用这种方法去除锅炉中的锅垢是完全可行的。

上述反应的逆反应是将溶解度小的沉淀($CaCO_3$)转化为溶解度大的沉淀($CaSO_4$)，转化反应

的 $K^{\ominus} = \dfrac{1}{1.47 \times 10^4} = 6.8 \times 10^{-5}$。$K^{\ominus}$ 很小,说明将溶解度小的沉淀转化为溶解度大的沉淀较难进行。但如果两种难溶电解质溶解度相差不大时,通过控制离子浓度,还是可以实现这种转化。如下列转化反应:

$$BaSO_4(s) + CO_3^{2-} \rightleftharpoons BaCO_3(s) + SO_4^{2-}$$

$$K^{\ominus} = \dfrac{[SO_4^{2-}]}{[CO_3^{2-}]} = \dfrac{K_{sp}^{\ominus}(BaSO_4)}{K_{sp}^{\ominus}(BaCO_3)} = \dfrac{1.08 \times 10^{-10}}{2.58 \times 10^{-9}} = \dfrac{1}{24}$$

该转化反应的平衡常数 $K^{\ominus} = \dfrac{1}{24}$,不是很小。只要控制溶液的 $c(CO_3^{2-}) > 24c(SO_4^{2-})$,$BaSO_4$ 沉淀还是可以转化为 $BaCO_3$ 沉淀的。在实际操作中,可用饱和 Na_2CO_3 溶液处理 $BaSO_4$ 固体,充分搅拌并静置。取出上清液,再向 $BaSO_4$ 固体上继续加入饱和 Na_2CO_3 溶液,多次重复该过程,即可使转化反应进行得比较完全。

【思考题 5-7】为什么 $BaSO_4$ 转化为 $BaCO_3$ 的过程,只要控制溶液中的 $c(CO_3^{2-}) > 24c(SO_4^{2-})$,转化反应即可进行?运用了化学平衡中的什么原理?

第四节　沉淀-溶解平衡在药学中的应用

难溶药物的制备,易溶药物中杂质的去除,药物质量控制分析和某些体系中离子的分离等,常常应用沉淀-溶解平衡理论解决。

一、在制药生产上的应用

(一)Al(OH)₃ 的制备

Al(OH)₃ 是肠胃类疾病中抑制胃酸的原料药,常用作复方制剂,是维 U 颠茄铝胶囊、氢氧化铝片等主要组分,亦可用于药用辅料。

制备 Al(OH)₃ 是以矾土(主要成分为 Al_2O_3)做原料,溶于硫酸生成硫酸铝,再与碳酸钠溶液作用得到氢氧化铝胶状沉淀。反应方程式如下:

$$Al_2O_3 + 3H_2SO_4 \rightleftharpoons Al_2(SO_4)_3 + 3H_2O$$

$$Al_2(SO_4)_3 + 3Na_2CO_3 + 3H_2O \rightleftharpoons 2Al(OH)_3 \downarrow + 3Na_2SO_4 + 3CO_2 \uparrow$$

制备药用氢氧化铝的适宜条件是溶液的 pH 保持在 8～8.5,在较浓的热溶液中反应,沉淀剂的加入速度要快一些,沉淀完全后立即过滤、洗涤、干燥,进行杂质及含量测定,符合《中国药典》规定的质量标准即可。

(二)BaSO₄ 的制备

临床上 X 线诊断消化道疾病选择 $BaSO_4$ 作造影剂,是由于 X 线不能透过 Ba^{2+}。而且 $BaSO_4$ 难溶于水,也难溶于酸,在消化道中以 $BaSO_4$ 形式存在,所以是 X 光造影剂的最佳选择。

生产 $BaSO_4$ 是向适当浓度的 $BaCl_2$ 热溶液中缓慢加入 Na_2SO_4 或 H_2SO_4 溶液,搅拌,待 $BaSO_4$ 沉淀析出后,放置,大晶体长大,小晶体溶解,且小晶体表面和内部的杂质在溶解过程中进入溶液,最后得到颗粒粗大且纯净的 $BaSO_4$ 沉淀。经过滤、洗涤、干燥,进行杂质及含量测定,符合《中国药典》规定的质量标准即可。

(三)NaCl 的精制

药用 NaCl 通过粗食盐提纯精制而得。粗盐中含有砂粒和有机物杂质,以及 Mg^{2+}、Ca^{2+}、Fe^{3+}、K^+、重金属离子、SO_4^{2-}、I^-、Br^- 等无机物杂质离子等。精制过程大致为以下步骤:

(1)粗食盐煅炒使有机物炭化,加水过滤,浓缩成饱和溶液。然后加过量 $BaCl_2$ 溶液,使 SO_4^{2-} 转化成 $BaSO_4$ 沉淀,放置、过滤、收集滤液。

(2)滤液中通入 H_2S 至饱和。再加入 Na_2CO_3 和 NaOH 混合溶液,调 pH 达 10~11。重金属生成硫化物或氢氧化物,Fe^{3+} 生成 $Fe(OH)_3$,Ca^{2+} 生成 $CaCO_3$,Mg^{2+} 生成 $Mg_2(OH)_2CO_3$,前面加入的过量 Ba^{2+} 生成 $BaCO_3$,沉淀完全后静置、过滤,收集滤液。

(3)在滤液中加入盐酸,中和多余的碱,调节 pH 达 3~4,加热浓缩,除去多余的 H_2S。继续浓缩至浓稠状,趁热减压过滤。K^+、I^-、Br^-、NO_3^- 等离子可随母液除去,保留 NaCl 晶体。

(4)晶体在 100℃ 左右烘干,HCl 同时挥发除去。然后进行杂质含量检测,符合《中国药典》规定的质量标准即可。

二、在药物质量控制上的应用

药物所含杂质是反映药物质量的一项重要指标。因此对药物中杂质的检测是保证用药安全、有效以及药物生产、流通过程的质量保证。许多药物在生产和贮藏过程容易引入酸、碱、水分、氯化物、硫酸盐、砷盐、重金属及其他金属等无机物杂质。药物分析中对于氯化物、硫酸盐、重金属的检查就常常利用沉淀反应进行。

(一)氯化物检查

原理是药物中微量的氯化物在 HNO_3 酸性条件下与 $AgNO_3$ 溶液反应,生成 AgCl 白色浑浊,再与一定量的 NaCl 标准溶液和 $AgNO_3$ 溶液在同样条件下生成的 AgCl 浑浊程度对比,判断药物中氯化物是否符合《中国药典》限量规定。原理是 Ag^+ 和 Cl^- 可形成难溶的白色 AgCl 沉淀。由于 CO_3^{2-} 和 OH^- 遇到 Ag^+ 也可能会生成难溶水的 Ag_2CO_3 和 Ag_2O 沉淀,但在酸性溶液中不能生成。因此检查 Cl^- 时要加硝酸,目的就是防止 CO_3^{2-} 和 OH^- 等离子的干扰。

(二)硫酸盐检查

原理是在稀盐酸酸性条件下,药物中微量的硫酸盐与 $BaCl_2$ 溶液反应生成 $BaSO_4$ 浑浊,与一定量的标准 K_2SO_4 溶液在相同条件下加入 $BaCl_2$ 溶液产生的浑浊程度对比,判断药物中 SO_4^{2-} 含量是否符合《中国药典》限量规定。加 HCl 是保证溶液呈酸性,可防止 CO_3^{2-}、PO_4^{3-} 与 Ba^{2+} 反应生成 $BaCO_3$、$Ba_3(PO_4)_2$ 沉淀造成干扰。

（三）重金属检查

重金属是指在一定条件下能与硫化钠或硫代乙酰胺作用显色的金属离子，如 Hg^{2+}、Zn^{2+}、Cu^{2+}、Co^{2+}、Ni^{2+}、Ag^+、Pb^{2+}、Bi^{3+}、As^{3+}、Sb^{3+}、Sn^{2+} 等。重金属离子是药品杂质检查中重要的一项检查。以检查 Pb^{2+} 为例：对于那些溶于水、稀酸和乙醇的药物常用硫代乙酰胺法检查 Pb^{2+}，原理是硫代乙酰胺在弱酸性条件下水解产生的 H_2S 与 Pb^{2+} 反应生成黄色 PbS 浑浊，与一定量标准铅溶液经同法处理后所成颜色比较；对于溶于碱而不溶于稀酸或在稀酸中生成沉淀的药物常用硫化钠法检查 Pb^{2+}，原理是 Pb^{2+} 直接与 S^{2-} 产生黑色 PbS 浑浊，与一定量的标准铅溶液同样处理后的颜色比较，判断样品中 Pb^{2+} 的含量是否合格。

本章小结

本章介绍了难溶电解质水溶液中的沉淀 - 溶解平衡。主要内容归纳如下。

1. **溶度积**　难溶电解质沉淀 - 溶解平衡的标准平衡常数称为溶度积，用 $K_{sp}^{\ominus}$ 表示，$K_{sp}^{\ominus}$ 反映了难溶电解质的溶解趋势，在一定温度下只与难溶电解质的本性有关。

2. **溶度积与溶解度的关系**　溶度积（$K_{sp}^{\ominus}$）与溶解度（s，以物质的量浓度表示）都可以表示难溶电解质溶解程度的大小，可以通过沉淀 - 溶解平衡式和溶度积表达式求出两者之间的定量关系。相同类型的难溶强电解质可直接以 $K_{sp}^{\ominus}$ 比较 s 大小，不同类型的难溶强电解质需通过计算进行比较。

3. **影响沉淀 - 溶解平衡的因素**　温度和外加电解质是影响沉淀 - 溶解平衡的主要因素，一般来说，难溶电解质的溶解度随温度升高而增大，$K_{sp}^{\ominus}$ 也增大，平衡向溶解方向移动；同离子效应使难溶电解质的溶解度显著降低，平衡向沉淀方向移动；盐效应使难溶电解质的溶解度略增，平衡向溶解方向移动。

4. **溶度积规则**　溶度积规则是对难溶电解质多相平衡移动规律的总结，通过浓度积 Q 与溶度积 $K_{sp}^{\ominus}$ 的关系可以判断沉淀的生成和溶解。

若 $Q = K_{sp}^{\ominus}$，体系达到沉淀 - 溶解平衡状态，溶液是饱和溶液。

若 $Q < K_{sp}^{\ominus}$，溶液是不饱和状态，若体系中有沉淀，沉淀溶解。

若 $Q > K_{sp}^{\ominus}$，溶液是过饱和状态，有沉淀生成。

5. **溶度积规则的应用**

（1）判断沉淀的生成：只要满足 $Q > K_{sp}^{\ominus}$，就可以有沉淀产生。

（2）判断沉淀的溶解：只要满足 $Q < K_{sp}^{\ominus}$，就可以使存在的沉淀溶解。可以通过生成弱电解质（H_2O、弱酸、弱电解质盐等）使沉淀溶解；发生氧化还原反应使沉淀溶解；发生配位反应使沉淀溶解。

（3）用于分步沉淀：溶液中同时有多种离子可以沉淀时，加入沉淀剂，溶液中的离子将按到达溶度积的先后次序分别沉淀。浓度积先达到溶度积的先沉淀，或者说沉淀需要的沉淀剂浓度小者先沉淀。分步沉淀可应用于离子的分离。

（4）进行沉淀的转化：对同一类型难溶盐沉淀，溶度积大的沉淀容易转化为溶度积小的沉淀；溶度积相差越大，转化越完全。在两种难溶物溶度积相差不大的前提下，溶度积小的沉淀也可以转换为溶度积大的沉淀。

草酸钙结石

泌尿系统结石是医学上常见疾病,其形成是生物体内一种病理性生物矿化过程。已经知道的泌尿系统结石有 30 多种成分,包含无机物成分和有机物成分,无机物结石成分如磷酸铵镁、磷酸钙、草酸钙等;有机物结石成分如尿酸、胱氨酸(一种氨基酸)等。医学统计结果表明泌尿系统结石中纯草酸钙或含草酸钙的结石占 80% 以上,即草酸钙是构成泌尿系统结石的最主要成分。因此,了解草酸钙结石的形成原因对于泌尿系统结石的预防及综合治疗无疑具有重要意义。

草酸钙是难溶电解质,其在尿液中形成是由于尿液中含有 $H_2C_2O_4$ 和 Ca^{2+},尿液中 $H_2C_2O_4$ 和 Ca^{2+} 一部分来自富含草酸的食物,其余则来自体内物质的代谢和转变。$H_2C_2O_4$ 作为中强酸,电离产生 $HC_2O_4^-$ 和 $C_2O_4^{2-}$。Ca^{2+} 与 $C_2O_4^{2-}$ 的浓度达到一定条件即结合形成 CaC_2O_4。

如果仅含有 Ca^{2+} 与 $C_2O_4^{2-}$ 的水溶液,则达到 $Q > K_{sp}^{\ominus}$ 的条件,即可产生 CaC_2O_4 沉淀。但是,需要说明的是,泌尿系统中的尿液是非常复杂的混合溶液体系。尿液中含有许多种带有电荷的活性离子、极性有机大分子或基团,活性粒子间的相互作用,则影响到 CaC_2O_4 的溶解性,从而影响 CaC_2O_4 沉淀生成过程。通常,不论是健康人还是结石病患者,尿液对于 CaC_2O_4 来说都是过饱和溶液(所谓过饱和溶液,是指一定温度、压力下,当溶液中溶质的浓度已超过该温度、压力下溶质的溶解度,而溶质仍未析出的溶液,该现象叫过饱和现象。过饱和溶液是不稳定的,实验室中遇到过饱和溶液时,如果搅拌溶液、使溶液受到震动、摩擦容器器壁、或者往溶液里投入固体"晶种",溶液里的过量溶质就会马上结晶析出),即尿液中的 $H_2C_2O_4$ 与 Ca^{2+} 浓度是远超出其正常溶解度的。

对于泌尿系统里的尿液,过饱和溶液有一定的安全范围,若过饱和程度在安全范围内,则生成草酸钙有一定的诱导期。在诱导期内,过饱和的 $H_2C_2O_4$ 可以从尿中排出,对人的影响不大。过饱和程度再略高时,生成的草酸钙可以胶体分散系的微粒或极微小的晶体排出体外。但当出现代谢异常时,特别是尿中某些盐类多,尿液的离子强度增大,草酸钙的溶解度增大,过饱和程度继续增大,在一定条件下尿液中的基质类物质(如大分子有机物、蛋白质等)作为晶核导致尿中形成草酸钙沉淀,出现结晶尿。结晶过程在理论上可以分为 3 个阶段:①结晶核形成(结晶的数目增多);②结晶生长(结晶体积增多);③结晶凝集(结晶体积增大,数目减少)。但实际上,这 3 种现象并不一定先后发生,常常同时存在,可以将这 3 种现象一并称为结晶化。这些结晶在适宜的条件下继续生长、凝集、形成更大的沉淀颗粒,这些颗粒在通过泌尿道时,因某种因素使其黏附在泌尿系上皮上,或在泌尿道的狭窄部分停滞,造成固定生长,最后生长成临床上的结石块。

可见,不论是健康人还是结石患者的尿液均属于 CaC_2O_4 的过饱和溶液。许多因素对其沉淀起抑制或促进作用。因此知道结石形成的促进因素和抑制因素,便可指导生活中预防草酸钙结石或者临床上治疗草酸钙结石。仅从我们学过的化学平衡角度来分析,人体尿液中钙离子和草酸的高过饱和是草酸钙形成的基础。因此考虑哪些因素可以降低泌尿系统尿液中 Ca^{2+} 和 $H_2C_2O_4$(或 $C_2O_4^{2-}$)浓度是最直接的办法。

1．什么是溶度积规则，如何确定溶液体系条件改变时是否会产生沉淀？

2．$CaCO_3$ 在生理盐水中的溶解度大于在纯水中的溶解度，而 AgCl 在生理盐水中的溶解度却小于在纯水中的溶解度，请说明原因。

3．在 $ZnSO_4$ 溶液中通入 H_2S 气体只出现少量的白色沉淀，但若在通入 H_2S 之前，加入适量固体 NaAc 则可形成大量的沉淀，为什么？

4．计算 298K 时，$Mg(OH)_2$ 分别在水中、在 0.10mol/L NaOH 中、在 0.10mol/L $MgCl_2$ 中的溶解度。已知：$K_{sp}^{\ominus}[Mg(OH)_2]=5.61\times10^{-12}$。

5．0.010mol/L $AgNO_3$ 溶液与 0.010mol/L K_2CrO_4 溶液等体积混合，能否产生 Ag_2CrO_4 沉淀？已知：$K_{sp}^{\ominus}(Ag_2CrO_4)=1.12\times10^{-12}$。

6．在 0.050L 3.0×10^{-4}mol/L Pb^{2+} 溶液中加入 0.10L 0.002mol/L 的 I^- 溶液后，能否产生 PbI_2 沉淀？已知：$K_{sp}^{\ominus}(PbI_2)=9.8\times10^{-9}$。

7．在 0.20mol/L $MgCl_2$ 溶液中加入等体积的 0.10mol/L 的氨水，若此氨水中同时含有 0.02mol/L 的 NH_4Cl，试问能否有 $Mg(OH)_2$ 沉淀产生？已知：$K_{sp}^{\ominus}[Mg(OH)_2]=5.61\times10^{-12}$；$K_b^{\ominus}(NH_3\cdot H_2O)=1.74\times10^{-5}$。

8．使 0.10mol $ZnCl_2$ 溶于浓盐酸后稀释成 1.0L 溶液，通入 H_2S 气体至饱和，问应如何控制溶液的 pH，才能使 ZnS 不沉淀？已知：$K_{sp}^{\ominus}(ZnS)=2.5\times10^{-22}$。

9．在同时含有 Zn^{2+} 和 Cd^{2+} 的水溶液中，通入 H_2S 气体至饱和，若溶液中两种离子的浓度都是 0.010mol/L，为了有效地分离这两种离子，溶液中 H^+ 浓度应控制在什么范围？已知：$K_{sp}^{\ominus}(ZnS)=2.5\times10^{-22}$，$K_{sp}^{\ominus}(CdS)=8.0\times10^{-27}$，$H_2S$ 的电离常数 $K_{a1}^{\ominus}\times K_{a2}^{\ominus}=9.35\times10^{-22}$，$H_2S$ 饱和溶液的浓度为 0.10mol/L。

10．某混合溶液中 Cr^{3+} 和 Cd^{2+} 的浓度都是 0.01mol/L，若只要 Cr^{3+} 沉淀，Cd^{2+} 不沉淀，从而达到分离的目的，问需要如何控制溶液的 pH？已知：$K_{sp}^{\ominus}[Cd(OH)_2]=7.2\times10^{-15}$，$K_{sp}^{\ominus}[Cr(OH)_3]=6.3\times10^{-31}$。

第五章同步练习

（邹淑君　郭丽敏）

第六章　氧化还原反应

【学习目标】

掌握：能斯特方程及电极电势的应用。

熟悉：氧化还原反应实质、氧化值的概念；离子 - 电子法配平氧化还原反应的方法；原电池的概念和符号书写；氧化还原电对、电极电势、电池电动势的概念。

了解：氧化值法配平氧化还原反应；元素电势图及其应用。

化学反应可按是否得失电子分成两大类——氧化还原反应和非氧化还原反应。酸碱反应、沉淀反应和配合反应都是非氧化还原反应。氧化还原反应是自然界存在的一类非常重要的化学反应，它们不仅在我们的日常生产和生活中有着广泛的应用，而且在医药上也有极其重要的作用。药物在体内的许多化学反应都属于氧化还原反应，药物的质量、药效及稳定性等都与氧化还原反应密切相关。

本章将介绍氧化值、原电池、电极电势等概念，重点讨论电极电势的应用。

氧化还原反应与生命活动（文档）

第一节　氧化还原反应基本概念

人们对氧化还原反应是逐步认识的。最初把物质与氧结合的过程称为氧化；把含氧物质失去氧的过程称为还原。随着对化学反应的进一步研究，逐步认识到氧化（oxidation）过程的实质是物质失去电子，失去电子的物质称为还原剂（reducingagent）。还原（reduction）过程的实质是物质得到电子，得到电子的物质称为氧化剂（oxidizingagent）。这类反应物间有电子转移发生的反应称为氧化还原反应（oxidation-reduction reaction）。

在氧化还原反应过程中，电子的得失是在氧化剂和还原剂之间进行的。例如在反应 $Zn + Cu^{2+} \rightleftharpoons Zn^{2+} + Cu$ 中，Zn 失去电子是还原剂，Cu^{2+} 得到电子是氧化剂。事实上还有一些反应，反应过程中并未发生电子的完全得失，仅仅发生了电子的偏移。例如在反应 $H_2 + Cl_2 \rightleftharpoons 2HCl$ 中，H 并未真正失去电子，Cl 也并未真正得到电子，只是共用电子对偏向 Cl 而已，但这类反应仍然属于氧化还原反应。因此在氧化还原反应中，会发生电子的转移或偏移，而这种电子的转移或偏移将改变原子的带电状态。为了能更准确地描述原子带电状态的改变，科学地定义氧化还原反应，引入了氧化值的概念。

一、氧化值

1. 氧化值的概念 1970 年国际纯粹与应用化学联合会（IUPAC）对氧化值做了较严格的定义：元素的氧化值（也称为氧化数）是该元素一个原子的表观荷电数，该荷电数是通过将形成化学键的成键电子对全部划定给电负性更大的原子而求得的。

例如：在 HBr 中，Br 元素电负性大于 H 元素，则 HBr 分子中 H—Br 键的共用电子对被指定为 Br 原子所有，因此 Br 元素的氧化值为 -1，H 元素的氧化值为 $+1$。

根据氧化值的定义，可按以下规则确定氧化值。

（1）在单质中，元素的氧化值为零。

（2）氢在化合物中的氧化值一般为 $+1$，但在金属氢化物（如 KH、CaH_2 等）中，氧化值为 -1。

（3）氧的氧化值一般为 -2。但在过氧化物（如 Na_2O_2、H_2O_2）中，氧化值为 -1；在 OF_2 中，氧化值为 $+2$。在所有的氟化物中，氟的氧化值都为 -1。

（4）在中性分子中，所有元素氧化值的代数和为零；在多原子离子中，所有元素氧化值的代数和等于离子所带的电荷数；单原子离子的氧化值等于该离子所带的电荷数。

【例题 6-1】试计算 $K_2Cr_2O_7$、Fe_3O_4 和 $S_2O_3^{2-}$ 中 Cr、Fe 和 S 的氧化值。

解 设 Cr 在 $K_2Cr_2O_7$ 中的氧化值为 x，则：

$$2 \times (+1) + 2x + 7 \times (-2) = 0$$

$x = +6$，故 $K_2Cr_2O_7$ 中 Cr 的氧化值为 $+6$。

设 Fe_3O_4 中 Fe 的氧化值为 y，则：

$$3y + 4 \times (-2) = 0$$

$y = +\dfrac{8}{3}$，故 Fe_3O_4 中 Fe 的氧化值为 $+\dfrac{8}{3}$。

设 $S_2O_3^{2-}$ 中 S 的氧化值为 z，则：

$$2z + 3 \times (-2) = -2$$

$z = +2$，故 $S_2O_3^{2-}$ 中 S 的氧化值为 $+2$。

2. 氧化值与化合价的区别 化合价是 1920 年提出的概念，指原子之间结合成分子时，原子数目的比例关系。从分子结构来看，化合价与原子之间形成的化学键数目有关，只可以为整数。因此化合价与物质的微观结构有关，对某些结构复杂的化合物，必须了解化合物的结构才能确定元素的化合价。例如 Fe_3O_4，实际组成是 $FeO \cdot Fe_2O_3$，因此 Fe 的化合价为 $+2$ 和 $+3$。又如 $S_2O_3^{2-}$，根据其结构可知，S 的化合价为 $+4$ 和 0（也有观点认为是 $+6$ 和 -2）。

氧化值由物质的化学式出发并按照一定的规则计算得到，确定氧化值时，无须了解化合物的微观结构，故氧化值在氧化还原反应中的应用比化合价更加方便和实用。例如根据 Fe_3O_4 的化学式，可直接计算 Fe 的氧化值为 $+\dfrac{8}{3}$；根据 $S_2O_3^{2-}$ 的化学式，直接计算 S 的氧化值为 $+2$，无须了解 Fe_3O_4 和 $S_2O_3^{2-}$ 的实际组成和结构。需要指出的是，在许多情况下，化合物中元素的氧化值和化合价具有相同的数值。

按照氧化值,可以定义与氧化还原反应有关的概念。元素氧化值有改变的化学反应称为氧化还原反应,其中,元素的氧化值升高的过程称为氧化反应,元素的氧化值降低的过程称为还原反应。氧化值升高的物质称为还原剂,氧化值降低的物质称为氧化剂。

【思考题6-1】氧化值和化合价有何区别?

二、氧化还原电对

任何氧化还原反应都是由两个半反应构成,即氧化反应和还原反应,氧化反应和还原反应总是同时发生,相互依赖。例如反应:

$$Zn + Cu^{2+} \Longleftrightarrow Cu + Zn^{2+}$$

组成上述氧化还原反应的两个半反应分别为:

氧化反应 $\qquad\qquad\qquad Zn \longrightarrow Zn^{2+} + 2e^-$

还原反应 $\qquad\qquad\qquad Cu^{2+} + 2e^- \longrightarrow Cu$

Zn 失去电子,生成 Zn^{2+},该过程为氧化反应;Cu^{2+} 得到电子,生成 Cu,该过程为还原反应。参与每个半反应的物质一般是同一元素两种不同氧化值的物质,氧化值较高的物质称为氧化型,氧化值较低的物质称为还原型。氧化型和还原型相互依赖、相互转化,即形成共轭关系,组成一个氧化还原电对(redox couple),简称电对。电对的写法一般规定为:氧化型 / 还原型。因此每个半反应都对应一个电对,任何氧化还原反应都是由两个电对构成的。如上述氧化还原反应由电对 Zn^{2+}/Zn 和 Cu^{2+}/Cu 组成,其中氧化反应电对为 Zn^{2+}/Zn,还原反应电对为 Cu^{2+}/Cu。又如氧化还原反应:

$$H_2 + Cl_2 \Longleftrightarrow 2HCl$$

由电对 H^+/H_2 和 Cl_2/Cl^- 组成,其中还原反应电对为 Cl_2/Cl^-,氧化反应电对为 H^+/H_2。

电对中的氧化型物质得电子,在反应中作氧化剂;电对中的还原型物质失去电子,在反应中作还原剂。电对中氧化型物质的氧化能力与还原型物质的还原能力是一种共轭关系,即氧化型的氧化能力越强,对应还原型的还原能力越弱,反之亦然。

第二节 氧化还原反应方程式的配平

研究氧化还原反应,反应方程式的配平是一个重要环节。氧化还原反应一般比较复杂,特别是有介质参与时,很难用"观察法"配平。配平氧化还原反应的方法一般有氧化值法和离子 - 电子法。

1. 氧化值法 氧化值法配平氧化还原反应的原则为:氧化剂中元素氧化值降低的总数与还原剂中氧化值升高的总数必须相等。下面通过实例说明配平步骤。

【例题6-2】配平 $KMnO_4$ 在稀 H_2SO_4 溶液中氧化 Na_2SO_3 的反应方程式。

解 (1)写出反应物和生成物的化学式,并标出氧化值有变化的元素,计算出反应前后氧化值的改变值。其中,氧化值增加或减小的数值,以数字前面加"+"或"−"号表示。

$$\overset{+7}{KMnO_4} + \overset{+4}{Na_2SO_3} + H_2SO_4 \longrightarrow \overset{+2}{MnSO_4} + \overset{+6}{Na_2SO_4} + K_2SO_4$$

上方标注：$(2-7=-5) \times 2$

下方标注：$(6-4=2) \times 5$

（2）根据元素氧化值升高和降低的总数必须相等的原则,确定氧化剂和还原剂化学式前的系数,由这些系数可得到下列不完全的方程式:

$$2KMnO_4 + 5Na_2SO_3 + H_2SO_4 \longrightarrow 2MnSO_4 + 5Na_2SO_4 + K_2SO_4$$

（3）根据反应式两边同种原子的总数相等的原则,逐一调整系数,用观察法配平反应式两边其他原子数目。先配平 K 原子和 S 原子,最后核对 H 原子和 O 原子是否相等。由于左边多 6 个 H 原子和 3 个 O 原子,右边应加 3 个水分子,得到配平的氧化还原方程式:

$$2KMnO_4 + 5Na_2SO_3 + 3H_2SO_4 \rightleftharpoons 2MnSO_4 + 5Na_2SO_4 + K_2SO_4 + 3H_2O$$

2.离子 - 电子法　又称为半反应法。配平原则是:氧化剂得到的电子总数与还原剂失去的电子总数必须相等。

用离子 - 电子法配平时,需要将氧化还原反应分成氧化和还原两个半反应。下面以反应 $K_2Cr_2O_7 + KI + HCl \longrightarrow CrCl_3 + I_2 + KCl$ 的配平为例,介绍离子 - 电子法配平的步骤。

（1）根据给定的反应式写出离子方程式:

$$Cr_2O_7^{2-} + I^- \longrightarrow Cr^{3+} + I_2$$

（2）将反应改写成两个半反应:

$$Cr_2O_7^{2-} \longrightarrow Cr^{3+} \quad （还原反应）$$

$$I^- \longrightarrow I_2 \quad （氧化反应）$$

（3）分别对半反应式进行原子数的配平:其他原子的配平可采用"观察法"。配平氧原子的原则是,酸性介质中,在 O 原子少的一边加一定数目的 H_2O,缺一个 O 原子,加 1 个 H_2O,另一边生成 2 个 H^+;碱性或中性介质中,在 O 原子少的一边加一定数目的 OH^-,缺一个 O 原子,加 2 个 OH^-,另一边生成 1 个 H_2O。则:

$$Cr_2O_7^{2-} + 14H^+ \longrightarrow 2Cr^{3+} + 7H_2O \quad （还原反应）$$

$$2I^- \longrightarrow I_2 \quad （氧化反应）$$

（4）分别对半反应式进行电荷数的配平:在半反应式的两边加一定数目的电子,使两边电荷数平衡。即:

$$Cr_2O_7^{2-} + 14H^+ + 6e^- \longrightarrow 2Cr^{3+} + 7H_2O \quad （还原反应）①$$

$$2I^- \longrightarrow I_2 + 2e^- \quad （氧化反应）②$$

（5）根据氧化剂和还原剂得失电子数必须相等的原则,将两个半反应乘以适当的系数（由两个半反应得失电子的最小公倍数确定）,然后两式相加,消去电子数,得到配平的离子方程式。即:

$$①\times 1 \quad Cr_2O_7^{2-} + 14H^+ + 6e^- \longrightarrow 2Cr^{3+} + 7H_2O$$

$$+②\times 3 \quad 6I^- \longrightarrow 3I_2 + 6e^-$$

$$\overline{\qquad\qquad\qquad\qquad\qquad\qquad\qquad\qquad}$$

$$Cr_2O_7^{2-} + 6I^- + 14H^+ \rightleftharpoons 2Cr^{3+} + 3I_2 + 7H_2O$$

（6）在配平的离子反应式中填上未参加氧化还原反应的反应物和生成物的正离子或负离子，并写出相应的分子式，即得到配平的分子反应方程式。则：

$$K_2Cr_2O_7 + 6KI + 14HCl \Longrightarrow 2CrCl_3 + 3I_2 + 8KCl + 7H_2O$$

【例题6-3】 用离子-电子法配平下列氧化还原反应：

$$MnO_4^- + SO_3^{2-} \longrightarrow MnO_4^{2-} + SO_4^{2-}（碱性介质中）$$

解 （1）将离子反应式改写成两个半反应：

$$MnO_4^- \longrightarrow MnO_4^{2-}$$

$$SO_3^{2-} \longrightarrow SO_4^{2-}$$

（2）配平两个半反应式：

$$MnO_4^- + e^- \longrightarrow MnO_4^{2-} \text{①}$$

$$SO_3^{2-} + 2OH^- \longrightarrow SO_4^{2-} + H_2O + 2e^- \text{②}$$

（3）计算得失电子的最小公倍数为2，两式分别乘系数2和1之后相加得配平的离子方程式：

$$①×2 \qquad 2MnO_4^- + 2e^- \longrightarrow 2MnO_4^{2-}$$

$$+②×1 \qquad SO_3^{2-} + 2OH^- \longrightarrow SO_4^{2-} + H_2O + 2e^-$$

$$\overline{\qquad 2MnO_4^- + SO_3^{2-} + 2OH^- \Longrightarrow 2MnO_4^{2-} + SO_4^{2-} + H_2O}$$

若需要，可以将配平的离子方程式写成分子方程式，注意反应前后氧化值没有变化离子的配平。

用离子-电子法配平反应式，不需要计算元素的氧化值，对配平有复杂化合物及某些有机物参加的反应比较方便。但它仅仅适用于水溶液中反应的配平。氧化值法则是一种适用范围更广的配平方法，但配平过程较离子-电子法要复杂一些。

【思考题6-2】 在离子-电子法配平氧化还原反应中，如何考虑介质条件的影响？

第三节　原电池

一、原电池的组成及工作原理

氧化还原反应的实质是反应过程中有电子的转移。例如，当我们把锌片放在 $CuSO_4$ 溶液中，就会看到有一层红棕色的铜沉积在锌片的表面，硫酸铜溶液的蓝色逐渐变浅，与此同时，锌片慢慢溶解，这说明锌与硫酸铜之间发生了氧化还原反应。这是一个自发进行的过程，反应方程式如下：

$$Zn + CuSO_4 \Longrightarrow ZnSO_4 + Cu$$

在如上反应中，氧化剂和还原剂的热运动产生了有效碰撞和电子转移。由于分子热运动没有方向性，不会形成电子的定向运动——电流，因此我们不能直接观察到金属和溶液接触处电子的转移现象。而且随着氧化还原反应的进行，有热量放出，说明反应过程中化学能转变成了热能。

为了证明氧化还原反应过程中确有电子转移发生，可将上述反应在如图 6-1 所示的装置中进行。在烧杯(a)中加入 $ZnSO_4$ 溶液并插入锌棒,在烧杯(b)中加入 $CuSO_4$ 溶液并插入铜棒,将两个烧杯的溶液用一个装满饱和 KCl 和琼脂冻胶的倒置 U 形管(称为盐桥)连通起来,并且将锌棒和铜棒用导线连接,在导线间连接一个检流计,可以观察到检流计的指针向一方偏转,说明导线中确实有电流通过。检流计指针偏转的方向证明电流是从铜棒流向锌棒,说明电子是由锌棒流向铜棒。随着电子不断由锌棒流向铜棒,锌棒逐渐溶解,铜则在铜棒上不断沉积。

上述装置中,锌棒溶解,说明锌棒上发生了氧化反应,Zn 失去电子成为 Zn^{2+} 离子进入溶液,即烧杯(a)发生如下反应:

$$Zn \longrightarrow Zn^{2+} + 2e^-$$

铜棒上有铜沉积,说明溶液中的 Cu^{2+} 获得电子发生了还原反应,生成 Cu 沉积在铜棒上,即烧杯(b)发生如下反应:

$$Cu^{2+} + 2e^- \longrightarrow Cu$$

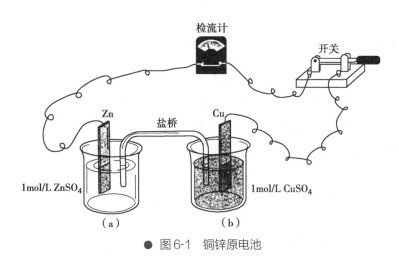

● 图 6-1　铜锌原电池

锌失去的电子由锌棒经金属导线流向铜棒,提供给 Cu^{2+}。随着反应的进行,$ZnSO_4$ 溶液中因有过多的 Zn^{2+} 带正电荷,$CuSO_4$ 溶液中 SO_4^{2-} 相对过剩带负电荷,这将影响电子从锌棒移向铜棒。但由于盐桥的存在,其中高浓度的 Cl^- 向 $ZnSO_4$ 溶液扩散,K^+ 向 $CuSO_4$ 溶液扩散,分别中和了过剩的电荷,使电子得以继续从锌棒流向铜棒,氧化还原反应持续进行,电流不断地产生,这就是盐桥(salt bridge)的作用。

上述装置中进行的总反应为:

$$Zn + Cu^{2+} \rightleftharpoons Zn^{2+} + Cu$$

该反应与锌棒直接插入 $CuSO_4$ 溶液中的反应完全一致。但在图 6-1 的装置里,电子通过导线由锌棒定向流到铜棒,从而形成了电流,将化学能转变成了电能。这种利用氧化还原反应而产生电能的装置称为原电池(primary cell)。上述铜锌原电池又称为丹聂尔电池(Daniell cell)。

Cu-Zn 原电池的结构表明,原电池由两个半电池连接而成,每个半电池也称为电极。每个电极由电极材料和同种元素不同氧化值的两个物种所组成的电对组成,分别在两个电极中发生氧化反应或还原反应,也叫电极反应。在原电池中,给出电子的电极叫负极(negative pole),发生氧化反应;得到电子的电极叫正极(positive pole),发生还原反应。

例如在 Cu-Zn 原电池中,锌和锌盐溶液组成一个半电池——锌电极,锌电极为负极,组成负极的电对为 Zn^{2+}/Zn;铜和铜盐溶液组成另一个半电池——铜电极,铜电极为正极,组成正极的电对为 Cu^{2+}/Cu。电极反应分别为:

$$负极反应 \quad Zn \longrightarrow Zn^{2+} + 2e^- \quad (氧化反应)$$

$$正极反应 \quad Cu^{2+} + 2e^- \longrightarrow Cu \quad (还原反应)$$

两个电极反应构成原电池反应:

$$Zn + Cu^{2+} \Longrightarrow Zn^{2+} + Cu \quad (氧化还原反应)$$

原电池的装置,证明氧化还原反应中确实发生了电子的转移,从而揭示了化学现象与电现象的联系,并为化学的新领域——电化学的建立和发展开拓了道路。

二、原电池的符号

从理论上讲,任何一个自发进行的氧化还原反应都可以设计成原电池。为方便起见,原电池可用符号表示,原电池符号的书写遵守如下规定:

(1)负极写左边,正极写右边,最外侧用符号"(+)"和"(−)"标明正、负极。

(2)电极材料分别写在左、右两端最外侧,若电对物质中无导电材料,则以 Pt、C 等惰性导体为电极材料。惰性电极不参与电极反应,只输送电子。

(3)用双竖线"‖"表示盐桥,单垂线"|"表示不同相之间的界面,同一相内不同物质用","隔开。

(4)电解质溶液的书写应紧靠盐桥左、右两侧;纯固体、纯液体和气体的书写紧靠电极材料一侧,并用单垂线"|"与电极分开。

(5)组成电池的所有物质应该标明物态(s、l、g),溶液要标明浓度(c),气体要标明分压(p)。电极材料的物态一般可省略。

(6)参加电极反应的介质,如 H^+ 或 OH^- 等,也要写在电池符号中,并标明其浓度。

按照上述书写规则,Cu-Zn 原电池可用符号表示为:

$$(-)Zn \mid ZnSO_4(c_1) \parallel CuSO_4(c_2) \mid Cu(+)$$

【例题 6-4】将氧化还原反应 $Sn^{2+} + Cl_2 \Longrightarrow Sn^{4+} + 2Cl^-$ 设计成原电池,写出原电池的符号。

解 给定氧化还原反应可分解成两个半反应:

$$正极反应 \quad Cl_2 + 2e^- \longrightarrow 2Cl^- (电对 Cl_2/Cl^-)$$

$$负极反应 \quad Sn^{2+} \longrightarrow Sn^{4+} + 2e^- (电对 Sn^{4+}/Sn^{2+})$$

原电池符号:

$$(-)Pt \mid Sn^{2+}(c_1), Sn^{4+}(c_2) \parallel Cl^-(c_3) \mid Cl_2(p) \mid Pt(+)$$

以上原电池符号中,Sn^{2+} 和 Sn^{4+} 处于同一相中,写出顺序不分先后,用","分开即可。Cl^- 和 Cl_2 属于不同相物质,用单垂线分开,且 Cl_2 紧靠电极材料,Cl^- 靠近盐桥。由于两个电极电对中都不含有金属导体,因此需加入惰性导体 Pt 或 C 作为电极材料。

【例题 6-5】写出反应 $MnO_4^- + 5Fe^{2+} + 8H^+ \Longrightarrow Mn^{2+} + 5Fe^{3+} + 4H_2O$ 的原电池符号。

解 将反应分解为两个半反应:

正极反应 $MnO_4^- + 8H^+ + 5e^- \longrightarrow Mn^{2+} + 4H_2O$（电对 MnO_4^-/Mn^{2+}）

负极反应 $Fe^{2+} \longrightarrow Fe^{3+} + e^-$（电对 Fe^{3+}/Fe^{2+}）

原电池符号：

$$(-)Pt \mid Fe^{2+}(c_1), Fe^{3+}(c_2) \parallel MnO_4^-(c_3), Mn^{2+}(c_4), H^+(c_5) \mid Pt(+)$$

【思考题 6-3】如何由电池符号写出电极符号？

三、常见电极类型

1. 金属-金属离子电极　该电极是将金属片（或棒）插入到其盐溶液中构成，简称金属电极。如 Cu-Zn 原电池中，$Zn(Cu)$ 插入 $Zn^{2+}(Cu^{2+})$ 溶液中组成的电极就是此类电极。这类电极的电对物质中有金属，在组成原电池时可以做电极材料。如 Cu-Zn 原电池中的 Zn 电极：

电极电对：Zn^{2+}/Zn

电极符号：$Zn \mid Zn^{2+}(c)$

电极平衡式：$Zn^{2+} + 2e^- \rightleftharpoons Zn$

电极平衡式以还原半反应的形式给出，无论其在原电池中是发生氧化反应还是还原反应。

2. 气体-离子电极　这类电极是将吸附有气体的惰性电极浸入溶解有该气体对应离子的溶液中构成。常见的有氢气电极、氯气电极等。如氢气电极：

电极电对：H^+/H_2

电极符号：$Pt \mid H_2(p) \mid H^+(c)$

电极平衡式：$H^+ + 2e^- \rightleftharpoons H_2$

氢气电极的装置可参见第四节的标准氢电极。

3. 金属-金属难溶盐-阴离子电极　该类电极简称金属难溶盐电极，是在金属表面覆盖一层该金属的难溶盐，然后将其浸入含有难溶盐对应阴离子的溶液中构成。例如氯化银电极，它是将表面涂有 AgCl 薄层的银丝插入 1mol/L KCl（或 HCl）溶液中制得的。

电极电对：$AgCl/Ag$

电极符号：$Ag \mid AgCl(s) \mid Cl^-(c)$

电极平衡式：$AgCl + e^- \rightleftharpoons Ag + Cl^-$

实验室常用的饱和甘汞电极也属此类电极。该电极由 Hg、糊体 Hg_2Cl_2（俗称甘汞）和 KCl 溶液组成。随着 KCl 溶液浓度的不同，有不同的甘汞电极。最常用的是饱和甘汞电极（图 6-2），它是由饱和 KCl 溶液制得的。

电极电对：Hg_2Cl_2/Hg

电极符号：$Pt \mid Hg(1) \mid Hg_2Cl_2(s) \mid Cl^-(c)$

电极平衡式：$Hg_2Cl_2 + 2e^- \rightleftharpoons 2Hg + 2Cl^-$

4. 氧化还原电极　将惰性电极浸入溶解有同一元素的两种不同氧化值离子的溶液中构成。如 Fe^{3+}/Fe^{2+} 电极：

电极电对：Fe^{3+}/Fe^{2+}

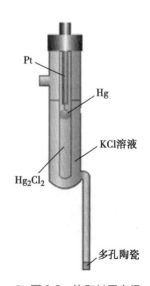

● 图 6-2   饱和甘汞电极

电极符号：$Pt| Fe^{3+}(c_1), Fe^{2+}(c_2)$

电极平衡式：$Fe^{3+} + e^- \xrightleftharpoons{\quad} Fe^{2+}$

第四节　电极电势

一、电极电势的产生

把原电池的两个电极用导线和盐桥连接起来可以产生电流，说明两个电极之间存在电势差。那么，电极电势是如何产生的？两个电极的电势为何不同？1889 年，德国科学家能斯特（W.H.Nernst）提出了"双电层理论"，解释了电极电势产生的机制。下面以金属电极为例来讨论电极电势产生的原因。

金属晶体是由金属原子、金属离子和自由电子组成，当我们把金属浸入其盐溶液中时，会出现两种倾向：一种是金属晶体中的金属离子因热运动和强极性水分子的作用、阴离子的吸引，有离开金属进入溶液的趋势（金属越活泼或溶液中金属离子浓度越小，这种趋势越强），这个过程叫金属的溶解；另一方面，溶液中的金属离子，由于无规则的热运动以及受金属表面自由电子的吸引，有从溶液向金属表面沉积的趋势（金属越不活泼或溶液中金属离子浓度越大，这种趋势越强），这个过程叫金属离子的沉积。在一定浓度的溶液中，当金属溶解和金属离子沉积的速率相等时，则达到动态平衡：

$$M^{n+} + ne^- \xrightleftharpoons{\quad} M$$

若金属溶解的趋势大于金属离子的沉积趋势，则平衡时金属表面有过多的自由电子而带负电，溶液中因有过多的金属离子而带正电。而且，溶液中金属离子的分布并不是均匀的，由于静电吸引，较多地聚集在金属表面附近。因此金属表面和溶液的接界处形成了双电层，即金属和溶液之间产生了电势差，如图 6-3（a）所示。若金属离子沉积的趋势大于金属溶解趋势，则平衡时金属表面带正电，溶液带负电，金属和溶液的接界处也形成了双电层，产生电势差，如图 6-3（b）所示。这种由于双电层的建立而在金属电极和金属离子溶液之间产生的电势差叫做金属的平衡电极电势，简称电极电势（electrode potential），以符号 $E(M^{n+}/M)$ 表示，单位为 V（伏特）。如锌电极的电极电势用 $E(Zn^{2+}/Zn)$ 表示，铜电极的电极电势用 $E(Cu^{2+}/Cu)$ 表示。

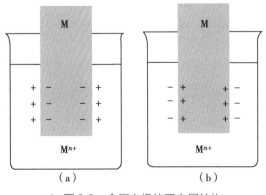

● 图 6-3　金属电极的双电层结构

电极电势值与组成电对物质的本性以及溶液温度、浓度、pH及离子强度等外界因素有关。

例如 Cu-Zn 原电池中，由于 Zn 比 Cu 活泼，Zn 更容易失去电子进入溶液，Zn 棒比 Cu 棒带有更多的负电荷，因此 Cu 电极的电极电势高于 Zn 电极的电极电势。两个电极间存在电势差，造成了电子从 Zn 电极流向 Cu 电极。

二、标准电极电势

（一）原电池的电动势

原电池是将化学能转变为电能的装置，由于组成原电池的两电极所产生的电极电势不同，因此两极间存在着电势差。原电池两个电极之间的电势差称为原电池的电动势（electromotive force），用 E_{MF} 表示。即

$$E_{MF}=E_{正}-E_{负} \qquad\qquad 式（6-1）$$

（二）标准电极电势概述

从以上讨论可知，电极电势的大小表达了电对氧化型获取电子转变为还原型，或还原型失去电子转变为氧化型的趋势。因此，已知电对的电极电势，可以直接比较电对所对应的氧化型的氧化能力和还原型还原能力的大小。

由于双电层的厚度约为 10^{-10}m 数量级，迄今为止，还无法用一般的物理方法测得电极电势的绝对值。但从实际需要来看，知道其相对值即可。即选定一个参比电极，并规定参比电极的电极电势为 0V。将参比电极与其他待测电极组成原电池，通过测定该原电池的电动势，则可以求出待测电极的电极电势相对值。

1. 标准氢电极　1953 年 IUPAC 规定，采用标准氢电极（standard hydrogen electrode，SHE）作为参比电极。在 298K 下，氢气分压为 100kPa，氢离子浓度为 1mol/L 时的氢电极叫标准氢电极。标准氢电极属于气体 - 离子电极。

标准氢电极是将表面镀有活性多孔铂黑（对氢气具有极高的吸附活性）的铂电极浸入含有氢离子浓度为 1mol/L 的酸溶液中，并不断通入标准压力为 $p^{\ominus}$（即 100kPa）的纯氢气流，使铂黑吸附氢气达到饱和，氢电极的构成如图 6-4 所示。

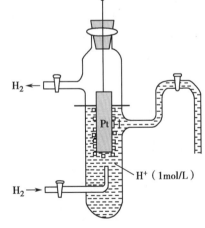

● 图 6-4　标准氢电极

标准氢电极的电极符号为：

$$Pt| H_2（100kPa）| H^+（1mol/L）$$

吸附在铂黑上的 H_2 与溶液中的 H^+ 建立下列动态平衡，即氢电极的电极平衡式为：

$$2H^+ + 2e^- \rightleftharpoons H_2$$

吸附了 100kPa 饱和 H_2 的 Pt 片与 H^+ 浓度为 1mol/L 的酸溶液之间的电势差就是标准氢电极的电极电势，规定其值为 0.000 0V，即：

$$E^{\ominus}（H^+/H_2）= 0.000\ 0V$$

右上角的 ⊖ 表示电极处于标准状态。

2. **标准电极电势的测定**　如果组成电极的电对物质处于热力学标准状态,即溶液中电解质的浓度为 1mol/L,气体分压为 100kPa,纯固体或纯液体为纯净物,则该电极处于标准状态,称为标准电极。用标准氢电极与标准待测电极组成原电池,测定原电池的电动势,则可得待测电极的标准电极电势(standard electrode potential),用符号 $E^{\ominus}$(氧化型/还原型)表示,单位为 V。

例如,欲测定铜电极的标准电极电势,应将标准铜电极与标准氢电极组成原电池。检流计测得电流是从铜电极流向氢电极,因此标准铜电极为原电池的正极,发生还原反应,标准氢电极为原电池的负极,发生氧化反应。原电池符号为:

$$(-)Pt|\,H_2(\,100kPa\,)|\,H^+(\,1mol/L\,)\|\,Cu^{2+}(\,1mol/L\,)|\,Cu(\,+\,)$$

正极反应:$Cu^{2+}+2e^- \longrightarrow Cu$

负极反应:$H_2 \longrightarrow 2H^++2e^-$

电池反应:$Cu^{2+}+H_2 \rightleftharpoons Cu+2H^+$

298K 时,测定该原电池的标准电动势为 0.341 9V,即

$$E^{\ominus}_{MF}=E^{\ominus}(\,Cu^{2+}/Cu\,)-E^{\ominus}(\,H^+/H_2\,)=0.341\,9V$$

因为 $E^{\ominus}(\,H^+/H_2\,)=0.000\,0V$

所以 $E^{\ominus}(\,Cu^{2+}/Cu\,)=0.341\,9V$

如果将标准锌电极与标准氢电极组成原电池,检流计测得电流是从氢电极流向锌电极,因此标准氢电极是原电池的正极,标准锌电极是原电池的负极。该原电池的符号表示为:

$$(-)Zn|\,Zn^{2+}(\,1mol/L\,)\|\,H^+(\,1mol/L\,)|\,H_2(\,100kPa\,)|\,Pt(\,+\,)$$

正极反应:$2H^++2e^- \longrightarrow H_2$

负极反应:$Zn \longrightarrow Zn^{2+}+2e^-$

电池反应:$Zn+2H^+ \rightleftharpoons H_2+Zn^{2+}$

298K 时,测定该原电池的标准电动势为 0.761 8V,即

$$E^{\ominus}_{MF}=E^{\ominus}(\,H^+/H_2\,)-E^{\ominus}(\,Zn^{2+}/Zn\,)=0.761\,8V$$

因为 $E^{\ominus}(\,H^+/H_2\,)=0.000\,0V$

所以 $E^{\ominus}(\,Zn^{2+}/Zn\,)=-0.761\,8V$

从上面测定的数据可知,$E^{\ominus}(\,Zn^{2+}/Zn\,)<E^{\ominus}(\,H^+/H_2\,)$,表明 Zn 失电子的倾向大于 H_2,或 Zn^{2+} 获得电子的倾向小于 H^+。$E^{\ominus}(\,Cu^{2+}/Cu\,)>E^{\ominus}(\,H^+/H_2\,)$,表明 Cu 失电子的倾向小于 H_2,或 Cu^{2+} 获得电子的倾向大于 H^+。由此可知,Zn 比 Cu 更容易失去电子转变为 Zn^{2+};或者,Cu^{2+} 比 Zn^{2+} 更容易得电子转变为单质铜,即 $E^{\ominus}(\,Cu^{2+}/Cu\,)>E^{\ominus}(\,Zn^{2+}/Zn\,)$。

用类似方法可以测得一系列电极的标准电极电势。但有些电对的电极电势无法通过实验直接测定,如 Na^+/Na 或 F_2/F^-,只能通过间接计算得到。

3. **标准电极电势表**　将实验测定或计算间接得到的标准电极电势值,按照由小到大的顺序排列,则得标准电极电势表。一些常用电对的标准电极电势数据列于本书的附录五。表 6-1 列出了 298K 时部分电对在水溶液中的标准电极电势。

表6-1 标准电极电势(298K)

酸性溶液中电极平衡式					
氧化态		电子数		还原态	$E^{\ominus}/V$
Li^+	+	e^-	$\rightleftharpoons$	Li	−3.045
Ca^{2+}	+	$2e^-$	$\rightleftharpoons$	Ca	−2.868
Mg^{2+}	+	$2e^-$	$\rightleftharpoons$	Mg	−2.372
Al^{3+}	+	$3e^-$	$\rightleftharpoons$	Al	−1.662
Zn^{2+}	+	$2e^-$	$\rightleftharpoons$	Zn	−0.7618
Fe^{2+}	+	$2e^-$	$\rightleftharpoons$	Fe	−0.447
Co^{2+}	+	$2e^-$	$\rightleftharpoons$	Co	−0.280
Sn^{2+}	+	$2e^-$	$\rightleftharpoons$	Sn	−0.1375
Pb^{2+}	+	$2e^-$	$\rightleftharpoons$	Pb	−0.1262
$2H^+$	+	$2e^-$	$\rightleftharpoons$	H_2	0.0000
Sn^{4+}	+	$2e^-$	$\rightleftharpoons$	Sn^{2+}	+0.151
Cu^{2+}	+	$2e^-$	$\rightleftharpoons$	Cu	+0.3419
Cu^+	+	e^-	$\rightleftharpoons$	Cu	+0.521
I_2	+	$2e^-$	$\rightleftharpoons$	$2I^-$	+0.5355
$H_3AsO_4 + 2H^+$	+	$2e^-$	$\rightleftharpoons$	$HAsO_2 + 2H_2O$	+0.560
$O_2 + 2H^+$	+	$2e^-$	$\rightleftharpoons$	H_2O_2	+0.695
Fe^{3+}	+	e^-	$\rightleftharpoons$	Fe^{2+}	+0.771
Ag^+	+	e^-	$\rightleftharpoons$	Ag	+0.7996
$Cr_2O_7^{2-} + 14H^+$	+	$6e^-$	$\rightleftharpoons$	$2Cr^{3+} + 7H_2O$	+1.33
Cl_2	+	$2e^-$	$\rightleftharpoons$	$2Cl^-$	+1.3583
$MnO_4^- + 8H^+$	+	$5e^-$	$\rightleftharpoons$	$Mn^{2+} + 4H_2O$	+1.51
$H_2O_2 + 2H^+$	+	$2e^-$	$\rightleftharpoons$	$2H_2O$	+1.776
F_2	+	$2e^-$	$\rightleftharpoons$	$2F^-$	+2.866
碱性溶液中电极平衡式					
氧化态		电子数		还原态	$E^{\ominus}/V$
$ZnO_2^{2-} + 2H_2O$	+	$2e^-$	$\rightleftharpoons$	$Zn + 4OH^-$	−1.215
$2H_2O$	+	$2e^-$	$\rightleftharpoons$	$H_2 + 2OH^-$	−0.8277
S	+	$2e^-$	$\rightleftharpoons$	S^{2-}	−0.508
$Cu(OH)_2$	+	$2e^-$	$\rightleftharpoons$	$Cu + 2OH^-$	−0.224
$CrO_4^{2-} + 4H_2O$	+	$3e^-$	$\rightleftharpoons$	$Cr(OH)_3 + 5OH^-$	−0.13
$NO_3^- + H_2O$	+	$2e^-$	$\rightleftharpoons$	$NO_2^- + 2OH^-$	+0.01
$Ag_2O + H_2O$	+	$2e^-$	$\rightleftharpoons$	$2Ag + 2OH^-$	+0.342
$O_2 + 2H_2O$	+	$4e^-$	$\rightleftharpoons$	$4OH^-$	+0.401
$ClO_3^- + 3H_2O$	+	$6e^-$	$\rightleftharpoons$	$Cl^- + 6OH^-$	+0.62
$ClO^- + H_2O$	+	$2e^-$	$\rightleftharpoons$	$Cl^- + 2OH^-$	+0.89

使用标准电极电势表时,应注意以下几点:

(1)在标准电极电势表中,各电对的电极平衡式以还原半反应式表示:氧化态 + ne^- ⇌ 还原态,无论电极实际进行氧化反应还是还原反应,电极电势符号和数值不变。

(2)在电极平衡式:氧化态 + ne^- ⇌ 还原态中,氧化态包括氧化型物质和反应介质,还原态包括还原型物质和其他还原产物。如电对 $Cr_2O_7^{2-} + 14H^+ + 6e^- ⇌ 2Cr^{3+} + 7H_2O$ 中,氧化态包括氧化型 $Cr_2O_7^{2-}$ 和 H^+,还原态包括还原型 Cr^{3+} 和 H_2O。

(3)标准电极电势数值与电极平衡式中的化学计量系数无关。例如电对 Cl_2/Cl^- 的电极平衡式可以按以下任一式书写:

$$Cl_2 + 2e^- ⇌ 2Cl^-$$

$$\frac{1}{2}Cl_2 + e^- ⇌ 2Cl^-$$

标准电极电势值均为 1.358 3V,不因反应系数不同而不同。

(4)从表 6-1 可以看出,氧化型的氧化能力自上而下依次增强;还原型的还原能力自下而上依次增强,其强弱程度可从 $E^\ominus$ 值的大小来判断。$E^\ominus$ 值大的电对,其氧化型的氧化能力强,对应还原型的还原能力弱。$E^\ominus$ 值小的电对,其还原型的还原能力强,对应氧化型的氧化能力弱。

(5)标准电极电势表分酸表和碱表。酸表是在 H^+ 浓度为 1mol/L 介质中的测定值,用 $E_A^\ominus$ 表示;碱表是在 OH^- 浓度为 1mol/L 介质中的测定值,用 $E_B^\ominus$ 表示。凡有 H^+ 参与电极反应的,一律查酸表;凡有 OH^- 参与电极反应的,一律查碱表;没有 H^+ 或 OH^- 参与电极反应的电对,通常列在酸表中,如:$Cl_2 + 2e^- ⇌ 2Cl^-$、$Fe^{3+} + e^- ⇌ Fe^{2+}$;表现为两性的金属与它的阴离子盐的电对查碱表,如 ZnO_2^{2-}/Zn 查碱表。

三、能斯特方程

标准电极电势是在标准状态下测定的,若外界条件,如温度、电对物质的浓度或压力发生改变,则电对处于非标准状态,电对的电极电势也将随之改变。非标准状态下的电极电势如何求得呢?

(一)能斯特方程

电极电势与电对物质的浓度(分压)、温度之间的定量关系可由能斯特方程(由热力学关系式推导而来)表示。对任一电极,其电极平衡式可用以下通式表示:

$$氧化态 + ne^- ⇌ 还原态$$

电极在任意状态下的电极电势为:

$$E = E^\ominus + \frac{RT}{nF}\ln\frac{\{氧化态\}}{\{还原态\}} \qquad 式(6-2)$$

式(6-2)称为能斯特方程。式中,E 为电对在任意状态下的电极电势(V);$E^\ominus$ 为电对的标准电极电势(V);R 为气体常数 [8.314J/(K·mol)];T 为绝对温度(K);F 为法拉第常数(96 500C/mol);

n 为电极平衡式中得失电子数；$\dfrac{\{氧化态\}}{\{还原态\}}$ 表示在电极平衡式中，氧化态各物质（包括氧化型和介质）相对浓度或相对分压幂次方的乘积与还原态各物质（包括还原型和其他还原产物）相对浓度或相对分压幂次方的乘积之比。

由于温度对电极电势的影响较小，而一般化学反应在常温（298K）下进行。则在 298K 时，将自然对数变换为以 10 为底的常用对数，并将 R 和 F 等常数代入，则能斯特方程式可写为：

$$E = E^{\ominus} + \frac{0.059\,2}{n}\lg\frac{\{氧化态\}}{\{还原态\}} \qquad\qquad 式（6\text{-}3）$$

式（6-3）为常用的能斯特方程式。

需要指出的是，能斯特方程中 $\dfrac{\{氧化态\}}{\{还原态\}}$ 的书写规则与书写标准平衡常数的规则相同，纯固体、纯液体和溶剂 H_2O 不写入。如电极 $Cr_2O_7^{2-} + 14H^+ + 6e^- \rightleftharpoons 2Cr^{3+} + 7H_2O$ 的能斯特方程表达式为：

$$E(Cr_2O_7^{2-}/Cr^{3+}) = E^{\ominus}(Cr_2O_7^{2-}/Cr^{3+}) + \frac{0.059\,2}{6}\lg\frac{c(Cr_2O_7^{2-})[c(H^+)]^{14}}{[c(Cr^{3+})]^2}$$

【思考题 6-4】影响电极电势的因素有哪些？应用能斯特方程式应注意哪些事项？

（二）能斯特方程应用举例

【例题 6-6】已知：$Sn^{4+} + 2e^- \rightleftharpoons Sn^{2+}$，$E^{\ominus} = 0.151V$。

求：（1）$c(Sn^{4+}) = 0.1mol/L$，$c(Sn^{2+}) = 1mol/L$。

（2）$c(Sn^{4+}) = 1mol/L$，$c(Sn^{2+}) = 0.1mol/L$ 时的电极电势。

解 （1）$E(Sn^{4+}/Sn^{2+}) = E^{\ominus}(Sn^{4+}/Sn^{2+}) + \dfrac{0.059\,2V}{2}\lg\dfrac{c(Sn^{4+})}{c(Sn^{2+})}$

$$= 0.151V + \frac{0.059\,2V}{2}\lg\frac{0.1}{1}$$

$$= 0.121V$$

（2）$E(Sn^{4+}/Sn^{2+}) = 0.151V + \dfrac{0.059\,2V}{2}\lg\dfrac{1}{0.1}$

$$= 0.181V$$

上例表明了浓度对电极电势的影响规律：降低氧化型物质的浓度或增大还原型物质的浓度，电极电势值减小；反之，增大氧化型物质浓度或降低还原型物质浓度，电极电势值增大。

【例题 6-7】已知：$MnO_2 + 4H^+ + 2e^- \rightleftharpoons Mn^{2+} + 2H_2O$，$E^{\ominus} = 1.224V$，若 $c(Mn^{2+}) = 1mol/L$，试求 298K 下：

（1）$c(H^+) = 0.1mol/L$ 时的电极电势。

（2）$c(H^+) = 10mol/L$ 时的电极电势。

解 根据能斯特方程：

$$E(MnO_2/Mn^{2+}) = E^{\ominus}(MnO_2/Mn^{2+}) + \frac{0.059\,2V}{2}\lg\frac{[c(H^+)]^4}{c(Mn^{2+})}$$

（1）当 $c(H^+) = 0.1mol/L$ 时

$$E(MnO_2/Mn^{2+}) = 1.224V + \frac{0.059\,2V}{2}\lg\frac{0.1^4}{1} = 1.106V$$

（2）当 $c(H^+) = 10mol/L$ 时

$$E(MnO_2/Mn^{2+}) = 1.224V + \frac{0.059\,2V}{2}\lg\frac{10^4}{1} = 1.342V$$

上例说明，电对 MnO_2/Mn^{2+} 的电极电势随溶液酸度的提高而显著增大，MnO_2 的氧化性也随之增强。

事实上，含氧酸盐和一些高价含氧化合物参与的电极，其电极电势都受溶液酸度的影响。有些电对受影响的程度甚至远远超过氧化型和还原型本身浓度的影响，原因是相应电极平衡式中 H^+ 或 OH^- 的系数较大的缘故。例如，在 $Cr_2O_7^{2-} + 14H^+ + 6e^- \rightleftharpoons 2Cr^{3+} + 7H_2O$ 中，根据能斯特方程：

$$E(Cr_2O_7^{2-}/Cr^{3+}) = E^\ominus(Cr_2O_7^{2-}/Cr^{3+}) + \frac{0.059\,2V}{6}\lg\frac{c(Cr_2O_7^{2-})[c(H^+)]^{14}}{[c(Cr^{3+})]^2}$$

可见，由于 H^+ 的系数为 14，因此 H^+ 浓度变化对电极电势的影响远超过 $Cr_2O_7^{2-}$ 和 Cr^{3+} 的影响，这也是一些氧化剂常常在酸性溶液中应用的原因。

如果在电极体系中加入某种沉淀剂，沉淀的生成降低了氧化型或还原态型浓度，必然会引起电对电极电势的改变。

【例题 6-8】在标准银电极溶液中加入 $NaCl$ 溶液，使其浓度最终达到 $1mol/L$，求此时银电极的电极电势。已知：$E^\ominus(Ag^+/Ag) = 0.799\,6V$，$K_{sp}^\ominus(AgCl) = 1.77 \times 10^{-10}$。

解 加入 Cl^- 生成 $AgCl$ 沉淀：$Ag^+ + Cl^- \rightleftharpoons AgCl$

根据溶度积原理，可以求出达到沉淀 - 溶解平衡时，溶液中游离的 Ag^+ 浓度：

$$K_{sp}^\ominus(AgCl) = [Ag^+][Cl^-]$$

$$[Ag^+] = K_{sp}^\ominus(AgCl)/[Cl^-]$$

根据能斯特方程：

$$E(Ag^+/Ag) = E^\ominus(Ag^+/Ag) + 0.059\,2V\lg[Ag^+]$$

将 $[Ag^+]$ 代入得：

$$\begin{aligned}E(Ag^+/Ag) &= E^\ominus(Ag^+/Ag) + 0.059\,2V\lg K_{sp}^\ominus(AgCl) - 0.059\,2V\lg[Cl^-]\\&= 0.799\,6V + 0.059\,2V\lg(1.77 \times 10^{-10}) - 0.059\,2V\lg1\\&= 0.222V\end{aligned}$$

显然，沉淀的形成，使氧化型 Ag^+ 浓度大大降低，电极电势下降程度较大。由于形成了 $AgCl$ 沉淀，所以溶液中 Ag^+ 浓度极低，氧化型基本以 $AgCl$ 的形式存在。实际上，溶液中已经构成了一个新的电极，电极电对为 $AgCl/Ag$（属于金属难溶盐电极）。该电对的电极平衡式为：

$$AgCl + e^- \rightleftharpoons Ag + Cl^-$$

由于平衡时溶液中的 Cl^- 浓度为 $1mol/L$，则：

$$E(Ag^+/Ag) = E^\ominus(AgCl/Ag) = 0.222V$$

当电对中氧化型物质或还原型物质与配体形成配合物时，浓度的改变也会引起电极电势的变化。计算方法与例 6-8 类似，具体计算见第九章配合物。

【思考题 6-5】在 $Cu-Zn$ 原电池的铜半电池中加入少量氨水，电池电动势如何变化？

第五节　电极电势的应用

一、比较氧化剂和还原剂相对强弱

某电对电极电势代数值的大小，反映了电对中氧化型得电子能力或还原型失去电子能力的相对强弱。电极电势值越大，表明电对中氧化型的氧化能力越强，对应还原型的还原能力越弱；反之亦然。

【例题 6-9】指出下列电对中最强的氧化剂和还原剂，并排出各氧化型和还原型氧化能力和还原能力的强弱顺序。

$$Fe^{3+}/Fe^{2+}, Cu^{2+}/Cu, Fe^{2+}/Fe, Sn^{4+}/Sn^{2+}, H_2O_2/H_2O, Cr_2O_7^{2-}/Cr^{3+}$$

解　查表得：

电极平衡式	$E^{\ominus}$
$Fe^{3+} + e^- \rightleftharpoons Fe^{2+}$	$E^{\ominus} = 0.771V$
$Cu^{2+} + 2e^- \rightleftharpoons Cu$	$E^{\ominus} = 0.341\,9V$
$Fe^{2+} + 2e^- \rightleftharpoons Fe$	$E^{\ominus} = -0.447V$
$Sn^{4+} + 2e^- \rightleftharpoons Sn^{2+}$	$E^{\ominus} = 0.151V$
$H_2O_2 + 2H^+ + 2e^- \rightleftharpoons H_2O$	$E^{\ominus} = 1.776V$
$Cr_2O_7^{2-} + 14H^+ + 6e^- \rightleftharpoons 2Cr^{3+} + 7H_2O$	$E^{\ominus} = 1.33V$

电对 H_2O_2/H_2O 的 $E^{\ominus}$ 值最大，其氧化型 H_2O_2 是最强的氧化剂；电对 Fe^{2+}/Fe 的 $E^{\ominus}$ 值最小，其还原型 Fe 是最强的还原剂。各氧化型物质的氧化能力由强到弱的顺序为：

$$H_2O_2 > Cr_2O_7^{2-} > Fe^{3+} > Cu^{2+} > Sn^{4+} > Fe^{2+}$$

各还原型物质的还原能力由强到弱的顺序：

$$Fe > Sn^{2+} > Cu > Fe^{2+} > Cr^{3+} > H_2O$$

实验室中常用强氧化剂的 $E^{\ominus}$（氧化型 / 还原型）值一般大于 1.0V，如 $KMnO_4$，$K_2Cr_2O_7$、H_2O_2 等；常用还原剂的 $E^{\ominus}$（氧化型 / 还原型）值一般小于零或稍大于零，如活泼金属 Na、Zn、Fe 以及 S^{2-}、I^-、Sn^{2+} 等。应当注意的是，用 $E^{\ominus}$（氧化型 / 还原型）判断氧化还原能力的强弱是在标准状态下进行的，若判断非标准状态下氧化剂和还原剂的相对强弱时，必须利用能斯特方程式求出非标准状态下的 E 值，再进行比较。

二、判断氧化还原反应方向

任何一个氧化还原反应原则上都可以设计成原电池，根据原电池电动势的数值，可以判断反应方向。若 $E_{MF} > 0$，原电池反应正向自发进行；若 $E_{MF} < 0$，原电池反应逆向自发进行；若 $E_{MF} = 0$，原电池反应处于平衡状态。当然，也可以直接比较两电对电极电势的大小来判断氧化还原反应的方向，即：

当 $E_1 > E_2$ 时，电对 1 的氧化型氧化电对 2 的还原型的反应是自发进行的。

当 $E_1 < E_2$ 时，电对 2 的氧化型氧化电对 1 的还原型的反应是自发进行的。

【例题 6-10】在标准状态下，铜粉能否与 $FeCl_3$ 溶液作用？

解　查表可知：

$$\begin{array}{ccc} \text{电极平衡式} & & E^{\ominus} \\ Cu^{2+} + 2e^{-} \Longrightarrow Cu & & E^{\ominus} = 0.341\,9V \\ Fe^{3+} + e^{-} \Longrightarrow Fe^{2+} & & E^{\ominus} = 0.771V \\ Fe^{3+} + 3e^{-} \Longrightarrow Fe & & E^{\ominus} = -0.041V \end{array}$$

若铜粉与 $FeCl_3$ 溶液作用，可能发生如下反应：

$$Cu + 2Fe^{3+} \Longrightarrow Cu^{2+} + 2Fe^{2+} \tag{1}$$

$$3Cu + 2Fe^{3+} \Longrightarrow 3Cu^{2+} + 2Fe \tag{2}$$

因为 $E^{\ominus}(Fe^{3+}/Fe^{2+}) > E^{\ominus}(Cu^{2+}/Cu)$，所以反应（1）的 $E^{\ominus}_{MF} > 0$，反应（1）正向自发进行。由于 $E^{\ominus}(Fe^{3+}/Fe) < E^{\ominus}(Cu^{2+}/Cu)$，所以反应（2）的 $E^{\ominus}_{MF} < 0$，反应（2）正向不能自发进行，逆向可以自发进行。因此，铜粉能与 $FeCl_3$ 溶液作用，生成 Cu^{2+} 和 Fe^{2+}。

在印刷电路板的制造中，$FeCl_3$ 溶液可用作铜板腐蚀剂，把铜板上需要去掉的部分与 $FeCl_3$ 作用，使铜变为 $CuCl_2$ 而溶解。

【例题 6-11】（1）试判断反应 $MnO_2 + HCl \Longrightarrow MnCl_2 + Cl_2 + 2H_2O$ 在 25℃时，标准状态下能否向右进行？

（2）通过计算说明，实验室为什么能用 MnO_2 与浓 HCl 反应制备氯气？

解　（1）查表可知：

$$MnO_2 + 4H^+ + 2e^{-} \Longrightarrow Mn^{2+} + 2H_2O \quad E^{\ominus} = 1.224V$$

$$Cl_2 + 2e^{-} \Longrightarrow 2Cl^{-} \quad E^{\ominus} = 1.358\,3V$$

$$E^{\ominus}_{MF} = E^{\ominus}_{正} - E^{\ominus}_{负} = 1.224V - 1.358\,3V = -0.136V$$

因 $E^{\ominus}_{MF} < 0$，所以标准状态下，给定反应正向不能自发进行。

（2）实验室制备氯气时，用 MnO_2 与浓 HCl（浓度为 12mol/L）作用。根据能斯特方程可分别计算上述两电极的电极电势，并假定 $c(Mn^{2+}) = 1.00$mol/L，$p(Cl_2) = 100$kPa，浓 HCl 溶液中，$c(H^+) = c(Cl^-) = 12$mol/L，则

$$E(MnO_2/Mn^{2+}) = E^{\ominus}(MnO_2/Mn^{2+}) + \frac{0.059\,2V}{2} \lg \frac{[c(H^+)]^4}{c(Mn^{2+})}$$

$$= 1.224V + \frac{0.059\,2V}{2} \lg \frac{12^4}{1} = 1.352V$$

$$E(Cl_2/Cl^-) = E^{\ominus}(Cl_2/Cl^-) + \frac{0.059\,2V}{2} \lg \frac{p(Cl_2)/p^{\ominus}}{[c(Cl^-)]^2}$$

$$= 1.358V + \frac{0.059\,2V}{2} \lg \frac{1}{12^2} = 1.294V$$

$$E(MnO_2/Mn^{2+}) > E(Cl_2/Cl^-)$$

因此 MnO_2 可与浓 HCl 反应制备氯气。

【思考题 6-6】解释至今没有得到 FeI_3 这种化合物的原因。

三、确定氧化还原反应进行的程度

氧化还原反应进行的程度,可以用标准平衡常数 $K^{\ominus}$ 值的大小来衡量。如果将氧化还原反应设计成原电池,原电池反应达平衡时,原电池电动势为零,即正极的电极电势与负极的电极电势相等,由此可推导出原电池反应的标准平衡常数与标准电动势之间的关系为:

$$\ln K^{\ominus} = \frac{nFE^{\ominus}_{MF}}{RT}$$ 式(6-4)

298K 时,将 R、F 常数代入并将自然对数换算成常用对数,得:

$$\lg K^{\ominus} = \frac{nE^{\ominus}_{MF}}{0.0592}$$ 式(6-5)

式(6-5)中,n 是氧化还原反应中电子转移数目。$E^{\ominus}_{MF}$ 是原电池的标准电动势。由式(6-5)可知,氧化还原反应的 $K^{\ominus}$ 只与氧化剂和还原剂的本性有关,而与反应物的浓度无关。原电池的 $E^{\ominus}_{MF}$ 越大,电池反应的 $K^{\ominus}$ 越大,正反应进行的越完全。

【思考题6-7】能斯特方程中的 n 与式(6-5)中的 n 有何区别?

【例题6-12】计算下列反应的标准平衡常数,并说明反应进行的程度。

$$Zn + Cu^{2+} \rightleftharpoons Cu + Zn^{2+}$$

解 查表得:

$$正极\ E^{\ominus}(Cu^{2+}/Cu) = 0.3419V$$

$$负极\ E^{\ominus}(Zn^{2+}/Zn) = -0.7618V$$

$$E^{\ominus}_{MF} = E^{\ominus}_{正} - E^{\ominus}_{负} = 0.3419V - (-0.7618V) = 1.1037V$$

$$\lg K^{\ominus} = \frac{nE^{\ominus}_{MF}}{0.0592} = \frac{2 \times 1.1037V}{0.0592V} = 37.29$$

$$K^{\ominus} = 1.95 \times 10^{37}$$

计算结果表明,$K^{\ominus}$ 值很大,说明该反应向右进行得很完全。

需要指出的是,根据标准平衡常数的大小,可以评价反应程度,但不能说明反应进行的快慢,即不能说明反应速率。

第六节　元素电势图

一、元素电势图的表示方法

许多非金属元素和过渡金属元素都可以形成多种氧化值,因此可以组成多种氧化还原电对。例如,Cu 元素常见有 3 种氧化值:0、+1 和 +2,可以组成下列 3 种电对:

$$Cu^{2+} + 2e^- \rightleftharpoons Cu \qquad E^{\ominus} = 0.3419V$$

$$Cu^{2+} + e^- \rightleftharpoons Cu^+ \qquad E^{\ominus} = 0.159V$$

$$Cu^+ + e^- \rightleftharpoons Cu \qquad E^{\ominus} = 0.521V$$

为了能直观地了解和比较同一元素各种氧化值在水溶液中的氧化还原能力,可以将该元素的各种氧化值按从高到低(或从低到高)的顺序排列,两种氧化值之间用直线连接起来,并在直线上标明相应电对的标准电极电势值。如:

$$Cu^{2+} \xrightarrow{0.159} Cu^{+} \xrightarrow{0.521} Cu$$
$$\underset{0.3419}{\underline{\qquad\qquad\qquad}}$$

这种表明元素各种氧化值之间标准电极电势变化的关系图称为元素电势图(element potential diagrams)。按照水溶液酸碱性的不同,元素电势图又可以分为酸性溶液图 $[c(H^+) = 1mol/L]$,用 $E_A^\ominus$ 表示,和碱性溶液图 $[c(OH^-) = 1mol/L]$,用 $E_B^\ominus$ 表示。书写某元素电势图时,既可以将全部氧化值列出,也可以根据需要列出其中的一部分。例如氯元素的电势图为:

$E_A^\ominus/V$:

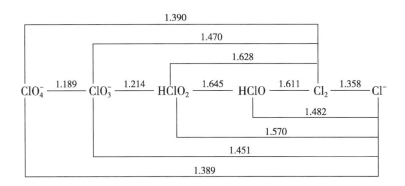

$E_B^\ominus/V$:

$$ClO_4^- \xrightarrow{+0.36} ClO_3^- \xrightarrow{+0.33} ClO_2^- \xrightarrow{+0.66} ClO^- \xrightarrow{+0.42} Cl_2 \xrightarrow{1.3583} Cl^-$$

元素电势图直观地显示了元素在水溶液中氧化还原性质的丰富信息,在无机化学中具有重要的作用。通过元素电势图,不仅可以全面地看出同种元素各氧化值之间的电极电势高低和相互关系,还可以判断某些氧化值物质在酸性或碱性溶液中能否稳定存在。

二、元素电势图的应用

1. 判断某物质能否发生歧化反应   歧化反应就是自身氧化还原反应。当元素处于中间氧化值时,它一部分可以作为氧化剂,被还原;一部分可以作为还原剂,被氧化。即该物质既是氧化剂,又是还原剂。如何判断某物质是否能发生歧化反应呢?

假定某元素不同氧化值的 3 种物质可以组成两个电对,从左至右按其氧化值由高到低排列:

$$A \xrightarrow{E_左^\ominus} B \xrightarrow{E_右^\ominus} C$$
$$\xrightarrow{\text{氧化值降低}}$$

假设 B 能发生歧化反应,则 B $\longrightarrow$ A+C 应该正向自发进行。由于 B 变成 C 氧化值降低,发生还原反应,电对 B/C 为原电池的正极;B 变成 A 氧化值升高,发生氧化反应,电对 A/B 是原电池的负极,所以:

$$E_{MF}^{\ominus} = E^{\ominus}(B/C) - E^{\ominus}(A/B) = E_{右}^{\ominus} - E_{左}^{\ominus} > 0$$

即 $E_{右}^{\ominus} > E_{左}^{\ominus}$ 时,B 可以发生歧化反应。

假如 B 不能发生歧化反应,同理:

$$E_{MF}^{\ominus} = E^{\ominus}(B/C) - E^{\ominus}(A/B) = E_{右}^{\ominus} - E_{左}^{\ominus} < 0$$

即 $E_{右}^{\ominus} < E_{左}^{\ominus}$ 时,B 不能发生歧化反应,A+C $\longrightarrow$ B 可以自发进行。

【例题 6-13】 已知氯元素的电势图为:

$$E_{B}^{\ominus}/V: \ ClO^- \ \xrightarrow{+0.42} \ Cl_2 \ \xrightarrow{+1.3583} \ Cl^-$$

判断 Cl_2 在碱性溶液中是否能够发生歧化反应?

解 因为 $E_{右}^{\ominus} > E_{左}^{\ominus}$,所以在碱性溶液中,$Cl_2$ 不稳定,它将发生下列歧化反应:

$$Cl_2 + 2OH^- \rightleftharpoons ClO^- + Cl^- + H_2O$$

【例题 6-14】 已知 pH=7 时,氧元素的电势图为:

$$O_2 \ \xrightarrow{-0.33V} \ \cdot O_2^- \ \xrightarrow{+0.87V} \ O_2^{2-}$$

试判断此条件下 $\cdot O_2^-$ 是否能够稳定存在?若能发生反应,写出离子方程式。

解 由于 $E_{右}^{\ominus} > E_{左}^{\ominus}$,所以 $\cdot O_2^-$ 在水溶液中会发生歧化反应:

$$2 \cdot O_2^- + 2H^+ \rightleftharpoons H_2O_2 + O_2$$

$\cdot O_2^-$ 是超氧离子自由基,从元素电势图上看,$E_{右}^{\ominus} \gg E_{左}^{\ominus}$,超氧离子自由基歧化趋势很大,它在水溶液中是不稳定的。但在生理 pH 范围(pH=7 左右),$\cdot O_2^-$ 主要还是以游离的形式存在,由于歧化反应在两 $\cdot O_2^-$ 之间发生,而负电荷间的排斥,使两个 $\cdot O_2^-$ 难以接近,所以反应速率不高。但超氧化物歧化酶(superoxide dismutase, SOD;是一种含 Cu 和 Zn 的酶)可以催化这一反应,使这一歧化反应达到极高的速率。

2. 从已知电对的 $E^{\ominus}$ 值求未知电对的 $E^{\ominus}$ 值 利用元素电势图,可由几个相邻电对的已知标准电极电势,求出其他电对的标准电极电势。

假设某元素的电势图:

$$A \xrightarrow[n_1]{E_1^{\ominus}} B \xrightarrow[n_2]{E_2^{\ominus}} C \xrightarrow[n_3]{E_3^{\ominus}} D$$
$$\underbrace{\phantom{A \xrightarrow[n_1]{E_1^{\ominus}} B \xrightarrow[n_2]{E_2^{\ominus}} C \xrightarrow[n_3]{E_3^{\ominus}} D}}_{\substack{E_x^{\ominus} \\ n_1+n_2+n_3}}$$

由热力学方法可推导出下式:

$$E_x^{\ominus} = \frac{n_1 E_1^{\ominus} + n_2 E_2^{\ominus} + n_3 E_3^{\ominus}}{n_1 + n_2 + n_3}$$

若有 i 个相邻电对,则:

$$E_x^{\ominus} = \frac{n_1 E_1^{\ominus} + n_2 E_2^{\ominus} + \cdots\cdots + n_i E_i^{\ominus}}{n_1 + n_2 + \cdots\cdots + n_i} \qquad 式(6\text{-}6)$$

式(6-6)中,n_1、n_2……n_i 分别为相应电对的电子转移数。根据式(6-6),可以由已知电对的 $E^{\ominus}$ 计算出未知电对的 $E^{\ominus}$ 值。

【例题 6-15】 已知锰元素在酸性溶液中的电势图,$E_A^{\ominus}/V$:

$$MnO_4^- \ \xrightarrow{0.558} \ MnO_4^{2-} \ \xrightarrow{2.240} \ MnO_2 \ \xrightarrow{0.907} \ Mn^{3+} \ \xrightarrow{1.541} \ Mn^{2+}$$

（1）试求出 $E^{\ominus}(MnO_4^-/Mn^{2+})$ 和 $E^{\ominus}(MnO_4^-/MnO_2)$。

（2）判断 MnO_4^{2-} 能否发生歧化反应。

解 （1）根据式（6-6）：

$$E^{\ominus}(MnO_4^- / Mn^{2+}) = \frac{0.558V \times 1 + 2.240V \times 2 + 0.907V \times 1 + 1.541V \times 1}{1 + 2 + 1 + 1} = 1.497V$$

$$E^{\ominus}(MnO_4^- / MnO_2) = \frac{0.558V \times 1 + 2.240V \times 2}{1 + 2} = 1.679V$$

（2）因为 $E^{\ominus}(MnO_4^{2-}/MnO_2) > E^{\ominus}(MnO_4^-/MnO_4^{2-})$，所以在酸性溶液中，$MnO_4^{2-}$ 可以发生歧化反应。

本章小结

本章在氧化值、原电池、电极电势等概念的基础上，重点讨论了电极电势的应用，主要内容归纳如下。

1. **基本概念** 元素氧化值（也称为氧化数）是该元素一个原子的表观荷电数，氧化值由物质的化学式出发并按照一定的规则计算得到。元素氧化值有改变的化学反应称为氧化还原反应。氧化值升高的物质称为还原剂，氧化值降低的物质称为氧化剂。

任何一个氧化还原反应都可以分解为两个半反应，在半反应中，同一元素的两种不同氧化值的物质，组成一个氧化还原电对，可表示为"氧化型 / 还原型"。利用氧化还原反应产生电能的装置称为原电池，原电池可以按照一定的规则用符号表示。

电极电势是由于双电层的建立而在电极和溶液之间产生的电势差，电极电势的相对值可通过参比电极求得，标准氢电极是国际统一规定的参比电极。在 298K 下，氢气分压为 100kPa，氢离子浓度为 1mol/L 时的氢电极叫标准氢电极。IUPAC 规定，标准氢电极的电极电势为 0.000 0V。如果组成电极的物质处于热力学标准状态，则该电极称为标准电极。原电池的电动势是正、负极电极电势的差值，用 E_{MF} 表示（$E_{MF} = E_{正} - E_{负}$）。测定标准氢电极与待测标准电极组成原电池的电动势，可得待测电极的标准电极电势。

2. **能斯特方程** 对任一电对：

$$\text{氧化态} + ne^- \rightleftharpoons \text{还原态}$$

电对在任一状态下的电极电势可由能斯特方程求出，常用的能斯特方程为：

$$E = E^{\ominus} + \frac{0.059\,2}{n}\lg\frac{\{\text{氧化态}\}}{\{\text{还原态}\}}$$

影响电极电势的因素：电极的本性，离子的浓度（或气体分压），介质的酸度，温度，离子浓度的改变可通过生成沉淀和配合物来实现。

3. **电极电势的应用**

（1）利用电极电势的大小判断氧化剂和还原剂的相对强弱。

（2）判断氧化还原反应进行的方向：由氧化还原反应组成原电池，若 $E_{MF} > 0$，给定反应正向自发进行；若 $E_{MF} < 0$，给定反应逆向自发进行；若 $E_{MF} = 0$，反应达到平衡状态。

（3）判断氧化还原反应进行的程度：$\lg K^\ominus = \dfrac{n E_{MF}^\ominus}{0.059\,2}$

4. 元素电势图　表明元素各种氧化值之间标准电极电势变化的关系图称为元素电势图。

（1）利用元素电势图判断中间态物质是否能发生歧化反应：若 $E_{右}^\ominus > E_{左}^\ominus$，则中间态可以歧化；若 $E_{右}^\ominus < E_{左}^\ominus$，则中间态不能发生歧化

（2）利用元素电势图从已知电对求未知电对的标准电极电势：

$$E_x^\ominus = \dfrac{n_1 E_1^\ominus + n_2 E_2^\ominus + \cdots\cdots n_i E_i^\ominus}{n_1 + n_2 + \cdots\cdots n_i}$$

拓展阅读

氧化还原反应在生活中的应用

氧化还原反应是一类重要的化学反应。在我们的生活中，处处有氧化还原反应的实例，可以说氧化还原反应是推动整个生物圈的原动力，任何生命的持续过程都少不了它。在工农业生产、科学技术和日常生活中都有广泛的应用。

在生活中我们都有这样的体验，切好的水果放置一段时间会有变色的现象，比如苹果表面会有褐色的斑点，这是因为苹果中含有 Fe^{2+} 和酚类物质，氧气和酚氧化酶将两者氧化，颜色加深。若削皮后浸在冷水里，使其与空气中的氧隔绝，这样酚就不易被氧化为醌。或放在沸水中烫几分钟，使酚氧化酶失去活性，不易将酚催化为醌，这样处理苹果就不会变色。常食用富含维生素 C 的水果、蔬菜会年轻又健康，维生素 C 是氧自由基的克星，是卓越的抗氧化剂，能抑制细胞基本成分的氧化，可以帮助减少自由基对皮肤的伤害，加速自由基消除，减缓皮肤衰老。维生素 C 还能使难以吸收的 Fe^{3+} 还原为 Fe^{2+}，促进 Fe^{2+} 的吸收，使得皮肤红润、健康。还有饮用水的杀菌消毒、用 Cr_2O_3 检验司机酒后驾车等都是依据其中的氧化还原反应。

不纯的金属与电解质溶液接触或者是活泼性不同的两种金属在溶液中，会直接发生氧化还原反应，作为负极的金属失去了电子，被氧化而腐蚀，这种腐蚀叫电化学腐蚀。最常见的电化学腐蚀是钢铁腐蚀，根据钢铁表面的水膜的酸碱性，可发生两种电化学腐蚀：吸氢腐蚀和吸氧腐蚀。根据金属发生电化学腐蚀的特点，金属的防护主要从两方面考虑：一是防止金属与水膜接触，二是使被保护金属与更活泼的金属形成原电池。国外曾报道过，一个人口中有两颗假牙，其中一颗是黄金的，另一颗是不锈钢的。这人经常头痛、夜间失眠、心情烦躁，医生绞尽脑汁，也不见好转……一位年轻的化学家来看望，并提出治疗方法——换掉其中的一颗假牙。这是为什么？由于金和铁是活性不同的两种金属，唾液中含有电解质，故构成原电池，产生微小的电流，使得人有头疼等不适症状，因此必须换掉其中的一颗假牙。

地球上几乎所有生命活动的能源，都是绿色植物通过光合作用储存起来的。这些都离不开氧化还原反应。比如绿色植物通过叶绿体，利用光能，把二化碳和水转化成有机物，储存能量，并且释放出氧气，反应原理：$6H_2O + 6CO_2 \xlongequal{\quad\quad} C_6H_{12}O_6 + 6O_2$。动植物的呼吸作用，通过体内消耗氧和碳水化合物，产生二氧化碳和水，同时释放能量，用来推动身体的各项机能。反应原理：$C_6H_{12}O_6 + 6O_2 \xrightarrow{\quad\quad} 6CO_2 + 6H_2O + 能量$，这些都属于氧化还原反应。

平时居民家中会常备各种洗涤剂、浴液和厕净精等。厕净精是用盐酸兑成的，氯离子的含量较高，而漂白粉中含有次氯酸，如果厕净精与漂白粉合用或漂白粉与含氯类清洁剂合用时就会发生化学反应，产生有毒的氯气，轻度中毒者会感到眼、鼻、喉不舒服，重者还会伤及心肺，当有毒气体在空气中弥漫到一定浓度时甚至会置人于死地。

总之，生活中无处不存在化学反应，特别是氧化还原反应，所以说世界是化学的世界，化学使这个世界更精彩，要用化学知识使生活更加环保，更加健康！

习题

1. 写出下列分子或离子中硫的氧化值：

S_2^{2-}, $S_2O_3^{2-}$, $S_4O_6^{2-}$, S, SO_3, SO_2, SO_4^{2-}

2. 指出下列各氧化还原反应中的氧化剂和还原剂，并用离子-电子法配平。

（1）$H_2O_2 + I^- \longrightarrow I_2 + H_2O$（在酸性介质中）

（2）$Cr^{3+} + S \longrightarrow Cr_2O_7^{2-} + H_2S$（在酸性介质中）

（3）$(NH_4)_2S_2O_8 + FeSO_4 \longrightarrow Fe_2(SO_4)_3 + (NH_4)_2SO_4$（在酸性介质中）

（4）$K_2Cr_2O_7 + Na_2SO_3 + H_2SO_4$（稀）$\longrightarrow Cr_2(SO_4)_3 + Na_2SO_4$

（5）$[Cr(OH)_4]^- + ClO^- + OH^- \longrightarrow CrO_4^{2-} + Cl^-$（在碱性介质中）

3. 解释下列现象：

（1）久置的 $FeSO_4$ 溶液会变色。

（2）实验室可以用浓盐酸制备氯气。

4. 写出下列电池的电池反应，并求电动势，判断该电池反应能否自发进行，计算反应的标准平衡常数。

（1）$(-)Ag \mid Ag^+(0.050mol/L) \parallel Ni^{2+}(0.20mol/L) \mid Ni(+)$

（2）$(-)Pb \mid Pb^{2+}(0.50mol/L) \parallel Cu^{2+}(0.30mol/L) \mid Cu(+)$

5. 铜锌原电池的电池反应式为 $Cu^{2+} + Zn \rightleftharpoons Cu + Zn^{2+}$，已知：$E^{\ominus}(Cu^{2+}/Cu) = 0.3419V$，$E^{\ominus}(Zn^{2+}/Zn) = -0.7618V$。

（1）写出该原电池的符号，并求出原电池的标准电动势。

（2）若 $c(Cu^{2+}) = 0.01mol/L$，$c(Zn^{2+}) = 0.01mol/L$ 时，求电池的电动势。

（3）求反应的标准平衡常数。

6. 已知下列电池的电动势为 0.436V：

$$(-)Cu \mid Cu^{2+}(0.0100mol/L) \parallel Ag^+(c) \mid Ag(+)$$

试写出电池反应式并求出正极溶液中 Ag^+ 的浓度。已知：$E^{\ominus}(Ag^+/Ag) = 0.7996V$，$E^{\ominus}(Cu^{2+}/Cu) = 0.3419V$。

7. 已知：$E^{\ominus}(H_3AsO_4/HAsO_2) = 0.560V$，$E^{\ominus}(I_2/I^-) = 0.5355V$，在 298K 时，若溶液 pH = 7.00，其余各物质的浓度都等于 1.0mol/L，通过计算说明下列反应自发进行的方向。

$$H_3AsO_4 + 2I^- + 2H^+ \rightleftharpoons HAsO_2 + I_2 + 2H_2O$$

8. 已知在酸性介质中，金属 A 的元素电势图：

$$A^{3+} \xrightarrow{-0.434} A^+ \text{——} A$$
$$\underset{-0.338}{\rule{3cm}{0.4pt}}$$

（1）试计算出 $E^{\ominus}(A^+/A)$。

（2）在水溶液中，A^+ 能否发生歧化反应？

（3）已知：$E^{\ominus}(Cl_2/Cl^-)=1.358\,3V$，当金属 A 与 Cl_2 发生反应时，得到的产物是什么？

第六章同步练习

（曹秀莲　黄宏妙）

第七章　原子结构

【学习目标】

掌握：四个量子数的意义、取值规律及其与电子运动状态的关系；鲍林近似能级图；多电子原子基
　　　态原子核外电子排布与价层电子组态；周期表中元素的分区与结构特征。

熟悉：原子轨道、概率、概率密度和电子云的概念；屏蔽效应和钻穿效应的意义；电子组态与元素
　　　性质周期性变化的关系。

了解：核外电子运动的特征；玻尔氢原子结构模型的贡献及不足之处；s、p、d 原子轨道和电子云
　　　的角度分布图；径向分布函数图的意义和特征。

　　化学是从分子、原子层次研究物质的组成、结构、性质及其变化规律的科学。化学反应的本
质是原子间的结合和分离。组成物质的原子种类不同，原子之间的结合方式不同，是物质性质产
生差异的内在原因，即物质的性质归根结底是由其内部的组成和结构决定的。要认识物质的性
质，掌握化学反应的变化规律，了解结构与性质的关系，必须了解物质结构。自然界的物质有的
是由分子组成的（分子晶体或共价化合物），有的是由离子组成的（离子晶体或离子化合物），有的
直接由原子组成（原子晶体）。而分子也是由原子以不同种类、数目、空间结构组成的，离子是带
电荷的原子。因此，研究物质结构的基础就是原子结构的研究。

第一节　原子结构发展的历史回顾

　　人类对原子结构的认识，经历了一个漫长的历史过程。希腊唯物主义哲学家德谟克利特
（Democritus）最早提出了原子的概念，认为万物由不可分割的原子构成，但德谟克利特的原子概
念只是一种哲学思想，对化学的发展没有产生影响。18 世纪末至 19 世纪初，英国科学家道尔顿
（J. Dalton）建立了"近代原子学说"，提出一切元素都是由不可分割、不能消失并具有一定质量的
微粒——原子组成，不同元素的原子具有不同的性质和质量。道尔顿的原子学说用原子的化分
和化合定量地说明了许多化学现象，在当时化学家的心目中，原子是构建物质大厦牢不可破的基
石。直到 19 世纪末，电子和物质放射性相继被发现，才最终动摇了人们关于原子不可再分和不可
改变的信念。

　　首先把导线内流动的电的基本单元称为电子的是英国科学家斯通尼（G. J. Stoney）。可是
电子的存在最终是通过对阴极射线的深入研究才被人们确认的。1858 年，德国的普吕克（J.

Plucker）在研究气体低压放电现象时发现了阴极射线，随后德国的希托夫（J. W. Hittorf）、英国的克鲁克斯（W. Crookes）等人深入研究了阴极射线的性质，发现阴极射线的行为像是带电的粒子流。1897 年，英国剑桥大学的汤姆逊（J. J. Thoson）通过测定阴极射线的荷质比，最终证实阴极射线就是带负电荷的电子流。汤姆逊发现无论何种气体，无论何种材料的阴极，阴极射线发射的带电粒子的荷质比都相同，由此推断电子存在于所有的物质中。目前公认的电子荷质比是 $e/m = 1.758\,819\,6 \times 10^{11} C/kg$。1909 年，美国科学家密立根（R. A. Millikan）用悬浮油滴法测定了电子的电量为 $1.602\,177\,3 \times 10^{-19} C$，从而算出电子的质量 $m_e = 9.109\,390 \times 10^{-31} kg$。电子的发现是 19 世纪末科学界的一个重大历史事件。

　　由于原子是电中性的，因此，除了带负电的电子外，原子内部应该存在带等量电荷数的正电粒子。为了说明原子的结构，1904 年，汤姆逊提出了原子的"布丁葡萄干"模型。原子就像一个体积颇大的带正电球体（类似布丁），一定数量的电子（类似葡萄干）均匀地分散在这个球体中，并与球内的正电荷相中和，因而整个原子呈电中性。1909 年，英国科学家卢瑟福（E. Rutuerford）的同事盖革（H. Geiger）与马斯登（E. Marsden）在研究 α 粒子对金属箔片的穿透能力时，发现有少数 α 粒子以相当尖锐的角度折回。这一事实引起卢瑟福的重视，他认为盖革和马斯登的观察结果跟汤姆逊的原子模型是抵触的。于是卢瑟福提出，原子中心有一个很小的正电荷核心，称为原子核。原子的质量几乎全部集中在原子核上，而数量和核电荷数相等的电子就像行星绕太阳运行那样围绕着原子核，这就是卢瑟福的"原子行星模型"，也称为"有核原子模型"。

　　1913 年，盖革和马斯登通过金箔对 α 粒子散射实验验证了卢瑟福的有核原子模型，实验结果与理论分析惊人地一致，也初步证实了原子核的存在。

　　1919 年，卢瑟福在研究 ^{214}Po 发射的 α 粒子在氮气中的射程时发现了氢原子核，而且用 α 粒子轰击许多原子，都有氢原子核产生，种种事实使卢瑟福确信氢原子核是原子核的组成部分，卢瑟福把带单位正电荷的氢原子核称为质子。1932 年英国物理学家查德维克（J. Chadwick）根据同行们的实验事实发现穿透性很强但不带电荷的中子，并证实其也是组成原子核的粒子之一，从此确立了原子核的质子 - 中子模型。电子、质子、中子的发现以及卢瑟福有核原子模型的建立，正确地说明了原子的组成。即原子是由居于原子中心的原子核和核外电子组成，原子的全部质量几乎都集中在原子核上，而数量和核电荷数相等的电子存在于核外空间。原子核由质子和中子组成，质子带有一个正电荷，中子不带电荷，质量和质子几乎相等。

　　1913 年，丹麦原子物理学家玻尔（N. Bohr）又提出的氢原子"玻尔原子模型"，为建立原子结构的量子力学模型做出了卓越的贡献。

第二节　核外电子运动的特性

　　从 19 世纪末到 20 世纪初，人类通过对气态物质的导电性、放电现象、X 射线的产生和光谱等问题的研究，揭示了原子结构的复杂性，证实了原子是由一个带正电荷的原子核和核外带负电荷的若干电子组成。在一般的化学反应中，原子核不发生变化，只涉及核外电子运动状态的改变。

因此,原子结构的研究主要涉及原子核外电子运动状态的研究。而对于原子核外电子运动规律的认识及原子结构的量子力学模型的确立,是从对核外电子运动特性的研究开始的。

一、核外电子运动的量子化特征

量子化特性和波粒二象性是包括电子在内的微观粒子运动的特性,人们对电子运动量子化特性的认识是从对原子光谱研究开始的。氢原子是最简单的原子,氢光谱也是最简单的原子光谱。

(一)氢原子光谱

实验发现,任何原子被火花、电弧或其他方法激发时,都可获得原子光谱,每种原子都有自己的特征谱线。氢原子光谱是最简单的原子光谱,对其研究也比较详尽。图 7-1 所示的是氢原子光谱的一部分,在可见光区的 5 条谱线波长分别为 656.3nm、486.2nm、434.1nm、410.2nm 和 397.0nm,这一系列谱线称为 Balmer 系谱线。氢原子光谱还有其他谱线,如近红外区有 Paschen 系谱线,在紫外区有 Lyman 系谱线。

当人们试图从理论上阐述原子光谱的现象时,却发现经典电磁理论、卢瑟福的有核原子模型与原子光谱的实验事实发生了冲突。根据经典电动力学,如果电子做绕核运动,必然要连续不断地辐射电磁波而持续放出能量,电子的动能越来越小,其旋转半径也将逐渐变小,电子最终将堕入原子核。在此过程中,随着电子能量的降低,发射出电磁波的频率应该是连续变化的。但是,实际上原子可以稳定存在,氢原子光谱也不是连续光谱,而是线状光谱,即由若干条特征性的不连续的线条组成的光谱。这说明卢瑟福的有核原子模型是不完善的。

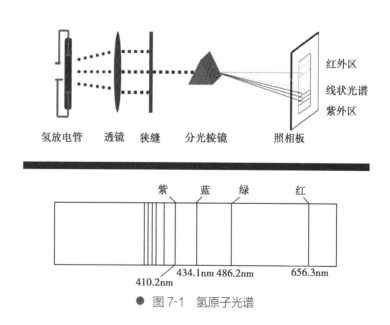

● 图 7-1 氢原子光谱

20 世纪初,包括原子光谱在内的一些物理现象的出现和研究,促使人们开始思索电子等微观粒子的运动与宏观物体的不同。而这一时期理论上的一些突破,也使人们对微观粒子运动特性的认识逐步深入。

（二）量子论和光子学说

1900 年，德国物理学家普朗克（M. Planck）在解释黑体辐射现象时，提出了量子论，并首次提出量子化的概念。普朗克假设，物质是以一个最小单位 ε_0 或最小单位的整数倍吸收或发射辐射能。辐射能的最小单位称为量子（quantum），量子的能量 $\varepsilon_0 = h\nu$，其中 ν 是量子的频率，h 是 Planck 常数，其值是 6.626×10^{-34}J·s。即黑体辐射的能量一定是量子能量 ε_0 的整数倍：$h\nu$, $2h\nu$, $3h\nu$……，是不连续的、分立的。

这种物理量的不连续变化，以某一最小单位或其整数倍做跳跃式增减，称为量子化。

受普朗克能量量子化假设的启发，1905 年，美国物理学家爱因斯坦（A. Einstein）提出了光子学说，成功地解释了光电效应等实验事实。他认为：一束光是由光子（photon）组成，光的能量是不连续的，光能的最小单位称为光子。光子的能量为 $\varepsilon_0 = h\nu$，ν 是光的频率，h 是 Planck 常数。虽然光的频率不同，能量不同，但光的能量只能是光子能量的整数倍，即 $h\nu$, $2h\nu$, $3h\nu$……，也是量子化的。

（三）玻尔原子模型

为了解释氢原子的线状光谱和原子的稳定性，1913 年，丹麦原子物理学家玻尔在牛顿（I. Newton）力学、卢瑟福有核原子模型、普朗克量子论和爱因斯坦光量子学说的基础上，大胆地提出了著名的玻尔原子模型，成功地解释了氢光谱。玻尔原子模型包括以下 3 点假设：

（1）核外电子是在一些具有确定半径和能量的固定轨道上绕核运动，这些固定轨道称为原子的定态。其中能量最低的定态称为基态，其他能量较高的定态称为激发态。电子处于定态时，既不吸收能量也不辐射能量。

（2）电子在不同的轨道上运动时可具有不同的能量。玻尔推算出氢原子中原子轨道的能量由下式决定：

$$E = -R_H \frac{Z^2}{n^2}(J) \qquad (n = 1, 2, 3, 4\cdots\cdots) \qquad 式（7\text{-}1）$$

式（7-1）中，E 为能量，n 为量子数，Z 为核电荷数（对氢原子 $Z = 1$），R_H 是常量，值为 2.18×10^{-18}J（或 13.6eV）。当 $n = 1$ 时，$E = -R_H$，即为氢原子基态的能量；相应于 $n = 2$, 3……诸定态的能量分别为 $-R_H/4$, $-R_H/9$……，即为各激发态的能量。显然，氢原子中电子所处原子轨道的能量只能取某些不连续的数值，即原子轨道的能量是量子化的，因此在原子轨道上运动的电子的能量就是量子化的。图 7-2 给出了氢原子的部分能级。

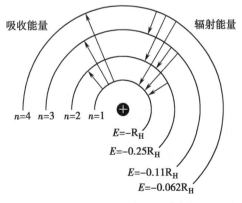

● 图 7-2　Bohr 氢原子能级图

（3）电子从一种定态向另一种定态转变时称为电子的跃迁。只有当电子跃迁时，原子才会以光子的形式吸收或发射电磁波。处于激发态的电子不稳定，可以跃迁回离核较近的低能级轨道上，辐射的能量以光子的形式发射就会产生氢原子光谱，放出光的频率决定于电子跃迁前后轨道的能量差：

$$\Delta E = |E_2 - E_1| = h\nu \qquad\qquad 式（7-2）$$

根据玻尔的假设，在通常条件下，氢原子中的电子在特定的轨道上运动，不会放出能量，也就不会发光。但是，当氢原子受到激发时，核外电子获得能量从基态跃迁到激发态，处于激发态的电子不稳定，又会迅速地回到能量较低的轨道，并以光的形式放出能量，形成氢原子光谱。放出光的频率决定于两个轨道间的能量差，由于原子轨道的能量是量子化的，所以放出光的频率也是不连续的，这就是氢原子线状光谱的成因。

玻尔原子模型引进了能量量子化的观点，成功地解释了氢原子光谱，把原子结构理论推向新的高度，这是玻尔的成功之处，其假设也被后人称为玻尔理论，并由此获得了 1922 年诺贝尔物理学奖。由于当时玻尔还不能完全摆脱经典物理学的束缚，在其假设中，仍然用宏观物体运动的固定轨道来描述原子中电子的运动状态，因而在解释多电子原子光谱甚至是氢原子光谱的精细结构时，遇到了难以克服的困难。因此，要彻底地认识微观世界，必须运用描述微观粒子运动规律的理论——量子力学。量子力学是建立在微观粒子具有波粒二象性基础上的量子理论，波粒二象性是包括电子在内微观粒子运动所具有的另一个特性。

【思考题 7-1】氢原子光谱为什么是线状光谱？谱线的波长和能级间的能量差有何关系？

二、核外电子运动的波粒二象性

人类对微观粒子波粒二象性的认识，受到了对光的本性认识的启发。关于光的本性，17 世纪末有牛顿的微粒说和惠更斯（C. Huygens）的波动说，此番争论一直持续了 200 多年。直到 20 世纪初，爱因斯坦用光子学说解释了光电效应实验，才确认了光的本性，即光具有波粒二象性。

在光的波粒二象性的启发下，1924 年，法国物理学家德布罗意（Louis de Broglie）大胆提出假设：一切实物粒子（静止质量不为零）都具有波粒二象性。同时，他认为，光的波粒二象性的关系式也同样适用于电子等实物粒子：

$$\lambda = \frac{h}{p} = \frac{h}{m\upsilon} \qquad\qquad 式（7-3）$$

式（7-3）称为德布罗意关系式。式中，h 是 Planck 常数，p 是电子的动量，m 是电子的质量，υ 是电子的速度。由此式可以计算电子等微粒的波长。

1927 年，美国物理学家戴维森（C. J. Davisson）和革末（L. H. Germer）的电子晶体衍射实验直接证实了德布罗意的假设，即微观粒子的波粒二象性。

将高速电子流代替 X 射线穿过金属箔（薄层镍的晶体作为衍射光栅），结果在感光胶片上得到一系列明暗交替的同心纹——与 X 射线相类似的衍射图纹，如图 7-3。后来，用质子、中子、原子、分子等粒子流，也同样观察到衍射图像。

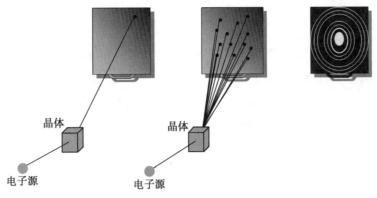

● 图 7-3　电子束通过镍箔的电子衍射图

电子衍射图可以用统计学观点来理解。电子束中的电子都是在同样条件下通过晶体的，如果电子只有粒子性，则每个电子都应到达照相底片上的同一点，不应有衍射环纹。衍射环纹的出现，说明电子具有波动性。对大量电子而言，衍射环纹明亮的地方，是电子出现多的地方，相当于电子波的波峰与波峰叠加，波的强度增加。衍射环纹暗的地方，是电子出现少的地方，相当于电子波的波峰遇上波谷，波的强度减弱。虽然衍射图是电子束即大量电子的行为，但实验证明，单个电子在相同条件下重复极多次通过晶体，也可以获得同样的衍射图。这说明电子衍射不是许多电子间相互影响造成的结果，而是电子本身运动所固有的规律性。

由此可见，电子的波动性是和电子运动的统计性规律联系在一起的。就一个电子而言，每次到达什么地方是无法准确预测的，但重复极多次以后，一定是在衍射强度大的地方电子出现的概率多，在衍射强度小的地方电子出现的概率少。因此电子波是概率波，波强度的大小反映了电子出现的概率的大小。电子波的物理意义与经典的机械波或电磁波不同，后者是介质质点或电磁场的振动在空间的传播，而电子波本身并无类似直观的物理意义，只反映电子出现概率的大小。

需要指出的是，波动性是普遍存在的。微观粒子有波性，宏观物体也有波性。从德布罗意关系式可以看出，物体的质量越大，波长越短。宏观物体的质量较大，波长小到了难以测量，以至于其波动性难以察觉，仅表现粒子性。微观粒子的质量极小，速度快，其德布罗意波长不可忽视，有明显的波动性，兼具波粒二象性。

三、海森伯测不准原理

宏观物体运动时，人们可以同时准确地测定它的位置（坐标）和动量（速度），因此用经典力学规律可预测其运动轨道，这可从现代人类生活中安装有导航系统的汽车、火车、高铁、飞机以及太空中人造卫星轨道准确测定便知。但微观世界具有明显波动性的粒子，与宏观物体具有完全不同的运动特点。1927 年，德国物理学家海森伯（ W. Heisenberg ）从测量的角度出发，提出了著名的测不准原理，测不准原理用以下关系式表示：

$$\Delta x \Delta p_x \geqslant \frac{h}{4\pi} \qquad \text{式（ 7-4 ）}$$

或 $$\Delta x \Delta \upsilon \geqslant \frac{h}{4\pi m}$$ 式（7-5）

式（7-5）中，Δx 为粒子在 x 方向上位置的测量误差，Δp_x 为粒子的动量在 x 轴方向的测量误差，$\Delta \upsilon$ 为粒子速度的测量误差，h 为 Planck 常数。

测不准原理指出，如果微观粒子的空间位置（即 Δx）测量得愈准确，其动量（或速度）的不确定性（即 Δp_x 或 $\Delta \upsilon$）就愈大。反之，如果微观粒子的动量（或速度）测量得愈准确，则其空间位置的不确定性就愈大。因此，不可能同时准确地确定微观粒子的空间位置和运动速度。

【例题 7-1】电子质量为 9.1×10^{-31}kg，原子的半径为 $10^{-11} \sim 10^{-10}$m。如果电子的位置测量误差 Δx 要求至少要小于 10^{-11}m 才有意义，试计算此时速度的误差 $\Delta \upsilon$。

解 根据海森伯测不准关系式：

$$\Delta \upsilon \geqslant \frac{h}{4\pi m \Delta x} = \frac{6.626 \times 10^{-34} \text{J} \cdot \text{s}}{4\pi \times 9.1 \times 10^{-31} \text{ kg} \times 10^{-11} \text{m}} = \frac{6.626 \times 10^{-34} (\text{kg} \cdot \text{m}^2/\text{s}^2) \cdot \text{s}}{4\pi \times 9.1 \times 10^{-31} \text{ kg} \times 10^{-11} \text{m}}$$

$$= 5.8 \times 10^{-6} \text{m/s}$$

即速度的测量误差一定大于 5.8×10^6m/s。显然，速度误差已经接近电子的运动速度。

测不准原理告诉我们，由于不能同时准确地测定微观粒子的坐标和动量，因此，电子等微观粒子的运动并不存在像宏观物体那种确定的轨道。由此可见，微观粒子的运动规律与宏观物体截然不同，因此不能用经典的牛顿力学理论来处理微观粒子的运动。如前所述，微粒的波是具有统计意义的概率波，虽然不能同时准确地测定其位置和速度，但是对其在核外空间出现的概率可以用统计的方法作出概率性描述，这也是量子力学处理微观粒子的方法。

第三节　氢原子结构的量子力学模型

一、薛定谔方程

1926 年，奥地利物理学家薛定谔（E. Schrödinger）提出了描述电子等微观粒子运动规律的波动方程，即著名的薛定谔方程：

$$\frac{\partial^2 \psi}{\partial \chi^2} + \frac{\partial^2 \psi}{\partial y^2} + \frac{\partial^2 \psi}{\partial z^2} + \frac{8\pi^2 m}{h^2}(E-V)\psi = 0$$ 式（7-6）

式（7-6）表明，对于一个质量为 m，在三维空间（x、y、z）运动的电子来说，当其处于势能为 V 的力场时，其每一个运动状态可以用满足这个方程合理解的波函数 ψ（wave function）来描述，与每一个 ψ 相对应的常数 E 就是电子处于该定态时的总能量。

二、波函数的物理意义

薛定谔方程是二阶偏微分方程，求解方程是一个复杂的数学过程，涉及较深的数理知识，不在无机化学的研究范畴，本课程仅讨论薛定谔方程的解。由于核外电子运动的复杂性，目前能够精确求解的只是氢原子和类氢离子体系(只含有一个电子的离子,如 He^+),即单电子体系。氢原子核外仅有一个电子,电子在核外运动时的势能,只决定于核对其的吸引,用薛定谔方程可以对其精确求解。

为了方便求解方程,通常把直角坐标表示的 $\psi(x,y,z)$ 变换成球坐标表示的 $\psi(r,\theta,\varphi)$。r 为 P 点与原点的距离,θ、φ 分别为方位角,如图7-4。

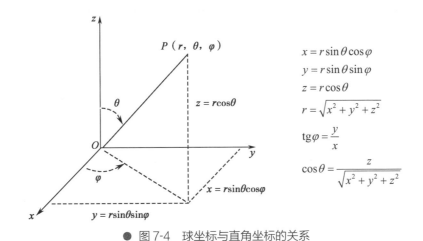

$$x = r\sin\theta\cos\varphi$$
$$y = r\sin\theta\sin\varphi$$
$$z = r\cos\theta$$
$$r = \sqrt{x^2 + y^2 + z^2}$$
$$\text{tg}\varphi = \frac{y}{x}$$
$$\cos\theta = \frac{z}{\sqrt{x^2 + y^2 + z^2}}$$

● 图7-4 球坐标与直角坐标的关系

以球坐标表示的氢原子的薛定谔方程为:

$$\frac{1}{r^2}\frac{\partial}{\partial r}\left(r^2\frac{\partial\psi}{\partial r}\right) + \frac{1}{r^2\sin\theta}\frac{\partial}{\partial\theta}\left(\sin\theta\frac{\partial\psi}{\partial\theta}\right) + \frac{1}{r^2\sin^2\theta}\frac{\partial^2\psi}{\partial\varphi^2} + \frac{8\pi^2 m}{h^2}\left(E + \frac{e^2}{4\pi r}\right)\psi = 0 \qquad \text{式}(7\text{-}7)$$

薛定谔方程可以有很多个数学解,但从物理意义上讲,这些数学解并不都是合理的。为了得到合理的、代表电子运动状态的解,要求一些物理量必须是量子化的,从而需要引入3个参数:n、l、m。这3个参数的取值是不连续的,即量子化的,所以 n、l、m 称为量子数(quantum number)。解薛定谔方程,就是解出对应一组量子数 n、l、m 的波函数 $\psi_{n,l,m}(r,\theta,\varphi)$ 及相应的能量,即每一个 ψ 对应一个能量值 E,代表电子的一种运动状态。氢原子的部分波函数 $\psi_{n,l,m}(r,\theta,\varphi)$ 列于表7-1。

表7-1 氢原子的部分波函数 $\psi_{n,l,m}(r,\theta,\varphi)$ 及其相应能量

轨道	$\psi_{n,l,m}(r,\theta,\varphi)$	$R_{n,l}(r)$	$Y_{l,m}(\theta,\varphi)$
1s	$\sqrt{\dfrac{1}{\pi a_0^3}}e^{-r/a_0}$	$2\sqrt{\dfrac{1}{a_0^3}}e^{-r/a_0}$	$\sqrt{\dfrac{1}{4\pi}}$
2s	$\dfrac{1}{4}\sqrt{\dfrac{1}{2\pi a_0^3}}\left(2-\dfrac{r}{a_0}\right)e^{-r/2a_0}$	$\sqrt{\dfrac{1}{8\pi a_0^3}}\left(2-\dfrac{r}{a_0}\right)e^{-r/2a_0}$	$\sqrt{\dfrac{1}{4\pi}}$
$2p_z$	$\dfrac{1}{4}\sqrt{\dfrac{1}{2\pi a_0^3}}\left(\dfrac{r}{a_0}\right)e^{-r/2a_0\cos\theta}$	$\sqrt{\dfrac{1}{24 a_0^3}}\left(\dfrac{r}{a_0}\right)e^{-r/2a_0}$	$\sqrt{\dfrac{3}{4\pi}}\cos\theta$
$2p_x$	$\dfrac{1}{4}\sqrt{\dfrac{1}{2\pi a_0^3}}\left(\dfrac{r}{a_0}\right)e^{-r/2a_0\sin\theta\cos\varphi}$	$\sqrt{\dfrac{1}{24 a_0^3}}\left(\dfrac{r}{a_0}\right)e^{-r/2a_0}$	$\sqrt{\dfrac{3}{4\pi}}\sin\theta\cos\varphi$
$2p_y$	$\dfrac{1}{4}\sqrt{\dfrac{1}{2\pi a_0^3}}\left(\dfrac{r}{a_0}\right)e^{-r/2a_0\sin\theta\sin\varphi}$	$\sqrt{\dfrac{1}{24 a_0^3}}\left(\dfrac{r}{a_0}\right)e^{-r/2a_0}$	$\sqrt{\dfrac{3}{4\pi}}\sin\theta\sin\varphi$
……	……	……	……

求解薛定谔方程得出的波函数ψ是代表电子运动状态的数学函数，ψ有确切的数学含义，但没有直接的物理意义。波函数的物理意义是通过$|\psi|^2$来体现的。

在经典物理学中，也常常用函数来描述物质的运动，例如经典物理学中常用函数$U(x,y,z,t)$来描述电磁波。$U(x,y,z,t)$代表t时刻坐标点(x,y,z)的电场强度，而U^2则表示t时刻该点电磁波的强度。类比$U(x,y,z,t)$，U^2代表空间某点电磁波的强度，则$|\psi|^2$代表空间某点电子波的强度。由于电子波是概率波，即$|\psi|^2$与空间某点电子出现的概率密度成正比。因此，$|\psi|^2$代表空间某点电子出现的概率密度。在原子结构的范畴内，概率密度（probability density）表示电子在某点周围微单位体积内出现的概率。

三、波函数与原子轨道

薛定谔方程的解ψ是描述电子运动状态的函数，称为波函数，其绝对值的平方代表概率密度。如果已知波函数ψ的具体形式，可以求出概率密度，则可以通过了解电子在核外某空间体积出现的概率而进一步了解电子活动的主要范围，好似经典力学中掌握了物质运动的轨道一样。因此，量子力学沿用经典物理学中轨道的名称，将波函数俗称为原子轨道（atomic orbital）。

尽管波函数ψ与"原子轨道"是同义语，但量子力学中的原子轨道与玻尔原子模型中轨道的含义完全不同，有着本质意义的区别。波函数ψ是量子力学中描述核外电子运动状态的数学函数，一个确定的波函数代表电子的一种可能的运动状态，不是指电子运行的轨迹。一般把电子出现概率在99%的空间区域的界面作为原子轨道的大小。

四、四个量子数

解薛定谔方程时，为了使得到的解合理，引入三个量子数：n、l、m。一组量子数n、l、m决定一个波函数$\psi_{n,l,m}(r,\theta,\varphi)$的具体形式，代表电子的一种运动状态。值得注意的是，量子数n、l、m并不是人为的假定，是解薛定谔方程的过程中自然得到的，而玻尔理论的量子数n是假定的。超精细原子光谱实验表明，还需要一个量子数m_s来描述电子的自旋运动特征。因此，完整地描述一个电子的空间运动状态一般需要四个量子数n、l、m、m_s。这四个量子数只能按一定规则取值，决定着电子及其所在原子轨道的量子化情况及电子的空间运动状态。

（一）主量子数

主量子数（principal quantum number）用符号n表示，可以取任意正整数值，即1，2，3……。在光谱学中也常分别用大写英文字母K，L，M……表示。主量子数n决定原子轨道的大小，表示电子在核外空间出现概率最大的区域离核的平均距离，也是决定轨道能量的主要因素。在其他条件相同时，n越大，表示电子在核外空间出现概率最大的区域离核越远，能量越高。$n=1$时，能量最低。

氢原子或类氢离子核外只有一个电子,能量仅由 n 决定,即:

$$E = -2.18 \times 10^{-18} \times \frac{Z^2}{n^2} (J)$$

式(7-8)

式(7-8)中,E 表示轨道能量,SI 单位为 J;Z 为核电荷数,n 表示主量子数。

在同一原子中,n 相同的电子,几乎是在距核平均距离相近的空间范围内运动,被称为一"层"(shell),n 也叫电子层。

(二)角量子数

角量子数(angular quantum number)用符号 l 表示,表示原子轨道的形状,在多电子原子中是决定轨道能量的次要因素。l 的取值受主量子数 n 的限制,取 $0, 1, 2, 3 \cdots (n-1)$,共 n 个值,可给出 n 种不同形状的轨道。按光谱学习惯,用英文小写字母 s,p,d,f,g……依次表示 l。

在多电子原子中,由于存在电子间的静电排斥,原子轨道能量还与角量子数 l 有关。n 相同时,l 具有不同的取值,表示同一个电子层中有不同状态的分层,故 l 又称为电子亚层(subshell 或 sublevel)。各电子层中亚层的数目随着 n 值的增加而增加。如当 $n=1$ 时,表示第一电子层或 K 电子层,l 值可以取 0,则 K 层只有 s 亚层;当 $n=2$ 时,l 值可以取 0、1,则第二电子层或 L 电子层有 2s、2p 两个亚层,相应的电子称为 2s 和 2p 电子。当 $n=3$ 时,l 值可以取 0、1、2,则第三电子层或 M 电子层有 3s、3p、3d 三个亚层,相应的电子称为 3s、3p 和 3d 电子。依次类推。

不同的 l 值对应不同的轨道形状。如 $l=0$ 的轨道,即 s 轨道,形状为球形对称;$l=1$ 的轨道,是 p 轨道,形状为无柄哑铃型;$l=2$ 的轨道,是 d 轨道,形状是花瓣形的,f、g 轨道形状比较复杂。关于原子轨道的图像详见本章第四节。

(三)磁量子数

磁量子数(magnetic quantum number)用 m 表示,决定原子轨道的空间取向(或空间伸展方向)。m 取值受 l 的限制,取 $0, \pm1, \pm2 \cdots \pm l$,共 $2l+1$ 个值。即表示 l 亚层共有 $2l+1$ 个不同空间伸展方向的原子轨道。例如 $l=1$ 时,m 可以取 0、±1,表示 p 亚层有三种空间取向的 p 轨道。由于轨道能量由量子数 n、l 决定,与磁量子数无关,故这三个不同空间取向的 p 轨道能量相等,被称为简并轨道或等价轨道(equivalent orbital)。

3 个量子数 n、l、m 的组合规律见表 7-2。当 $n=1$ 时,l 和 m 只能取 0,说明 K 电子层只有一个能级,量子数组合为 $(1, 0, 0)$,代表轨道 $\psi_{1,0,0}$,该轨道用符号 1s 表示。当 $n=2$ 时,l 可以取 0 和 1,所以 L 电子层有两个能级。当 $l=0$ 时,m 只能取 0,量子数组合为 $(2, 0, 0)$,代表轨道 $\psi_{2,0,0}$,该轨道用符号 2s 表示。而当 $l=1$ 时,m 可以取 0、±1,量子数组合分别为 $(2, 1, 0)$、$(2, 1, 1)$ 和 $(2, 1, -1)$,代表 $\psi_{2,1,0}$、$\psi_{2,1,1}$ 和 $\psi_{2,1,-1}$ 三个轨道,分别用符号 $2p_z$、$2p_x$ 和 $2p_y$ 表示。L 电子层共有 4 个轨道,由此类推,每个电子层的轨道总数应为 n^2。

表 7-2　量子数组合和轨道数

主量子数 n	角量子数 l	磁量子数 m	波函数	各电子层的轨道数 n^2
1	0	0	ψ_{1s}	1
2	0	0	ψ_{2s}	4
	1	0	ψ_{2p_z}	
		±1	ψ_{2p_x}, ψ_{2p_y}	
3	0	0	ψ_{3s}	9
	1	0	ψ_{3p_z}	
		±1	ψ_{3p_x}, ψ_{3p_y}	
	2	0	$\psi_{3d_{z^2}}$	
		±1	$\psi_{3d_{xz}}$, $\psi_{3d_{yz}}$	
		±2	$\psi_{3d_{x^2-y^2}}$, $\psi_{3d_{xy}}$	

（四）自旋量子数

自旋量子数不是解薛定谔方程引进的。在使用分辨率极强的分光镜研究氢原子光谱的精细结构时发现,每一条谱线又分裂为几条波长相差无几的谱线。例如,当电子由 2p 轨道跃迁至 1s 轨道时,得到的是靠的很近的两条谱线。这一现象不但无法用玻尔理论解释,也无法用 n、l、m 三个量子数进行解释。因为 2p 和 1s 都只有一个能级,这种跃迁只能产生一条谱线。

1925 年荷兰物理学家乌仑贝克(G. Uhlenbeck)和哥希密特(S. Goldchmidt)提出了电子自旋的假设,认为电子除了围绕核旋转外,还有自身的旋转运动,具有自旋角动量。电子自旋角动量的大小由自旋量子数(spin quantum number)m_s 决定。m_s 的取值只有 2 个,即 $m_s = \pm\dfrac{1}{2}$。因此,电子的自旋方式只有 2 种,用符号"↑"和"↓"表示。当 2 个电子自旋方向相同时,称为自旋平行,用符号"↑↑"或"↓↓"表示;反之,称为自旋反平行,用符号"↑↓"或"↓↑"表示。

综上所述,原子中每个电子的运动状态可以用 n、l、m、m_s 四个量子数来描述。其中量子数 n、l、m 决定波函数 $\psi_{n,l,m}$ 的具体形式,自旋量子数 m_s 描述电子的自旋运动状态。

【例题 7-2】已知基态 Na 原子的 1 个价电子处于最外层的 3s 轨道,试用 n、l、m、m_s 四个量子数的组合来描述该电子的运动状态。

解　最外层 3s 轨道 $n=3$、$l=0$、$m=0$。该电子的运动状态可表示为 $3, 0, 0, +\dfrac{1}{2}$ 或 $3, 0, 0, -\dfrac{1}{2}$。

【思考题 7-2】用哪些量子数才能确定电子层或轨道?

第四节　波函数的图像表示

绘制波函数的图形对解释电子在原子核外空间的概率分布有直观的效果,并有助于理解分子结构中共价键的方向性和配合物的几何结构。由氢原子薛定谔方程精确求解所得到的波

函数 $\psi_{n,l,m}(r,\theta,\varphi)$ 是空间坐标 r,θ,φ 三个自变量的函数，要画出 ψ 和 r,θ,φ 关系的图像比较困难。

由于 ψ 是 r,θ,φ 的函数，而 r,θ,φ 又是彼此独立的三个变量，因此可以将 ψ 看作是分别由三个变量形成的函数 $R(r)$、$\Theta(\theta)$、$\Phi(\varphi)$ 组成。即：

$$\psi(r,\theta,\varphi)=R(r)\Theta(\theta)\Phi(\varphi) \qquad\qquad 式(7\text{-}9)$$

式(7-9)中，$R(r)$ 称为径向波函数(radial wave function)，$R(r)$ 是电子离核距离 r 的函数，与 n 和 l 两个量子数有关。$\Theta(\theta)$ 和 $\Phi(\varphi)$ 与角度有关，若将 θ 和 φ 合并，也可以写成一个新的函数 $Y(\theta,\varphi)$，称为角度波函数(angular wave function)，$Y(\theta,\varphi)$ 是方位角 θ 和 φ 的函数，与 l 和 m 两个量子数有关，体现原子轨道在核外空间的形状和取向，于是有：

$$\psi(r,\theta,\varphi)=R(r)\cdot Y(\theta,\varphi) \qquad\qquad 式(7\text{-}10)$$

因此，将 $\psi_{n,l,m}(r,\theta,\varphi)$ 分离成径向波函数 $R_{n,l}(r)$ 和角度波函数 $Y_{l,m}(\theta,\varphi)$，对这两个函数分别作图，可以从波函数(原子轨道)的径向和角度两个侧面观察电子的运动状态。表 7-1 列出了 K 层和 L 层氢原子轨道的径向波函数、角度波函数。

一、原子轨道角度分布图

原子轨道角度分布图是用原子轨道(波函数)的角度波函数 $Y_{l,m}(\theta,\varphi)$ 作图。

在球坐标内描绘角度分布图时，首先要建立一个三维直角坐标系，将原子核放在原点。从原点向每一个方向 (θ,φ) 上引一线段，使其长度等于 $|Y|$ 值，然后连接各线段的端点，便成一个空间曲面，标上"＋""－"号，就得到原子轨道的角度分布图。反映 $Y_{l,m}(\theta,\varphi)$ 值随方位角 (θ,φ) 改变而变化的情况，并不代表电子离核的距离，与 r 的变化无关。只要 l、m 相同，即使 n 不同的轨道，Y 函数角度分布图一致。

s 原子轨道
（动画）

1. s 轨道角度分布图　s 轨道角度波函数与方位角 θ,φ 无关。在各方向 (θ,φ) 上离核距离相等的点在空间连成一个球面，球面上各点 Y 值相等，图上标有"＋"号，表示 Y 值的符号。图 7-5(a)显示 s 轨道剖面图，图 7-5(b)所示为其立体图形，图 7-5(c)是 s 电子云的角度分布图。

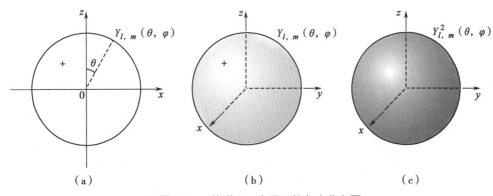

● 图 7-5　s 轨道和 s 电子云的角度分布图

2. p 轨道角度分布图　p 轨道角度波函数值与方位角有关。以 p_z 轨道为例，$Y_{p_z} = \sqrt{\dfrac{3}{4\pi}}\cos\theta$，$Y_{p_z}$ 值随 θ 变化见表7-3。

表7-3　Y_{p_z} 值随 θ 变化值

θ	$0°$	$30°$	$60°$	$90°$	$120°$	$150°$	$180°$
$\cos\theta$	1	0.866	0.5	0	-0.5	-0.866	-1
Y_{p_z}	0.489	0.423	0.244	0	-0.244	-0.423	-0.489

从原点向每一个方向 (θ, φ) 上引一线段，使其长度等于 $|Y_{p_z}|$ 值，然后连接各线段的端点，得到一双波瓣的图形，每一波瓣形成一个球体，图7-6为其剖面图。波瓣沿 z 轴方向伸展。在 xy 平面上方 $Y_{p_z} > 0$，标"+"号，下方 $Y_{p_z} < 0$，标"−"号。两波瓣相对 xy 平面反对称。在 xy 平面上 Y 函数值为零，这个平面称为节面（nodal plane）。

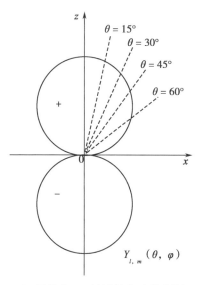

p_z 原子轨道
（动画）

● 图7-6　p_z 轨道的角度分布图

p 轨道的角量子数 $l = 1$，磁量子数 m 可取 $0, +1, -1$ 三个值，表明 p 轨道在空间有三个伸展方向。$m = 0$ 的 p_z 轨道沿 z 轴方向伸展。$m = \pm 1$ 时，可组合得到 p_x 和 p_y 轨道，其角度分布图形状和 p_z 轨道相同，但两轨道分别沿 x 轴和 y 轴方向上伸展。图7-7是3个 p 轨道的角度分布图。

p_x 原子轨道
（动画）

p_y 原子轨道
（动画）

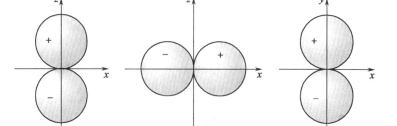

● 图7-7　p 轨道的角度分布图

3．d轨道角度分布图　如图7-8。这些图形有四个橄榄形波瓣,各有两个节面。d_{xy}、d_{xz} 和 d_{yz} 的波瓣沿坐标轴夹角45°方向伸展,包含坐标轴的平面(如 xz 面、yz 面、xy 面)为其节面。$d_{x^2-y^2}$ 分别沿 x 轴和 y 轴方向伸展,在坐标轴夹角45°方向有其节面。d_{z^2} 的图形看起来很特殊,其形状犹如上下两个"气球"嵌在中间的一个"轮胎"之中,在 $\theta = 54°44'$ 及 $\theta = 125°16'$ 方向上分别有两个节面。

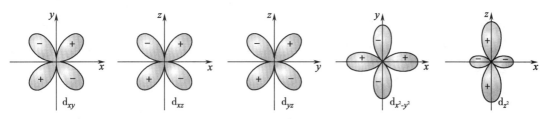

● 图7-8　d轨道的角度分布图

注意,除s轨道外,p、d原子轨道角度分布图都有正、负之分,图中标出的"+""−"号代表角度波函数 $Y(\theta, \varphi)$ 值在不同区域内函数值的正负,并非正、负电荷。原子轨道角度分布图的正、负号在讨论化学键形成时非常重要。

二、概率密度与电子云

波函数 ψ 描述电子在原子核外的运动状态,其绝对值的平方 $|\psi|^2$ 表示电子出现的概率密度,即电子在核外空间某处微单位体积内出现的概率。电子在核外空间的概率密度可以用小黑点的疏密来形象化地表示,小黑点密集的地方是概率密度大的地方,小黑点稀疏的地方是概率密度小的地方。这种密密麻麻的小黑点就像带负电荷的云雾笼罩在原子核周围,形象地称为电子云（electron cloud）。这种小黑点图就称为电子云图,通过电子云图可以直观、形象地表示电子的概率密度分布。图7-9（a）是氢原子的1s电子云示意图。将氢原子1s电子云图中概率密度相等的各点连起来组成的曲面,称为等概率密度面,如图7-9（b）。氢原子1s电子云的等概率密度面是一系列同心球面,在半径相等的同一个等概率密度面上的 $|\psi|^2$ 值相等。电子出现的概率为99%的等概率密度面,称为电子云的界面图,如图7-9（c）。

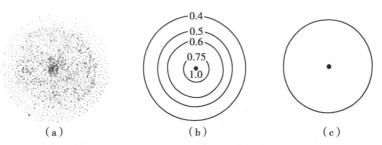

（a）　　　　（b）　　　　（c）

● 图7-9　氢原子1s电子云图,等概率密度面,界面图

综上所述,电子云是概率密度用小黑点的形象化表示,一般也可直接将概率密度称为电子云。

三、电子云角度分布图

概率密度与波函数一样,也可以分解为两个函数的乘积:

$$\psi^2_{n,l,m}(r,\theta,\varphi) = R^2_{n,l}(r) Y^2_{l,m}(\theta,\varphi) \qquad \text{式}(7\text{-}11)$$

式中 $R^2_{n,l}(r)$ 称为概率密度的径向部分,$Y^2_{l,m}(\theta,\varphi)$ 称为概率密度的角度部分,以 $Y^2_{l,m}(\theta,\varphi)$ 作图得到的图形称为电子云的角度分布图。

图 7-5(c)、图 7-10 和图 7-11 分别是 s、p、d 电子云的角度分布图。电子云图形与原子轨道相比,相对较瘦且没有"+""−"号。

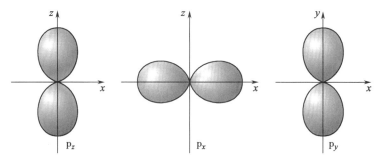

● 图 7-10　p 电子云角度分布图

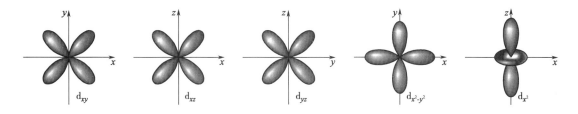

● 图 7-11　d 电子云角度分布图

【思考题 7-3】如何理解"s 轨道是球形对称的"这句话? 为什么说 p 轨道有方向性? d 轨道是否有方向性?

原子轨道和电子云的
空间图形(微课)

四、径向分布函数图

要进一步了解电子经常在离核多远的区域内运动,就是要了解电子在核外空间各个区域内出现概率的大小,还需定义径向分布函数,绘制径向分布函数图。

如果将核外空间分成无数个以原子核为圆心,半径为 r、厚度为 dr 的薄球壳,对于这个薄球壳来说(图 7-12),由于以 r 为半径的球面的表面积为 $4\pi r^2$,则薄球壳的体积为 $4\pi r^2 dr$。故电子在这个薄球壳中出现的概率为 $4\pi r^2|\psi|^2 dr$。将 $4\pi r^2|\psi|^2 dr$ 除以厚度 dr,则电子在单位厚度的薄球壳中出现的概率为

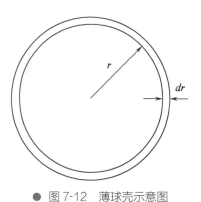

● 图 7-12　薄球壳示意图

$4\pi r^2|\psi|^2$。如果只考虑概率的径向部分,则单位厚度球壳中电子出现的概率为$4\pi r^2 R_{n,l}^2(r)$。

若令 $$D(r)=4\pi r^2 R_{n,l}^2(r)$$ 式(7-12)

并将$D(r)$定义为径向分布函数(radial distribution function),则$D(r)$表示电子在离核半径为r、单位厚度球壳内出现的概率。

以$D(r)$-r作图,得到的图形称为径向分布函数图。图7-13是K、L、M层原子轨道的径向分布函数图,径向分布函数反映了离核不同r处电子出现的概率大小。

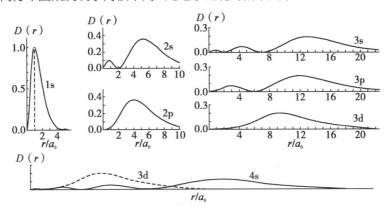

● 图7-13　氢原子K、L、M层原子轨道的径向分布函数图

从图7-13中可以看出:

(1)在氢原子1s轨道径向分布函数图中,$r=52.9\text{pm}$处出现一个峰,表明电子在该点附近单位厚度球壳内出现的概率最大,这个离核位置与运用玻尔理论计算得到$n=1$层的玻尔半径$a_0=52.9\text{pm}$相吻合,但两者含义截然不同。从量子力学观点看,1s电子既可以在核附近出现,又可以在离核较远处出现,而1s电子最常出现在距核为52.9pm的区域,玻尔半径不过是基态氢原子电子出现概率最大处离核的距离。

(2)当n、l确定后,径向分布函数$D(r)$应有$(n-l)$个峰。每一个峰表示离核r处,电子出现概率的一个极大值,主峰表示电子出现在该r处概率的最大值。

(3)对于l相同,n不同的状态,n越大时,主峰离核越远。从径向分布函数的意义可见,核外电子是分层排布的。

(4)n相同,l不同时,l越小,峰越多,而且其第一个峰离核越近,或者说第一个峰钻得越深,这种现象叫轨道的"钻穿"。n相同,l不同时电子的钻穿能力顺序为:

$$n\text{s} > n\text{p} > n\text{d} > n\text{f} > \cdots\cdots$$

(5)在多电子原子中,原子轨道的n和l都不相同时,情况复杂一些,例如,4s的第一个峰甚至钻到比3d的主峰离核更近的距离之内去了。即钻穿能力4s>3d。

第五节　核外电子排布和元素周期系

一、单电子体系的能级

在氢原子和类氢离子等单电子体系中,核外仅有一个电子,电子在核外运动的势能,只决定于核的吸引作用,用薛定谔方程可以对其精确求解。单电子体系的薛定谔方程给出的能量与玻尔原子模型的计算结果一致,即可由式(7-1)计算:

$$E = -2.18 \times 10^{-18} \times \frac{Z^2}{n^2} (\mathrm{J})$$

可见,单电子体系电子运动状态的能量仅由主量子数 n 决定,主量子数 n 相同的轨道有相同的能量。所以,对氢原子有: $E_{ns} = E_{np} = E_{nd} = E_{nf} = \cdots\cdots$。

二、多电子原子体系的能级

对多电子原子来说,既要考虑原子核与众多电子之间的吸引作用,又要考虑这些电子间的排斥作用,而且电子的位置瞬息在变,故多电子原子的薛定谔方程难以建立,无法通过精确求解来确定原子轨道的能级。因此,可采用一种近似方法——中心力场近似模型,来处理多电子原子体系,从而确定多电子原子中原子轨道的能级。

(一)中心力场近似模型

中心力场近似模型是一种对于含 N 个电子的多电子原子体系的近似处理办法,即:当考察其中一个电子的运动时,把原子核对其库仑吸引以及其他($N-1$)个电子对其库仑排斥,笼统地看成是一个处在原子中心的正电荷 Z' 对它的库仑吸引,将单电子原子薛定谔方程中的 Z 用 Z' 代替,多电子原子体系就可以近似地处理成单电子原子体系。这样一来,单电子原子的全部结果,只要略做修正,都可以适用于多电子原子。处理得到的结果与单电子原子相似,如原子轨道的形状和分布与单电子原子大致相同,但原子轨道的能级却发生了变化。

(二)屏蔽效应

按照中心力场近似模型,在多电子原子中,其他电子对某电子 i 的排斥作用,相当于这些电子削弱了原子核对电子 i 的吸引力,即抵消了一部分核电荷的吸引作用,这种作用称为屏蔽效应(screening effect)。如果用屏蔽常数 σ(screening constant)表示被抵消掉的这部分核电荷,则原子核吸引电子 i 的实际核电荷称为有效核电荷(effective nuclear charge),以 Z' 表示,显然:

$$Z' = Z - \sigma \qquad\qquad 式(7-13)$$

以 Z' 代替 Z,则可以通过下式近似计算多电子原子体系中电子 i 的能量,即:

$$E = -2.18 \times 10^{-18} \times \frac{(Z')^2}{n^2} (\mathrm{J}) = -2.18 \times 10^{-18} \times \frac{(Z-\sigma)^2}{n^2} (\mathrm{J}) \qquad 式(7-14)$$

由式(7-14)可知,多电子原子中电子的能量与 n、Z、σ 有关。n 越小或 Z 越大,能量越低。而 σ 越大,电子受到的屏蔽作用越强,能量越高,即屏蔽效应使电子能量升高。

一般来说,内层电子对外层电子的屏蔽效应较强,同层电子间屏蔽效应较弱,外层电子对内层电子没有屏蔽作用(有关屏蔽常数的定量计算请参阅本章拓展阅读材料)。

（三）钻穿效应

由图 7-13 电子的径向分布函数图可知，n 相同，l 不同时，l 越小的轨道，峰越多，第一个峰离核越近，规避了其他电子的屏蔽作用，受到其他电子的屏蔽作用减弱，有效核电荷增大，能量越低，这种作用称为钻穿效应（penetration effect）。钻穿效应使轨道的能量降低。

对 n 相同而 l 不同的轨道，电子的钻穿能力、内层电子对它们的屏蔽作用（以屏蔽常数 σ 表示）以及轨道能量递变顺序分别为：

钻穿能力：ns 轨道 $> np$ 轨道 $> nd$ 轨道 $> nf$ 轨道 $> \cdots\cdots$

屏蔽常数：$\sigma_{ns} < \sigma_{np} < \sigma_{nd} < \sigma_{nf} < \cdots\cdots$

轨道能量：$E_{ns} < E_{np} < E_{nd} < E_{nf} < \cdots\cdots$

当 l 相同，n 不同的轨道，n 越大，内层电子越多，受到的屏蔽作用越大，轨道的能量越高。

即有：

$$E_{1s} < E_{2s} < E_{3s} < E_{4s} < \cdots\cdots$$
$$E_{2p} < E_{3p} < E_{4p} < E_{5p} < \cdots\cdots$$
$$\cdots\cdots$$

（四）鲍林原子轨道近似能级图

美国化学家鲍林（L. C. Pauling）根据大量光谱实验数据以及中心力场近似模型的理论计算，得到了多电子原子的原子轨道近似能级顺序（图 7-14）。

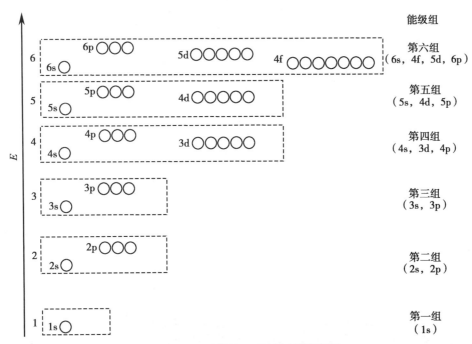

● 图 7-14　鲍林原子轨道近似能级图

图 7-14 中每一个方框代表一个能级组，方框内的每一横排圆圈的数目表示各能级组中包含的原子轨道数，方框和圆圈的位置高低表示各能级组和原子轨道能量的相对高低。由图 7-14 可知，同一个能级组中能级之间的能量差别较小，不同能级组之间的能量差别较大。

需要指出的是,上述近似能级顺序是指一个原子内的情况。不同原子之间相同的原子轨道其能量其实是不同的。

用屏蔽效应和钻穿效应可以说明鲍林原子轨道近似能级图中的能级"交错"现象。在鲍林原子轨道近似能级图中,从第四能级组开始出现能级"交错"现象,例如3d轨道能量高于4s轨道,4f高于6s轨道等,即内层$(n-1)$d轨道能量高于外层ns轨道能量,或内层$(n-2)$f轨道能量高于外层ns轨道能量,这种现象称为"能级交错"。能级交错现象是由于s电子的钻穿能力很强,可以钻到核附近,其他电子对其的屏蔽效应减弱,从而能量降低。

(五)科顿原子轨道能级图

1962年,美国当代化学家科顿(F. A. Cotton)总结前人的光谱实验和量子力学计算的结果,绘出了原子轨道能量随原子序数而变化的图——科顿原子轨道能级图,如图7-15。

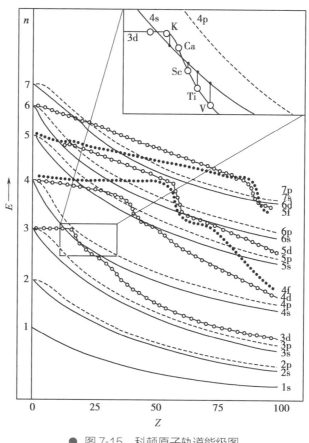

● 图7-15 科顿原子轨道能级图

例如,H原子的1s轨道能量为-13.6eV,而K原子的1s轨道能量为-4 755.8eV。这是由于各原子轨道的能量随原子序数增加,有效核电荷数增加而能量降低。

图7-15给出了随原子序数增加多电子原子中各原子轨道能量的变化趋势。氢原子的$Z=1$,主量子数相同、角量子数不同的轨道能量相同;氦原子的$Z=2$,主量子数相同、角量子数不同的轨道在能量上就分裂了;且随原子序数的增大,分裂趋势随之加剧。多电子原子的1s、2s、2p、3s、3p五种轨道的能量都有下列递增顺序:

$$1s < 2s < 2p < 3s < 3p$$

由于 4s 电子的钻穿能力比 3d 电子强,在 $Z \leqslant 18$ 的原子中,随着原子序数增加,3d 轨道的能量基本不变而 4s 轨道的能量以较大的趋势下降,原子序数达到 14 后,4s 轨道的能量降到了 3d 以下。到原子序数为 19 的钾,电子在 4s 轨道上的能量还是比在 3d 轨道上低。一旦 3d 轨道上有了电子,由于 4s 电子对 3d 电子的屏蔽作用小,有效核电荷的显著增加,导致 3d 轨道能量急剧下降,到了原子序数为 21 的钪,3d 轨道的能量降到了接近 4s 轨道且稍低于 4s 轨道的程度,并在 21(钪)到 30(锌)的范围内保持这种状态。$Z \geqslant 30$ 以后,3d 轨道的能量继续下降并和 4s 轨道的能量差距拉大,最终下降到和 3p 轨道能量相接近的程度。

4d 和 5s 轨道之间也有类似的现象发生,在 $Z \leqslant 24$ 时,$E_{5s} \geqslant E_{4d}$;在 $Z = 24 \sim 36$ 时,$E_{5s} \leqslant E_{4d}$;在 $Z = 37 \sim 39$ 时,4d 轨道的能量急剧下降到接近 5s 轨道的能量;在 $Z = 39 \sim 49$ 时,E_{4d} 继续下降并和 E_{5s} 差距拉大,最终下降到和 E_{4p} 相接近的程度。

原子轨道在能量上的这种变化特征最终决定了多电子原子的电子结构。但由于科顿原子轨道能级图比较复杂,在讨论多电子原子核外电子排布时,仍采用鲍林原子轨道近似能级图。

三、原子核外电子排布

核外电子在各原子轨道上的排布,称为原子的电子结构或电子组态(electronic configuration)。根据光谱学提供的信息,总结出基态原子核外电子排布遵守以下 3 条原则。

(一)泡利不相容原理

1925 年,奥地利物理学家泡利(W. Pauli)考察了大量原子光谱的实验结果后指出:在同一原子中不可能有四个量子数完全相同的 2 个电子。即在每个由四个量子数所决定的量子状态上只允许有一个电子,或者说同一个原子轨道(具有相同的 n、l、m 值)中,最多只能容纳自旋反平行的 2 个电子(自旋量子数 m_s 必须不同),这条规则称为泡利不相容原理(Pauli exclusion principle)。

泡利不相容原理规定了每个由 n 和 l 所决定的亚层最多可能容纳的电子数,如 ns 亚层最多能容纳 2 个电子,np 亚层最多能容纳 6 个电子,nd 亚层最多能容纳 10 个电子,nf 亚层最多能容纳 14 个电子等。一个电子层有 n^2 个原子轨道,那么其上最多可以容纳 $2n^2$ 个电子。

(二)能量最低原理

能量越低系统越稳定,这是自然界的一个普遍规律。原子中电子的排布也遵循此规律。多电子原子在基态时,在满足泡利不相容原理的前提下,电子总是优先占据能量较低的轨道,只有当能量较低的轨道占满后,电子才依次进入能量较高的轨道,这样的核外电子排布方式将会使体系总能量最低,这就是能量最低原理。在满足泡利不相容原理的前提下,依据图 7-14 近似能级顺序排布电子时,可以得到使整个原子能量最低的电子组态或电子构型或电子排布式。

【例题 7-3】依据核外电子排布原则,写出 26 号元素铁的基态电子组态。

解 按照能量最低原理,电子先填充 1s 轨道;按照泡利不相容原理,1s 轨道只能容纳 2 个电子,这 2 个电子写在轨道符号右上角:$1s^2$。

1s 轨道被电子填满后,按照图 7-14 的能级顺序,将依次填充第二能级组的 2s 和 2p 轨道。按照泡利不相容原理,2s 和 2p 轨道分别容纳 2 个电子和 6 个电子,记作: $2s^2 2p^6$,共 8 个电子。

2p 轨道填满后,按照图 7-14 的能级顺序,电子将开始填充第三能级组的轨道,即依次填入 3s、3p 轨道,填充的电子数分别是 2、6,共 8 个电子,记作: $3s^2 3p^6$。

3p 轨道填满以后,按照图 7-14 的能级顺序,电子将继续填充第四能级组的轨道,即进入 4s、3d 和 4p 轨道。现在仅剩 8 个电子,电子先进入能级组中能量最低的 4s 轨道,剩下的 6 个电子则进入 3d 轨道,记作: $3d^6 4s^2$。这样,基态铁原子 $_{26}$Fe 的电子组态为: $1s^2 2s^2 2p^6 3s^2 3p^6 3d^6 4s^2$。

需要指出的是,书写核外电子排布式或电子组态时,应按照主量子数增加的顺序写,而非填充顺序,即相同能层(n 相同)轨道写在一起。因此, $_{26}$Fe 的核外电子排布式不能写成: $1s^2 2s^2 2p^6 3s^2 3p^6 4s^2 3d^6$。

(三)洪德定则

1925 年,德国物理学家洪德(F. Hund)在总结大量光谱实验的数据后指出,电子在能量相同的简并轨道上排布时,将尽可能分占不同的轨道,且自旋平行;在 l 相同的简并轨道上,电子全充满(如 p^6、d^{10}、f^{14}),半充满(如 p^3、d^5、f^7)或全空(如 p^0、d^0、f^0)时,原子的能量低、稳定,这就是洪德定则(Hund rule)。

洪德定则可视为能量最低原理的补充说明,可正确地书写基态原子的电子组态。当电子严格按照泡利不相容原理、能量最低原理和洪德定则的规定在各轨道排布时,原子的能量是最低的。这种能量最低的状态称为原子的基态,其他状态是原子的激发态。原子的激发态很多,而基态只有一种,本章所说的原子的电子组态指的是原子的基态电子组态(电子排布式或基态电子构型)。

例如,基态 $_7$N 原子的电子组态可表示为: $1s^2 2s^2 2p_x^1 2p_y^1 2p_z^1$,也可以用电子排布的轨道表示式表示为:

三个 2p 电子的运动状态用四个量子数分别表示为: $2, 1, 0, +\frac{1}{2}(-\frac{1}{2})$; $2, 1, 1, +\frac{1}{2}(-\frac{1}{2})$; $2, 1, -1, +\frac{1}{2}(-\frac{1}{2})$。

又如,为了满足洪德定则,基态 $_{24}$Cr 原子的电子组态是: $1s^2 2s^2 2p^6 3s^2 3p^6 3d^5 4s^1$,而非 $1s^2 2s^2 2p^6 3s^2 3p^6 3d^4 4s^2$;基态 $_{29}$Cu 原子的电子组态是 $1s^2 2s^2 2p^6 3s^2 3p^6 3d^{10} 4s^1$,而非 $1s^2 2s^2 2p^6 3s^2 3p^6 3d^9 4s^2$。

原子内层中满足稀有气体电子层结构的部分称为原子芯(atomic core)或原子实。原子芯的电子组态可用稀有气体的元素符号加方括号简化表示,例如基态 $_{27}$Co 原子的电子组态为: $1s^2 2s^2 2p^6 3s^2 3p^6 3d^7 4s^2$。可简化为: $[Ar]3d^7 4s^2$。

这种写法不仅简单而且突出了价层电子组态(valence shell electron configuration,又称外层电子组态)。在化学反应中,具有稀有气体电子组态的原子芯部分,一般不参与化学键的形成,而参加反应发生结构变化的是原子芯结构以外的价电子（valence electron），价电子构成的电子层称为价电子层或价层（valence shell）。如 Fe 原子的价层电子组态是 $3d^64s^2$，Ag 原子的价层电子组态是 $4d^{10}5s^1$。但对于长周期副族后面的主族元素（p 区元素），原子芯后面的电子排布则不全是价层电子组态，如基态 Se 原子的电子组态 $[Ar]3d^{10}4s^24p^4$，因为次外层的 3d 电子不参与电子得失，不是价层电子，所以基态 Se 原子的价层电子组态为 $4s^24p^4$。

书写离子的电子排布或电子组态是在基态原子的电子排布式基础上加上或减去得失的电子数，例如 Fe^{2+}、Fe^{3+} 的电子组态分别为 $[Ar]3d^6$、$[Ar]3d^5$。

根据电子排布三原则并结合光谱实验的结果，可以得到各元素原子的基态电子组态（即基态原子的电子排布式），见表 7-4。

表 7-4　各元素原子的基态电子组态

原子序数	元素	K 1	L 2		M 3			N 4				O 5				P 6				Q 7			
		s	s	p	s	p	d	s	p	d	f	s	p	d	f	s	p	d	f	s	p	d	f
1	H	1																					
2	He	2																					
3	Li	2	1																				
4	Be	2	2																				
5	B	2	2	1																			
6	C	2	2	2																			
7	N	2	2	3																			
8	O	2	2	4																			
9	F	2	2	5																			
10	Ne	2	2	6																			
11	Na	2	2	6	1																		
12	Mg	2	2	6	2																		
13	Al	2	2	6	2	1																	
14	Si	2	2	6	2	2																	
15	P	2	2	6	2	3																	
16	S	2	2	6	2	4																	
17	Cl	2	2	6	2	5																	
18	Ar	2	2	6	2	6																	
19	K	2	2	6	2	6		1															
20	Ca	2	2	6	2	6		2															
21	Sc	2	2	6	2	6	1	2															
22	Ti	2	2	6	2	6	2	2															

原子序数	元素	K 1	L 2		M 3			N 4				O 5				P 6				Q 7			
		s	s	p	s	p	d	s	p	d	f	s	p	d	f	s	p	d	f	s	p	d	f
23	V	2	2	6	2	6	3	2															
24	Cr	2	2	6	2	6	5	1															
25	Mn	2	2	6	2	6	5	2															
26	Fe	2	2	6	2	6	6	2															
27	Co	2	2	6	2	6	7	2															
28	Ni	2	2	6	2	6	8	2															
29	Cu	2	2	6	2	6	10	1															
30	Zn	2	2	6	2	6	10	2															
31	Ga	2	2	6	2	6	10	2	1														
32	Ge	2	2	6	2	6	10	2	2														
33	As	2	2	6	2	6	10	2	3														
34	Se	2	2	6	2	6	10	2	4														
35	Br	2	2	6	2	6	10	2	5														
36	Kr	2	2	6	2	6	10	2	6														
37	Rb	2	2	6	2	6	10	2	6			1											
38	Sr	2	2	6	2	6	10	2	6			2											
39	Y	2	2	6	2	6	10	2	6	1		2											
40	Zr	2	2	6	2	6	10	2	6	2		2											
41	Nb	2	2	6	2	6	10	2	6	4		1											
42	Mo	2	2	6	2	6	10	2	6	5		1											
43	Tc	2	2	6	2	6	10	2	6	5		2											
44	Ru	2	2	6	2	6	10	2	6	7		1											
45	Rh	2	2	6	2	6	10	2	6	8		1											
46	Pd	2	2	6	2	6	10	2	6	10													
47	Ag	2	2	6	2	6	10	2	6	10		1											
48	Cd	2	2	6	2	6	10	2	6	10		2											
49	In	2	2	6	2	6	10	2	6	10		2	1										
50	Sn	2	2	6	2	6	10	2	6	10		2	2										
51	Sb	2	2	6	2	6	10	2	6	10		2	3										
52	Te	2	2	6	2	6	10	2	6	10		2	4										
53	I	2	2	6	2	6	10	2	6	10		2	5										
54	Xe	2	2	6	2	6	10	2	6	10		2	6										

原子序数	元素	K	L		M			N				O				P				Q			
		1	2		3			4				5				6				7			
		s	s	p	s	p	d	s	p	d	f	s	p	d	f	s	p	d	f	s	p	d	f
55	Cs	2	2	6	2	6	10	2	6	10		2	6			1							
56	Ba	2	2	6	2	6	10	2	6	10		2	6			2							
57	La	2	2	6	2	6	10	2	6	10		2	6	1		2							
58	Ce	2	2	6	2	6	10	2	6	10	1	2	6	1		2							
59	Pr	2	2	6	2	6	10	2	6	10	3	2	6			2							
60	Nd	2	2	6	2	6	10	2	6	10	4	2	6			2							
61	Pm	2	2	6	2	6	10	2	6	10	5	2	6			2							
62	Sm	2	2	6	2	6	10	2	6	10	6	2	6			2							
63	Eu	2	2	6	2	6	10	2	6	10	7	2	6			2							
64	Gd	2	2	6	2	6	10	2	6	10	7	2	6	1		2							
65	Tb	2	2	6	2	6	10	2	6	10	9	2	6			2							
66	Dy	2	2	6	2	6	10	2	6	10	10	2	6			2							
67	Ho	2	2	6	2	6	10	2	6	10	11	2	6			2							
68	Er	2	2	6	2	6	10	2	6	10	12	2	6			2							
69	Tm	2	2	6	2	6	10	2	6	10	13	2	6			2							
70	Yb	2	2	6	2	6	10	2	6	10	14	2	6			2							
71	Lu	2	2	6	2	6	10	2	6	10	14	2	6	`1		2							
72	Hf	2	2	6	2	6	10	2	6	10	14	2	6	2		2							
73	Ta	2	2	6	2	6	10	2	6	10	14	2	6	3		2							
74	W	2	2	6	2	6	10	2	6	10	14	2	6	4		2							
75	Re	2	2	6	2	6	10	2	6	10	14	2	6	5		2							
76	Os	2	2	6	2	6	10	2	6	10	14	2	6	6		2							
77	Ir	2	2	6	2	6	10	2	6	10	14	2	6	7		2							
78	Pt	2	2	6	2	6	10	2	6	10	14	2	6	9		1							
79	Au	2	2	6	2	6	10	2	6	10	14	2	6	10		1							
80	Hg	2	2	6	2	6	10	2	6	10	14	2	6	10		2							
81	Tl	2	2	6	2	6	10	2	6	10	14	2	6	10		2	1						
82	Pb	2	2	6	2	6	10	2	6	10	14	2	6	10		2	2						
83	Bi	2	2	6	2	6	10	2	6	10	14	2	6	10		2	3						
84	Po	2	2	6	2	6	10	2	6	10	14	2	6	10		2	4						
85	At	2	2	6	2	6	10	2	6	10	14	2	6	10		2	5						
86	Rn	2	2	6	2	6	10	2	6	10	14	2	6	10		2	6						

原子序数	元素	K	L		M			N				O				P				Q			
		1	2		3			4				5				6				7			
		s	s	p	s	p	d	s	p	d	f	s	p	d	f	s	p	d	f	s	p	d	f
87	Fr	2	2	6	2	6	10	2	6	10	14	2	6	10		2	6			1			
88	Ra	2	2	6	2	6	10	2	6	10	14	2	6	10		2	6			2			
89	Ac	2	2	6	2	6	10	2	6	10	14	2	6	10		2	6	1		2			
90	Th	2	2	6	2	6	10	2	6	10	14	2	6	10		2	6	2		2			
91	Pa	2	2	6	2	6	10	2	6	10	14	2	6	10	2	2	6	1		2			
92	U	2	2	6	2	6	10	2	6	10	14	2	6	10	3	2	6	1		2			
93	Np	2	2	6	2	6	10	2	6	10	14	2	6	10	4	2	6	1		2			
94	Pu	2	2	6	2	6	10	2	6	10	14	2	6	10	6	2	6			2			
95	Am	2	2	6	2	6	10	2	6	10	14	2	6	10	7	2	6			2			
96	Cm	2	2	6	2	6	10	2	6	10	14	2	6	10	7	2	6	1		2			
97	Bk	2	2	6	2	6	10	2	6	10	14	2	6	10	9	2	6			2			
98	Cf	2	2	6	2	6	10	2	6	10	14	2	6	10	10	2	6			2			
99	Es	2	2	6	2	6	10	2	6	10	14	2	6	10	11	2	6			2			
100	Fm	2	2	6	2	6	10	2	6	10	14	2	6	10	12	2	6			2			
101	Md	2	2	6	2	6	10	2	6	10	14	2	6	10	13	2	6			2			
102	No	2	2	6	2	6	10	2	6	10	14	2	6	10	14	2	6			2			
103	Lr	2	2	6	2	6	10	2	6	10	14	2	6	10	14	2	6	1		2			
104	Rf	2	2	6	2	6	10	2	6	10	14	2	6	10	14	2	6	2		2			
105	Ha	2	2	6	2	6	10	2	6	10	14	2	6	10	14	2	6	3		2			
106	Sg	2	2	6	2	6	10	2	6	10	14	2	6	10	14	2	6	4		2			
107	Bh	2	2	6	2	6	10	2	6	10	14	2	6	10	14	2	6	5		2			
108	Hs	2	2	6	2	6	10	2	6	10	14	2	6	10	14	2	6	6		2			
109	Mt	2	2	6	2	6	10	2	6	10	14	2	6	10	14	2	6	7		2			
110	Ds	2	2	6	2	6	10	2	6	10	14	2	6	10	14	2	6	8		2			
111	Rg	2	2	6	2	6	10	2	6	10	14	2	6	10	14	2	6	9		2			
112	Cn	2	2	6	2	6	10	2	6	10	14	2	6	10	14	2	6	10		2			

【思考题7-4】为什么多电子原子的最外电子层上最多能容纳 8 个电子, 次外电子层最多能容纳 18 个电子?

四、原子的电子层结构与元素周期律

元素性质随元素原子序数的递增呈现周期性变化的规律, 称为元素周期律(periodic law of

elements）。而元素原子结构的周期性变化，是元素周期律的本质，元素周期表就是元素原子的电子结构周期性变化的表现形式。

（一）电子组态与周期

在元素周期表中，周期与鲍林原子轨道近似能级图中能级组的划分有关，每个能级组对应元素周期表的一个周期。目前共有 7 个能级组，对应 7 个周期（period），现已收录和命名的元素共118 种，排在周期表中，共 7 个横行，分别为一、二、三、四、五、六和七周期。

第一周期对应第一能级组（1s），只有 1 个轨道，可以容纳 2 个电子，因此第一周期只有 2 个元素，称为超短周期。第二、三周期分别对应第二能级组（2s2p）和第三能级组（3s3p），可以分别容纳 8 个电子，因此第二、三周期分别有 8 个元素，称为短周期。第四、五周期分别对应（4s3d4p）、（5s4d5p）能级组，可以分别容纳 18 个电子，因此第四、五周期分别有 18 个元素，称为长周期。第六、七周期分别对应（6s4f5d6p）、（7s5f6d7p）能级组，可以分别容纳 32 个电子，因此第六、七周期应分别有 32 个元素，属于超长周期。

显然，元素所在的周期数等于该元素原子电子组态中最高能级组的序号，也等于该元素原子最外电子层的主量子数，每个周期包含的元素数目与对应的最高能级组中各轨道最多容纳的电子总数相等。

周期表中从第 3 列到第 12 列的元素称为过渡元素，全部是金属元素，其中包括 $Z=57$ 的镧到 $Z=71$ 的镥共 15 个元素的镧系元素，以及 $Z=89$ 的锕到 $Z=103$ 的铹共 15 个元素的锕系元素，镧系元素和锕系元素也称为内过渡元素，习惯上单独排列在周期表的下方。

（二）价电子组态与族

在元素周期表中，将基态原子价层电子组态相似的元素归为一列，称为族（group）。周期表中 18 列共有 16 个族，其中主族、副族各 8 个。主族、副族元素的性质差异与其价层电子组态密切相关。

1. 主族　包括ⅠA～ⅧA 族，其中ⅧA 族又称 0 族。主族元素的内层轨道全充满，最外层电子组态从 ns^1、ns^2 到 $ns^2np^{1\sim6}$，最外层同时又是价电子层。最外层电子总数等于族序数，也等于元素原子的最高氧化值。

2. 副族　包括ⅠB～ⅧB 族，ⅧB 族也称为第Ⅷ族。主族元素与副族元素在结构上有明显区别：主族元素的电子结构特征一般是次外层 $(n-1)d$ 或倒数第三层 $(n-2)f$ 轨道或全满，或全空；而副族元素除ⅠB、ⅡB 族外，次外层 $(n-1)d$ 或倒数第三层 $(n-2)f$ 轨道上均未完全填满，即 $(n-2)f$、$(n-1)d$ 和 ns 电子都是副族元素的价层电子。ⅠB、ⅡB 族由于其 $(n-1)d$ 亚层已经填满，所以最外层 ns 亚层上的电子数等于其族数。ⅢB～ⅦB 族，族序数等于 $(n-1)d$ 及 ns 轨道上电子数的总和；ⅧB 族有三列元素，这三列元素的 $(n-1)d$ 及 ns 轨道的电子数之和分别为 8、9、10。第六、七周期中的镧系或锕系元素，各有 15 个元素，其电子结构特征是 $(n-2)f$ 轨道被填充并最终被填满，$(n-1)d$ 轨道上电子数大多为 1 或 0。

【思考题 7-5】元素周期表中元素所属的族数，等于该元素原子的最外层电子数。这种说法对不对？为什么？

（三）元素分区

根据价层电子组态的特征,可将周期表中的元素分为 5 个区(图 7-16)。

1. s 区元素　最后一个电子填充在 ns 亚层的元素属于 s 区元素。在这个区域的元素价层电子组态是 ns^1 和 ns^2,包括 I A 族(碱金属)和 II A 族(碱土金属)。s 区元素除 H 以外都是金属,在化学反应中容易失去 1 个和 2 个 s 电子变成 +1 或 +2 价离子。

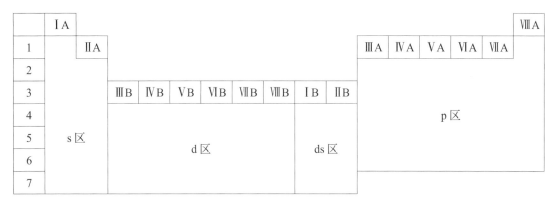

● 图 7-16　周期表中元素分区

2. p 区元素　最后一个电子填充在 np 亚层的元素属于 p 区元素。价层电子组态是 $ns^2np^{1\sim6}$(除 He 为 $1s^2$ 外),包括 III A～VIII A 族,大部分是非金属元素。VIII A 族是稀有气体。p 区元素多有可变的氧化值,是化学反应中最活跃的成分。

3. d 区元素　最后一个电子填充在 $(n-1)d$ 亚层的元素属于 d 区元素。价层电子组态是 $(n-1)d^{1\sim8}ns^2$ 或 $(n-1)d^9ns^1$ 或 $(n-1)d^{10}ns^0$,包括 III B～VIII B 族,都是金属元素,且在物理和化学性质方面表现出很多共性,每种元素都有多种氧化值,都含有未充满的 d 轨道,易成为配合物中不可缺少的中心原子。

4. ds 区元素　最后一个电子填充在 $(n-1)d$ 亚层,且 $(n-1)d$ 亚层已经完全充满电子的元素属于 ds 区元素。其价层电子组态为 $(n-1)d^{10}ns^{1\sim2}$,包括 I B 和 II B 族。不同于 d 区元素,ds 区元素的次外层 $(n-1)d$ 轨道是充满的,这一区的都是金属,有可变氧化值。

5. f 区元素　最后一个电子填充在 $(n-2)f$ 亚层的元素属于 f 区元素,价层电子组态一般为 $(n-2)f^{0\sim14}(n-1)d^{0\sim2}ns^2$,包括镧系和锕系元素。f 区元素的最外层电子数目、次外层电子数目大都相同,只有 $(n-2)f$ 亚层电子数目不同,所以每个系内各元素化学性质极为相似。这一区的元素也都是金属,有可变氧化值,常见氧化值为 +3。

【例题 7-4】已知某元素的原子序数为 28,试写出该元素基态原子的电子组态(或基态电子构型),并指出该元素的名称和在周期表中所属周期、族和区。

解　该元素的原子核外有 28 个电子,电子组态为 $1s^22s^22p^63s^23p^63d^84s^2$,或写成 $[Ar]3d^84s^2$。其中最外层电子的主量子数 $n=4$,属第四能级组,所以该元素在第四周期。由于最后一个电子填充在 3d 轨道且 d 轨道未填满,而且最外层 s 电子和次外层 d 电子总数为 10,所以该元素属 VIII B 族,是 d 区的镍元素。

第六节　元素基本性质的周期性

元素性质的变化规律与原子结构的周期性递变有关。有效核电荷、原子半径、元素电离能、电子亲和能和电负性等，都随元素原子核外电子排布的变化而呈现周期性变化。

一、有效核电荷

周期表中，各元素原子随着原子序数的增加核电荷数依次增大。在多电子原子中，外层电子由于受到内层电子的屏蔽作用，吸引最外层电子的核电荷是有效核电荷 Z'。例如，Li 原子的电子排布是 $1s^2 2s^1$。最外层的 1 个 2s 电子受到的有效核电荷为 $3 - 2 \times 0.85 = 1.3$（0.85 是 1s 电子的屏蔽常数 σ）。随着原子序数的增加，有效核电荷也呈现周期性的变化，如图 7-17 所示。

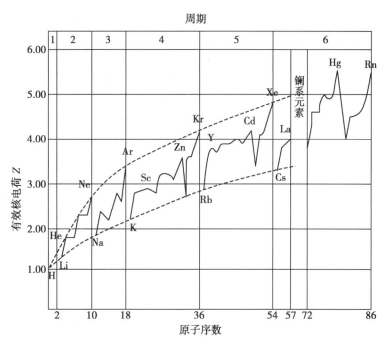

● 图 7-17　有效核电荷的周期性变化

同一族元素，每增加一个周期，就增加一个电子层，相邻两个元素之间增加了一个 8 电子或 18 电子。但对最外层电子而言，却增加了一层屏蔽作用大的内层电子，所以有效核电荷增加缓慢。如 Li 原子比氢原子多出 2 个电子，但有效核电荷仅增加 0.3。

同一周期元素，随着核电荷的增加，核外电子逐渐增多，而且增加的电子几乎都在同一层内，屏蔽作用较小。如周期表中的 s 区和 p 区元素（主族元素），原子每增加 1 个电子，同组内的屏蔽常数 σ 增加 0.35，有效核电荷增加 $\Delta Z' = 1 - 0.35 = 0.65$。因此，外层电子受到的有效核电荷增加较快。而长周期 d 区和 ds 区元素（副族元素），原子每增加 1 个电子，填充在次外层的 $(n-1)$d 轨道上，屏蔽常数 σ 增加 0.85，有效核电荷增加 $\Delta Z' = 1 - 0.85 = 0.15$，有效核电荷增长较慢。f 区元素的原子,增加的电子填充在倒数第三层的$(n-2)$f轨道上,屏蔽常数 σ 增加 1.00,有效核电荷增加 $\Delta Z' = 0$,几乎不增加。即同一周期主族元素有效核电荷增加较快,副族元素有效核电荷增加较慢。

二、原子半径

从量子力学观点出发,一个孤立的自由原子的核外电子,从原子核到距核无穷远处都有出现的概率,不存在严格意义上的精确半径。所以,单个孤立原子无法测量其半径。通常所说的原子半径(atomic radius)是根据原子在晶体或分子中两个相邻原子核之间距离来确定的。因此,同种元素原子半径的大小与原子所处的化学环境有关。

(一)原子半径的种类

按照原子所处化学环境的不同,定义了三种原子半径。

1. 金属半径 在金属单质的晶体中,相邻两个原子核间距离的一半称为该元素的金属半径(metallic radius)。

2. 范德华半径 在气态、液态和固态的共价化合物或单质中,分子和分子之间存在的作用力称为范德华力。当分子间因范德华力接近到一定距离,与核外电子间排斥力达到动态平衡时,两相邻共价单质分子中相互最接近的两个非键合原子核间距的一半称为原子的范德华半径(van der Waals radius)。例如,在 Cl_2 分子晶体中,Cl_2 分子之间的作用力是范德华力,两个分子之间的两个非键合 Cl 原子核间距离的一半就是 Cl 原子的范德华半径。

3. 共价半径 同种元素以共价单键结合成分子或晶体时,相邻两个成键原子核间距离的一半称为共价半径(covalent radius)。例如,在 Cl_2 分子晶体中,Cl_2 分子内的两个 Cl 原子间是共价单键,核间距离的一半就是 Cl 原子的共价半径。一般可借助于 X 射线衍射及电子晶体衍射实验测出原子在分子或晶体中的空间相对位置,测定共价键的键长,从而测得一些原子的共价半径。

共价半径和金属半径是原子处于键合状态的半径,比范德华半径要小得多。另外,共价键有单、双、三键之分,相应的共价半径并不相等。例如碳原子的共价半径就包括:r(单键)$= 77$pm,r(双键)$= 67$pm,r(三键)$= 60$pm。

(二)原子半径的变化规律

在讨论原子半径的变化规律时,非金属元素采用的是原子的共价半径,金属元素采用的是金属半径,稀有气体元素采用的是范德华半径,注意区分。

同一周期的主族元素,从左到右,随着原子序数增加,新增电子填在最外层的 s 或 p 轨道上。相邻两元素,原子序数每增加 1 个核电荷,最外层电子的屏蔽常数增加 0.30 或 0.35,有效核电荷至少增加 0.65,对外层电子的吸引力增加迅速,使原子半径明显逐次减小。

同一周期的过渡元素,从左到右,随着原子序数增加,新增电子大多填在价层的$(n-1)$d 轨道上,对应增加 1 个核电荷,外层电子的屏蔽常数增加 0.85,有效核电荷最多增加 0.15,核对外层电子的吸引力增加较少,使原子半径随原子序数增大而减小的幅度变小。

f 区元素,也称为内过渡元素,从左到右,随着原子序数增加,新增电子大多填在价层的$(n-2)f$轨道上,对应增加 1 个核电荷,外层电子的屏蔽常数增加 1.00,随原子序数增大,有效核电荷变化很小,原子半径减少的程度更小。从 57 号元素镧到 71 号元素镥,原子半径仅减少11pm。镧系元素的原子半径缓慢减少的现象称为镧系收缩。由于镧系收缩的影响使镧系之后第六周期副族元素的原子半径都变得较小,以致于和第五周期副族的同族元素的原子半径很接近,化学性质也极为相似。如锆(Zr)和铪(Hf)、铌(Nb)和钽(Ta)、钼(Mo)和钨(W),各对元素原子的半径相似,性质非常接近,在自然界中常常共生,并且难以分离。图 7-18 显示出原子半径随原子序数的变化规律。

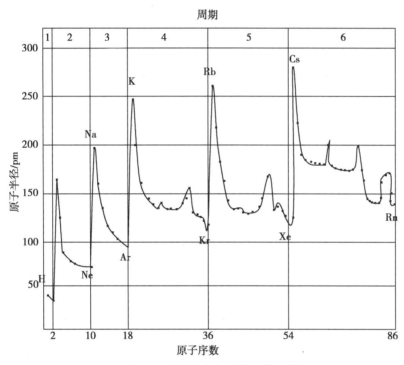

● 图 7-18　原子半径与原子序数关系图

同一主族的元素,从上到下电子层数增多,由于内层电子的屏蔽效应较大,有效核电荷增加缓慢,且最外层电子离核越来越远,所以从理论上估计,同族元素原子半径将随着原子序数的增加而增大。

同一副族的元素,原子半径的变化趋势与主族元素相同,但原子半径增大的程度较小。而且由于镧系收缩的影响,镧系以后第六周期元素的原子半径与同族第五周期元素的原子半径非常接近。

三、电离能

气态基态原子失去电子变为气态基态正离子时所吸收的能量称为原子的电离能,符号为 I,SI 单位是 kJ/mol。多电子原子失去第 1、第 2 个电子时所需的能量,分别称为第一电离能(I_1)、第二电离能(I_2),随后失去各电子时所需的能量依次称为第三电离能(I_3)、第四电离能(I_4)……

元素的电离能衡量的是原子失去电子的难易程度。元素的电离能越小,原子越容易失去电子;相反,元素的电离能越大,原子越难失去电子。

各元素原子的第一电离能I_1总体上呈周期性变化。同一周期元素从左到右,随着原子序数的增加,有效核电荷递增,原子半径减小,I_1逐渐增加。但也有例外,譬如,N原子最外层2p轨道上有三个电子正好半充满,为半充满稳定结构,因此N原子的I_1反而比O原子高,这种反常情况同样发生在Be原子和B原子之间。第三周期、第四周期也有类似的变化规律。

同一主族元素自上而下,随着电子层数增加,外层电子离核更远,而有效核电荷增加不多,半径增大,故外层电子受核吸引力反而减小,使最外层电子的电离变得容易,I_1逐渐减小。

元素第一电离能随原子序数的增大而呈现的周期性变化规律见图7-19。

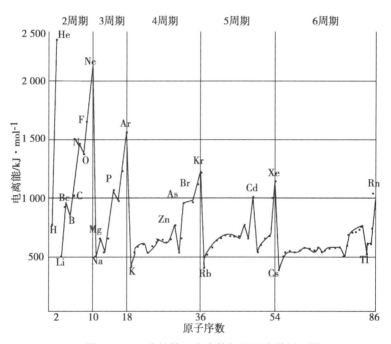

● 图7-19 元素的第一电离能与原子序数关系图

四、电子亲和能

气态基态原子结合一个电子形成负一价气态基态离子所引起的能量变化,称为电子亲和能,符号为A,SI单位是kJ/mol。结合一个电子形成负一价气态离子时所放出的能量,称为第一电子亲和能,其余的以此类推。一般元素的第一电子亲和能为正值,表示得到一个电子形成负离子时放出能量,也有的元素第一电子亲和能为负值,表示吸收能量。元素的第二电子亲和能一般均为负值,表明由负一价离子变成负二价离子时要吸收能量。一般来说,电中性的气态原子多数只能接纳一个电子,所以许多元素只有一个电子亲和能的观察值。

电子亲和能反映的是元素原子结合电子的能力,与原子的最外层轨道是否充满电子密切相关。ns亚层和np亚层已充满电子的中性气态原子,要进一步接纳电子都比较困难,如稀有气体元素的电子亲和能都小于 0。ns 亚层已充满电子的碱土金属元素和锌族元素也具有类似的行为。np 亚层半充满电子的氮族元素的电子亲和能也都要比相邻元素的小一些。

电子亲和能随原子序数的增加呈现周期性变化趋势,而且变化的总趋势与电离能基本一致。在周期表中,同一周期元素的电子亲和能随原子序数增加而增大;同一族元素的电子亲和能随原子序数增加而减小(图 7-20)。

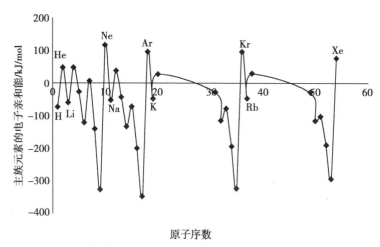

● 图 7-20 元素的第一电子亲和能与原子序数关系图

值得注意的是,第二周期的 B、C、N、O、F 等元素的电子亲和能都比第三周期的同族元素 Al、Si、P、S、Cl 的电子亲和能小。这是由于第二周期元素的原子半径特别小,电荷密度较大,外来电子会受到已占有电子的较大排斥,因而就削弱了这些元素的气态原子亲和电子的能力。因此周期表中,第一电离能最大的是 He,但电子亲和能最大的既不是 He,也不是 F,而是 Cl。

总的来说,卤素原子结合电子时放出能量较多,易与电子结合;金属元素原子结合电子时放出能量较少甚至吸收能量,难与电子结合成负离子。

【思考题 7-6】为什么电离能都是正值,而电子亲和能却有负有正,且数值比电离能小得多?

五、电负性

通过前面的知识可知,元素的电离能是孤立原子束缚电子能力的量度,而电子亲和能是孤立原子结合电子能力的量度。当原子形成化学键时,原子吸引成键电子能力的相对大小如何度量?1932 年,美国著名化学家鲍林首先提出了元素电负性(electronegativity)的概念。元素的电负性是指分子中原子对成键电子吸引能力的大小,用符号 χ 表示。电负性大者,原子在分子中吸引成键电子的能力强,反之就弱。鲍林指定氟的电负性为 4.0,可通过热力学数据算出其他元素的电负性值,因此鲍林电负性是一个相对值。

目前,有关电负性标度和计算的方法,比较有代表性的有三种,即鲍林电负性标度、马利肯(R. S. Mulliken)电负性数据和阿尔莱德(A. L. Allrel)- 罗周(E. G. Rochow)电负性数据。虽然这些数据有所不同,但在周期系中呈现的周期性变化规律是一致的。本书采用目前使用较为广泛的鲍林电负性标度,见图 7-21。

H 2.18																	He
Li 0.98	Be 1.57											B 2.04	C 2.55	N 3.04	O 3.44	F 3.98	Ne
Na 0.93	Mg 1.31											Al 1.61	Si 1.90	P 2.19	S 2.58	Cl 3.16	Ar
K 0.82	Ca 1.00	Sc 1.36	Ti 1.54	V 1.63	Cr 1.66	Mn 1.55	Fe 1.80	Co 1.88	Ni 1.91	Cu 1.90	Zn 1.65	Ga 1.81	Ge 2.01	As 2.18	Se 2.55	Br 2.96	Kr
Rb 0.82	Sr 0.95	Y 1.22	Zr 1.33	Nb 1.60	Mo 2.16	Tc 1.90	Ru 2.28	Ru 2.20	Pd 2.20	Ag 1.93	Cd 1.69	In 1.73	Sn 1.96	Sb 2.05	Te 2.10	I 2.66	Xe
Cs 0.79	Ba 0.89	La 1.10	Hf 1.30	Ta 1.50	W 2.36	Re 1.90	Os 2.20	Ir 2.20	Pt 2.28	Au 2.54	Hg 2.00	Tl 2.04	Pb 2.33	Bi 2.02	Po 2.00	At 2.20	

● 图 7-21　元素的鲍林电负性

同一周期主族元素从左至右电负性值逐渐增大；同一主族元素从上到下电负性值逐渐减小。副族元素的电负性没有明显的变化规律。电负性大的元素集中在周期表的右上角，如 F、O、Cl、N、Br、S、C 等非金属；电负性小的元素位于周期表的左下角，如 Cs、Rb、Ba 等碱金属、碱土金属。

电负性是原子核吸引成键电子相对能力的一个综合标度，也是最重要的一个元素参数。在化学反应和组成分子时，原子电负性大者吸引成键电子的能力强，反之就弱。因此，电负性可以用来预测：

（1）化学反应中原子的电子得失能力：当一个电负性大的原子和电负性小的原子发生氧化还原反应时，电负性大的一方获得电子，电负性小的一方失去电子。因此，电负性大的原子氧化能力就强，而电负性小的原子还原能力就强。

（2）推测与比较元素的金属性：金属元素的电负性小于 2，而非金属的电负性则大于 2。因此，从周期表的左下角到右上角，金属性递减而非金属性递增。不过，金属和非金属间并没有严格的界限划分。

（3）形成化学键的性质：电负性接近的原子，其得失电子的能力接近，因而在反应时倾向于形成共价键。而共价键的极性随电负性差别的增加而增大；电负性差别较大的原子进行反应时，倾向于完全的电子得失，从而形成离子键和离子型化合物。电负性小的金属元素之间，一般形成金属键。

【思考题 7-7】电负性的大小和元素的金属性、非金属性有何关系？

本章小结

本章对原子结构和元素周期性进行了讨论，主要内容归纳如下。

1. **核外电子运动的特性**　电子等微粒具有量子化特性和波粒二象性的特性，这是微观粒子与宏观物体的主要差别。原子光谱实验证实了电子能量的量子化，电子晶体衍射实验验证了电子的波动性。德布罗意关系式通过普朗克常数将电子的波性和粒性联系起来；验证电子波动性的晶体衍射实验及测不准原理表明，电子的运动没有确定的轨道，只有概率分布规律，应该用量子力学统计的方法去描述电子的运动状态。

2. 电子运动的量子力学描述

（1）原子轨道和电子云：薛定谔方程是描述电子等微粒运动的波动方程，方程的解波函数 ψ 是描述核外电子运动状态的数学函数。一个确定的波函数代表电子的一种运动状态，波函数俗称原子轨道。波函数的物理意义在于，$|\psi|^2$ 代表电子在核外空间某处微单位体积内出现的概率。电子云是 $|\psi|^2$ 的形象化表示，一般可直接将 $|\psi|^2$ 称为电子云。

（2）四个量子数：根据量子力学的结果，近代原子结构理论用四个量子数 n、l、m、m_s 来描述电子的空间运动状态。其中量子数 n、l、m 决定波函数 $\psi_{n,l,m}$ 的具体形式，自旋量子数 m_s 描述电子的自旋运动状态。

主量子数 n 描述核外电子出现概率密度最大的区域离核的平均距离，是决定原子轨道大小和电子运动能量高低的主要因素；角量子数 l 描述原子轨道或电子云的形状，是决定多电子原子电子运动能量高低的次要因素；磁量子数 m 描述原子轨道或电子云在空间的伸展方向；自旋量子数 m_s 描述每个轨道中可以有自旋方向相反的两种运动状态。

3. 原子轨道和电子云的图像表示

（1）原子轨道的角度分布图：以 $Y(\theta,\varphi)$ 随 (θ,φ) 的变化作图，该图像可以考察原子轨道的角度分布情况。

（2）电子云的角度分布图：以 $Y^2(\theta,\varphi)$ 随 (θ,φ) 的变化作图，该图像可以考察电子云的角度分布情况。

（3）径向分布函数图：以 $D(r)$ 随 r 的变化作图，该图可说明①电子在核外空间出现概率最大的区域离核的远近；②核外电子是分层排布的；③"钻穿"现象。

4. 核外电子排布（原子的基态组态）

（1）鲍林原子轨道近似能级图：共有七个能级组 1s、2s2p、3s3p、4s3d4p、5s4d5p、6s4f5d6p、7s5f6d7p，可以用屏蔽效应和钻穿效应解释鲍林原子轨道能级顺序，包括能级交错现象。

（2）基态原子核外电子排布三原则：泡利不相容原理、能量最低原理和洪德定则。元素周期表中大多数原子的电子排布遵守这三个原则。在按照鲍林原子轨道近似能级图和电子排布三原则书写基态电子组态（原子的基态电子层结构）时，要按照主量子数增加的顺序写，即相同能层（n 相同）轨道写在一起。

5. 原子的电子层结构与周期、族、区的划分

（1）电子组态与周期：周期表中的元素可分为七个周期，周期数等于能级组数，也等于最大主量子数，每周期容纳的元素数等于最高能级组最多容纳的电子数。

（2）价电子层与族：周期表中的元素共分为 16 个族，其中 8 个主族，8 个副族。根据原子的价电子构型划分主族和副族，主族元素的族序号等于最外层电子数；ⅢB～ⅦB 的族序号等于最高能级组 $[(n-1)d+ns]$ 电子数之和；ⅧB 元素的结构特点是最高能级组 $[(n-1)d+ns]$ 电子数之和为 8，9，10；ⅠB、ⅡB 的族序号等于最高能级组中 ns 电子数。

（3）价电子排布与区：周期表中元素又分为 5 个区，分别为 s 区、p 区、d 区、ds 区、f 区。

6. **元素性质的周期性变化**　元素电子层结构的周期性变化导致与电子层结构有关的有效核电荷、原子半径、电离能、电子亲和能、电负性等元素性质呈现周期性变化。

拓展阅读

斯莱特屏蔽规则

1930 年，美国理论化学家斯莱特(J.C.Slater)提出了一套估算屏蔽常数的半经验规则。斯莱特按照量子数 n 和 l 的递增，将多电子原子的原子轨道进行分组：

(1s)(2s, 2p)(3s, 3p)(3d)(4s, 4p)(4d)(4f)(5s, 5p)(5d)(5f)

并按下面的规则估算 σ：

(1) 右面各轨道组内的电子对左面轨道组内电子的屏蔽常数 $\sigma = 0$，即外层电子对内层电子没有屏蔽作用。

(2) 在同一轨道组内的电子，除(1s)组的 2 个电子间的 σ 为 0.30 外，其他各轨道组内电子间的 σ 都是 0.35。

(3) 对(ns, np)组的电子而言，($n-1$)各轨道组内的电子对其的 σ 均为 0.85。($n-2$)各轨道组内的电子对其的 σ 均为 1.00。

(4) 对(nd)或(nf)组中的电子而言，左面各轨道组内的电子对其的 σ 均为 1.00。

由斯莱特规则可以计算其他电子对某个指定电子的 σ 及有效核电荷，从而计算它的能量。

例如，$_{19}$K 原子，核电荷数 $Z = 19$，核外有 19 个电子，这 19 个电子在各轨道上的分配为：

轨道符号	1s	2s	2p	3s	3p	3d	4s
占有电子数	2	2	6	2	6	0	1
而非	2	2	6	2	6	1	0

18 个电子分别占满了 1s, 2s2p, 3s3p 的 9 个轨道后，第 19 个电子可能处在 3d 轨道，也可能处在 4s 轨道。按斯莱特规则，算出第 19 个电子处于这两个轨道时受到的屏蔽作用和能量分别为：

(1) 若第 19 个电子填在 3d 轨道

$$\sigma_{3d} = 18 \times 1.00 = 18.00$$

$$Z'_{3d} = 19 - 18.00 = 1.00$$

$$E_{3d} = -2.18 \times 10^{-18} \times \frac{Z'^2_{3d}}{n^2} \text{J} = -2.18 \times 10^{-18} \times \frac{1^2}{3^2} \text{ J} = -2.18 \times 10^{-19} \text{J}$$

(2) 若第 19 个电子填在 4s 轨道

$$\sigma_{4s} = 8 \times 0.85 + 10 \times 1.00 = 16.80$$

$$Z'_{4s} = 19 - 16.80 = 2.20$$

$$E_{3d} = -2.18 \times 10^{-18} \times \frac{Z'^2_{4s}}{n^2} \text{J} = -2.18 \times 10^{-18} \times \frac{2.20^2}{4^2} \text{J} = -6.60 \times 10^{-19} \text{J}$$

计算结果表明，由于屏蔽效应不同，K 原子的最后一个电子处在 4s 轨道上的能量要比处在 3d 轨道上低很多，更稳定。

斯莱特规则是半经验规则，把 ns 和 np 轨道的能量视为相同也是一种人为的规定，因而在理论上是不严密的，计算结果和实验事实有出入是毋庸置疑的。

1. 氢原子光谱为什么是线状光谱? 谱线的波长和能级间的能量差有何关系?

2. 如何理解电子的波动性?

3. 试用量子数 n, l, m 对原子核外 $n=4$ 的所有可能的原子轨道分别进行描述。

4. 写出下列各能级或轨道的名称,并将各能级按能量由低到高的顺序排列。

(1) $n=4$, $l=0$ (2) $n=3$, $l=1$

(3) $n=4$, $l=2$ (4) $n=4$, $l=1$

(5) $n=4$, $l=3$

5. 下列各组量子数中哪一组是正确的? 将正确的各组量子数用原子轨道符号表示。

(1) $n=3$, $l=0$, $m=0$ (2) $n=4$, $l=-1$, $m=0$

(3) $n=4$, $l=1$, $m=1$ (4) $n=4$, $l=4$, $m=-3$

6. 有无以下的电子运动状态? 试说明原因。

(1) 1, 1, 0   (2) 2, 0, 1

(3) 3, 3, -3 (4) 4, 3, -2

7. 填充合理的量子数。

(1) $n=3$, $l=?$, $m=-1$, $m_s=+1/2$ (2) $n=4$, $l=1$, $m=?$, $m_s=-1/2$

(3) $n=?$ $l=2$, $m=-2$, $m_s=-1/2$ (4) $n=4$, $l=0$, $m=0$, $m_s=?$

8. 下列元素基态原子的电子组态写法有无错误? 各自违背了什么原理? 写出改正后的电子组态。

(1) $_5$B: $1s^2 2s^3$ (2) $_6$C: $1s^2 2s^2 3s^2$

(3) $_8$O: $1s^2 2s^2 2p_x^2 2p_y^2$ (4) $_{29}$Cu: $1s^2 2s^2 2p^6 3s^2 3p^6 3d^9 4s^2$

9. 下列电子组态中,哪种属于基态? 哪种属于激发态? 哪种是错误的?

(1) $1s^2 2s^3 2p^1$ (2) $1s^2 2s^2 2d^1$

(3) $1s^2 2s^1 2p^1$ (4) $1s^2 2s^2 2p^6 3s^2 3p^6 3d^1$

(5) $1s^2 2s^2 2p^3 3s^1$ (6) $1s^2 2s^2 2p^6 3s^2$

10. O 原子的价电子排布是 $2s^2 2p^4$,试用 4 个量子数分别描述 4 个 2p 电子的运动状态。

11. 某原子在 $n=3$, $l=1$ 亚层上有 3 个电子,该亚层属(   )能级,共有(   )个简并轨道。请用 4 个量子数描述这 3 个电子的运动状态(   )。

12. 已知 M^{3+} 3d 轨道中有 5 个电子,试推出:

(1) M 原子的核外电子排布。

(2) M 元素的名称和元素符号。

(3) M 元素在周期表中的位置。

13. 基态原子价层电子排布式满足下列条件之一的是哪一类或哪一种元素?

(1) 具有 3 个 p 电子。

(2) 有 1 个量子数为 $n=4$, $l=0$ 的电子,有 5 个量子数为 $n=3$ 和 $l=2$ 的电子。

（3）3d轨道为全充满,4s轨道只有1个电子的元素。

14. 用s、p、d、f等符号表示下列元素的原子电子层结构(原子电子构型),判断它们属于第几周期,第几主族或副族,哪个分区?

（1）$_{20}$Ca　　　　　（2）$_{27}$Co　　　　　　　　（3）$_{32}$Ge

（4）$_{48}$Cd　　　　　（5）$_{83}$Bi

15. 基态原子的电子排布满足下列条件之一的是什么元素?

（1）+2价正离子与Ar的电子构型相同。

（2）+3价正离子与F$^-$的电子构型相同。

（3）+2价正离子3d轨道全充满。

16. 某元素在Kr之前,当它的原子失去3个电子后,其角量子数为2的轨道上的电子恰好是半充满,试推断该元素的名称。

17. 试讨论元素的周期与能级组之间内在的对应关系;指出元素所在的族数与其原子核外电子层结构的关系;说明元素周期表共分成几个区,各区分别包括哪些族元素。

18. 什么是元素的电负性? 电负性在同周期、同族内各有何规律性?

第七章同步练习

（王美玲　吴品昌）

第八章 分子结构

【学习目标】

掌握：杂化轨道理论和价层电子对互斥理论的要点,联合运用两种理论解释简单分子的结构。

熟悉：共价键的本质,价键理论要点;分子间力的种类和本质;分子轨道的概念,第二周期同核双原子分子的电子排布式,键级的计算和分子磁性的判断。

了解：离子键的形成、特征以及离子极化的概念。

  物质的性质不仅与组成分子的原子种类有关(即原子结构),还取决于分子结构。例如,金刚石、石墨和 C_{60}(足球烯)虽然都是由 C 原子组成,但性质上却存在很大差别。这源于它们的化学键和空间构型不同,即分子结构不同。分子结构的研究通常包括：化学键、原子间的空间位置以及分子间作用力。

  学习分子结构的知识对更好地了解物质的性质和化学反应的规律具有重要意义。中药、制药及相关专业的学生通过分子结构知识的学习,可以从分子水平上认识药物的活性与结构的关系,为药物的设计及研发提供必备的基础。

  化学键是分子(或晶体)中相邻两个或多个原子(或离子)间的强烈作用力,根据原子(离子)结合方式和性质的不同,可分为离子键、共价键和金属键三种类型,其中以共价键相结合的化合物占已知化合物的 90% 以上。本章讨论离子键和共价键理论,同时介绍分子间作用力及其与物质性质的关系。

第一节 共价键理论

  为了说明同种元素的原子组成的分子,如 H_2、O_2、N_2 等,以及电负性相近的元素原子间结合形成的分子,如 HCl、NH_3 和大量有机物分子中的结合力,1916 年美国化学家路易斯(G. N. Lewis)提出了经典共价键理论。路易斯认为相同原子或电负性相近的原子,力图通过共用电子使分子中的原子都达到稀有气体原子的电子构型(8 电子或 2 电子)。原子间通过共用电子形成的化学键称为共价键(covalent bond),如此形成的分子称为共价型分子。

  经典共价键理论初步揭示了共价键与离子键的区别,说明了某些电负性相同或相近元素原子为什么结合以及共价键的饱和性。然而还有许多客观事实无法解释,例如,不能说明共价键的方向性;也无法解释两个电子为何不排斥反而配对;同时,在解释 BCl_3 和 PCl_5 等中心原子未满足稀有气体结构的分子时,也遇到了困难,这说明当时对共价键的本质尚未认识清楚。

现代共价键理论是在量子力学阐明共价键本质的基础上发展起来的。美国化学家鲍林(L. C. Pauling)和斯莱特(J. C. Slater)在量子力学对共价键本质阐述的基础上加以发展和补充,建立了价键理论和杂化轨道理论。1932年美国化学家马利肯(R.A.Mulliken)和德国化学家洪德(F. Hund)等人提出了分子轨道理论。这些共价键理论从不同的方面阐述了共价键的形成。

一、价键理论

(一)共价键的形成和本质

1927年英国化学家海特勒(W. Heitler)和德国化学家伦敦(F. London)应用量子力学的方法分析 H_2 分子中共价键的形成,从量子力学的观点揭示了共价键的本质。

海特勒和伦敦通过求解 H_2 分子的薛定谔方程,得到了两个H原子的相互作用能(E)与它们核间距(R)的关系曲线,如图8-1所示。

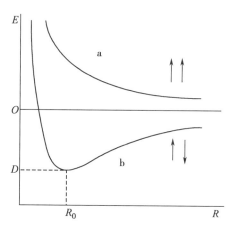

由图8-1可见,当两个H原子相互靠近时,如果核外电子自旋反平行,体系能量逐步降低,当理论核间距 R_0 为87pm时(实验值约为74pm),体系能量达到最低。如果两个H原子继续靠近,则排斥力占主导地位,体系能量又急剧上升。这说明两个H原子在核间距 R_0 处形成了稳定的化学键,该状态称为 H_2 分子的基态(图8-1曲线b)。

当核外电子自旋平行的两个H原子相互接近时,体系的能量始终高于单独存在的H原子能量,这时体系处于不稳定状态,不能形成稳定的 H_2 分子,这种不稳定的状态称为 H_2 分子的排斥态(图8-1曲线a)。

● 图8-1 H_2 分子形成的能量变化曲线

基态分子和排斥态分子在电子云分布上也有很大不同。计算表明,基态分子中两核间电子的概率密度远远大于排斥态分子核间电子概率密度。基态之所以能成键,是因为电子自旋反平行的两个H原子的1s原子轨道发生了同相位重叠,重叠部分的波函数相加,电子在两核间概率密度增大,如图8-2(a)所示。该电子云密集区使得两核正电荷互相"屏蔽",同时,"浓浓"的负电荷电子云将两个核"黏合"在一起,体系能量降低,从而形成了稳定的 H_2 分子。

排斥态之所以不能成键,是因为电子自旋平行的两个H原子的1s原子轨道发生了反相位重叠,重叠部分的波函数相互抵消,两核间电子的概率密度几乎为零,两核排斥力增大,体系能量较高,不利于成键,如图8-2(b)所示(有关原子轨道的同相位和反相位重叠请参阅本章拓展阅读)。

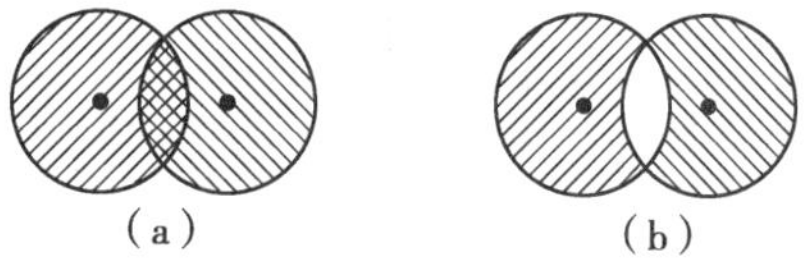

量子力学处理 H_2 分子的结果表明,共价键的本质是原子轨道的相互重叠,核间电子概率密度增大吸引原子核而成键。因此,共价键的本质也是电性的,但因为这种结合力是核间电子云密集

● 图8-2 H_2 分子基态和排斥态电子云示意图
(a)基态 (b)排斥态

区对两核的吸引力,而不是正、负离子间的库仑作用力,所以,它不同于一般的静电作用。

(二)价键理论基本要点

1931年,鲍林和斯莱特将量子力学对H_2分子的研究结果推广应用到其他分子体系,建立了价键理论(valence bond theory),简称VB法,俗称电子配对法,其要点如下。

1. 共价键的形成条件　成键原子双方各自提供自旋反平行的未成对价电子相互配对,即原子轨道重叠。电子在重叠区域出现的概率密度增大,体系能量降低,形成共价键。

2. 原子轨道最大重叠原理　成键时,原子轨道重叠程度越大,核间电子概率密度越大,形成的共价键越牢固,这就是原子轨道最大重叠原理。

3. 共价键的饱和性　因为每个原子所能提供的未成对电子数是一定的,根据泡利不相容原理,原子的某个未成对电子一旦与其他原子的未成对电子配对后,就不能再与另外的电子配对。因此,原子所能形成共价键的数目是受成单电子数目限制的,这就是共价键的饱和性。

4. 共价键的方向性　根据原子轨道最大重叠原理,可以理解共价键的方向性。在参与成键的原子轨道中,除s轨道呈球形对称外,其他原子轨道都有向某一特定方向伸展的空间取向。在形成共价键时,原子间应尽可能沿着原子轨道的伸展方向成键,才能达到最大程度的重叠,形成稳定的化学键,这就是共价键的方向性。饱和性和方向性是共价键的基本特征。

例如,在形成HCl分子时,H原子的1s电子和Cl原子的1个未成对的$3p_x$电子配对形成1个共价键,有如图8-3所示的三种可能重叠方式。其中只有采取图8-3(a)的重叠方式成键才能使s轨道和p_x轨道发生最大程度的重叠,形成稳定的HCl分子。

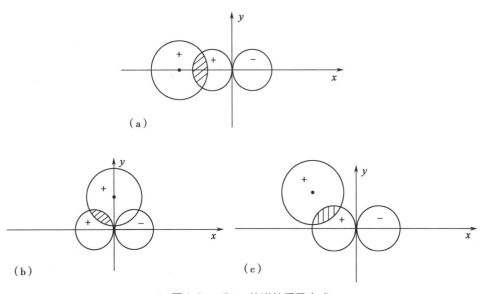

(a)

(b)　　　(c)

● 图8-3　s和p_x轨道的重叠方式

由此可见,共价键之所以具有方向性是因为原子轨道具有一定的方向性,在和相邻原子的原子轨道重叠时要满足最大重叠条件。

【思考题8-1】共价键的本质是什么?根据价键理论的要点说明共价键的基本特征。

（三）共价键的类型

根据原子轨道最大重叠原理,形成共价键时原子轨道之间可以有两种不同的重叠方式,从而形成两种不同类型的共价键:σ键和π键。

1. σ键 原子轨道沿键轴方向(键合原子核连线)以"头碰头"方式重叠形成的共价键叫σ键。若规定 x 轴为键轴,则 $s-s$,$s-p_x$,p_x-p_x 原子轨道重叠均形成σ键,如图8-4所示。

σ键的特点是:原子轨道的重叠部分对键轴呈圆柱形对称分布,即围绕键轴旋转任意角度,轨道形状和符号均不改变。由于原子轨道沿轴向重叠,重叠程度大,所以σ键的键能较大,稳定性高。

2. π键 原子轨道沿键轴的方向以"肩并肩"方式重叠形成的共价键称为π键。若以 x 轴为键轴,p_y-p_y,p_z-p_z 原子轨道重叠均形成π键,如图8-5所示。

π键的特点是:原子轨道的重叠部分在键轴所在的平面上下两部分形状相同,符号相反,呈镜面反对称。形成π键时,原子轨道的重叠程度不如σ键,键能较小。表现在π键的电子活性高,是化学反应的积极参与者,如烯烃、炔烃中的π键易断裂发生加成反应。

一般而言,当两个原子以共价单键结合时,通常形成σ键;形成共价双键或三键时,其中有一个是σ键,其余为π键。例如,基态N原子的价电子结构为 $2s^2 2p_x^1 2p_y^1 2p_z^1$。当两个N原子沿 x 轴接近时,两个N原子的 p_x 轨道以"头碰头"方式重叠,形成1个σ键;同时两个N原子相互平行的 p_y 轨道以及 p_z 轨道只能以"肩并肩"方式重叠,形成2个π键。N_2 分子中的三重键如图8-6所示。

π键的形成(动画)

【思考题8-2】简要说明σ键和π键的主要区别。

（四）共价键参数

共价键参数(bonding references)是表征共价键性

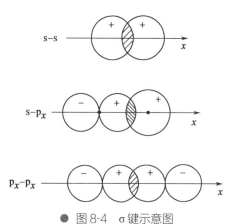

● 图8-4 σ键示意图

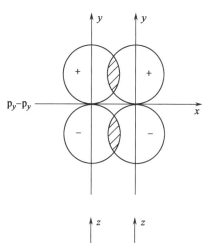

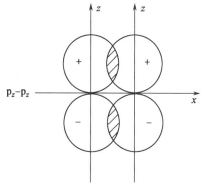

● 图8-5 π键示意图

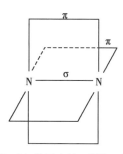

● 图8-6 N_2 分子中的σ键和π键示意图

质的物理量,一般用键能和键长表示键的强弱,键长和键角描述分子的空间构型。

1. 键能 是用来衡量原子之间形成化学键牢固程度的物理量。

在 298K 和 100kPa 下,将 1mol 理想气体分子 AB 拆成气态的 A 原子和 B 原子所需要的能量,称为 A—B 键的键能(bonding energy),用符号 E 表示。对双原子分子 AB 来说,键能 E 实质上是 A—B 键的离解能(bonding dissociation energy)D,对于多原子分子,键能等于各键离解能的平均值。

例如,对 H_2 分子:$H_2(g) \longrightarrow 2H(g)$ $D_{H-H} = E_{H-H} = 436kJ/mol$

对 H_2O 分子,虽然有两个等价的 O—H 键,但每个 O—H 键的离解能是不同的,即先后拆开它们所需要的能量不同:

$$H_2O(g) \longrightarrow H(g) + OH(g) \quad D_1 = 502kJ/mol$$

$$HO(g) \longrightarrow H(g) + O(g) \quad D_2 = 426kJ/mol$$

H_2O 分子中 O—H 键的键能应为两个 O—H 键离解能的平均值:

$$H_2O(g) \longrightarrow 2H(g) + O(g) \quad E_{O-H} = (D_1 + D_2)/2 = 464kJ/mol$$

化学键键能是常用的物理和化学参数之一,一般来说,键能越大,表明键越牢固,该键构成的分子就越稳定。表 8-1 列出一些双原子分子的键能和某些常见共价键的键能和键长数据。

表 8-1　常见共价键的键能和键长数据(298K,100kPa)

共价键	键能/(kJ/mol)	键长/pm	共价键	键能/(kJ/mol)	键长/pm
H—H	436	74	Br—Br	193	228.4
H—F	565	92	I—I	151	266.6
H—Cl	431	127.4	O—H	464	96
H—Br	368	140.8	N—H	389	101
H—I	297	160.8	C—C	346	154
F—F	155	141.4	C═C	602	134
Cl—Cl	243	198.8	C≡C	835	120

【思考题 8-3】键能与离解能有何不同?

2. 键长 分子中两成键原子核之间的平衡距离称为键长(bonding length),常用单位为 pm。在理论上,可以用量子力学近似法计算出键长,但实际上由于分子结构的复杂性,键长往往是通过光谱或衍射等实验方法测定的。如实验测得 H_2 分子中两个 H 原子的核间距为 74pm,所以 H—H 键的键长为 74pm。键长可以表示键的强度,键长越短,键越牢固。一些化学键键长的数据见表 8-1。

3. 键角 分子中相邻两个键之间的夹角称为键角(bonding angle)。键角是反映分子空间构型的一个重要参数,通常根据光谱实验测定。根据分子中键长和键角的数据可以确定分子的空间构型,例如 H_2O 分子中的键角为 104°45′,表明 H_2O 分子为 V 形结构。

二、杂化轨道理论

价键理论从原子轨道重叠的观点出发,成功地说明了共价键的形成和本质,较好地解释了共价键的特征以及共价键的类型等。但人们按照价键理论去解释某些多原子分子的形成及空间构型时却遇到了困难。例如基态 C 原子的外层电子组态为 $2s^2 2p^2$，只有两个未成对电子，为何不形成 CH_2 而形成 CH_4 分子呢？CH_4 分子为什么是正四面体构型？同样，价键理论也不能解释 H_2O 分子中两个 O—H 键的键角为什么不是 $90°$ 而是 $104°45'$。

为了说明多原子分子的成键原理及空间构型，1931 年鲍林和斯莱特在价键理论的基础上又提出杂化轨道理论（hybrid orbital theory），在成键能力、分子的空间构型等方面丰富和发展了价键理论。

（一）杂化与杂化轨道的概念

杂化轨道理论认为，原子在形成共价键时，中心原子所使用的轨道不是原来纯粹的原子轨道，而是使用杂化轨道成键。在形成分子的过程中，同一原子中若干个能量相近的原子轨道倾向于重新组合，重新分配能量和调整空间方向，形成一组成键能力更强的新轨道。这种轨道的重新组合过程称为轨道的杂化（hybridization），形成的新轨道叫杂化轨道（hybrid orbital）。

需要注意的是，原子轨道的杂化只发生在形成分子的过程中，孤立的原子是不发生杂化的。

（二）杂化轨道理论基本要点

1. 同一原子中只有能量相近的原子轨道（通常是指同层或同一能级组的轨道）才能杂化。

2. 形成的杂化轨道数目与参加杂化的原子轨道数目相等。

3. 杂化轨道的"形状"均为类似葫芦形，电子云分布比单纯的原子轨道更为集中，因而成键时重叠程度增大，更加有利于成键。

4. 杂化轨道间力图在空间取最大夹角分布，以保持体系能量较低。杂化轨道在空间的分布形式与分子的空间构型有关。

5. 原子轨道杂化时，一般使成对价电子激发到空轨道而成单个电子，形成激发态，其所需能量可用成键时放出的能量予以补偿。

【思考题 8-4】为什么原子轨道杂化后，能提高其成键能力？

（三）s−p 型杂化与实例

按参加杂化的原子轨道种类，原子轨道的杂化有 s−p 和 s−p−d 两种主要类型，本章仅介绍 s−p 型杂化，s−p−d 型杂化将在配合物一章中介绍。

能量相近的 ns 轨道和 np 轨道之间的组合过程称为 s−p 型杂化，s−p 型杂化是最简单的杂化方式。按参加杂化的 p 轨道数目，s−p 型杂化又分为 sp^3、sp^2 和 sp 三种杂化类型。

1. sp^3 杂化　1 个 ns 轨道和 3 个 np 轨道组合的过程称为 sp^3 杂化。sp^3 杂化后形成 4 个等价的 sp^3 杂化轨道，每个 sp^3 杂化轨道中含有 $\frac{1}{4}$ s 轨道和 $\frac{3}{4}$ p 轨道成分。4 个 sp^3 杂化轨道在空间呈正四面体形分布，轨道间夹角为 $109°28'$，如图 8-7 所示。

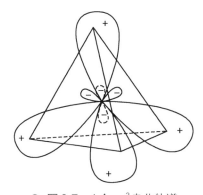

● 图 8-7　4 个 sp^3 杂化轨道

例如 CH_4 分子,实验测得 CH_4 是正四面体构型。中心原子 C 的基态外层电子组态为 $2s^2 2p^2$。根据杂化轨道理论,在成键过程中,C 原子的 1 个 2s 电子被激发到 1 个空的 2p 轨道上,形成外层电子组态为 $2s^1 2p_x^1 2p_y^1 2p_z^1$ 的激发态。激发态 C 原子的 2s 轨道和 3 个 2p 轨道进行杂化,形成 4 个能量相等的 sp^3 杂化轨道。CH_4 分子中 C 原子的 sp^3 杂化如图 8-8 所示。

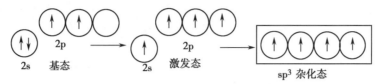

● 图 8-8　CH_4 分子中 C 原子的 sp^3 杂化

每个 sp^3 杂化轨道中各有 1 个未成对电子,分别与 4 个 H 原子含有未成对电子的 1s 原子轨道发生"头碰头"重叠,形成 4 个 C—H σ 键。由于 4 个 sp^3 杂化轨道在空间呈正四面体形分布,sp^3 杂化轨道间夹角为 109°28′。所以 CH_4 分子的空间构型为正四面体,键角为 109°28′,如图 8-9 所示。

除了 CH_4 分子,CCl_4、SiH_4 和 C_2H_6 等分子的形成和空间结构也能用 sp^3 杂化概念得到解释。

2. sp^2 杂化　1 个 ns 轨道和 2 个 np 轨道组合的过程称为 sp^2 杂化。sp^2 杂化后形成 3 个等价的 sp^2 杂化轨道,每个 sp^2 杂化轨道中含有 $\frac{1}{3}$ s 轨道和 $\frac{2}{3}$ p 轨道成分,3 个 sp^2 杂化轨道在一个平面上互成 120° 夹角,空间构型为平面三角形,如图 8-10 所示。

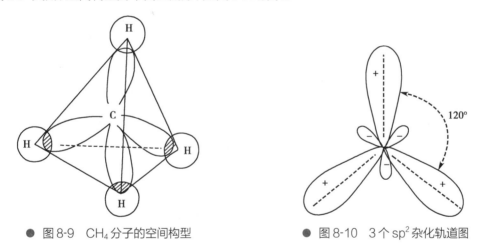

● 图 8-9　CH_4 分子的空间构型　　　　● 图 8-10　3 个 sp^2 杂化轨道图

例如 BF_3 分子,实验测得 BF_3 是平面三角形构型。中心原子 B 的基态外层电子组态为 $2s^2 2p^1$。根据杂化轨道理论,在成键过程中,B 原子的 1 个 2s 电子被激发到 1 个空的 2p 轨道上,形成外层电子组态为 $2s^1 2p_x^1 2p_y^1 2p_z^0$ 的激发态。激发态原子的 2s 轨道和 2 个 2p 轨道进行杂化,形成 3 个能量相等的 sp^2 杂化轨道。BF_3 分子中 B 原子的 sp^2 杂化如图 8-11 所示。

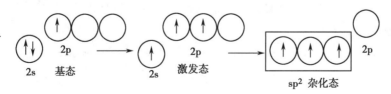

● 图 8-11　BF_3 分子中 B 原子的 sp^2 杂化

每个 sp^2 杂化轨道中各有 1 个成单电子,分别与 3 个 F 原子含有未成对电子的 2p 轨道发生"头碰头"重叠,形成 3 个 B—F σ 键。由于 3 个 sp^2 杂化轨道间夹角为 120°,所以形成的 BF_3 分子的空间构型为平面三角形,键角为 120°,如图 8-12 所示。

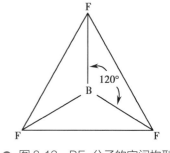

● 图 8-12 BF_3 分子的空间构型

除了 BF_3 分子,BCl_3、C_2H_4 等分子的形成和空间结构也能用 sp^2 杂化概念得到解释。

3. sp 杂化 1 个 ns 轨道和 1 个 np 轨道组合的过程称为 sp 杂化。sp 杂化后形成 2 个等价的 sp 杂化轨道,每个 sp 杂化轨道中含有 $\frac{1}{2}$ s 轨道和 $\frac{1}{2}$ p 轨道成分;2 个 sp 杂化轨道间夹角为 180°,空间构型为直线型,如图 8-13 所示。

例如 $BeCl_2$ 分子的形成,实验测得 $BeCl_2$ 是直线形分子。中心原子 Be 的外层电子组态为 $2s^2$。根据杂化轨道理论,成键时,Be 原子的 1 个 2s 电子被激发到 1 个空的 2p 轨道上,形成外层电子组态为 $2s^12p^1$ 的激发态。激发态 Be 原子的 2s 轨道

● 图 8-13 2 个 sp 杂化轨道

和 1 个 2p 轨道进行杂化,形成 2 个能量相等的 sp 杂化轨道。$BeCl_2$ 分子中 Be 原子的 sp 杂化如图 8-14 所示。

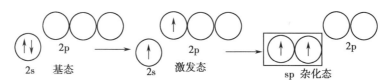

● 图 8-14 $BeCl_2$ 分子中 Be 原子的 sp 杂化

每个 sp 杂化轨道中各有 1 个成单电子,分别与 2 个 Cl 原子含有未成对电子的 2p 轨道发生"头碰头"重叠,形成 2 个 Be—Cl σ 键。由于 2 个 sp 杂化轨道间夹角为 180°,所以形成的 $BeCl_2$ 分子的空间构型为直线形,键角为 180°。

除了 $BeCl_2$ 分子,$HgCl_2$ 和 C_2H_2 等分子的形成和空间结构也能用 sp 杂化概念得到解释。

【思考题 8-5】中心原子的杂化类型与空间构型有何对应关系?

(四)等性杂化与不等性杂化

根据杂化后形成的杂化轨道是否等同(能量相同,成分相同),原子轨道的杂化可分为等性杂化和不等性杂化。

1. 等性杂化 杂化后形成的各个杂化轨道成分相同,能量相等,这种杂化称为等性杂化。若参加杂化的原子轨道都含有成单电子或都是空轨道,其杂化是等性的。上述介绍的三种类型的杂化均属于等性杂化。

2. 不等性杂化 杂化后形成的各个杂化轨道成分比例不相同,能量也不相等,这种杂化称为不等性杂化。若参与杂化的原子轨道中,有的含有成单电子,有的含有孤电子对,其杂化是不等性的。不等性杂化后,被孤电子对占据的杂化轨道与其他杂化轨道的成分稍有不同,因而导致杂

化轨道的能量也不完全相同。例如 NH_3 和 H_2O 分子中的轨道杂化就属于 sp^3 不等性杂化。

实验测得 NH_3 分子为三角锥形,键角为 $107°18'$。中心 N 原子的外层电子组态为 $2s^2 2p_x^1 2p_y^1 2p_z^1$,成键过程中,N 的 1 个 2s 轨道与 3 个 2p 轨道发生 sp^3 不等性杂化,形成 4 个 sp^3 杂化轨道。4 个杂化轨道的空间取向为正四面体形。其中 3 个杂化轨道中均只含有一个电子,1 个杂化轨道被孤电子对所占据。3 个含有成单电子的杂化轨道分别与 H 原子的 1s 原子轨道重叠形成 σ 键(即 N—H 键),含有孤电子对的杂化轨道不参与成键。但由于孤电子对只受到 N 原子核的吸引,电子云密集于 N 原子周围,对成键电子有较大的排斥力,故 NH_3 分子中 N—H 键之间的夹角从 $109°28'$ 被压缩至 $107°18'$,分子呈三角锥形,如图 8-15 所示。

实验测得 H_2O 分子为角形(或 V 形)结构,键角为 $104°45'$。中心原子 O 的外层电子组态为 $2s^2 2p^4$,成键过程中,O 的 1 个 2s 轨道与 3 个 2p 轨道发生 sp^3 不等性杂化,形成 4 个 sp^3 杂化轨道。4 个杂化轨道的空间取向为正四面体形,其中 2 个杂化轨道均只含有一个电子,2 个杂化轨道分别被一对孤电子对占据。2 个含有成单电子的杂化轨道分别与 H 原子的 1s 原子轨道重叠形成 σ 键(即 O—H 键),因为有 2 个杂化轨道被孤电子对所占据,使 H_2O 分子中 O—H 键间的夹角被压缩至 $104°45'$,H_2O 分子呈角形(或 V 形)结构,如图 8-16 所示。

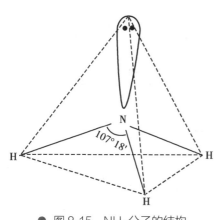

● 图 8-15　NH_3 分子的结构

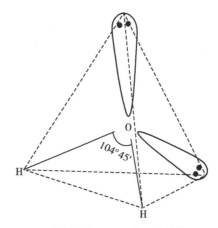

● 图 8-16　H_2O 分子的结构

由此可见,分子(或离子)的中心原子价电子层具有孤对电子且无空轨道时,往往采取不等性杂化成键,如氧族或氮族元素。

水分子的形成(动画)

【思考题8-6】试分析 H_2S 和 PCl_3 分子中心原子 S 和 P 的杂化方式。

s−p 型杂化轨道和分子的空间构型列于表 8-2。

表 8-2　s−p 型杂化轨道及空间构型

杂化轨道类型	杂化轨道数目	杂化轨道夹角 θ	空间构型	实例
sp^3	4	$109°28'$	正四面体	CH_4, $SiCl_4$
sp^2	3	$120°$	平面三角形	BCl_3, C_2H_4
sp	2	$180°$	直线形	C_2H_2, $BeCl_2$
sp^3 不等性	4	$90° < \theta < 109°28'$	三角锥形或角形	H_2O, H_2S, PH_3

杂化轨道理论成功地解释了多原子分子的价键形成以及几何构型,从理论上阐述了原子为什么要采取杂化轨道成键,从而进一步补充和发展了价键理论。但杂化轨道理论只能在已知分子空

间构型的基础上,才能确定中心原子的杂化类型,而用该理论去预测中心原子会采取何种杂化方式以及分子的空间构型则比较困难。

三、价层电子对互斥理论

为了方便地预测多原子分子(或离子)的几何构型,1940 年,英国科学家西奇维科(N.V. Sidgwick)等人相继提出价层电子对互斥理论(vanlence shell electron-pair repulsion theory, VSEPR)。该理论假设简单,不需要原子轨道的概念,却可以简单地预测许多共价分子(或离子)的几何构型。该法适用于主族元素间形成的 AB_n 分子(或离子)。

(一)理论要点

1. 当中心原子 A 和 n 个配位原子 B 形成 AB_n 多原子分子(或离子)时,分子或离子的空间构型与中心原子 A 的价层电子对数有关。中心原子的价层电子对包括成键电子对和未参与成键的孤电子对。

2. 价层电子对趋向于尽可能地远离,以减小彼此的排斥,当排斥不能避免时,整个分子倾向于形成排斥力最弱的结构。价层电子对间静电排斥最小的排布方式如表8-3所示。

表8-3 静电排斥力最小的价层电子对排布方式

中心原子价层电子对数	2	3	4	5	6
价层电子对的排布方式	直线形	三角形	四面体	三角双锥	八面体

3. 价层电子对间排斥力大小顺序 孤电子对－孤电子对＞孤电子对－成键电子对＞成键电子对－成键电子对。若分子中同时存在几种键角,则只考虑键角最小的各电子对之间的排斥作用。

用价层电子对互斥理论判断分子几何构型的关键是确定中心原子的价层电子对数。

(二)价层电子对数的确定

AB_n 分子(或离子)中,中心原子 A 的价层电子对数按下式计算:

$$价层电子对数 = \frac{中心原子价电子数+配位原子提供电子数 \pm 离子电荷}{2}$$

根据上式计算价层电子对数时,应注意以下问题:①共价分子(或离子)一般由 p 区元素形成,p 区元素为中心原子时,其价电子数等于其所在的族数;②配位原子通常为 H、O、S 和卤素原子,H 和卤素原子各提供 1 个电子,O 或 S 原子不提供电子;③若分子中存在双键或三键时,可将多重键当做单键(即当作一对成键电子)看待;④对复杂离子,计算时还应减去正离子或加上负离子所带电荷数;⑤若算出的中心原子价层电子对数出现小数时,则在原整数位进 1,按整数计算。

例如在 NO_2 分子中,N 原子的价层电子对数 $= \frac{1}{2}(5+0) = 2.5$,则 N 原子的价层电子对数按 3 对计算。

中心原子的价层电子对数确定后,则可以根据 VSEPR 理论的基本要点判断分子的几何形状。中心原子价层电子对排布方式与分子空间构型的对应关系如表8-4所示。

表8-4　价层电子对排布方式与分子空间构型的对应关系

价层电子对数	成键电子对数	孤电子对数	化学式	实例	价层电子对排列方式	分子实际几何构型
2	2	0	AX_2	CO_2	直线形	直线形
3	3	0	AX_3	BCl_3	平面三角形	平面三角形
	2	1	AX_2	SO_2		V形或角形
4	4	0	AX_4	CCl_4	正四面体	正四面体
	3	1	AX_3	NH_3		三角锥形
	2	2	AX_2	H_2O		V形或角形
5	5	0	AX_5	PCl_5	三角双锥	三角双锥
	4	1	AX_4	$TeCl_4$		变形四面体
	3	2	AX_3	ClF_3		T形
	2	3	AX_2	XeF_2		直线形
6	6	0	AX_6	SF_6	正八面体	正八面体
	5	1	AX_5	IF_5		四方锥形
	4	2	AX_4	XeF_4		平面四方形

(三) 价层电子对互斥理论应用实例

下面通过一些实例来说明价层电子对互斥理论是如何判断分子的空间构型的。

1. CCl_4 分子　在 CCl_4 分子中,中心 C 原子的价层电子对数 $=\frac{1}{2}(4+4)=4$。由于中心原子 C 有 4 个配位原子,则 4 对价层电子对应全部为成键电子对。根据表 8-4 可知,CCl_4 分子的空间构型为正四面体。

2. ClO_3^- 离子　在 ClO_3^- 离子中,中心原子 Cl 的价层电子对数 $=\frac{1}{2}(7+1)=4$。由于中心原子 Cl 有 3 个配位原子,则 4 对价层电子对中应有 1 对为孤电子对。根据表 8-4 可知,Cl 原子的价层电子对排布方式为四面体形,四面体的 3 个顶角被 3 个 O 原子占据,余下的顶角被中心原子的孤电子对占据,因此 ClO_3^- 离子应为三角锥形。

3. ClF_3 分子　在 ClF_3 分子中,中心原子 Cl 的价层电子对数 $=\frac{1}{2}(7+3)=5$,由于中心原子 Cl 有 3 个配位原子,因此其中 3 对为成键电子对,2 对为孤电子对。价层电子对的空间构型为三角双锥形,三角双锥的 5 个顶角有 3 个被 F 原子所占据,其他 2 个被孤电子对所占据。因此,ClF_3 分子有如图 8-17 所示的三种可能结构。

在图 8-17 的三种结构中,最小夹角为 90°,所以只考虑价层电子对之间夹角为 90° 时的静电排斥作用。90° 夹角的价层电子对排斥力数目如表 8-5 所示。

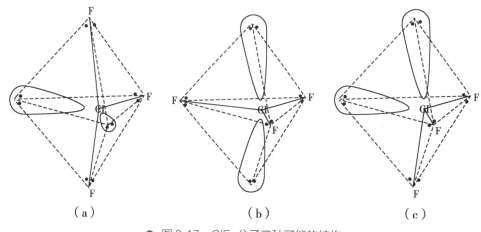

● 图 8-17 CIF_3 分子三种可能的结构

表 8-5 CIF_3 中夹角为 90° 的价层电子对数目

CIF_3 可能的结构	（a）	（b）	（c）
90° 孤对电子 - 孤对电子数	0	0	1
90° 孤对电子 - 成键电子对数	4	6	3
90° 成键电子对 - 成键电子对数	2	0	2

由表 8-5 可知,(a)、(b) 两种结构中没有夹角 90° 的孤电子对 - 孤电子对排斥作用,而且和 (b) 结构相比,(a) 的夹角 90° 的孤电子对 - 成键电子对数最少,因此 (a) 是最稳定的结构,CIF_3 分子的结构应为 (a),即 T 形。

综上所述,价层电子对互斥理论能简明、直观地预测共价分子(或离子)的几何构型,且与杂化轨道理论所得的结果一致。但 VSEPR 理论也有一定的局限性,该理论可用于 AB_n 分子(或离子)几何构型的判断,但对于某些复杂的多中心或中心原子是副族元素原子的化合物则无法处理,而且不能解释分子的成键原理。因此该理论可以作为杂化轨道理论的补充,即在讨论分子结构时,先用 VSEPR 理论预测分子的空间构型,再用杂化轨道理论说明共价键的形成。

【思考题 8-7】判断 SiF_4 和 H_2S 分子的空间构型,说明中心原子的杂化方式。

四、分子轨道理论

价键理论和杂化轨道理论能较好地解释多数共价分子的价键形成及几何构型,但在说明一些含有单电子的分子(NO、NO_2)或离子(H_2^+、He_2^+)的稳定存在,以及一些与单电子存在相关的分子磁性时遇到了困难。例如按照价键理论,O_2 分子的结构为 $O=O$,应该不存在单电子,因此 O_2 应是反磁性物质。但磁性实验的测定结果表明,O_2 是顺磁性物质(有关分子的顺磁性与反磁性请参阅本章拓展阅读)。1932 年美国化学家马利肯和德国化学家洪德等人提出了分子轨道理论(molecular orbital theory),即 MO 法。分子轨道理论着眼于分子整体性,阐明了一些价键理论和杂化轨道理论无法解释的事实,分子轨道理论在现代共价键理论中占有重要的地位。

（一）分子轨道

分子轨道理论认为，原子形成分子时，电子不只局限在自身的核外，即分子中的电子不再属于某个原子，而是在整个分子范围内运动（或者说为整个分子所共有）。原子中用波函数描述电子的空间运动状态，原子中电子的波函数俗称原子轨道。同样，描述分子中电子空间运动状态的波函数称为分子轨道（molecular orbital），简称 MO。分子轨道与原子轨道的区别在于：①原子轨道是单中心的（单原子核），而分子轨道是多中心的（多原子核）；②原子轨道用 s、p、d 等符号表示，而分子轨道用 σ、π 等符号表示。

（二）分子轨道理论基本要点

1. 分子轨道的形成　分子轨道由原子轨道波函数线性组合而成，形成的分子轨道总数等于组成分子轨道的原子轨道总和。原子轨道相加，电子在两原子核间的概率密度增大，能量降低，组成成键分子轨道；原子轨道相减，电子在两原子核间概率密度减小，能量升高，组成反键分子轨道。

2. 分子轨道形成原则　原子轨道线性组合成分子轨道时，应满足对称性匹配、能量相近和轨道最大重叠三原则，称为线性组合三原则。

（1）对称性匹配原则：只有对称性匹配的原子轨道才能组合成分子轨道，称为对称性匹配原则。所谓对称性匹配是指参与成键的原子轨道相对于键轴（两原子核的连线）应有相同的对称性。例如 s 轨道与 s 轨道、s 轨道与 p_x 轨道、p_x 轨道与 p_x 轨道都对键轴（设为 x 轴）呈对称分布（绕 x 轴旋转 180°，形状和符号都不变），所以 s−s、s−p_x、p_x−p_x 轨道是对称性匹配的原子轨道，可以组合成分子轨道，如图 8-18（a）、图 8-18（b）、图 8-18（c）所示。p_y 轨道与 p_y 轨道、p_z 轨道与 p_z 轨道是对于键轴呈反对称分布的（绕 x 轴旋转 180°，形状不变，但符号相反），也是对称性匹配的原子轨道，可以组成分子轨道，如图 8-18（d）所示。s 轨道与 p_y 或 p_z 轨道，p_x 轨道与 p_y 或 p_z 轨道，对键轴的对称性不同（一种对键轴呈对称分布，另一种对键轴呈反对称分布），为对称性不匹配的原子轨道，不能组合成分子轨道，如图 8-18（e）、图 8-18（f）所示。注意，两个对称性匹配的原子轨道线性组合后得到两个分子轨道，其中一个是成键分子轨道，另一个是反键分子轨道。

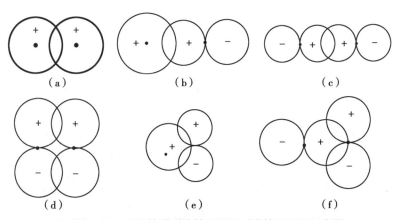

● 图 8-18　原子轨道对称性匹配和对称性不匹配示意图

（2）能量相近原则：在对称性匹配的原子轨道中，只有能量相近的才能有效地组合成分子轨道。通常轨道能量差大于 15eV 就不能有效地组合成分子轨道。

（3）轨道最大重叠原则：在对称性匹配的条件下，原子轨道的重叠程度越大，形成的分子轨道能量越低，化学键越牢固，这称为轨道最大重叠原则。

在上述三个组合原则中，对称性原则是首要原则，它决定原子轨道是否能组合成分子轨道，而能量相近原则与轨道最大重叠原则决定组合效率。

3. 电子在分子轨道的充填　分子中的电子将遵守电子在原子轨道中的充填原则（能量最低原理、泡利不相容原理和洪德定则，即电子充填三原则），分配在各个分子轨道上，从而得到分子的基态电子构型（或基态电子组态）。

（三）分子轨道的形成和类型

根据对称性匹配原则，原子轨道的组合主要有 s–s 组合、s–p 组合和 p–p 组合等方式。此外，根据原子轨道的重叠方式，分子轨道可分为 σ 轨道和 π 轨道。下面分别描述分子轨道的形成和类型。

1. s–s 原子轨道的组合　当两个原子的 ns 原子轨道相互组合时，原子轨道以"头碰头"方式重叠形成 σ 分子轨道。若 ns 原子轨道同号重叠（原子轨道相加），则形成成键分子轨道，用 $\sigma_{n\mathrm{s}}$ 表示；ns 原子轨道异号重叠（原子轨道相减），则形成反键分子轨道，用 $\sigma^*_{n\mathrm{s}}$ 表示，如图 8-19 所示。

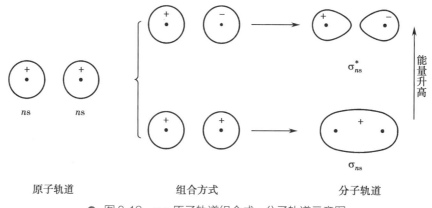

● 图 8-19　s-s 原子轨道组合成 σ 分子轨道示意图

2. s–p_x 原子轨道的组合　当一个原子的 ns 轨道与另一个原子的能量相近的 np 轨道沿键轴 x 轴方向重叠时，s 轨道与 p_x 轨道对称性匹配，可以组成分子轨道。s 轨道与 p_x 轨道沿 x 轴方向以"头碰头"方式重叠，得到两个分子轨道 σ_{sp_x} 和 $\sigma^*_{\mathrm{sp}_x}$，如图 8-20 所示。

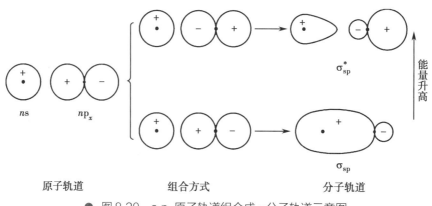

● 图 8-20　s-p_x 原子轨道组合成 σ 分子轨道示意图

3．p-p 原子轨道的组合　两个原子的 p 轨道相互重叠时，有两种重叠方式："头碰头"和"肩并肩"。两个原子的 np_x 轨道沿 x 轴方向以"头碰头"方式重叠，得到 2 个分子轨道：σ_{np_x} 和 $\sigma^*_{np_x}$，如图 8-21 所示。

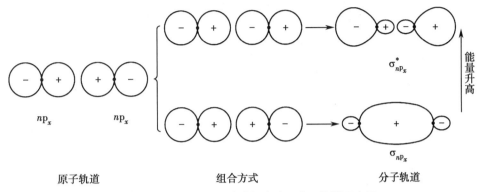

● 图 8-21　$p_x\text{-}p_x$ 原子轨道组合成 σ 分子轨道示意图

与此同时，这两个原子的 np_y 或 np_z 轨道将以"肩并肩"方式发生重叠，形成成键分子轨道 π_{np_y} 或 π_{np_z}，反键分子轨道 $\pi^*_{np_y}$ 或 $\pi^*_{np_z}$。其中 π_{np_y} 和 π_{np_z} 轨道或 $\pi^*_{np_y}$ 和 $\pi^*_{np_z}$ 轨道的形状和能量完全相同，空间取向互成 90° 角，是简并轨道，如图 8-22 所示。

分子轨道的类型还有许多，在此不一一介绍。

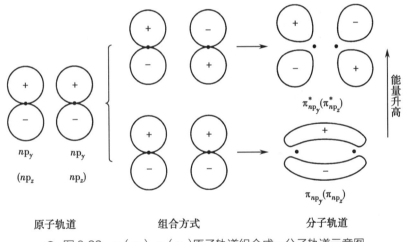

● 图 8-22　$p_y(p_z)\text{-}p_y(p_z)$ 原子轨道组合成 π 分子轨道示意图

（四）第二周期同核双原子分子的分子轨道能级图

每个分子轨道都有确定的能量，若把分子中各分子轨道按照能级高低的顺序排列，可得到分子轨道能级图（energy level diagram）。由于分子轨道能量的理论计算很复杂，目前，分子轨道能量高低的次序主要是根据分子光谱的实验数据来确定的。第二周期元素形成的同核双原子分子的分子轨道能级有两个顺序，如图 8-23 所示。

在图 8-23 的分子轨道能级图中，每个圆圈代表一个分子轨道，若两个圆圈在同一个高度，说明其所代表的分子轨道能量相等，是简并轨道。因此，图 8-23 中，π_{2p_y} 和 π_{2p_z} 是双重简并轨道，同理，$\pi^*_{2p_y}$ 和 $\pi^*_{2p_z}$ 也是双重简并轨道。

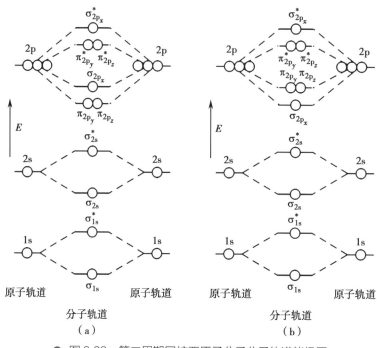

● 图 8-23　第二周期同核双原子分子分子轨道能级图
（a）2s 和 2p 能级相差较小　（b）2s 和 2p 能级相差较大

比较图 8-23 的（a）和（b）可见，σ_{2p_x} 和 π_{2p} 的能量顺序有了变化。这是由于第二周期元素中 2s 和 2p 原子轨道能量差值不同所致，现分别讨论如下。

（1）2s 和 2p 轨道能量差较大：当组成原子的 2s 和 2p 轨道能量差较大时（＞1 500kJ/mol），在组合成分子轨道时，不会发生 2s 和 2p 轨道的相互作用，因此，由这些原子组成的同核双原子分子的分子轨道能级顺序如图 8-23（b）所示。此时 π_{2p_y} 和 π_{2p_z} 分子轨道的能量高于 σ_{2p_x}。图 8-23（b）适用于 O_2 和 F_2 等分子。

（2）2s 和 2p 轨道能量差较小：当组成原子的 2s 和 2p 轨道能量差较小时（＜1 500kJ/mol），在组合成分子轨道时，一个原子的 2s 轨道除了能与另一个原子的 2s 轨道发生重叠外，还可以与其 $2p_x$ 轨道重叠，其结果使 σ_{2p_x} 分子轨道的能量高于 π_{2p_y} 和 π_{2p_z} 分子轨道，即发生了能级交错现象。由这些原子组成的同核双原子分子的分子轨道能级顺序如图 8-23（a）所示。除了 O_2 和 F_2 分子之外，第二周期其他元素在形成同核双原子分子时，其分子轨道能级排列符合此顺序。

分子轨道能级顺序有两种表示方法，一种是如图 8-23 所示的分子轨道能级图，另一种是从左至右按能量由低至高顺序依次排列分子轨道（方括号内为简并轨道），即：

适用于 O_2 和 F_2 的：$\sigma_{1s}\sigma_{1s}^*\sigma_{2s}\sigma_{2s}^*\sigma_{2p_x}[\pi_{2p_y}\pi_{2p_z}][\pi_{2p_y}^*\pi_{2p_z}^*]\sigma_{2p_x}^*$

除 O_2 和 F_2 以外的：$\sigma_{1s}\sigma_{1s}^*\sigma_{2s}\sigma_{2s}^*[\pi_{2p_y}\pi_{2p_z}]\sigma_{2p_x}[\pi_{2p_y}^*\pi_{2p_z}^*]\sigma_{2p_x}^*$

如果按照以上的能级顺序，将分子中的电子依据电子填充三原则依次填入分子轨道，并在分子轨道符号的右上角注明电子数，所完成的式子则称为分子的分子轨道电子排布式（即分子的基态电子构型或基态电子组态）。

例如 F_2 分子（分子中共有18 个电子）的分子轨道电子排布式为：

$$(\sigma_{1s})^2(\sigma_{1s}^*)^2(\sigma_{2s})^2(\sigma_{2s}^*)^2(\sigma_{2p_x})^2[(\pi_{2p_y})^2(\pi_{2p_z})^2][(\pi_{2p_y}^*)^2(\pi_{2p_z}^*)^2]$$

N_2 分子(分子中共有 14 个电子)的分子轨道电子排布式为:

$$(\sigma_{1s})^2(\sigma_{1s}^*)^2(\sigma_{2s})^2(\sigma_{2s}^*)^2[(\pi_{2p_y})^2(\pi_{2p_z})^2](\sigma_{2p_x})^2$$

【思考题 8-8】为什么第二周期较轻双原子分子(从 Li_2 至 N_2)的分子轨道会发生能级交错的现象,即 σ_{2p} 能级高于 π_{2p} 的能级?

(五)键级

按照分子轨道理论,占据成键轨道上的电子使体系能量降低,对成键有贡献,而反键轨道上的电子使体系能量升高,对成键起抵消作用,故分子中净的成键电子数可以说明成键的强度。因此,分子轨道理论用键级来表示键的强弱,键级(bonding order)指分子中净的成键电子对数:

$$键级 = \frac{成键轨道电子总数 - 反键轨道电子总数}{2}$$

如 F_2 分子的键级 $= \frac{10-8}{2} = 1$,N_2 的键级 $= \frac{10-4}{2} = 3$。

键级可视为实际生成的共价键数目。通常情况下,键级越大,键的强度也越大,分子越稳定,若键级为零,意味不能形成稳定的分子,因此可用键级衡量分子的稳定性。

(六)分子轨道理论应用实例

【例题 8-1】试用分子轨道理论分析 H_2^+ 和 He_2 分子能否存在。

解 在 H_2^+ 中只有 1 个电子,其分子轨道电子排布式为:$(\sigma_{1s})^1$。由于 1 个电子进入了 σ_{1s} 成键分子轨道,体系能量降低,所以 H_2^+ 有共价键能,即形成一个单电子 σ 键,键级 $= \frac{1}{2}$。因此,理论上预测 H_2^+ 是可以稳定存在的,这与事实相符。而用价键理论则无法说明其存在的事实,这说明分子轨道理论是对价键理论更全面的补充。

在 He_2 分子中共有 4 个电子进入分子轨道,He_2 分子的分子轨道电子排布式为:$(\sigma_{1s})^2(\sigma_{1s}^*)^2$。$\sigma_{1s}$ 上的电子使分子能量降低,σ_{1s}^* 上的电子使分子能量升高,两者作用相互抵消,对成键没有贡献。He_2 分子的键级 $=0$,表明分子不能存在,这也与事实相符。

【例题 8-2】试用分子轨道理论说明 N_2 分子的结构。

解 N_2 分子中共有 14 个电子,电子将按照图 8-23(a)的能级顺序进入分子轨道,N_2 分子的分子轨道电子排布式为:

$$(\sigma_{1s})^2(\sigma_{1s}^*)^2(\sigma_{2s})^2(\sigma_{2s}^*)^2[(\pi_{2p_y})^2(\pi_{2p_z})^2](\sigma_{2p_x})^2$$

在 σ_{1s} 和 σ_{1s}^* 以及 σ_{2s} 和 σ_{2s}^* 轨道上分布的电子能量相互抵消,对成键没有贡献;对成键有贡献的是 $(\pi_{2p_y})^2$、$(\pi_{2p_z})^2$ 和 $(\sigma_{2p_x})^2$ 轨道上的三对电子,相当于形成 1 个 σ 键和 2 个 π 键,键级 $=3$。由于 N_2 分子中存在三重键,所以欲破坏 N_2 的化学键需要很高的能量,致使 N_2 分子具有特殊的稳定性。

【例题 8-3】试用分子轨道理论分析 O_2 分子的顺磁性,其化学活泼性如何?

解 O_2 分子中共有 16 个电子,电子将按照图 8-23(b)的能级顺序进入分子轨道,O_2 分子的分子轨道电子排布式为：

$$(\sigma_{1s})^2(\sigma_{1s}^*)^2(\sigma_{2s})^2(\sigma_{2s}^*)^2(\sigma_{2p_x})^2[(\pi_{2p_y})^2(\pi_{2p_z})^2][(\pi_{2p_y}^*)^1(\pi_{2p_z}^*)^1]$$

按洪德定则，O_2 分子的最后 2 个电子以自旋平行方式分别占据 $\pi_{2p_y}^*$ 和 $\pi_{2p_z}^*$ 分子轨道，分子中有 2 个成单电子，因此 O_2 分子应有顺磁性，这与 O_2 分子的磁性实验事实相符。

在 O_2 分子中，σ_{2p_x} 轨道上的 2 个电子对成键有贡献，形成 1 个 σ 键，而 $(\pi_{2p_y})^2(\pi_{2p_y}^*)^1$ 和 $(\pi_{2p_z})^2(\pi_{2p_z}^*)^1$ 轨道上各有 3 个电子，可认为形成 2 个三电子 π 键。由于每个三电子 π 键中有 2 个电子在成键轨道上，1 个电子在反键轨道上，所以每个三电子 π 键相当于半个 π 键，2 个三电子 π 键相当于 1 个正常 π 键，O_2 分子中仍相当于形成 1 个双键。正因为 O_2 分子中含有结合力弱的三电子 π 键，所以它的化学性质比较活泼，可以失去电子变成氧分子离子 O_2^+。

分子轨道理论对 O_2 分子顺磁性和活泼性的解释证明了分子轨道理论的成功。

【例题 8-4】试应用分子轨道理论说明 O_2、O_2^+、O_2^- 和 O_2^{2-} 的稳定性顺序。

解　O_2：$(\sigma_{1s})^2(\sigma_{1s}^*)^2(\sigma_{2s})^2(\sigma_{2s}^*)^2(\sigma_{2p_x})^2[(\pi_{2p_y})^2(\pi_{2p_z})^2][(\pi_{2p_y}^*)^1(\pi_{2p_z}^*)^1]$

$$键级 = \frac{10-6}{2} = 2$$

O_2^+：$(\sigma_{1s})^2(\sigma_{1s}^*)^2(\sigma_{2s})^2(\sigma_{2s}^*)^2(\sigma_{2p_x})^2[(\pi_{2p_y})^2(\pi_{2p_z})^2](\pi_{2p_y}^*)^1$

$$键级 = \frac{10-5}{2} = 2.5$$

O_2^-：$(\sigma_{1s})^2(\sigma_{1s}^*)^2(\sigma_{2s})^2(\sigma_{2s}^*)^2(\sigma_{2p_x})^2[(\pi_{2p_y})^2(\pi_{2p_z})^2][(\pi_{2p_y}^*)^2(\pi_{2p_z}^*)^1]$

$$键级 = \frac{10-7}{2} = 1.5$$

O_2^{2-}：$(\sigma_{1s})^2(\sigma_{1s}^*)^2(\sigma_{2s})^2(\sigma_{2s}^*)^2(\sigma_{2p_x})^2[(\pi_{2p_y})^2(\pi_{2p_z})^2][(\pi_{2p_y}^*)^2(\pi_{2p_z}^*)^2]$

$$键级 = \frac{10-8}{2} = 1$$

因为键级 $O_2^+ > O_2 > O_2^- > O_2^{2-}$，故稳定性由强到弱顺序为：$O_2^+ > O_2 > O_2^- > O_2^{2-}$。

第二节　分子间作用力

原子间之所以能形成分子是因为化学键的作用，这是分子内部原子之间较强的结合力。不仅原子之间有作用力，分子之间也存在相互作用。为什么 CH_4、SiH_4、GeH_4 和 SeH_4 的沸点依次升高？为什么 F_2、Cl_2、Br_2 和 I_2 的状态由气态、液态变到固态？为什么会有"相似相溶原理"？这些都是因为分子之间相互作用力的存在。正是由于分子间存在作用力，在足够低的温度下，许多气体可以凝聚成液体，甚至固体。

与化学键相比，分子间作用力要弱得多，一般只有化学键强度的百分之几到十分之几。然而，分子间这种微弱的结合力却对物质的沸点、熔点、硬度等性质具有很大的影响。

分子间作用力有两类：范德华力和氢键，现分别介绍如下。

一、范德华力

荷兰物理学家范德华（van der Waals）在1873年最早发现并提出了分子间存在作用力，故称为范德华力（van der Waals force）。

1930年，量子力学的原理阐明，范德华力的本质是一种电性引力。为了说明这种电性引力的来源，需要了解分子极性的概念。

（一）键的极性

键的极性（bonding polarity）是由成键原子的电负性差异引起的。当成键原子的电负性相同时，原子轨道重叠形成的电子云密集区均匀地出现在两个原子之间，两个原子的原子核所形成的正电荷重心与分子中的电子所形成的负电荷重心重合在一起，这样形成的共价键称为非极性共价键，简称非极性键。例如，H_2、N_2 等同核双原子分子和巨分子单质金刚石、晶态硅中的共价键就是非极性键。当成键原子的电负性不同时，原子轨道重叠形成的电子云密集区偏向电负性较大原子一方，两原子间电荷的分布是不均匀的。电负性较大原子的一端显负电，另一端显正电，键的正、负电荷重心不重合，这样形成的共价键称为极性共价键，简称极性键。例如 HCl 分子中，Cl 原子的电负性大于 H 原子的电负性，因此在 H—Cl 键中，Cl 原子端带部分负电荷，H 原子端带部分正电荷，HCl 分子中的 H—Cl 键为极性键。

不难理解，成键原子的电负性差值越大，键的极性就越大。当成键原子电负性差值大到一定程度时，可以认为成键电子对完全转移到电负性大的原子上，使其变成负离子，另一方成为正离子，从而形成离子键。从键的极性看，可以认为离子键是最强的极性键，极性键是由离子键到非极性键之间的一种过渡状态（表8-6）。

表8-6　键型与成键原子电负性差值的关系

物质	NaF	HF	HCl	HBr	HI	H_2
电负性差值	3.05	1.8	0.82	0.78	0.48	0
键型	离子键		极性键			非极性键

（二）分子的极性与偶极矩

按照分子中正、负电荷重心是否重合，可将共价分子分为极性分子和非极性分子。正、负电荷重心重合的分子称为非极性分子（non-polar molecule），正、负电荷重心不重合，形成正、负两极的分子称为极性分子（polar molecule），极性分子又称为偶极子。

按照组成分子的原子个数，分子又可以分为双原子分子和多原子分子。双原子分子的极性只与键的极性有关，键有（无）极性，分子就有（无）极性。如 F_2、O_2 和 N_2 等同核双原子分子，分子中形成的化学键为非极性键，因此是非极性分子；而 HCl、HBr 等异核双原子分子，分子中形成的化学键为极性键，因此是极性分子。

多原子分子的极性除了与键的极性有关外，还与分子的空间构型有关。若分子中都是非极性键,分子为非极性分子,如 S_8、P_4 等分子(O_3 例外)。若分子中有极性键,而分子是否有极性取决于分子的空间构型。如果分子空间构型为直线、平面正三角或正四面体等中心对称结构时,由于各键的极性可以互相抵消,分子则无极性。例如 CS_2、BF_3 以及 CCl_4 等分子,虽然这些分子中都存在极性键,但 CCl_4 是正四面体,BF_3 是平面正三角形,CS_2 是直线形,键的极性可以相互抵消,因此是非极性分子。如果分子具有无中心对称成分的构型,如 V 形、三角锥形以及变形四面体等结构时,由于键的极性不能抵消,因此分子有极性,如 H_2O、NH_3 和 H_2S 等分子为极性分子。

1912 年,美国物理学家德拜(P. Debye)提出用电偶极矩(electric dipole moment)来表示分子极性的强弱。分子的电偶极矩简称偶极矩,用符号 μ 表示,它等于分子中正、负电荷重心间的距离 d 与正电荷重心或负电荷重心的电量 q 的乘积:$\mu = q \times d$,SI 单位为 C·m。偶极矩是矢量,化学上规定其方向是从正电荷重心指向负电荷重心。偶极矩可以通过实验测定,表 8-7 列出了一些分子的偶极矩和几何构型。

分子的偶极矩越大,分子极性越大;偶极矩为零的分子,是非极性分子。分子是否有极性以及极性的大小对物质的性质有明显的影响,这是因为分子的极性不同,分子间作用力则不同。

表 8-7　分子的偶极矩和几何构型

分子	$\mu/10^{-30}$C·m	几何构型	分子	$\mu/10^{-30}$C·m	几何构型
H_2	0	直线	HCl	3.44	直线
CS_2	0	直线	NH_3	4.90	三角锥形
BF_3	0	平面三角	H_2O	6.17	角形
CCl_4	0	正四面体	H_2S	3.67	角形

【思考题 8-9】多原子分子的极性与哪些因素有关?

(三)分子的极化

非极性分子的正、负电荷重心本身是重合的($\mu = 0$)。但在外电场作用下,带正电的原子核被引向负极,而电子云被引向正极,结果电子云、原子核产生了相对位移,即非极性分子在外电场作用下产生了偶极(正极和负极),如图 8-24(a)所示。极性分子的正、负电荷重心本身是不重合的($\mu > 0$),分子中始终存在一个正极和一个负极,这个偶极被称为永久偶极(permanent dipole)。在外电场作用下,极性分子的永久偶极按外电场方向取向,正、负电荷重心距离增大,分子的偶极矩将增大,如图 8-24(b)所示。这种因外电场的影响,正、负电荷重心发生相对位移,产生偶极或增大偶极矩的现象称为分子的极化(molecular polarizing)。由于分子极化而产生的偶极称为诱导偶极。

分子的极化不仅在外电场作用下发生,分子之间

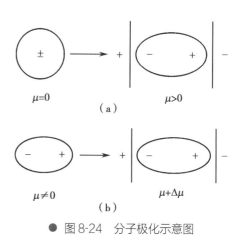

● 图 8-24　分子极化示意图

诱导偶极(音频)

相互影响下也可以发生,这正是分子间产生相互作用力的重要原因。

(四)范德华力的表现形式

量子力学的研究表明,范德华力的本质是分子之间偶极与偶极之间的静电力。根据产生的原因和特点,范德华力有三种表现形式:取向力、诱导力和色散力。

1. 取向力 取向力存在于极性分子之间。当极性分子彼此靠近时,分子中永久偶极之间的静电作用,使得极性分子力图在空间以异极相邻的方式排列,这个过程称为取向。由永久偶极的取向而产生的分子间吸引力称为取向力(orientation force)。取向力的产生如图8-25所示。分子极性越大,分子间的取向力就越大。

异极相邻

平衡

取向

● 图8-25 取向力示意图

2. 诱导力 当极性分子与非极性分子接近时,在极性分子永久偶极施加的电场影响下,非极性分子发生了分子极化,产生了诱导偶极,诱导偶极与永久偶极相互吸引而产生的静电作用力叫诱导力(induction force),如图8-26所示。极性分子的极性越强(偶极矩越大),非极性分子越容易发生极化,它们之间的诱导力就越大。同样,极性分子间相互接近时,分子间除了存在取向力外,在彼此永久偶极的作用下,相互极化而产生诱导偶极。因此,诱导力不仅出现在极性分子与非极性分子之间,也存在于极性分子之间。

● 图8-26 诱导力示意图

3. 色散力 非极性分子之间也存在相互作用力。由于分子中的电子在不断地运动,原子核也在不停地振动,因此可以经常发生瞬时的正、负电荷重心的相对位移,产生瞬时的偶极。这种在某一瞬间产生的偶极称为瞬时偶极,瞬时偶极间也可以产生静电作用力。由于量子力学导出的瞬时偶极间作用力的理论公式与光的色散公式相近,因此瞬时偶极间的相互作用力被称为色散力(dispertion force)。不难理解,任何分子中都有不断运动的电子和不停振动的原子核,都会不断地产生瞬时偶极,因此色散力是普遍存在的。

综上所述,取向力、诱导力和色散力是范德华力的三种表现形式。其中取向力和诱导力只有极性分子参与时才存在,而色散力则普遍存在于任何相互作用的共价分子中。

（五）范德华力的特点及对物质性质的影响

范德华力具有以下特点：①本质是静电力，因此无饱和性和方向性；②是一种短程力，作用范围一般是 0.3~0.5nm；③作用能比化学键小 1~2 个数量级；④范德华力以色散力为主。

实验证实，色散力在范德华力中占有较大的比重。只有偶极矩很大的分子（如水分子），取向力才显得很重要，而诱导力通常都是很小的（表 8-8）。

表 8-8　一些分子的分子间作用力分配情况

| 分子 | μ | $E_{取向力}$ | $E_{诱导力}$ | $E_{色散力}$ | $E_{总}$ | $E_{色散力}/E_{总}$ |
	10^{-30}C·m	kJ/mol	kJ/mol	kJ/mol	kJ/mol	
Ar	0.00	0.00	0.00	8.49	8.49	100%
HCl	3.60	3.31	1.00	16.83	21.14	79.61%
HBr	2.67	0.69	0.502	21.94	23.11	94.93%
HI	1.40	0.025	0.113	25.87	26.00	99.5%
NH_3	4.90	13.31	1.55	14.73	29.59	49.78%
H_2O	6.17	36.39	1.93	9.00	47.32	19%

与化学键相比，范德华力虽然比较弱，但可以影响物质的许多物理性质，范德华力大小主要由色散力决定。一般来说，结构相似的同系物，如稀有气体、卤素单质、直链烷烃、直链烯烃等，分子量越大，分子越容易被极化而发生变形，色散力越大，范德华力就越强，故这些同系物的熔点和沸点都随着分子量的增大而升高。所以不难理解，CH_4、SiH_4、GeH_4 和 SeH_4 的沸点随着分子量的增大而依次升高，在常温下，F_2、Cl_2 为气体，而 Br_2 和 I_2 分别为液体和固体。

范德华力的大小也影响物质的溶解度，所谓"相似相溶原理"就是指溶质和溶剂分子的极性相似时，溶质和溶剂之间的作用力较强，溶质的溶解度会大一些。

【思考题 8-10】什么是范德华力，它们各存在于哪些类型的分子之间？

二、氢键

如果按照分子量增加沸点升高的规律，H_2O 的沸点应该比同族的 H_2S 低，但事实正好相反；另外，HF 在卤化氢系列中、NH_3 在氮族氢化物中也有类似的反常现象。这是因为 H_2O、HF 和 NH_3 分子中，除了存在前面讨论过的范德华力外，还有一种特殊的作用力存在，即氢键。

（一）氢键的形成和本质

当 H 原子与电负性很大、半径很小的原子 X（如 F、O、N）结合形成共价型氢化物时，由于密集于两核间的电子云强烈地偏向于 X 原子一方，使得 H 原子变成几乎裸露的质子。由于质子的半径很小（30pm），因此正电荷密度特别高，可以吸引另一个电负性大、半径小且含有孤对电子的原子 Y（如 F、O、N）。这种 H 原子与 Y 原子间的定向吸引作用称为氢键（hydrogen bonding）。氢键通常表示为 X—H ⋯ Y，其中 X—H 代表强极性共价键，H ⋯ Y 代表氢键。X、Y 可以是同种元素的原子，如 O—H ⋯ O，也可以是不同元素的原子，如 O—H ⋯ N。

氢键的本质是静电引力。氢键的键能一般在 42kJ/mol 以下，比共价键弱，比范德华力稍强。

【思考题 8-11】氢键只存在于分子之间吗？

（二）氢键的类型和特点

氢键可以在分子之间形成，也可以在同一个分子内部形成。分子间氢键的形成使简单分子聚合在一起，图 8-27 表示出 H_2O 分子以及甲酸分子的分子间氢键。某分子的 X—H 键与其分子内部的 Y 原子在位置适合时形成的氢键称为分子内氢键。例如 HNO_3 和邻硝基苯酚中存在如图 8-28 所示的分子内氢键。分子内氢键往往在分子内形成较稳定的环状结构，使化合物的极性下降。形成分子内氢键化合物的熔点和沸点往往低于形成分子间氢键的同系物，如硝酸是低沸点酸（83℃），而硫酸是高沸点酸（338℃，形成分子间氢键）。

氢键与范德华力不同，具有饱和性和方向性。氢键的饱和性是由于氢原子的体积较小，当 X—H 中的 H 原子与 Y 原子形成氢键后，另一个电负性较大的原子就难以再向它靠近，即 X—H 只能与 1 个 Y 原子形成氢键，这就是氢键的饱和性。氢键的方向性是由于 H 原子体积小，为了减少 X 和 Y 之间的斥力，它们尽量远离，键角接近 180°，即 X—H ··· Y 在一直线上。但分子内氢键的键角不是 180°。

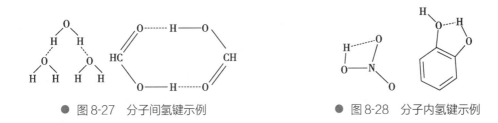

● 图 8-27 分子间氢键示例　　● 图 8-28 分子内氢键示例

（三）氢键对物质性质的影响

氢键存在于许多化合物中，它的形成对物质的物理性质有一定影响，如熔点、沸点、溶解度、黏度等。

1. 对熔点、沸点的影响　　分子间氢键的形成会使物质的熔点和沸点显著升高，例如 H_2O 的沸点显著高于氧族其他氢化物。这是因为 H_2O 汽化时，除了克服范德华力外，还要破坏氢键，需要消耗较多的能量，所以导致 H_2O 的沸点显著高于氧族其他氢化物。同样 HF 和 NH_3 的沸点与同族其他元素氢化物相比较异常偏高也是由于这个原因。

分子内氢键的形成，常使其熔点和沸点低于同系物。如邻硝基苯酚的熔点是 318K，而对硝基苯酚（形成分子间氢键）的熔点是 387K。

2. 对物质溶解度的影响　　如果溶质分子和溶剂分子之间能形成分子间氢键，可使溶质的溶解度增大。例如 H_2O_2 与 H_2O 能够以任意比例混溶、NH_3 易溶于 H_2O 都是由于形成分子间氢键的结果。若溶质分子形成分子内氢键的话，则分子极性会减小，其在极性溶剂中的溶解度会降低，而在非极性溶剂中的溶解度增大，如邻硝基苯酚在水中的溶解度小于对硝基苯酚。

3. 对密度和黏度的影响　　液体分子间若形成氢键，则分子间亲和力增大，流动性减弱，密度和黏度增大。但如果溶质分子存在分子内氢键，则溶液的密度和黏度就不会有明显提高。

4. 对生物体的影响　尽管氢键的形成条件比较苛刻，但含有氢键的物质很多，除了常见的水、醇、羧酸等简单化合物外，一些对生命具有重要意义的基本物质，如蛋白质、脂肪及糖类等，都含有氢键。一旦氢键被破坏，分子结构改变，生物活性则会丧失。如 DNA（脱氧核糖核酸）是由具有两条主链的多肽链组成，两个主链间以大量的氢键连接形成螺旋状的立体构型。同时，DNA 分子的每条主链也可以通过氢键使其碱基配对而复制出相同的 DNA 分子，物种从而可以繁衍。因此，没有氢键的存在，也就没有这些特殊而又稳定的大分子结构，也正是这些大分子支撑了生物机体。此外，氢键在生物化学、分子生物学以及医学生理学的研究中也具有重要意义。

第三节　离子键理论

1916 年德国化学家柯塞尔（W. W. Kossel）通过对实验现象的归纳总结，提出了离子键理论，对离子型化合物的形成及性质作出了科学的解释。

一、离子键的形成和特点

离子键理论认为，当电负性较小的活泼金属元素的原子与电负性较大的活泼非金属元素的原子相互接近时，为达到稀有气体稳定的电子结构，将发生电子的转移。即金属原子失去电子形成正离子，非金属原子获得电子形成负离子，正、负离子通过静电引力形成强烈的相互作用，把两个离子"黏结"在一起。这种正、负离子间强烈的静电作用力称为离子键（ionic bonding），形成的化合物称为离子化合物（ionic compound）。离子化合物常以晶体的形式存在，即正、负离子按规则排列形成离子型晶体，例如，近代 X 射线衍射技术可以通过测定晶体中各个质点的电子密度，证明 NaCl 晶体是由具有 10 个电子的 Na^+ 和 18 个电子的 Cl^- 按一定方式排列而成，从而证明了离子晶体中正、负离子的存在及离子键的正确性。

离子键的本质是静电作用力，其特点是没有方向性和饱和性。由于离子所带的电荷呈球形对称分布，在空间任何方向上吸引异电荷离子的能力相同，所以离子键没有方向性。而且只要空间条件许可，正、负离子总是尽可能多地吸引各个方向上的异电荷离子，所以离子键没有饱和性。但因为正、负离子都有一定的大小，因此限制了邻接异电荷离子的数目。与每个离子邻接的异电荷离子的数目称为该离子的配位数，而配位数主要与离子的相对大小有关。例如，Cs^+ 的离子半径比 Na^+ 的大，在 CsCl 晶体中，每个 Cs^+ 周围有 8 个最相邻的 Cl^-；而在 NaCl 晶体中，每个 Na^+ 周围有 6 个最相邻的 Cl^-。但是离子的配位数并不意味着离子的电场达到饱和，在 NaCl 晶体中每个 Na^+ 不仅受到最邻近它的 6 个 Cl^- 的吸引，而且还受到稍远一些及更远一些的 Cl^- 的吸引，这也说明离子键没有饱和性。

二、离子的特征

离子电荷、离子半径和离子的电子层构型（或电子组态）是离子的三个重要特征，也是影响离子键强度的重要因素。

（一）离子电荷

正离子或负离子的电荷是离子化合物形成过程中相应原子失去或得到的电子数。离子电荷（ionic charge）往往会影响离子化合物的化学性质和物理性质。例如 Co^{2+} 和 Co^{3+}，尽管是同种元素形成的离子，但由于电荷不同，性质差别较大，前者在水溶液中可以稳定存在，后者具有极强的氧化性，在水溶液中不能存在。另外，根据库仑定律，离子电荷越高，产生的静电场强度越大，对异电荷离子的吸引力越大，形成的离子键越强，离子化合物的熔点、沸点就越高。例如，NaCl 的熔点约为 1 074K，而 MgO 的熔点约为 3 073K，说明离子型化合物电荷越高，相互作用力越强，熔点就越高。

（二）离子半径

严格来说，离子半径是不确定的，因为离子与原子一样，它们的电子云连续分布在核的周围而没有明确的界面。但在离子晶体中，正、负离子间保持一定的平衡核间距。可将正、负离子看作半径不等的带电小球，假定正、负离子相互接触，则核间距等于正、负离子半径之和，因此离子半径（ionic radius）是指离子晶体中正、负离子的接触半径。以某一种离子半径为基础，可以推算出所有离子半径。原子形成正离子时，由于有效核电荷增加，外层电子受到核的引力增大，所以正离子的半径小于原来的原子半径。原子形成负离子后，外层电子的相互斥力增加，所以负离子的半径大于原来的原子半径。负离子的半径较大，约为 130~259pm，正离子半径较小，约为 10~170pm，表 8-9 列出一些简单离子的离子半径。

离子半径的大小可近似反映离子的相对大小，是分析离子化合物物理性质的重要依据之一。根据库仑定律，离子电荷越多、半径越小，静电场强度越大，离子间静电引力越大，离子化合物的熔、沸点越高。如 MgO，CaO，SrO，BaO 熔点依次降低。

表 8-9　一些简单离子的离子半径 /pm

离子	半径	离子	半径	离子	半径	离子	半径
Li^+	68	Sc^{3+}	81	Fe^{3+}	60	As^{3+}	47
Na^+	95	Y^{3+}	93	Co^{2+}	72	Sb^{3+}	90
K^+	133	La^{3+}	106	Mn	80	F^-	136
Rb^+	148	Cu^+	96	Mn	46	Cl^-	181
Cs^+	169	Ag^+	126	B^{3+}	20	Br^-	195
Be^{2+}	31	Au^+	137	Al^3	50	I^-	216
Mg^{2+}	65	Zn^{2+}	74	Ga^3	62	O^{2-}	140
Ca^{2+}	99	Cd^{2+}	97	H^-	208	S^{2-}	184
Sr^{2+}	113	Hg^{2+}	110	N^{3-}	171	Se^{2-}	198
Ba^{2+}	135	Fe^{2+}	75	P^{3-}	212	Te^{2-}	221

（三）离子的电子构型

离子的电子构型（electron configuration）是指原子失去或得到电子后的外层电子构型。原子获得电子趋于使其电子构型与相应的稀有气体原子相同，因此常见的简单负离子一般具有稳定稀有气体构型，即 8 电子构型，如 F^-、Cl^-、O^{2-}、S^{2-} 等。原子失去电子时，由于失去的价电子数不同，而使正离子的电子构型比较多样化，如表 8-10 所示。

表 8-10　正离子的 5 种电子构型

离子的电子构型	基态价电子排布（电子数）	实例
2 电子构型	$1s^2$ （最外层有 2 个电子）	Li^+、Be^{2+}
8 电子构型	ns^2np^6 （最外层有 8 个电子）	Na^+、Mg^{2+}、Al^{3+}
18 电子构型	$ns^2np^6nd^{10}$ （最外层有 18 个电子）	Zn^{2+}、Cd^{2+}、Hg^{2+}、Cu^+、Ag^+
18＋2 电子构型	$(n-1)s^2(n-1)p^6(n-1)d^{10}ns^2$ （最外层有 2 个电子，次外层有 18 个电子）	Sn^{2+}、Pb^{2+}、Sb^{3+}
9～17 电子构型	$ns^2np^6nd^{1\sim9}$ （最外层有 9～17 个电子）	Mn^{2+}、Fe^{2+}、Fe^{3+}、Co^{2+}

离子的电子构型对化合物的性质具有一定的影响。例如 I A 的碱金属与 I B 的铜分族都能形成 +1 价离子，但由于离子的电子构型分别为 8 电子构型和 18 电子构型，导致两族元素形成化合物的性质有较大差异，尽管 Na^+ 和 Cu^+ 的离子半径相近，分别为 97pm 和 96pm，但由于两种离子的电子构型不同，NaCl 易溶于水，而 CuCl 难溶于水。这表明，在正、负离子相结合形成的化合物中，离子间除了与其电荷和半径有关的静电作用外，还存在由于电子构型不同而产生的一种附加作用。讨论离子间这种附加作用的理论称为离子极化理论。

三、离子极化理论

1923 年，美国化学家法扬斯（K. Fajans）将分子极化的概念推广到离子体系，首次提出离子极化理论。离子在外电场的影响下，原子核与电子云发生相对位移，即电子云发生了变形，产生诱导偶极的现象，称为离子极化（ionic polarizing）。

离子本身带有电荷，可以在其周围产生电场。正离子产生的电场，可以使负离子极化而变形；负离子的电场也可使正离子极化而变形。因此，当正、负离子相互靠近时，会产生相互极化和变形，见图 8-29。

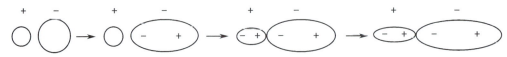

● 图 8-29　离子的相互极化过程示意图

在离子晶体中,每个离子都处于邻近带异电荷离子产生的电场中,因此离子极化现象在离子晶体中普遍存在。为了讨论离子的相互极化作用,需要了解离子的极化力和变形性及其影响因素。

(一) 离子的极化力和变形性

离子对外界施加电场能(静电能)使其他离子极化而变形的能力称为离子的极化力(polarizing power)。某离子在其他离子产生的电场作用下发生电子云变形的能力叫离子的变形性(distortion)。

离子的极化力与离子电荷、离子半径和离子的电子构型等因素有关:

(1) 正离子电荷数越高,半径越小,电场越强,其极化力越强。例如,极化力从大至小排列为: $Al^{3+} > Mg^{2+} > Na^+, Li^+ > Na^+ > K^+$。

(2) 在电荷相同、半径相近时,不同电子构型正离子极化力的变化规律是: 8 电子构型 < 9~17 电子构型 < 18 电子构型 < 18＋2 电子构型。

离子的变形性衡量的是核对外层电子的束缚能力,与离子电荷、离子半径和离子的电子构型等因素有关:

(1) 负离子的电荷数越多,半径越大,变形性越强。例如,变形性从小至大排列为: $F^- < Cl^- < Br^- < I^-$, $Cl^- < S^{2-}$。

(2) 在离子电荷相同、半径相近的情况下,不同电子构型正离子变形性的变化规律是: 8 电子构型 < 9~17 电子构型 < 18 电子构型 < 18＋2 电子构型。

显然,具有 18＋2 电子构型、18 电子构型以及 9~17 电子构型的正离子无论极化力还是变形性均较强。

(3) 对于复杂的负离子,中心离子的氧化值越高,变形性越小。例如,变形性从大至小排列为: $PO_4^{3-} > SO_4^{2-} > ClO_4^-$。

综上所述,正离子和负离子都具有极化力和变形性两个方面的能力。但是在讨论正、负离子之间的极化时,往往着重关注的是正离子的极化力和负离子的变形性,即正离子的极化力占主导地位,负离子的变形性占主导地位。只有当正离子的电子构型为非稀有气体构型时,此时既要考虑正离子的极化作用,还要考虑它的变形性。

【思考题 8-12】已知 $r(Hg^{2+}) = 110pm$, $r(Sr^{2+}) = 113pm$,两种离子半径相近,但为什么 Hg^{2+} 的极化作用强于 Sr^{2+}?

(二) 离子极化对化学键键型的影响

正、负离子如果只存在静电引力,没有相互极化作用,则所形成的化学键为纯粹的离子键。但实际上,正离子和负离子之间除了存在静电引力外,还存在程度不同的极化作用。随着正、负离子相互极化作用的增强,会导致正、负离子的电子云发生重叠,核间距缩短,化学键的极性减弱,从而使键型由离子键过渡到共价键。图 8-30 表示出离子相互极化作用的逐渐增强导致离子键逐步向共价键过渡的情况。

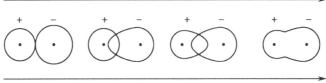

离子相互极化作用增强

化学键极性减弱

● 图 8-30　离子极化对键型的影响

（三）离子极化对物质性质的影响

离子极化对化学键的键型产生了影响,也必然会对相应化合物的性质产生影响,具体表现在以下几个方面:

（1）对物质熔点、沸点的影响:离子型化合物一般具有较高的熔点和沸点,而共价化合物的熔点和沸点较低。由于离子极化的结果使离子键成分减少,共价键成分增多,因此物质的熔、沸点将相应下降。例如,CuCl 的熔点低于 NaCl,这是因为 Na^+ 和 Cu^+ 虽然电荷相同、半径相近,但 Na^+ 是 8 电子构型离子,Cu^+ 离子属于 18 电子构型,极化能力和变形性: $Cu^+ > Na^+$,因此 CuCl 具有共价键的性质,具有典型共价化合物的特征,熔点较低。

（2）对物质溶解度的影响:离子极化作用导致正、负离子的电子云重叠,键的极性减小,致使物质在极性溶剂水中的溶解度下降。例如,AgX 的溶解度变化规律是按 AgF、AgCl、AgBr、AgI 的顺序依次降低。这主要是因为从 F^- 至 I^- 受到 Ag^+ 的极化作用而变形性逐渐增大,Ag^+ 与 X^- 间的离子极化作用增强,键型向共价键过渡,键的极性减弱,溶解度也随之减小。

（3）对物质颜色的影响:离子极化作用导致价电子活动范围加大,与核结合松弛,基态与激发态的能量差变小,可吸收部分可见光而使化合物具有颜色或颜色加深。离子极化作用强的化合物颜色比较深。例如,从 AgF 至 AgI,由于离子极化作用的逐渐增强,颜色逐渐加深。又如,由于 S^{2-} 的变形性强于 O^{2-},所以硫化物的颜色通常比氧化物深。

（4）对化合物稳定性的影响:极化作用越强,金属化合物的稳定性越差。随着正离子极化作用的增强,负离子的电子云发生变形,强烈地靠近正离子,有可能使正离子的价电子失而复得,又恢复成原子或单质,导致金属化合物分解。例如 $SrCO_3$ 比 $PbCO_3$ 稳定,尽管 Pb^{2+} 与 Sr^{2+} 电荷相同,半径相近,但是由于 Pb^{2+} 是 18+2 电子构型,而 Sr^{2+} 是 8 电子构型,Pb^{2+} 与 CO_3^{2-} 比 Sr^{2+} 与 CO_3^{2-} 间的相互极化作用强,导致 $PbCO_3$ 没有 $SrCO_3$ 稳定。

离子极化理论是在离子键理论的基础上,讨论正、负离子之间的相互作用,是离子键理论的重要补充,在无机化学中具有一定的实用价值。但该理论仅是一个粗略的定性理论,一般只适用于同系列物质的定性比较。此外,离子型化合物毕竟只是无机化合物的一部分,在应用时应注意该理论的局限性。

本章小结

化学键是指分子或晶体内部相邻原子间的强烈作用力,根据形成原因和性质可以分成离子键、共价键和金属键三种类型。本章重点讨论了共价键,简要介绍了离子键,同时也介绍了分子间作用力等知识。本章知识点归纳如下。

1. 共价键 共价键是指成键原子通过共用一对或几对电子而形成的键。

关于共价键的形成主要有三种理论:价键理论、杂化轨道理论和分子轨道理论。其中,杂化轨道理论是对价键理论的重要补充,一般将价键理论和杂化轨道理论统称为现代价键理论。

现代价键理论可以说明共价键的本质(含有自旋反平行的未成对电子原子轨道相互重叠的结果)、共价键的类型(σ键和π键)和共价键的特征(饱和性和方向性),能解释大部分分子的空间构型,但很难预测中心原子所采取的杂化类型及分子的空间构型。分子轨道理论出发点与现代价键理论不同,着眼于分子整体,提出分子轨道的概念,可以解释单电子键、双电子键和三电子键的形成,以及与单电子存在相关的分子磁性问题。

第二周期同核双原子分子的分子轨道电子排布式分别为:

$$适用于 O_2 和 F_2 的: \sigma_{1s}\sigma_{1s}^{*}\sigma_{2s}\sigma_{2s}^{*}\sigma_{2p_x}[\pi_{2p_y}\pi_{2p_z}][\pi_{2p_y}^{*}\pi_{2p_z}^{*}]\sigma_{2p_x}^{*}$$

$$除 O_2 和 F_2 以外的: \sigma_{1s}\sigma_{1s}^{*}\sigma_{2s}\sigma_{2s}^{*}[\pi_{2p_y}\pi_{2p_z}]\sigma_{2p_x}[\pi_{2p_y}^{*}\pi_{2p_z}^{*}]\sigma_{2p_x}^{*}$$

价层电子对互斥理论在预测分子空间构型方面具有优势,但本身不涉及共价键的形成过程和键的强度,所以严格来说它不是化学键理论,但可以作为杂化轨道理论的补充,即在讨论分子结构时,先用价层电子对互斥理论预测分子的空间构型,再用杂化轨道理论说明共价键的形成。

现代价键理论、分子轨道理论和价层电子对互斥理论,各有优势和不足,互为补充,因此,在掌握这些理论要点的基础上,应当搞清这些理论间的联系和各自的优缺点,重点在于应用。在解释分子中共价键的形成、构型和磁性时,应善于运用几种理论,做出正确说明。

2. 离子键 电负性相差较大的元素原子之间通过电子的得失形成正离子和负离子,然后以静电引力作用形成离子键。正、负离子之间除了静电引力外,还存在相互极化和变形。一般来说,正离子的极化作用占主导地位,负离子的变形性占主导地位,正离子具有非稀有气体电子构型时,会同时表现出较强的极化作用和变形性。正、负离子的相互极化会使正、负离子的电子云发生一定程度的重叠,导致键的极性下降,相互极化作用越强,重叠程度越大,键的极性越弱。因此离子极化会引起化学键性质改变,从而引起物质性质的改变,如熔点、沸点降低,溶解度下降,稳定性降低以及颜色加深等。

3. 分子间作用力 分子间作用力是分子之间存在的一种弱于化学键的作用力,包括范德华力和氢键。分子间作用力对物质的熔点、沸点、溶解度等物理性质都有很大的影响。范德华力包括取向力、诱导力和色散力,范德华力的类型与分子的极性有关。取向力发生在极性分子间;诱导力不仅发生在极性分子间,还存在于极性分子与非极性分子间;色散力是普遍存在的,而且对绝大多数分子来说,色散力还是范德华力中相对最大的一种作用力。氢键仅存在于某些特殊的含氢化合物分子中(如 NH_3,H_2O 和 HF 分子),其作用能比范德华力稍大,但小于化学键键能。氢键的存在会影响到物质的熔点、沸点、溶解度和黏度等物理性质。

原子轨道的同相位重叠与反相位重叠

A 原子的原子轨道 ψ_A 与 B 原子的原子轨道 ψ_B 重叠时，若"＋"与"＋"，"－"与"－"重叠，即波函数同位相重叠时，重叠后得到的电子云为：

$$|\psi_A+\psi_B|^2=|\psi|^2=\psi_A^2+2|\psi_A||\psi_B|+|\psi_B|^2>|\psi_A|^2+|\psi_B|^2$$

因此重叠后核间电子概率密度大于两个分立的原子概率密度和，即同相位重叠后核间电子概率密度增大，体系能量降低，可以成键。

A 原子的原子轨道 ψ_A 与 B 原子的原子轨道 ψ_B 重叠时，若"＋"与"－"重叠，即波函数反相位重叠时，重叠后得到的电子云为：

$$|\psi_A-\psi_B|^2=|\psi|^2=|\psi_A|^2-2|\psi_A||\psi_B|+|\psi_B|^2<|\psi_A|^2+|\psi_B|^2$$

因此重叠后核间电子概率密度小于两个分立的原子概率密度和，即反相位重叠后核间电子概率密度降低，体系能量升高，根据海特勒和伦敦结论，此时原子结合不如分立的原子稳定，不利于成键。

物质的顺磁性与反磁性

所谓磁性是指物质在外磁场中表现出的性质。根据法拉第磁感应定律，当物质处于磁场中将被感应而产生与外磁场方向相反的磁矩，从而减弱了外磁场的强度，这就是物质的反磁性。反磁性是物质抗拒外磁场的趋向，会被外磁场排斥，所有物质都具有反磁性。从经典的电磁理论来看，电子绕核旋转就相当于电流在一个小线圈上流动，会产生磁矩。物质的磁矩等于分子中各电子产生的磁矩之和。当分子中电子全部成对时，根据泡利不相容原理，任何配对电子的自旋，其磁矩的方向彼此相反。因此，原子中电子磁矩互相抵消，则物质的磁矩等于零。如果分子中具有未成对电子，原子中电子的磁矩不能全部抵消，则物质磁矩不等于零。当施加外磁场时，这些未成对电子的磁矩趋向于与外磁场相同方向，从而加强了外磁场强度，这就是物质的顺磁性。当原子、分子或离子中有未成对电子时，顺磁性比反磁性作用要显著，遮掩了反磁性，而显示出顺磁性。

综上所述，物质中无未成对电子时，在外磁场中仅表现出反磁性；若物质分子中存在未成对电子时，物质主要表现出顺磁性。

磁性通常借助磁天平测定。反磁性的物质在磁场中由于受到磁场力的排斥作用而使重量减轻，顺磁性的物质在磁场中受到磁场力的吸引作用而使重量增加。可以由物质的增重计算磁矩的大小，从而确定未成对电子数。顺磁性物质的分子中，若含有的未成对电子数目不同，则它们在磁场中产生的效应也不同，这种效应的大小用磁矩（μ）来表示，磁矩的大小与分子的未成对电子数（n）之间的关系如下：$\mu=\sqrt{n(n+2)}$

式中，μ 为实验求得的磁矩（单位玻尔磁子 B.M.）；n 为未成对电子数。已知 μ 数值，可用上式求出未成对电子数 n。显然 n 值越大，物质的顺磁性越强，$n=0$，物质在外磁场中表现出反磁性。

由于价键理论和杂化轨道理论强调电子配对，据此推测，一切分子都应呈现反磁性，但实际有些分子却呈现顺磁性（如氧气）。分子轨道理论则可以成功地说明物质的顺磁性。

1．画出下列分子的路易斯结构式，并指出其中何者是 σ 键，何者是 π 键：BF_3，PH_3，CO_2，N_2H_4，CH_3COOH。

2．指出下列分子中各个 C 原子所采用的杂化轨道的类型：CH_4，C_2H_2，C_2H_4，CH_3OH，CH_2O。

3．BF_3 是平面三角形的几何构型，但 NF_3 却是三角锥形的几何构型，试用杂化轨道理论加以说明。

4．试用价层电子对互斥理论推断下列分子或离子的几何构型：BCl_3，NF_3，$SnCl_2$，IF_5，CO_2，$XeOF_4$，ClO_3^-，I_3^-，ICl_2^+。

5．今有下列双原子分子：Li_2，Be_2，B_2，N_2，F_2 试回答：

（1）写出它们的分子轨道电子排布式。

（2）通过键级计算哪种物质最稳定，哪种物质最不稳定。

（3）判断哪些分子是顺磁性的，哪些是反磁性的。

6．写出 N_2，N_2^-，N_2^+ 的分子轨道电子排布式，比较其稳定性强弱，并说明其磁性。

7．请指出下列分子中哪些是极性分子，哪些是非极性分子：$BeCl_2$，NO_2，$CHCl_3$，SO_3，NCl_3，SCl_2，BCl_3，$COCl_2$，SiF_4。

8．说明下列各组分子之间存在什么形式的分子间作用力。

（1）苯和 CCl_4　　　　　　　　（2）He 和水

（3）CO_2 气体　　　　　　　　　（4）HBr 气体

（5）甲醇和水　　　　　　　　　（6）NaCl 和水

9．按沸点由低到高的顺序依次排列下列两组物质。

（1）H_2，CO，Ne，HF　　　　　　（2）CF_4，CI_4，CBr_4，CCl_4

10．试用离子极化的观点按由大到小的顺序排出下列化合物的熔点及溶解度。

（1）$BeCl_2$，$CaCl_2$，$HgCl_2$　　　　（2）AgF，AgCl，AgBr

（3）LiCl，KCl，CuCl

第八章同步练习

（闫　静　姚华刚）

第九章　配合物

【学习目标】

掌握：配合物的概念、组成和命名方法；配离子稳定常数及影响配合物稳定性的因素。

熟悉：配合物价键理论和晶体场理论的基本要点及应用；配合物的空间构型和几何异构。

了解：配合物的类型；配合物的应用。

　　配合物是一类结构复杂、应用广泛的化合物。1798 年法国化学家塔萨尔特(B. M. Tassaert) 第一次在实验室制备了配合物 $[Co(NH_3)_6]Cl_3$。至今，已有成千上万种的配合物被相继合成。随着现代物质结构理论的发展和建立，人们对配合物的结构、性质和应用的研究逐渐深入，有关配合物的研究无论在广度上还是深度上都得到了迅速发展，对配合物的研究已经成为化学学科的重要分支——配位化学。配位化学的研究也推动着分析化学、有机化学、催化化学、结构化学和生物化学等各个学科的发展。

　　配合物是无机药物研究的重要方向，在抗癌、抗菌消炎、解毒等方面已经取得了显著进展；在生命科学中，微量元素在人体中的存在形态，生物功能的发挥及身体的健康发育、生命的进化等均与配合物有关；在药物分析和中药分析等领域，以配位反应为基础的分析方法的应用极为广泛。因此，学习配合物的有关知识对于中药、药学及相关专业的学生来说，具有重要的意义。本章将讲述配合物的组成、结构、配合物的稳定性及其影响因素，并介绍配合物在医药学领域的应用。

第一节　配合物的基本概念

一、配合物的定义

　　在 $CuSO_4$ 溶液中加入过量的氨水，产生的化学变化过程用下式表示：

$$CuSO_4 溶液 \xrightarrow{\text{氨水}} Cu(OH)_2 沉淀 \xrightarrow{\text{氨水}} [Cu(NH_3)_4]SO_4 溶液$$

　　实验证明，在产生的深蓝色 $[Cu(NH_3)_4]SO_4$ 溶液或晶体中，存在大量 $[Cu(NH_3)_4]^{2+}$，这是一种性质不同于 Cu^{2+}、具有相当稳定性的复杂离子。同样，在 $HgCl_2$ 溶液中加入过量的 KI，也产生一种性质不同于 Hg^{2+} 并具有一定稳定性的复杂离子 $[HgI_4]^{2-}$。我们将像 $[Cu(NH_3)_4]^{2+}$、

$[HgI_4]^{2-}$ 这一类由正离子与一定数目的中性分子(或负离子),按一定的组成和空间构型结合而成的复杂离子称为配位单元。凡是含有配位单元的化合物称为配合物(coordination compound)。配位单元除了可以是正离子、负离子外,还可以是中性分子,如 $[Ni(CO)_4]$ 等。中性配位单元也称配位分子,带有电荷的配位单元又称为配离子。

需要指出的是,配合物与复盐虽然组成都比较复杂,但两者却存在区别。配合物无论是在晶体状态,还是在水溶液中,都存在复杂的配位单元,而复盐在水溶液中则完全电离成组成盐的简单离子。如配合物赤血盐 $K_3[Fe(CN)_6]$ 溶于水后,电离成 K^+ 与 $[Fe(CN)_6]^{3-}$;而光卤石 $KMgCl_3·6H_2O$ 和钾铝钒 $KAl(SO_4)_2·12H_2O$ 等复盐,溶于水中全部电离为简单金属离子和酸根离子。

【思考题 9-1】如何区分 $FeCl_3$ 和 $K_3[Fe(CN)_6]$?

二、配合物的组成

(一)内界和外界

配合物一般由内界和外界组成。配位单元是配合物的特征部分,称为配合物的内界,其余部分则称为配合物的外界。在书写配合物的化学式时,通常把内界写在方括号之内,外界写在方括号之外,如: $[Cu(NH_3)_4]SO_4$、$K_2[ZnCl_4]$ 等。若配合物的内界是中性分子,即配位单元是配位分子,配合物无外界,如 $[PtCl_2(NH_3)_2]$、$[Ni(CO)_4]$ 等。有外界的配合物,内界为配离子,内界和外界之间以离子键结合,在水溶液中,配合物完全电离出外界离子和内界离子,内界配离子较难离解。

(二)中心离子(或原子)

在配合物的内界中,有一个占据中心位置的正离子(或原子),称为配合物的中心离子(或原子),又称为配合物的形成体。中心离子(或原子)一般为金属离子,且大多数为过渡金属离子,特别是第ⅧB族元素以及与其邻近的一些副族元素,如 Cu^{2+}、Zn^{2+}、Cd^{2+}、Hg^{2+}、Co^{2+}、Ni^{2+}、Pt^{2+}、Fe^{3+}、Fe^{2+} 等;金属原子也可以作为配合物的形成体,如 $Ni(CO)_4$、$Fe(CO)_5$ 中的 Ni(0) 和 Fe(0)。一些高氧化态的非金属元素也是比较常见的中心离子(或原子),如 $[SiF_6]^{2-}$ 中的 Si(Ⅳ)。

(三)配体和配位原子

在配合物的内界中,与中心离子(或原子)结合的负离子或中性分子称为配位体(ligand),简称配体,如: $[Cu(NH_3)_4]^{2+}$、$[SiF_6]^{2-}$、$[PtCl_2(NH_3)_2]$、$[Ni(CO)_4]$ 中的 NH_3、F^-、Cl^-、CO 等都是配体。配体中直接与中心离子(或原子)相结合的原子称为配位原子(coordination atom),如 NH_3 分子中的 N, Cl^- 中的 Cl, CO 中的 C 等。配位原子的最外电子层都有孤电子对,它们通常是非金属元素,如ⅣA~ⅦA族元素的C、N、P、O、S和卤素原子等。

按一个配体中所含配位原子的数目,配体可分为单齿(基)配体和多齿(基)配体。只含有 1 个配位原子的配体称为单齿配体,如: NH_3、H_2O、CN^-、X^- 等配体。含有 2 个或 2 个以上配位原子的配体称为多齿配体,如:乙二胺(双齿配体,缩写为 en)、1,4,7-三氮杂环癸烷(双齿配体,缩写为 tacd)、二亚乙基三胺(三齿配体,缩写为 den)、乙二胺四乙酸根离子(六齿配体,缩写为 edta)。

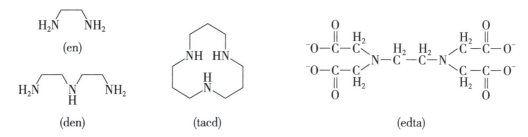

(en)

(den)　　　　(tacd)　　　　(edta)

需要指出的是,有少数配体虽有两个配位原子,但由于配位原子间相距较近,只能选择其中一个与中心离子(或原子)成键,这类配体称为两可配体,两可配体仍属于单齿配体。如 SCN⁻,以 S 配位,称为硫氰酸根;以 N 配位,称为异硫氰酸根;又如,硝基 NO_2^- 的配位原子是 N,而亚硝酸根 ONO^- 的配位原子是 O。两可配体在配合物中一般把配位原子写在前边(也可用粗体字表示)。一些常见配体及齿数列于表9-1。

表9-1　常见配体的名称及化学式

名称	化学式	缩写符号	配位齿数
氨	$:NH_3$		1
胺基	$:NH_2^-$		1
甲胺	$CH_3\ddot{N}H_2$		1
羰基	$:CO$		1
氰根	$:CN^-$		1
异氰根	$:NC^-$		1
硫氰酸根	$:SCN^-$		1
异硫氰酸根	$:NCS^-$		1
硝基	$:NO_2^-$		1
亚硝酸根	$:ONO^-$		1
卤素离子	$F^-、Cl^-、Br^-、I^-$		1
水	$H_2O:$		1
羟基	$:OH^-$		1
草酸根	$C_2O_4^{2-}$	ox	2
乙二胺	$H_2\ddot{N}CH_2CH_2\ddot{N}H_2$	en	2
二亚乙基三胺	$H_2\ddot{N}CH_2CH_2\ddot{N}HCH_2CH_2\ddot{N}H_2$	den	3

(四)配位数

在配合物内界中,直接与中心离子(或原子)相结合的配位原子的数目称为中心离子(或原子)的配位数(coordination number)。若配合物中所有的配体都是单齿配体,则中心离子(或原子)的配位数等于配体的数目。如 $[Cr(NH_3)_6]^{3+}$,配体数和配位数均为6。若配合物中存在多齿配体,则配位数不等于配体数目,应按照配位原子的实际数目计算配位数。如 $[Cr(en)_3]^{3+}$ 配离子,配体数是3,由于1个乙二胺配体同时提供2个配位原子,则配位数为6。配合物的常见配位数是2、4、6,但以4和6居多。表9-2列出了某些金属离子常见的、较稳定的配位数及实例。

表9-2　常见金属离子的配位数及实例

配位数	金属离子	实例
2	Ag^+、Cu^+、Au^+	$[Ag(NH_3)_2]^+$、$[Cu(CN)_2]^-$
4	Cu^{2+}、Zn^{2+}、Cd^{2+}、Hg^{2+}、Al^{3+}、Sn^{2+}、Pb^{2+}、Co^{2+}、Ni^{2+}、Pt^{2+}、Fe^{3+}、Fe^{2+}	$[HgI_4]^{2-}$、$[Zn(CN)_4]^{2-}$、$[PtCl_2(NH_3)_2]$
6	Cr^{3+}、Al^{3+}、Pt^{4+}、Fe^{3+}、Fe^{2+}、Co^{3+}、Co^{2+}、Ni^{2+}、Pb^{4+}	$[PtCl_6]^{2-}$、$[CrCl_2(NH_3)_4]$、$[Fe(CH_3)_3]^{3-}$、$[Ni(NH_3)_6]^{2+}$、$[CoCl_2(NH_3)_3(H_2O)]$

影响配位数的因素主要有配体和中心离子(或原子)本身的性质,同时形成配合物时的浓度和温度等外部因素也影响配位数,本节不做详细介绍。

【思考题9-2】配体数和配位数是否相同?

(五)内界电荷

内界电荷等于中心离子(或原子)的电荷数与配体电荷数的代数和。例如,$[Cu(NH_3)_4]SO_4$ 中,内界的电荷数为 $(+2)+4\times0=+2$。由于内界配离子和外界离子所带电荷总量相等,符号相反,因此,也可以根据外界离子的电荷数推算内界的电荷数,从而进一步推断中心离子(或原子)的氧化值。例如,由 $K_3[Fe(CN)_6]$ 的外界 K^+,推算出内界配离子的电荷为 -3,即 $[Fe(CN)_6]^{3-}$;由于 CN^- 带一个负电荷,则中心离子的氧化值为 $+3$,即 Fe^{3+}。

三、配合物的类型

配合物类型很多,本节简单介绍三种最常见的配合物。

(一)简单配合物

由一个中心离子(或原子)与单齿配体形成的配合物称为简单配合物,包括单一配体配合物,如 $[Cu(NH_3)_4]SO_4$、$[Ag(NH_3)_2]Cl$ 等,以及混合配体配合物,如 $[CrCl_2(NH_3)_4]^+$、$[PtCl_2(NH_3)_2]$ 等。在简单配合物中,中心离子(或原子)与配体之间不会形成环状结构。生物体内的配合物多为混合配体配合物。

(二)螯合物

多齿配体与中心离子(或原子)结合形成的具有环状结构的配合物称为螯合物,也称内配物。形成螯合物的多齿配体称为螯合剂。实验证明,大多数螯合物含有五元环或者六元环,并且结构稳定,少于或多于这个数目的环均不稳定。因此,螯合剂一般应具备以下两个条件:①同一配体须含有两个或两个以上的配位原子,且这些配位原子必须与中心离子(或原子)同时配位;②螯合剂中相邻两个配位原子之间必须相隔 2~3 个其他原子,以便与中心离子(或原子)形成稳定的五元环或六元环。

在螯合物中,螯合剂通过两个或两个以上配位原子与中心离子(或原子)键合,像螃蟹的螯钳一样抓住中心离子(或原子),形成一个或多个包括中心离子(或原子)在内的五元环或者六元环。

因此,螯合物与具有相同配位数、同样配位原子的简单配合物相比具有特殊的稳定性。这种由于螯合环的形成而具有特殊稳定性的效应称为螯合效应(chelate effect)。

例如,Cu^{2+} 与乙二胺形成的螯合物如图 9-1 所示。中心 Cu^{2+} 的配位数为 4,具有两个包括 Cu^{2+} 在内的五元环。乙二胺四乙酸根离子(简称 EDTA,简式为 Y^{4-})也是一种很强的螯合剂,具有六个配位原子,可以与绝大多数的金属离子形成非常稳定的螯合物(碱金属离子除外),中心离子的配位数为 6。如 Ca^{2+} 一般很难形成稳定的配合物,但却可以和 EDTA 形成具有五个包括 Ca^{2+} 在内的五元环螯合物。$[CaY]^{2-}$ 的结构如图 9-2 所示。

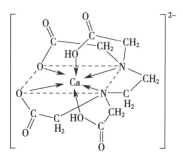

● 图 9-1 二(乙二胺)合铜(Ⅱ)离子的结构   ● 图 9-2 乙二胺四乙酸根合钙(Ⅱ)离子的结构

(三)多核配合物

含有两个或两个以上中心离子(或原子)的配合物称为多核配合物。多核配合物一般通过桥联配体与各中心离子(或原子)连接。在中心离子(或原子)间起搭桥作用的配体称为桥联基团,简称桥基。可作桥基的配体有 OH^-、NH_2^-、Cl^- 等,它们可以给出两对或两对以上孤对电子,与一个以上中心离子(原子)键合而起搭桥作用。如下所示的是 Cl^- 作为桥基的多核配合物:

四、配合物的命名

(一)命名总原则

配合物的外界与内界之间的命名符合一般无机化合物的命名原则,与无机化合物中的酸、碱、盐一样,命名为"某化某""某酸某""某酸""氢氧化某"等。一般负离子是复杂酸根离子时,命名为"某酸某",如 $[Cu(NH_3)_4]SO_4$ 为"硫酸某";负离子是简单离子时,命名为"某化某",如 $[Fe(en)_3]Cl_3$ 为"氯化某";正离子为 H^+ 时,命名为"某酸";负离子为 OH^- 时,命名为"氢氧化某"。配合物结构、性质的复杂性和特征性在内界,内界的命名遵循以下原则。

(二)内界(配位单元)的命名

1. 内界的命名顺序 配体数→配体名称→"合"→中心离子名称(氧化值)。配体数目以中文一、二、三等数字表示,配体数目为一时,可省略不写;不同配体名称之间以圆点"·"分开;最后一种配体与中心离子间用"合"字连接;中心离子的氧化值用罗马数字在圆括号中标明。例如:

[Cu(NH$_3$)$_4$]SO$_4$	硫酸四氨合铜(Ⅱ)
[Fe(en)$_3$]Cl$_3$	氯化三(乙二胺)合铁(Ⅲ)
[Ag(NH$_3$)$_2$]OH	氢氧化二氨合银(Ⅰ)
H$_2$[PtCl$_6$]	六氯合铂(Ⅳ)酸

2. 配体的命名顺序 含多种配体时,配体命名顺序按照下列规则进行:①若内界中既有无机配体,又有有机配体,则无机配体在前,有机配体在后,即"先无后有";②同为无机配体或有机配体时,负离子在前,中性分子在后,即"先负后中";③同为负离子或中性分子时,按配位原子元素符号的英文字母顺序排列,即"先 A 后 Z";若配位原子相同,则原子数目少的配体在前,即"先少后多";若配位原子、配体原子数目相同,按配位原子连接的原子的元素符号字母序。例如:

NH$_4$[Co(NO$_2$)$_4$(NH$_3$)$_2$]	四硝基·二氨合钴(Ⅲ)酸铵
[PtBrCl(NH$_3$)(py)]	溴·氯·氨·吡啶合铂(Ⅱ)
[Co(NH$_3$)$_5$(H$_2$O)]$^{3+}$	五氨·水合钴(Ⅲ)离子
[Pt(NO$_2$)(NH$_3$)(NH$_2$OH)(py)]Cl	氯化硝基·氨·羟胺·吡啶合铂(Ⅱ)

五、配合物的空间构型和几何异构

(一)配合物的空间构型

配合物的空间构型是指配体在中心离子(或原子)周围排布的几何构型。目前测定配合物空间构型的方法很多,如 X 射线衍射、紫外可见光谱、红外光谱、旋光光度法、顺磁共振等技术。普遍采用的是配合物晶体 X 射线衍射法,这种方法能够比较精确的测定配合物中各原子的位置、键角和键长等,从而得出配合物分子或离子的空间构型。

配合物的空间构型与中心离子(或原子)的配位数有关。如配位数为 2 的配离子空间构型为直线形;配位数为 4 的配离子空间构型有两种:四面体和平面四方形;配位数为 6 的配离子空间构型为正八面体。用配合物的价键理论可以很好地解释配合物的空间构型(见第二节)。常见配合物的空间构型见表 9-3。

表 9-3 常见配合物的空间构型和杂化类型

配位数	空间构型	模型	杂化类型	实例
2	直线形		sp	[Ag(CN)$_2$]$^-$ [Cu(CN)$_2$]$^-$
3	平面三角形		sp^2	[Cu(tu)$_3$]$^+$

配位数	空间构型	模型	杂化类型	实例
4	四面体	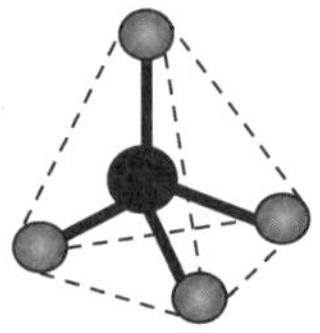	sp^3	$[Zn(CN)_4]^{2-}$ $[FeCl_4]^-$
	平面四方形	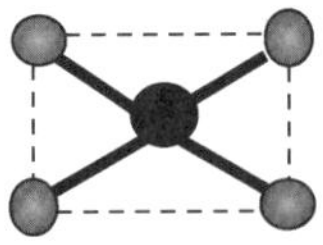	dsp^2	$[Ni(CN)_4]^{2-}$ $[PtCl_4]^{2-}$
5	三角双锥	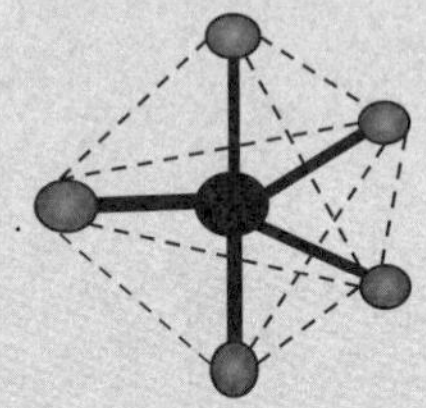	dsp^3	$Fe(CO)_5$
	四角锥	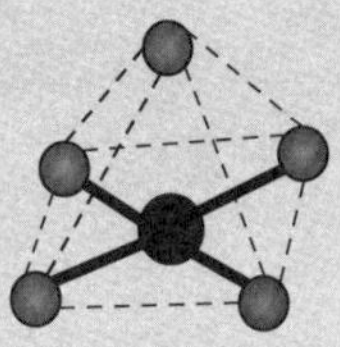	d^4s	$[VO(acac)_2]$
6	八面体	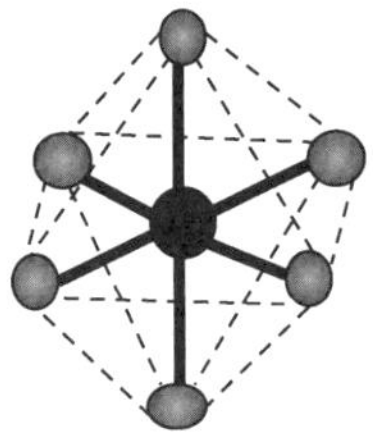	d^2sp^3 或 sp^3d^2	$[Fe(CN)_6]^{4-}$ $[Co(NH_3)_6]^{3+}$ $[FeF_6]^{3-}$ $[Co(NH_3)_6]^{2+}$

（二）配合物的几何异构

化学组成相同但结构和性质不同的现象称为异构（isomerism），配合物涉及许多异构现象，本节仅介绍几何异构。

若配合物中含有两种或两种以上的配体，则配体在中心离子（或原子）周围可能出现不同的排列方式。配合物组成相同，空间排列方式不同所产生的异构现象，称为几何异构（geometrical isomerism），几何异构也称为顺反异构。

当同种配体彼此处于相邻的位置时称为顺式异构体（cis-），彼此处于对角线位置时称为反式异构体（trans-）。几何异构现象主要发生在配位数为 4 的平面正方形和配位数为 6 的八面体构型配合物中。而配位数为 4 的四面体配合物和配位数为 2 的配合物不存在几何异构体，因为在这些构型中所有的配位位置都是彼此相邻或相对的。

例如，配合物 $[PtCl_2(NH_3)_2]$ 的空间构型为平面正方形，具有两种几何异构体。两个相同的配体处于正方形相邻两顶角的叫顺式异构，用 cis-$[PtCl_2(NH_3)_2]$ 表示；处于对角的称为反式异构，用 trans-$[PtCl_2(NH_3)_2]$ 表示，如图 9-3 所示。这两种几何异构体的性质不同，cis-$[PtCl_2(NH_3)_2]$ 也称为顺铂，是一种广泛使用的抗癌药物，为极性分子，在水中的溶解度为 0.258g/100g H_2O，颜色是橘黄色；*trans*-[PtCl$_2$(NH$_3$)$_2$]则没有药理活性，为非极性分子，在水中的溶解度为 0.037g/100g H$_2$O，颜色是淡黄色。

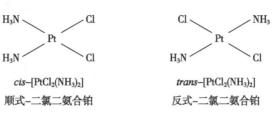

cis-[PtCl$_2$(NH$_3$)$_2$]　　　　　　　　*trans*-[PtCl$_2$(NH$_3$)$_2$]

顺式-二氯二氨合铂　　　　　　　　反式-二氯二氨合铂

● 图9-3　平面四方形配合物的几何异构体

罗森伯格与铂类抗癌药物的发现（文档）

第二节　配合物的化学键理论

为了揭示配位单元（内界）内部中心离子（原子）与配体之间结合力本质而建立的理论称为配合物的化学键理论，通过化学键理论可以阐明配合物的配位数、空间构型、磁性、吸收光谱等性质。目前，配合物的化学键理论主要有价键理论、晶体场理论、配位场理论和分子轨道理论等。本节仅介绍价键理论和晶体场理论。

一、价键理论

20 世纪 30 年代，美国化学家鲍林将共价键的杂化轨道理论应用于配合物，提出了配合物的价键理论。

（一）基本要点

1. 在形成配合物时，中心离子（原子）与配体以配位键结合。配体的配位原子提供孤对电子，中心离子（原子）提供外层空轨道以接受配位原子提供的孤对电子。

2. 为了增强成键能力，中心离子（原子）所提供的空轨道首先进行杂化，形成数目相等、能量相同、具有一定空间伸展方向的杂化轨道，它们分别与配位原子的孤对电子轨道重叠形成配位键。

3. 不同类型的杂化轨道具有不同的空间构型，配合物的空间构型取决于中心离子（原子）所提供杂化轨道的数目和类型。

由表9-3可知，配位数为4的配合物，中心离子（原子）有两种杂化方式，分别对应两种不同的空间构型。配位数为6的配合物，只有一种空间构型，但中心离子（原子）却有两种杂化方式。

下面以最为常见的配位数为 2、4、6 的配合物为例，利用价键理论分别对这些配合物的配位数、空间构型及磁性进行解释。

（二）配合物的杂化类型与空间构型

1. 配位数为 2 的配合物　　配位数为 2 的配合物，中心离子一般采取 sp 杂化，配离子的空间构型为直线形。下面以 $[Ag(NH_3)_2]^+$ 为例讨论。

Ag$^+$ 的电子组态为 $[Kr]4d^{10}$，外层的 5s、5p 轨道为空轨道：

根据杂化轨道理论，为了增强成键能力，并形成结构匀称的配合物，Ag$^+$ 的 1 个 5s 轨道和 1 个 5p 轨道首先发生 sp 杂化，形成 2 个 sp 杂化轨道：

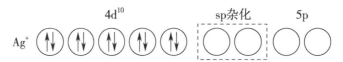

2 个 sp 杂化轨道分别接受 2 个 NH_3 中 N 原子提供的 2 对孤对电子形成两个配位键：

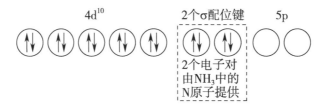

由于 sp 杂化轨道的空间构型为直线形，所以 $[Ag(NH_3)_2]^+$ 为直线形。在形成 $[Ag(NH_3)_2]^+$ 配合物时，Ag$^+$ 利用的是外层 5s、5p 空轨道进行杂化。这种利用中心离子的外层空轨道杂化形成的配合物称为外轨型配合物。

2．配位数为 4 的配合物　配位数为 4 的配合物，中心离子采取 sp^3 杂化或 dsp^2 杂化，配离子的空间构型为正四面体或平面四方形。至于是以 sp^3 杂化轨道成键，还是以 dsp^2 杂化轨道成键，则主要由中心离子的价层电子结构和配体的性质决定。下面以 $[Ni(NH_3)_4]^{2+}$ 和 $[Ni(CN)_4]^{2-}$ 为例讨论。

（1）$[Ni(NH_3)_4]^{2+}$ 的形成：实验测得，$[Ni(NH_3)_4]^{2+}$ 的空间构型为正四面体，顺磁性物质。Ni^{2+} 的电子组态为 $[Ar]3d^8$，外层的 4s、4p 轨道为空轨道：

由于实验测定配离子是顺磁性，表明 Ni^{2+} 保持原来的 d 轨道电子排布不变，只用外层的一个 4s 轨道和 3 个 4p 轨道杂化，组成 4 个 sp^3 杂化轨道。用这 4 个杂化轨道分别接受 4 个 NH_3 中的 4 对孤对电子形成 4 个配位键，配位数为 4。即：

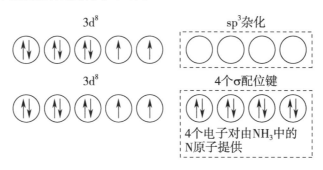

由于使用的是外层空轨道进行 sp^3 杂化，$[Ni(NH_3)_4]^{2+}$ 的空间构型为四面体构型，为外轨型配合物。因为 3d 轨道有 2 个成单电子，所以 $[Ni(NH_3)_4]^{2+}$ 是顺磁性物质。

（2）$[Ni(CN)_4]^{2-}$ 的形成：实验测得，$[Ni(CN)_4]^{2-}$ 的空间构型为平面正方形，抗磁性物质。当 Ni^{2+} 与 CN^- 形成 $[Ni(CN)_4]^{2-}$ 时，由于配位原子 C 的电负性比较小，吸引电子的能力弱，给出电子的能力较强，使 3d 轨道上的电子发生了重排，8 个 d 电子合并在 4 个 3d 轨道上，轨道上的成单电子数由 2 个变为 0 个，空出 1 个 3d 轨道：

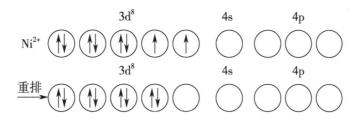

1 个 3d 轨道、1 个 4s 轨道和 2 个 4p 轨道杂化，组成 4 个 dsp^2 杂化轨道。分别用这 4 个杂化轨道接受 4 个 CN^- 中的 4 对孤对电子形成 4 个配位键，配位数为 4。即：

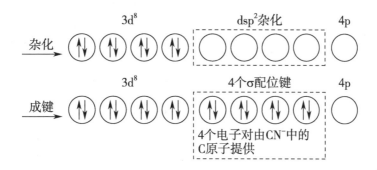

dsp^2 杂化轨道的空间构型为平面正方形，所以 $[Ni(CN)_4]^{2-}$ 为平面正方形结构。由于 3d 轨道上的电子重排后没有了成单电子，$[Ni(CN)_4]^{2-}$ 配离子在磁场中表现出抗磁性。在该配合物中，Ni^{2+} 利用了内层的 3d 空轨道及外层 4s、4p 空轨道进行杂化，这种利用内层 $(n-1)$d 轨道和外层空轨道(ns, np)杂化形成的配合物称为内轨型配合物。

3．配位数为 6 的配合物　配位数为 6 的配合物，中心离子采取 d^2sp^3 杂化或 sp^3d^2 杂化，配离子的空间构型为正八面体形。下面以 $[Fe(H_2O)_6]^{3+}$ 和 $[Fe(CN)_6]^{3-}$ 为例讨论。

（1）$[Fe(H_2O)_6]^{3+}$ 的形成：实验测得，$[Fe(H_2O)_6]^{3+}$ 的空间构型为正八面体，顺磁性。Fe^{3+} 的电子组态为 $[Ar]3d^5$，外层的 4s、4p、4d 轨道为空轨道，可以接受孤对电子：

由于配位原子 O 的电负性较大，吸引电子的能力强，给出电子的能力弱，对 d 轨道上的电子影响较小。Fe^{3+} 只用外层的 1 个 4s 轨道、3 个 4p 轨道和 2 个 4d 轨道杂化，组成 6 个 sp^3d^2 杂化轨道，分别接受 6 个 H_2O 中的 6 对孤对电子形成 6 个配位键，配位数为 6，即：

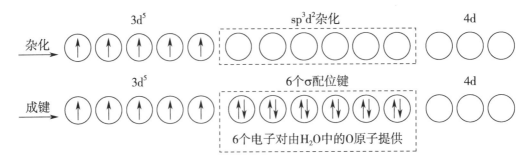

由于 sp^3d^2 杂化轨道的空间构型为正八面体,所以 $[Fe(H_2O)_6]^{3+}$ 为正八面体构型。3d 轨道有 5 个成单电子,所以 $[Fe(H_2O)_6]^{3+}$ 配离子为顺磁性。而且,根据磁矩计算的经验公式 $\mu = \sqrt{n(n+2)}$(n 为成单电子数)可以预测其磁矩较大。显然,$[Fe(H_2O)_6]^{3+}$ 中的 Fe^{3+} 只用外层 4s、4p、4d 空轨道进行杂化,是外轨型配合物。

(2)$[Fe(CN)_6]^{3-}$ 的形成:实验测得,$[Fe(CN)_6]^{3-}$ 的空间构型为正八面体,顺磁性,但实验测定的磁矩明显小于 $[Fe(H_2O)_6]^{3+}$。这一实验事实表明当 Fe^{3+} 与 CN^- 形成 $[Fe(CN)_6]^{3-}$ 时,3d 轨道上的电子发生了重排,5 个 d 电子合并在 3 个 3d 轨道上,成单电子数由 5 个变为 1 个,空出了 2 个 3d 轨道:

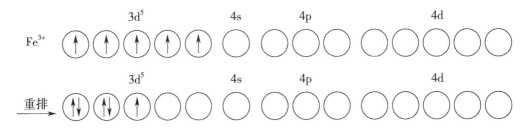

Fe^{3+} 用 2 个 3d 轨道、1 个 4s 轨道和 3 个 4p 轨道杂化,组成 6 个 d^2sp^3 杂化轨道,分别接受 6 个 CN^- 中的 6 对孤对电子形成 6 个配位键,配位数为 6。即:

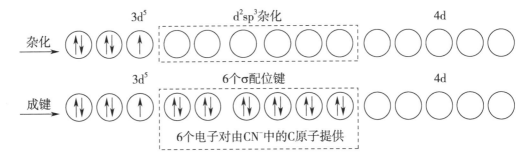

d^2sp^3 杂化轨道的空间构型也为正八面体,所以 $[Fe(CN)_6]^{3-}$ 为正八面体构型。由于配位原子 C 的电负性小,给出电子的能力强,3d 轨道上的电子发生了重排,由于 3d 轨道只有 1 个成单电子,所以 $[Fe(CN)_6]^{3-}$ 配离子在磁场中表现为顺磁性,但磁矩与 $[Fe(H_2O)_6]^{3+}$ 相比明显降低。而且,Fe^{3+} 利用了内层的 3d 空轨道及外层 4s、4p 空轨道进行杂化,是内轨型配合物。

常见配合物的杂化类型及其对应的空间构型如表 9-3 所示。

(三)内轨型和外轨型配合物的判断

一般可通过中心离子的外层电子组态、测定配合物的磁矩以及配体的种类来判断中心离子

（原子）是形成内轨型还是外轨型配合物。

1. 中心离子（原子）的外层电子组态　当中心离子（原子）（$n-1$）d 轨道全充满（d^{10}）时，没有可利用的空（$n-1$）d 轨道，只能形成外轨型配物，如 Ag^+、Zn^{2+} 等。当中心离子（原子）的（$n-1$）d 轨道电子数未充满时，一般有可能形成内轨型配合物。

2. 测定配合物磁矩　由于形成外轨型配合物时，中心离子（原子）保持原有的电子构型，所以未成对电子数不变，因此，形成配合物前后磁矩不变。形成内轨型配合物时，中心离子（原子）的电子构型发生了改变，未成对电子数往往会减少，根据公式 $\mu = \sqrt{n(n+2)}$ 可知，形成配合物后磁矩降低，甚至降为 0。

例如，$[Fe(H_2O)_6]^{2+}$ 形成配合物前后磁矩未变，均为 5.5B.M，未成对电子数为 4，由此判定是外轨型配合物，中心离子采取 sp^3d^2 杂化；而 $[Fe(CN)_6]^{4-}$ 形成配合物后，磁矩由 5.5B.M 降为 0，未成对电子数为 0，由此判定是内轨型配合物，中心离子采取 d^2sp^3 杂化。

3. 配体的种类　与中心离子（原子）结合的配体种类也会影响形成配合物的类型。一般来说，中心离子（原子）d 价电子轨道未充满时，若配体中配位原子电负性较大，倾向于形成外轨配合物。若配体中配位原子电负性较小，倾向于形成内轨配合物。例如：F^-、H_2O 作配体时，常形成外轨型配合物；CN^-、CO 和 NO_2^- 等配体常与中心金属离子形成内轨型配合物。但有些配体如 NH_3、Cl^- 既可形成外轨型配合物，又可形成内轨型配合物。配体的性质与形成内轨或外轨的关系比较复杂，难以做出全面概括，只能以实验事实为依据。

由于（$n-1$）d 轨道比 nd 轨道能量低，因此，同一中心离子（原子）的内轨型配合物往往比外轨型配合物稳定。如 $[Ni(CN)_4]^{2-}$ 比 $[Ni(NH_3)_4]^{2+}$ 稳定，$[Fe(CN)_6]^{2+}$ 比 $[Fe(H_2O)_6]^{2+}$ 稳定。

综上所述，价键理论简单、形象、直观，能说明配合物的配位数、空间构型、磁性和稳定性等。但价键理论不能说明配合物的吸收光谱及颜色，不能对配合物的稳定性作定量说明。

二、晶体场理论

1929 年，贝特（H.Bethe）提出了晶体场理论（crystal field theory）。晶体场理论认为中心离子（原子）与配体依靠静电作用相结合，同时考虑配体形成的静电场对中心离子 d 价电子轨道能量的影响。该理论可以说明配合物的颜色、磁性、电子光谱和配合物的相对稳定性。

（一）晶体场理论的基本要点

1. 在配合物中，配体与中心离子间结合力的本质是静电作用。中心离子带正电荷，配体带负电荷（负离子或极性分子），这种静电作用类似于离子晶体中正、负离子之间的静电作用，这是配合物稳定的主要原因。

2. 配体的负电荷在中心离子周围形成的静电场称为晶体场。

3. 配体形成的晶体场对中心离子价电子层中的 d 电子产生排斥作用，使中心离子的外层 d 轨道能级分裂。晶体场对称性不同，对中心离子 d 轨道的影响也不同，d 轨道的分裂形式也不同。

4. d 轨道的能级分裂引起 d 电子的重新排布，由此产生晶体场稳定化能，使配合物的稳定性增强。

(二)晶体场中d轨道的能级分裂

在形成配合物前,中心离子的 5 个 d 轨道,尽管空间伸展方向不同,但能量完全相同,是简并轨道。假设将中心离子放在球形分布的负电场(简称球形场)中心,球形场负电荷产生的均匀排斥力将会同等程度地升高 5 个 d 轨道的能量,d 轨道并不发生能级分裂。但当中心离子与配体形成配合物时,在具有一定对称性的配体晶体场影响下,最外层 5 个简并的 d 轨道将发生能级分裂。晶体场对称性不同,d 轨道的分裂方式也不同。下面分别讨论正八面体场、正四面体场和平面四方形场中,d 轨道能级分裂的形式。

1. 正八面体场中的能级分裂   在正八面体构型配合物中,6 个配体分别占据正八面体的 6 个顶点,由此产生的静电场叫做正八面体晶体场,简称正八面体场。

当中心离子置于正八面体场时,六个配体沿着 $\pm x$、$\pm y$、$\pm z$ 方向向中心离子接近。由于 d_{z^2} 和 $d_{x^2-y^2}$ 是沿着 x、y、z 三个轴向伸展,如图 9-4 所示。d_{z^2} 和 $d_{x^2-y^2}$ 的角度分布极大值正对着配体的点电荷,其中的 d 电子受配体的排斥作用较强,相应 d 轨道能量升高较多。而 d_{xy}、d_{yz} 和 d_{xz} 则向三个轴的中间伸展,角度分布极大值方向避开了坐标轴上的配体,如图 9-4 所示。其中的 d 电子受配体的排斥作用较弱,因此,能级升高较少。d 轨道的这种变化称为轨道分裂(orbital splitting)。因此,在正八面体场中,d 轨道分裂成两组,一组是能量较高的二重简并轨道 d_{z^2} 和 $d_{x^2-y^2}$(晶体场理论以 d_γ 表示),另一组是能量较低的三重简并轨道 d_{xy}、d_{yz} 和 d_{xz}(晶体场理论以 d_ε 表示),如图 9-5 所示。

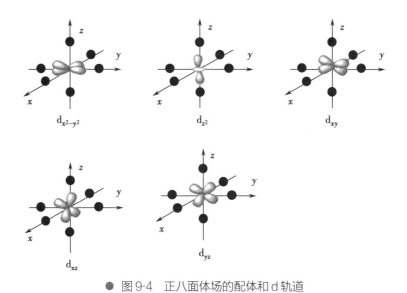

● 图 9-4　正八面体场的配体和 d 轨道

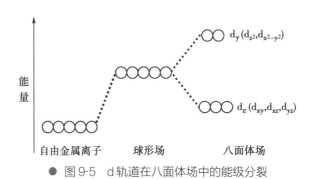

● 图 9-5　d 轨道在八面体场中的能级分裂

2. 正四面体场中的能级分裂　　在正四面体构型的配合物中,4 个配体分别占据立方体八个顶点中相互错开的 4 个顶点上。中心离子的d_{z^2}和$d_{x^2-y^2}$轨道分别指向立方体的面心,而d_{xy}、d_{yz}和d_{xz}轨道分别指向立方体各棱边的中心,如图 9-6 所示。由于d_{xy}、d_{yz}和d_{xz}轨道相对离配体较近,受到较大的斥力,能量升高较多,这三个轨道能量相等,用d_ε表示。而d_{z^2}和$d_{x^2-y^2}$轨道相对离配体较远,受到的斥力较小,能量升高较少,这两个轨道能量相等,用d_γ表示。显然,正四面体场中 d 轨道的分裂情况与正八面体场正好相反,而且由于正四面体场中的配体不是直接指向 d 轨道,因此能级分裂程度小于正八面体场,如图 9-7 所示。

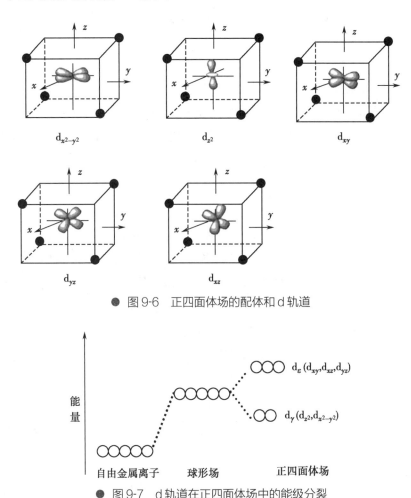

● 图 9-6　正四面体场的配体和 d 轨道

● 图 9-7　d 轨道在正四面体场中的能级分裂

3. 平面四方形场中的能级分裂　　平面四方形配合物中,4 个配体分别占领平面四方形的 4 个顶点,中心离子的$d_{x^2-y^2}$轨道和配体迎头相碰,受到的排斥作用最强,能量升高最多。d_{xy}轨道距离配体稍远,能量升高次之。d_{z^2}距离配体较远,受到的排斥作用较弱,能量升高再次之。d_{yz}和d_{xz}受到的排斥作用相同,是一组简并轨道,且由于距离配体最远,能量最低。这样,d 轨道在平面四方形场中分裂成四组轨道,如图 9-8 所示。

需要说明的是,当配体接近中心离子形成配合物时,在配体晶体场的影响下,中心离子的 5 个 d 价电子轨道的能级相对于自由金属离子都是升高的,只是有的升高的多,有的升高的少,似乎配合物的稳定性不如自由金属离子。不过配合物的生成证明,配合物比自由金属离子和配体更稳定,中心离子(或原子)能量的升高可以通过成键效应得到补偿。

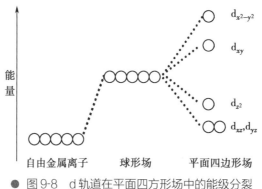

● 图9-8　d轨道在平面四方形场中的能级分裂

（三）晶体场分裂能及影响因素

1. 晶体场分裂能　晶体场分裂能是指晶体场中d轨道分裂后的高能级轨道与低能级轨道之间的能量差,用符号 Δ 表示。Δ 值可通过电子光谱实验测得,常用单位是波数(cm^{-1})。1波数(cm^{-1})$= 1.986 \times 10^{-23}$ 焦(J)。

对正八面体场,Δ 是 d_ε 与 d_γ 轨道的能量差,即:

$$\Delta_o = E(d_\gamma) - E(d_\varepsilon) = 10Dq \qquad\qquad 式（9-1）$$

式(9-1)中,Dq为场强参数;下标"o"表示"八面体的"(octahedral)。

球形场中d轨道的能量是5个分裂的d轨道能量的平均值,d_γ 和 d_ε 能量的升高和降低是以球形场中d轨道的能量($E_{球形场}$)为基准的。令 $E_{球形场} = 0Dq$,则根据量子力学原理,d轨道总能量在分裂前后保持不变,则:

$$2E(d_\gamma) + 3E(d_\varepsilon) = 0 \qquad\qquad 式（9-2）$$

联立式(9-1)和式(9-2),解得两组d轨道的相对能量分别为:

$$E(d_\gamma) = 3/5\Delta_o = 6Dq$$

$$E(d_\varepsilon) = -2/5\Delta_o = -4Dq。$$

可见在正八面体场中,相对于球形场,d_γ 轨道能量比分裂前上升6Dq,d_ε 轨道能量比分裂前下降4Dq。

对正四面体场,其分裂能为:

$$\Delta_t = 4/9\Delta_o = 4.45Dq = E(d_\varepsilon) - E(d_\gamma) \qquad\qquad 式（9-3）$$

式(9-3)中,Δ_t 中的下标t表示"四面体的"(tetrahetral)。同理可求出两组d轨道的相对能量分别为:

$$E(d_\gamma) = -3/5\Delta_t = -2.67Dq$$

$$E(d_\varepsilon) = 2/5\Delta_t = 1.78Dq$$

可见在正四面体场中,相对于球形场,d_ε 轨道能量比分裂前上升1.78Dq,d_γ 轨道能量比分裂前下降2.67Dq。

现将正八面体场、正四面体场和平面四方形场中d轨道的分裂能及d轨道的相对能量列于图9-9,其中的 Δ_t、Δ_o 和 Δ_s 分别代表正四面体场、正八面体场和平面四方形场的分裂能,能量单位为Dq。

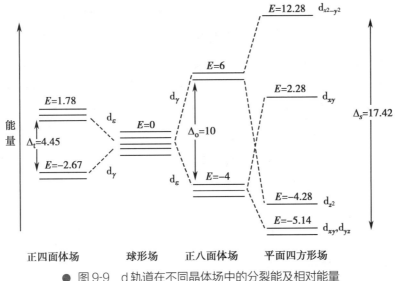

● 图9-9　d轨道在不同晶体场中的分裂能及相对能量

2. 影响晶体场分裂能的因素　分裂能的大小与配离子的空间构型、中心离子的电荷及所处周期、配体的性质有关。

（1）配合物的空间构型：中心离子、配体均相同时，分裂能与配离子的空间构型有关。不同空间构型配合物分裂能大小顺序为：平面正方形＞八面体＞四面体。

（2）中心离子的电荷：同一元素与相同配体形成的配合物中，中心离子的电荷数越高，分裂能越大。例如，$[Cr(H_2O)_6]^{2+}$ 和 $[Cr(H_2O)_6]^{3+}$ 的分裂能分别为 $13\,900cm^{-1}$ 和 $17\,400cm^{-1}$。

（3）中心离子所处周期：对于相同价态的同族过渡金属离子，若配合物构型、配体种类和数目都相同，则形成配合物的分裂能自上而下依次增大。如 $[Co(en)_3]^{3+}$、$[Rh(en)_3]^{3+}$ 和 $[Ir(en)_3]^{3+}$ 的分裂能分别为 $23\,300cm^{-1}$、$34\,400cm^{-1}$ 和 $41\,200cm^{-1}$。

（4）配体的性质：不同配体与同一种中心离子结合形成相同构型的配离子时，可以导致不同的分裂能。配体对中心离子 d 轨道产生分裂能的大小顺序为：$I^-＜Br^-＜Cl^-＜SCN^-＜F^-＜OC(NH_2)_2＜OH^-≈ONO^-＜C_2O_4^{2-}＜H_2O＜NCS^-＜Y^{4-}＜NH_3＜en＜SO_3^{2-}＜NO_2^-＜CN^-≈CO$。

以上顺序是通过配合物的吸收光谱实验测得的，所以称为光谱化学序列，光谱化学序列显示出不同配体产生的晶体场从弱到强的顺序。通常把分裂能力大于 NH_3 的配体称为强场配体，分裂能力小于 H_2O 的配体称为弱场配体，分裂能力介于 H_2O 和 NH_3 之间的配体称为中强场配体。

从光谱化学序列还可以粗略看出，对于常见配位原子来说，分裂能的大致顺序为：X（卤素）＜O＜N＜C。

（四）晶体场中 d 电子的排布与配合物的磁性

d 轨道在晶体场中分裂以后，电子将在分裂后的 d 轨道上重新排布。电子在分裂后 d 轨道中的排布遵循能量最低原理、泡利不相容原理和洪德定则，同时还要考虑分裂能与电子成对能的相对大小。下面仅讨论正八面体场中 d 电子的排布。

在正八面体场中，d 轨道分裂成两组，一组为能量较低的 d_ε 轨道，另一组为能量较高的 d_γ 轨道。当中心离子的 d 电子数为 1~3 时, d 电子优先填充能量较低的 d_ε 轨道, 且保持电子自旋平行。当 d 电子数为 4~7 时, 第 4 个及其以后的电子若仍填入 d_ε 轨道, 则须克服与原有电子自旋配对而产生的排斥作用, 所需的能量称为电子成对能(electron pairing energy), 用 P 表示。如果配体的晶体场较弱, 即 $\Delta_o < P$, 则电子排斥作用阻止电子自旋配对, 由于分裂能较小, 电子很容易克服分裂能进入能级较高的 d_γ 轨道。这种电子排布方式具有较多的成单电子, 称为高自旋排布, 相当于价键理论的外轨型配合物。反之, 如果配体的晶体场较强, 即 $\Delta_o > P$, 电子容易克服成对能进入能量较低的 d_ε 轨道。这种电子排布方式具有较少的成单电子, 称为低自旋排布, 相当于价键理论的内轨型配合物。Δ_o 和 P 的相对大小与 d 电子排布方式的关系可以概括为: 弱场($\Delta_o < P$)高自旋; 强场($\Delta_o > P$)低自旋。

根据 Δ_o 与 P 的相对大小, 则可以确定 d 电子的排布情况, 从而可以判断配合物是高自旋还是低自旋, 由此可以说明配合物的磁性。

【例题 9-1】请说明配离子 $[Co(CN)_6]^{3-}$、$[CoF_6]^{3-}$ 的磁性。已知: Co^{3+} 的电子成对能 $P = 17\,800\,cm^{-1}$, $[Co(CN)_6]^{3-}$、$[CoF_6]^{3-}$ 的分裂能(Δ_o)分别为 $34\,000\,cm^{-1}$ 和 $13\,000\,cm^{-1}$。

解　Co^{3+} 离子的价层电子组态为 $3d^6$。

对 $[Co(CN)_6]^{3-}$: $\Delta_o > P$(强场), d 电子在 d_ε 和 d_γ 轨道中的排布为 $(d_\varepsilon)^6 (d_\gamma)^0$, 未成对电子数为 0, 为低自旋配离子, 在磁场中表现出反磁性。

对 $[CoF_6]^{3-}$: $\Delta_o < P$(弱场), d 电子的排布为 $(d_\varepsilon)^4 (d_\gamma)^2$, 未成对电子数为 4, 为高自旋配离子, 在磁场中表现出顺磁性。

实验测得, $[Co(CN)_6]^{3-}$ 的磁矩 $\mu = 0$B.M, $[CoF_6]^{3-}$ 的磁矩 $\mu = 5.26$B.M。根据磁矩计算的经验公式 $\mu = \sqrt{n(n+2)}$, 以及晶体场理论给出的 $[Co(CN)_6]^{3-}$ 和 $[CoF_6]^{3-}$ 中 Co^{3+} 的未成对电子数目计算出的磁矩 μ, 与实验测定的磁矩 μ 值基本相符, 从而验证了晶体场理论说明配合物磁性的正确性。

【例题 9-2】实验测得配离子 $[Co(NO_2)_6]^{4-}$ 的磁矩 $\mu = 1.8$B.M, 请判断该配合物 Δ_o 和 P 的相对大小。

解　Co(Ⅱ)的价层电子组态是 $3d^7$。

根据晶体场理论, $[Co(NO_2)_6]^{4-}$ 中 Co(Ⅱ)的 d 电子排布可能有低自旋和高自旋两种情况: $(d_\varepsilon)^6 (d_\gamma)^1$ 和 $(d_\varepsilon)^5 (d_\gamma)^2$。

根据公式 $\mu = \sqrt{n(n+2)}$, 可求得高自旋和低自旋配合物的磁矩分别为 3.87B.M 和 1.73B.M。因为后者比前者更接近实测值, 所以 $[Co(NO_2)_6]^{4-}$ 中 Co(Ⅱ)的 d 电子排布应该是低自旋$(d_\varepsilon)^6 (d_\gamma)^1$。该结果表明 $\Delta_o > P$, $[Co(NO_2)_6]^{4-}$ 中的 NO_2^- 是强场配体。

中心离子的 d 电子在正八面体场中的排布方式如表 9-4 所示。

由表 9-4 可见, 构型为 $d^1 \sim d^3$ 和 $d^8 \sim d^{10}$ 的中心离子在强场和弱场中的电子排布是相同的; 构型为 $d^4 \sim d^7$ 的中心离子在强场和弱场中的电子排布是不相同的, 有高、低自旋之分。

前已述及, 随着 d 轨道主量子数 n 的增加, 其分裂能 Δ_o 增大, 因此用 4d、5d 轨道形成的配合物一般是低自旋的。另外, 四面体配合物的分裂能 Δ_t 仅是八面体分裂能 Δ_o 的 4/9, 如此小的分裂能一般不会超过成对能, 因此四面体配合物中 d 电子排布一般取高自旋状态。

表9-4　八面体场中电子在 d_ε 和 d_r 轨道中的排布

	弱场		未成对电子数	强场		未成对电子数
	d_ε	d_r		d_ε	d_r	
d^1	↑		1	↑		1
d^2	↑↑		2	↑↑		2
d^3	↑↑↑		3	↑↑↑		3
d^4	↑↑↑	↑	4	↑↓↑↑		2
d^5	↑↑↑	↑↑	5	↑↓↑↓↑		1
d^6	↑↓↑↑	↑↑	4	↑↓↑↓↑↓		0
d^7	↑↓↑↓↑	↑↑	3	↑↓↑↓↑↓	↑	1
d^8	↑↓↑↓↑↓	↑↑	2	↑↓↑↓↑↓	↑↑	2
d^9	↑↓↑↓↑↓	↑↓↑	1	↑↓↑↓↑↓	↑↓↑	1
d^{10}	↑↓↑↓↑↓	↑↓↑↓	0	↑↓↑↓↑↓	↑↓↑↓	0

【思考题9-3】晶体场理论中的高、低自旋配合物与价键理论中的内、外轨配合物之间有何关系？

（五）晶体场稳定化能

1. 晶体场稳定化能的定义　在配体晶体场的作用下，中心离子的 d 轨道发生能级分裂，d 电子从未分裂的 d 轨道（球形场）进入分裂后 d 轨道时，所产生的总能量降低值，称为晶体场稳定化能（crystal field stabilization energy），用 CFSE 表示。晶体场稳定化能大的配合物相对较稳定，因此 CFSE 值的大小是衡量配合物稳定性的一个因素。

2. 晶体场稳定化能的计算　以八面体配合物为例。根据 d_ε 和 d_γ 轨道中的电子数、d 轨道的相对能量以及分裂前后成对电子数的变化，可以计算配合物的晶体场稳定化能，即：

$$CFSE = x\,E(d_\varepsilon) + y\,E(d_\gamma) + (n_2 - n_1)P \qquad 式(9-4)$$

式（9-4）中 x 和 y 分别为 d_ε 和 d_γ 轨道中的电子数；$E(d_\varepsilon)$、$E(d_\gamma)$ 分别为 d_ε 和 d_γ 轨道的相对能量；n_1 和 n_2 分别为 d 轨道分裂前后的成对电子数；P 为电子成对能。

【例题9-3】某中心离子价层电子组态为 d^5，请分别计算它的强、弱场八面体配合物的晶场稳定化能。

解　5个 d 电子在八面体强场中的排布为 $(d_\varepsilon)^5(d_\gamma)^0$，成对电子数 $n_2 = 2$。

5个 d 电子在八面体弱场中的排布为 $(d_\varepsilon)^3(d_\gamma)^2$，成对电子数 $n_2 = 0$。

形成配合物前该离子的成对电子数为 $n_1 = 0$。

则根据式（9-4）可计算晶体场稳定化能 CFSE：

$$(CFSE)_强 = 5 \times (-4Dq) + (2-0)P = -20Dq + 2P$$

$$(CFSE)_弱 = 3 \times (-4Dq) + 2 \times 6Dq = 0.0Dq$$

现将八面体场 d 电子数为 0～10 的 CFSE 列于表9-5中。

表9-5 八面体场中的CFSE

	弱场($P>\Delta_0$)		强场($P<\Delta_0$)	
	电子构型	CFSE/Dq	电子构型	CFSE/Dq
d^0	$d_\varepsilon^0 d_\gamma^0$	0	$d_\varepsilon^0 d_\gamma^0$	0
d^1	$d_\varepsilon^1 d_\gamma^0$	-4	$d_\varepsilon^1 d_\gamma^0$	-4
d^2	$d_\varepsilon^2 d_\gamma^0$	-8	$d_\varepsilon^2 d_\gamma^0$	-8
d^3	$d_\varepsilon^3 d_\gamma^0$	-12	$d_\varepsilon^3 d_\gamma^0$	-12
d^4	$d_\varepsilon^3 d_\gamma^1$	-6	$d_\varepsilon^4 d_\gamma^0$	$-16+P$
d^5	$d_\varepsilon^3 d_\gamma^2$	0	$d_\varepsilon^5 d_\gamma^0$	$-20+2P$
d^6	$d_\varepsilon^4 d_\gamma^2$	-4	$d_\varepsilon^6 d_\gamma^0$	$-24+2P$
d^7	$d_\varepsilon^5 d_\gamma^2$	-8	$d_\varepsilon^6 d_\gamma^1$	$-18+P$
d^8	$d_\varepsilon^6 d_\gamma^2$	-12	$d_\varepsilon^6 d_\gamma^2$	-12
d^9	$d_\varepsilon^6 d_\gamma^3$	-6	$d_\varepsilon^6 d_\gamma^3$	-6
d^{10}	$d_\varepsilon^6 d_\gamma^4$	0	$d_\varepsilon^6 d_\gamma^4$	0

由表 9-5 可见，构型为 $d^1 \sim d^3$、$d^8 \sim d^{10}$ 的中心离子，无论在强场还是弱场中，d 电子的排布只有一种，因此它们在弱场和强场中的 CFSE 相同。构型为 $d^4 \sim d^7$ 的中心离子，在强场和弱场中，电子排布有高、低自旋之分，对应的晶体场稳定化能是不同的。

需要指出的是，对于第 1 过渡系 +2 价和 +3 价金属离子的八面体型配合物来说，它们的 CFSE 通常只占总键能的大约 1/10。因此，虽然 CFSE 是影响配合物性质的重要因素之一，但仅考虑 CFSE 常不能合理地说明配合物的性质，还须考虑其他因素。例如，Fe^{3+}（d^5）形成的弱场配合物的（CFSE）=0，并不意味着该配合物不能形成；而是说，当配合物中心原子和形状都相同、只是配体不同时，弱场配合物不如强场配合物稳定。

（六）配合物的颜色

过渡金属离子的配合物一般是有颜色的。例如 $[Ti(H_2O)_6]^{3+}$ 是紫红色，$[Ni(H_2O)_6]^{2+}$ 是绿色、$[Cu(NH_3)_4]^{2+}$ 是深蓝色等。物质显色的原因是其吸收了某些波长的光，而呈现透过光的颜色。晶体场理论可以解释配合物所呈现的颜色及吸收光谱产生的原因。

晶体场理论认为，d 轨道分裂后，在吸收某些波长的光后，d 电子可以从较低能级的 d 轨道跃迁到较高能级的 d 轨道，这种跃迁称为 d-d 跃迁。这个过程吸收的能量即为分裂能，对应的频率即为吸收峰对应的频率。配合物的光谱实验结果表明，分裂能的大小在 $10\,000 \sim 30\,000 \text{cm}^{-1}$，包括了全部可见光。可以预见，d-d 跃迁的频率应该在近紫外和可见光区，因此过渡金属配合物一般都有颜色。

以 $[Ti(H_2O)_6]^{3+}$ 为例，用不同波长的光照射 $[Ti(H_2O)_6]^{3+}$ 溶液，测定吸光度，得到吸收光谱图，如图 9-10。由图可见，$[Ti(H_2O)_6]^{3+}$ 在波数 $15\,000 \sim 25\,000 \text{cm}^{-1}$ 范围内有一个宽的吸收峰，蓝绿色光被强烈吸收，最大吸收峰 $20\,300 \text{cm}^{-1}$，红色光和紫色光吸收最少而被透过，故显紫红色。显然，配合物不同，分裂能不同，由 d-d 跃迁产生的颜色也会不同。

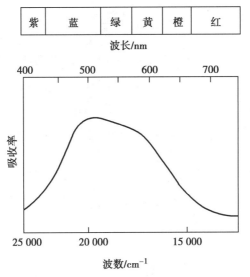

● 图 9-10 [Ti(H₂O)₆]³⁺ 的吸收光谱和 d-d 跃迁

晶体场理论以离子键为基础，着重考虑了中心离子（或原子）的 d 价电子轨道在配体晶体场影响下的分裂。用电子在分裂后 d 轨道中发生的 d-d 跃迁成功地解释了配合物的颜色。用电子成对能和分裂能的相对大小说明了配合物的磁性。用晶体场稳定化能初步说明一些配合物的稳定性。但该理论也存在一些局限性，如只考虑配体与中心离子（或原子）之间的静电作用，而忽略了配体与中心离子（或原子）之间的共价作用，因此不能说明光谱化学序列的本质。后来在晶体场理论的基础上，考虑了轨道之间的重叠，发展形成了配位场理论和分子轨道理论，弥补了晶体场理论的不足。限于本课程的要求，本书对配位场理论和分子轨道理论不做介绍。

第三节 配合物的稳定性

一、配位平衡与稳定常数

（一）稳定常数和不稳定常数

在 CuSO₄ 溶液中加入过量的氨水，会生成深蓝色的 [Cu(NH₃)₄]SO₄ 溶液。将深蓝色的溶液分成两份，向第一份溶液中加入一定的 NaOH，没有观察到 Cu(OH)₂ 沉淀生成。在第二份溶液中加入少量 Na₂S 溶液，发现有黑色的 CuS 沉淀生成。以上实验现象表明，尽管 [Cu(NH₃)₄]²⁺ 具有相当的稳定性，但仍然可以离解出少量的 Cu²⁺ 和 NH₃，即在 [Cu(NH₃)₄]SO₄ 溶液中，存在着 [Cu(NH₃)₄]²⁺ 与 Cu²⁺ 和 NH₃ 分子之间的平衡，这个平衡就是配位 - 离解平衡，简称配位平衡。[Cu(NH₃)₄]²⁺ 的配位平衡用下式表示：

$$Cu^{2+} + 4NH_3 \rightleftharpoons [Cu(NH_3)_4]^{2+}$$

以上配位平衡的正反应是 [Cu(NH₃)₄]²⁺ 的生成反应，逆反应是 [Cu(NH₃)₄]²⁺ 的离解反应。根据化学平衡原理，该配位平衡的标准平衡常数表达式为：

$$K_{稳}^{\ominus} = \frac{[Cu(NH_3)_4^{2+}]}{[Cu^{2+}][NH_3]^4}$$

显然，$K_{稳}^{\ominus}$ 越大，表示配离子生成反应的趋势越大，离解反应的趋势越小，$[Cu(NH_3)_4]^{2+}$ 越稳定，所以，$K_{稳}^{\ominus}$ 称为 $[Cu(NH_3)_4]^{2+}$ 配离子的稳定常数(stability constant)。一些常见配离子的稳定常数见附录六。由于 $K_{稳}^{\ominus}$ 的数值往往很大，常用对数 $\lg K_{稳}^{\ominus}$ 表示。

除稳定常数外，也可以用不稳定常数来表示配离子在溶液中的稳定性。不稳定常数是配合物离解反应的标准平衡常数，用 $K_{不稳}^{\ominus}$ 表示，显然，$K_{稳}^{\ominus} = \dfrac{1}{K_{不稳}^{\ominus}}$。一般来说，$K_{稳}^{\ominus}$ 越大或 $K_{不稳}^{\ominus}$ 越小，配合物越稳定；$K_{稳}^{\ominus}$ 越小或 $K_{不稳}^{\ominus}$ 越大，配合物越不稳定。

（二）逐级稳定常数

配离子的生成或离解反应一般是分步进行的，因此溶液中存在一系列的配位平衡或离解平衡。例如 $[Cu(NH_3)_4]^{2+}$ 形成时，在溶液中存在如下分步生成反应平衡：

$$Cu^{2+} + NH_3 \rightleftharpoons [Cu(NH_3)]^{2+} \qquad K_1^{\ominus} = \frac{[Cu(NH_3)^{2+}]}{[Cu^{2+}][NH_3]}$$

$$[Cu(NH_3)]^{2+} + NH_3 \rightleftharpoons [Cu(NH_3)_2]^{2+} \qquad K_2^{\ominus} = \frac{[Cu(NH_3)_2^{2+}]}{[Cu^{2+}][NH_3]}$$

$$[Cu(NH_3)_2]^{2+} + NH_3 \rightleftharpoons [Cu(NH_3)_3]^{2+} \qquad K_3^{\ominus} = \frac{[Cu(NH_3)_3^{2+}]}{[Cu^{2+}][NH_3]}$$

$$[Cu(NH_3)_3]^{2+} + NH_3 \rightleftharpoons [Cu(NH_3)_4]^{2+} \qquad K_4^{\ominus} = \frac{[Cu(NH_3)_4^{2+}]}{[Cu(NH_3)_3^{2+}][NH_3]}$$

$K_1^{\ominus}$、$K_2^{\ominus}$、$K_3^{\ominus}$、$K_4^{\ominus}$ 是 $[Cu(NH_3)_4]^{2+}$ 配离子的各级生成反应的稳定常数，称为逐级稳定常数。

将上述四步生成反应相加，得到总生成反应：

$$Cu^{2+} + 4NH_3 \rightleftharpoons [Cu(NH_3)_4]^{2+}$$

根据多重平衡原理，总生成反应的稳定常数为四步逐级稳定常数的乘积：

$$K_{稳}^{\ominus} = \frac{[Cu(NH_3)_4^{2+}]}{[Cu^{2+}][NH_3]^4} = K_1^{\ominus} K_2^{\ominus} K_3^{\ominus} K_4^{\ominus}$$

配离子的总生成反应的稳定常数与逐级稳定常数的关系为：

$$K_{稳}^{\ominus} = K_1^{\ominus} K_2^{\ominus} K_3^{\ominus} \ldots K_n^{\ominus}$$

应当注意，由于配离子逐级生成或离解的存在，在计算溶液中离子浓度时，应该考虑各级配离子的存在。但是，在实际工作中，一般常加入过量的配体，这样金属离子绝大部分处在最高配位数的状态，故在做近似处理时，其他配位数的各级配离子可以忽略不计。因此，若求未配位的金属离子浓度时，只需按总的生成反应或离解反应简化计算即可。

利用稳定常数可以比较配离子的稳定性。对组成类型相同的配离子可以直接用 $K_{稳}^{\ominus}$ 的数值大小进行比较。如 $Ag(NH_3)_2^+$ 和 $Ag(CN)_2^-$ 配离子的 $\lg K_{稳}^{\ominus}$ 分别是 7.05 和 21.1，由于两者组成类型相同，因此根据稳定常数可判断，$Ag(CN)_2^-$ 比 $Ag(NH_3)_2^+$ 稳定得多。对组成类型不同的配离子，不能用 $K_{稳}^{\ominus}$ 数值的大小直接比较，而要通过具体的计算，否则会得出错误的结论。

【例题 9-4】已知配离子 [CuY]$^{2-}$ 和 [Cu(en)$_2$]$^{2+}$ 的稳定常数分别为 $5.01×10^{18}$ 和 $1.0×10^{21}$，试比较浓度均为 0.1mol/L 的 [CuY]$^{2-}$ 和 [Cu(en)$_2$]$^{2+}$ 的稳定性。

解 设 [CuY]$^{2-}$ 和 [Cu(en)$_2$]$^{2+}$ 溶液中未配位 Cu^{2+} 的相对平衡浓度分别为 x 和 y，则：

$$[CuY]^{2-} \rightleftharpoons Cu^{2+} + Y^{4-}$$

相对平衡浓度 $\qquad\qquad\qquad$ $0.1-x$ $\qquad\quad$ x $\quad$ x

$$K^{\ominus}_{不稳} = \frac{[Cu^{2+}][Y^{4-}]}{[CuY^{2-}]} = \frac{1}{K^{\ominus}_{稳}} = \frac{x^2}{0.1-x}$$

解得 $x = 1.41×10^{-10}$

$$[Cu(en)_2]^{2+} \rightleftharpoons Cu^{2+} + 2en$$

相对平衡浓度 $\qquad\qquad\qquad$ $0.1-y$ $\qquad\qquad$ y $\qquad$ $2y$

$$K^{\ominus}_{不稳} = \frac{[Cu^{2+}][en]^2}{[Cu(en)_2^{2+}]} = \frac{1}{K^{\ominus}_{稳}} = \frac{4y^3}{0.1-y} \approx \frac{4y^3}{0.1}$$

解得 $y = 2.92×10^{-8}$

上述计算结果表明，由于两个配离子组成类型不同，尽管 [Cu(en)$_2$]$^{2+}$ 的稳定常数比 [CuY]$^{2-}$ 的大，但是 [CuY]$^{2-}$ 溶液中未配位 Cu^{2+} 的浓度小于 [Cu(en)$_2$]$^{2+}$ 溶液中未配位 Cu^{2+} 的浓度，因此，[CuY]$^{2-}$ 更稳定。

二、影响配合物稳定性的因素

影响配合物稳定性的因素很多，可归纳为外因和内因两部分。内因是指中心离子（或原子）和配体的性质，一定条件下，配合物稳定常数的大小则体现了中心离子（或原子）以及配体的性质对稳定性的影响。外因主要是指溶液的酸度以及沉淀反应、氧化还原反应等对配位平衡的影响。

（一）影响配合物稳定性的外在因素

配位平衡与其他化学平衡一样，也是一种相对的、有条件的动态平衡。任何能影响平衡体系中金属离子和配体浓度的外在条件都会使平衡移动，从而改变配离子的稳定性。配位平衡与溶液的酸度改变、沉淀反应的发生、氧化还原反应以及配体取代反应等密切相关。

1. 溶液酸度的影响　溶液酸度的改变通常会影响配位平衡，从而影响配合物的稳定性。酸度的影响可以通过配体的酸效应和金属离子的水解效应来体现。

（1）配体的酸效应：根据酸碱质子论，配体是质子碱，如 OH$^-$、X$^-$、NH$_3$ 等，当溶液的 H$^+$ 浓度增大时，由于 H$^+$ 可以与质子碱（配体）结合，致使配体浓度降低，配位平衡向配离子离解的方向移动，配合物的稳定性则下降。

例如，在含有 [Cu(NH$_3$)$_4$]$^{2+}$ 的溶液中加入酸时，配体 NH$_3$ 浓度降低，配位平衡向离解方向移动，[Cu(NH$_3$)$_4$]$^{2+}$ 的稳定性下降。这种由于配体与 H$^+$ 结合使配位平衡向离解方向移动，导致配合物稳定性下降的现象称为配体的酸效应（acid effect）。显然，溶液的酸度越大，配体的碱性越强，酸效应越强，如 NH$_3$、F$^-$、CN$^-$ 等强碱做配体时，其配合物稳定性受溶液酸度的影响较大，在强酸性溶液中不能稳定存在；当配位体是极弱碱时，如 Cl$^-$、SCN$^-$ 等，不会发生酸效应，配合物在强酸性溶液中可以稳定存在。

（2）金属离子的水解效应：中心离子大多数是过渡金属离子，在水溶液中会发生程度不同的水解反应，当溶液酸度降低时，金属离子的水解程度会增大，甚至生成金属氢氧化物沉淀。金属离子浓度的降低，导致配位平衡向离解方向移动，因此，配合物稳定性会下降。例如，在含有 $[FeF_6]^{3-}$ 的溶液中加入碱时，Fe^{3+} 浓度由于发生水解反应而降低，配位平衡向离解方向移动。

这种因金属离子与溶液中的 OH^- 结合而导致配合物稳定性下降的现象称为金属离子的水解效应（hydrolysis effect）。溶液的酸度越小，金属离子的水解效应越强。

综上所述，酸度对配合物的影响是复杂的，既有配体的酸效应，又有金属离子的水解效应。一般来说，配合物要在适宜的酸度范围才能够稳定存在。如 Fe^{2+} 与 1, 10- 二氮菲（邻菲罗啉）的配合反应（橙红色），合适的酸度是 pH 为 2～9；Ni^{2+} 与二甲基乙二肟（丁二酮肟）的配合反应（鲜红色沉淀），合适的酸度是 pH 为 5～10。

2. 沉淀反应的影响　如果向配合物的溶液中加入一种能与中心离子生成难溶电解质的沉淀剂时，配位平衡将向离解的方向移动。例如，向 $[Ag(NH_3)_2]^+$ 溶液中加入适量的 KBr 溶液，有淡黄色的 AgBr 沉淀生成。Ag^+ 浓度的降低，导致配位平衡向离解方向进行。如果加入过量的 KBr 溶液，可以使 $[Ag(NH_3)_2]^+$ 全部转化成 AgBr 沉淀。该过程可用以下综合平衡表示：

$$[Ag(NH_3)_2]^+ + Br^- \Longrightarrow AgBr(s) + 2NH_3$$

根据化学平衡原理，综合平衡的 $K^\ominus$ 为：

$$K^\ominus = \frac{[NH_3]^2}{[Ag(NH_3)_2^+][Br^-]} = \frac{[NH_3]^2[Ag^+]}{[Ag(NH_3)_2^+][Br^-][Ag^+]} = \frac{1}{K_稳^\ominus \times K_{sp}^\ominus}$$
$$= \frac{1}{1.12 \times 10^7 \times 5.35 \times 10^{-13}} = 1.67 \times 10^5$$

反应的 $K^\ominus$ 较大，说明反应进行得较完全。由上述反应的 $K^\ominus$ 可知，对这类由配离子转化成沉淀的反应，配离子越不稳定，生成的沉淀溶度积越小，转化反应的趋势越强，配合物越容易受到破坏。

相反，如果在难溶电解质的饱和溶液中，加入一种能与溶液中的金属离子生成配合物的配位剂，则难溶电解质的沉淀 - 溶解平衡将向溶解的方向进行。例如，向含有 AgCl 固体的溶液中加入过量的氨水，由于溶液中 Ag^+ 离子生成配离子 $[Ag(NH_3)_2]^+$，浓度降低，沉淀 - 溶解平衡向溶解方向移动，AgCl 白色沉淀将溶解。该过程可用以下综合平衡表示：

$$AgCl(s) + 2NH_3 \Longrightarrow [Ag(NH_3)_2]^+ + Cl^-$$

根据化学平衡原理，综合平衡的 $K^\ominus$ 为：

$$K^\ominus = \frac{[Ag(NH_3)_2^+][Cl^-][Ag^+]}{[NH_3]^2[Ag^+]} = K_稳^\ominus \times K_{sp}^\ominus$$
$$= 1.12 \times 10^7 \times 1.77 \times 10^{-10} = 1.98 \times 10^{-3}$$

可见，对这类由沉淀转化成配离子的反应，生成的配离子越稳定（$K_稳^\ominus$ 越大），沉淀越易溶（$K_{sp}^\ominus$ 越大），转化反应的趋势越强，沉淀越容易被溶解。

综上所述，加入沉淀剂可促使配位平衡向离解方向移动，加入配位剂可推动沉淀平衡向溶解方向移动。配离子与沉淀之间的转化，主要取决于沉淀的 $K_{sp}^\ominus$ 与配离子 $K_稳^\ominus$ 的相对大小，哪一种使金属离子浓度降得更低，平衡便向哪一方向移动。

【例题 9-5】计算 298K 时，AgCl 在 6.0mol/L NH_3 溶液中的溶解度。在上述溶液中加入 KBr 固体使 Br^- 浓度为 0.1mol/L（忽略因加入 KBr 所引起的体积变化），问有无 AgBr 沉淀生成？已知：$[Ag(NH_3)_2]^+$ 的 $K_{稳}^{\ominus} = 1.12 \times 10^7$，AgBr 的 $K_{sp}^{\ominus} = 5.35 \times 10^{-13}$，AgCl 的 $K_{sp}^{\ominus} = 1.77 \times 10^{-10}$。

解 设 AgCl 在 6.0mol/L NH_3 溶液中的溶解度为 s mol/L，并且溶解的 AgCl 全部转化成 $[Ag(NH_3)_2]^+$ 配离子，则：

$$AgCl(s) + 2NH_3 \rightleftharpoons [Ag(NH_3)_2]^+ + Cl^-$$

相对初始浓度　　　　　　　　　　6　　　　　　0　　　　0

相对平衡浓度　　　　　　　　　$6-2s$　　　　　s　　　　s

反应的标准平衡常数为：

$$K^{\ominus} = \frac{[Ag(NH_3)_2^+][Cl^-][Ag^+]}{[NH_3]^2[Ag^+]} = K_{稳}^{\ominus} K_{sp}^{\ominus}$$

$$= \frac{s^2}{(6-2s)^2} = 1.98 \times 10^{-3}$$

解得 $s = 0.25$mol/L

设平衡体系中 Ag^+ 浓度为 x mol/L，根据配位平衡：

$$[Ag(NH_3)_2]^+ \rightleftharpoons Ag^+ + 2NH_3$$

相对平衡浓度　　　　$0.25 - x \approx 0.25$　　　　x　　　$6 - 2 \times 0.25 + 2x \approx 5.5$

$$K_{不稳}^{\ominus} = \frac{1}{K_{稳}^{\ominus}} = \frac{[NH_3]^2[Ag^+]}{[Ag(NH_3)_2^+]} = \frac{5.5^2 x}{0.25} = \frac{1}{1.12 \times 10^7}$$

解得 $x = 7.38 \times 10^{-10}$mol/L，$Q = c(Ag^+) \times c(Br^-) = 7.38 \times 10^{-11} > K_{sp}^{\ominus}(AgBr)$

所以有 AgBr 沉淀生成。

3. 氧化还原反应的影响 如果配离子在溶液中离解出的金属离子具有氧化性或还原性时，向溶液中加入还原剂或氧化剂，由于发生氧化还原反应，金属离子浓度降低，配位平衡则向离解的方向移动。例如，在含有 $[Fe(CN)_6]^{3-}$ 的溶液中，存在如下平衡：

$$[Fe(SCN)_6]^{3-} \rightleftharpoons Fe^{3+} + 6SCN^-$$

在上述平衡体系中加入 $SnCl_2$ 溶液，由于 Fe^{3+} 离子被 Sn^{2+} 还原成 Fe^{2+} 离子，则平衡向离解方向移动，$[Fe(CN)_6]^{3-}$ 的血红色变浅甚至消失。

同样，配位反应的发生也会影响金属离子的氧化还原性。当金属离子与配体形成配离子后，由于金属离子的浓度降低，其电对的电极电势将发生改变，从而会影响其氧化还原性。以下通过实例说明。

【例题 9-6】已知 298K 时，$E^{\ominus}(Cu^{2+}/Cu) = 0.3419V$，$[Cu(NH_3)_4]^{2+}$ 的 $K_{稳}^{\ominus} = 2.09 \times 10^{13}$。如果在标准铜电极（$Cu^{2+}/Cu$）体系中加入过量的 NH_3，使 NH_3 及生成的 $[Cu(NH_3)_4]^{2+}$ 的浓度都达到 1mol/L，试计算电对 $[Cu(NH_3)_4]^{2+}/Cu$ 的标准电极电势。

解 加入过量的 NH_3 后，铜电极中发生如下配位反应：

$$Cu^{2+} + 4NH_3 \rightleftharpoons [Cu(NH_3)_4]^{2+}$$

根据 $K_{稳}^{\ominus} = \frac{[Cu(NH_3)_4^{2+}]}{[Cu^{2+}][NH_3]^4}$，得：$[Cu^{2+}] = \frac{[Cu(NH_3)_4^{2+}]}{[NH_3]^4 K_{稳}^{\ominus}}$

由于配离子的形成，电极体系处于非标准状态，根据能斯特方程，得：

$$E(Cu^{2+}/Cu) = E^{\ominus}(Cu^{2+}/Cu) + \frac{0.059\,2V}{2}\lg[Cu^{2+}] =$$

$$E^{\ominus}(Cu^{2+}/Cu) + \frac{0.059\,2V}{2}\lg\frac{[Cu(NH_3)_4^{2+}]}{[NH_3]^4 K_{稳}^{\ominus}}$$

因为 $c(NH_3) = c([Cu(NH_3)_4^{2+}]) = 1mol/L$，则：

$$E(Cu^{2+}/Cu) = E^{\ominus}(Cu^{2+}/Cu) + \frac{0.059\,2V}{2}\lg\frac{1}{K_{稳}^{\ominus}} = 0.341\,9V - \frac{0.059\,2V}{2}\lg K_{稳}^{\ominus} = -0.054V$$

由于 $[Cu(NH_3)_4]^{2+}$ 配离子的形成，溶液中 Cu^{2+} 浓度很低，此时电极已是 $[Cu(NH_3)_4]^{2+}/Cu$。电对 $[Cu(NH_3)_4]^{2+}/Cu$ 的电极平衡式为：

$$[Cu(NH_3)_4]^{2+} + 2e^- \rightleftharpoons Cu + 4NH_3$$

当 $c(NH_3) = c([Cu(NH_3)_4^{2+}]) = 1mol/L$ 时，电极 $[Cu(NH_3)_4]^{2+}/Cu$ 处于标准态，则：

$$E^{\ominus}([Cu(NH_3)_4]^{2+}/Cu) = E(Cu^{2+}/Cu) = -0.054V$$

从以上例题的结果可以推出：对 M^{n+}/M 型电对的金属离子来说，形成配离子 ML_n 后，电对的电极电势将降低，形成的配离子 ML_n 越稳定，电极电势下降越多。电对中 M^{n+} 的氧化性会降低，稳定性增强，M 的还原能力增强，稳定性降低。$E^{\ominus}(ML_n/M)$ 与 $K_{稳}$ 的关系如下：

$$M^{n+} + ne^- \rightleftharpoons M \qquad E^{\ominus}(M^{n+}/M)$$

$$[ML_n] + ne^- \rightleftharpoons M + nL^- \qquad E^{\ominus}(ML_n/M)$$

$$E^{\ominus}(ML_n/M) = E^{\ominus}(M^{n+}/M) - \frac{0.059\,2V}{n}\lg K_{稳}^{\ominus}(ML_n)$$

例如，通常情况下，氧气难以氧化金。这是因为，$E^{\ominus}(O_2/H_2O) = 1.229V$，$E^{\ominus}(Au^+/Au) = 1.680V$，$E^{\ominus}(Au^{3+}/Au) = 1.498V$。显然，$O_2$ 氧化金属 Au 的反应不能正向进行。但在 KCN 存在下，下列反应较容易进行：

$$4Au + 8CN^- + O_2 + 2H_2O \rightleftharpoons 4[Au(CN)_2]^- + 4OH^-$$

这是由于形成配离子后，$E^{\ominus}([Au(CN)_2]^-/Au) = -0.572V$，下降程度较大，Au 的还原性增强，根据碱性介质中 $E^{\ominus}(O_2/H_2O) = 0.401V$ 可知，上述反应的 $K^{\ominus}$ 非常大，反应进行的很完全。可见，配离子的生成会引起金属离子电极电势的改变，从而影响反应的方向。

【思考题9-4】$E^{\ominus}([Au(CN)_2]^-/Au) = -0.572V$ 是如何计算的？

4. 配体取代反应的影响　在配合物溶液中加入另一种配体，该配体能取代配合物中的原配体，生成一种新配合物的反应，称为配体取代反应。根据配体取代反应的 $K^{\ominus}$ 可以判断反应方向。

例如，在 $[Zn(NH_3)_4]^{2+}$ 溶液中，加入 NaCN，则发生如下反应：

$$[Zn(NH_3)_4]^{2+} + 4CN^- \rightleftharpoons [Zn(CN)_4]^{2-} + 4NH_3$$

$$K^{\ominus} = \frac{[Zn(CN)_4^{2-}][NH_3]^4}{[Zn(NH_3)_4^{2+}][CN^-]^4} \cdot \frac{[Zn^{2+}]}{[Zn^{2+}]} = \frac{K_{稳}^{\ominus}(新)}{K_{稳}^{\ominus}(旧)} = \frac{5.01 \times 10^{16}}{2.88 \times 10^9} = 1.74 \times 10^7$$

该取代反应的 $K^{\ominus}$ 值较大，说明反应正向进行的趋势较强。

配合物取代反应的 $K^{\ominus}$ 与反应中两种配合物稳定常数的关系可以概括为：

$$K^{\ominus} = \frac{K_{稳}^{\ominus}(新)}{K_{稳}^{\ominus}(旧)}$$

当 $K^{\ominus} > 1$ 时,平衡正向进行。即生成的新配合物比原来的配合物更稳定时,取代反应能自发进行。因此,可根据两种配离子 $K^{\ominus}_{稳}$ 的相对大小来判断反应进行的方向。

(二)影响配合物稳定性的内在因素

影响配合物稳定性的内在因素主要有中心离子(或原子)及配体的性质。

1. 中心离子(或原子)的影响　总体来说,在周期表两端的金属元素(s 区和 p 区)形成配合物的能力较弱,特别是碱金属和碱土金属;而处于周期表中间的元素形成配合物的能力较强,特别是ⅧB 族元素及其相邻近的一些副族元素,它们形成配合物的能力最强。

中心离子的电荷和半径不同,配合物的稳定性则不同。

(1)中心离子电荷:配体相同时,电荷越高,配合物越稳定。例如,$[Fe(SCN)_6]^{3-}$ 的 $K^{\ominus}_{稳} = 1.26 \times 10^6$,而 Fe^{2+} 与 SCN^- 不形成稳定的配离子。又如:

$$[Co(NH_3)_6]^{3+}: K^{\ominus}_{稳} = 1.58 \times 10^{35}$$

$$[Co(NH_3)_6]^{2+}: K^{\ominus}_{稳} = 1.29 \times 10^5$$

显然,$[Co(NH_3)_6]^{3+}$ 比 $[Co(NH_3)_6]^{2+}$ 稳定。

(2)中心离子半径:配体相同时,中心离子半径越大,配合物越稳定。例如,

$$[ZnCl_4]^{2-}: K^{\ominus}_{稳} = 1.58 \qquad [HgCl_4]^{2-}: K^{\ominus}_{稳} = 1.17 \times 10^{15}$$

$$[Zn(NH_3)_4]^{2+}: K^{\ominus}_{稳} = 2.88 \times 10^9 \qquad [Hg(NH_3)_4]^{2+}: K^{\ominus}_{稳} = 1.90 \times 10^{19}$$

显然,$[HgCl_4]^{2-}$ 比 $[ZnCl_4]^{2-}$ 稳定,$[Hg(NH_3)_4]^{2+}$ 比 $[Zn(NH_3)_4]^{2+}$ 稳定。

2. 配体的影响　配合物的稳定性与配体的性质如配体的碱性、螯合效应和空间位阻等有关。

(1)配体的碱性:配体的碱性愈强,给电子能力越强,与中心离子的亲和能力愈强,形成的配合物就愈稳定。如,配离子的稳定性:$[Cu(NH_3)_4]^{2+} > [Cu(H_2O)_4]^{2+}$,$[Cu(CN)_4]^{2-} > [Cu(NH_3)_4]^{2+}$,因为 NH_3 碱性大于 H_2O,CN^- 碱性大于 NH_3。

(2)配体的螯合效应和空间位阻:同一种金属离子的螯合物往往比具有相同配位原子和配位数的简单配合物稳定,这种现象称为螯合效应。从结构上说,螯合物的稳定性与螯环的大小、螯环的数目以及空间位阻等多种因素有关。一般来讲,螯合剂和中心离子形成五元环或六元环,这样的螯合物更稳定些。一个螯合剂提供的配位原子越多,形成的五元环或六元环越多,螯合物越稳定。如 EDTA 与配位能力较差的 s 区元素 Ca^{2+} 能形成配合物,就是由于 EDTA 与 Ca^{2+} 形成了螯合物,其中有 5 个五原子螯环。

如果在螯合剂的配位原子附近有体积较大的基团时,会阻碍配位原子与金属离子的配位,从而降低所形成螯合物的稳定性,甚至不能形成配合物,这种现象称为配体的空间位阻效应。

例如,8-羟基喹啉属于双齿配体,可以和许多金属离子(如 Al^{3+})形成螯合物:

8-羟基喹啉　　　8-羟基喹啉与 Al^{3+} 的螯合物

但是，如果在 8- 羟基喹啉的 2 位上引入甲基后，由于甲基与配位原子 N 位于邻位，导致与许多金属离子形成螯合物的稳定性比相应的 8- 羟基喹啉螯合物的稳定性差得多。但若在 4 位上引入甲基，因与配位原子 N 相距较远，则空间位阻会小很多。

（三）软硬酸碱规则与配离子稳定性

根据酸碱电子论，中心离子（或原子）与配体结合形成的配合物可以看成是发生了酸碱反应，中心原子（或离子）是路易斯酸，配体是路易斯碱。虽然酸碱受授电子的能力不同使配合物的稳定性有很大差别，但存在一定的规律性。1963 年，皮尔逊（R. G. Pearson）根据大量的实验事实总结出一条规律："硬酸与硬碱结合，软酸与软碱结合，常常形成稳定的配合物"，简称为"硬亲硬，软亲软"，这一规律叫做软硬酸碱规则（hard and soft acids and bases，HSAB）。这里所谓的"硬"是形象化地表示分子或离子不易变形，而"软"表示容易变形。

1. 软硬酸碱分类和特点

（1）硬酸的特点：正电荷高、半径较小，外电场作用下难以变形。如：Al^{3+}，Fe^{3+}，H^+ 等。

（2）软酸的特点：电荷数较少、半径较大，外电场作用下容易极化变形。如：Cu^+，Ag^+，Cd^{2+}，Hg^{2+} 等。

（3）交界酸的特点：变形性介于硬酸和软酸之间。如：Fe^{2+}，Cu^{2+} 等。

（4）硬碱的特点：配位原子电负性大、半径小、不易失去电子、不易变形的配体。如：F^-，OH^-，H_2O 等。

（5）软碱的特点：配位原子电负性小、半径大、易失去电子、易变形的配体。如：I^-，SCN^-，S^{2-} 等。

（6）交界碱的特点：变形性介于硬碱和软碱之间。如：NO_2^-，Br^- 等。

表 9-6 中列出常见的软硬酸碱。

表 9-6　常见软硬酸碱的分类

Lewis 酸	实例	Lewis 碱	实例
硬酸	H^+, LI^+, Na^+, K^+, Be^{2+}, Mg^{2+}, Ca^{2+}, Sr^{2+}, Al^{3+}, Sc^{3+}, N^{3+}, Cl^{3+}, Cr^{3+}, Co^{3+}, Fe^{3+}, As^{3+}, Si^{4+}, Zr^{4+}, Ce^{4+}, WO^{4+}, VO^{2+}, Sn^{4+}, BF_3, $B(OR)_3$, $Al(CH_3)_3$, AlH_3, RPO_2^+, $ROPO_2^+$, $ROSO_2^+$, SO_3, X^{7+}, Cr^{6+}	硬碱	O^{2-}, H_2O, OH^-, F^-, CH_3COO^-, PO_4^{3-}, SO_4^{2-}, Cl^-, CO_3^{2-}, ClO_4^-, NO_2^-, ROH, RO^-, R_2O, NH_3, RNH_2, N_2H_4
软酸	Cu^+, Ag^+, Au^+, Tl^+, Hg^+, Pd^{2+}, Cd^{2+}, Pt^{2+}, Hg^{2+}, CH_3Hg^+, Pt^{4+}, Tl^{3+}, BH_3, I^+, Br^+, HO^+, RO^+, I_2, Br_2, 三硝基苯，醌类，O，Cl，Br，I，RO•，RO_2•，金属原子，卡宾类	软碱	S^{2-}, R_2S, RSH, RS^-, I^-, SCN^-, $S_2O_3^{2-}$, R_3P, R_3As, $(RO)_3P$, CN^-, RNC, CO, C_2H_4, C_6H_6, H^-, R^-
交界酸	Fe^{2+}, Co^{2+}, Ni^{2+}, Cu^{2+}, Zn^{2+}, Pb^{2+}, Sn^{2+}, Sb^{3+}, Bi^{3+}, Rh^{3+}, Ir^{3+}, $B(CH_3)_3$, SO_2, NO^+, Ru^{2+}, Os^{2+}, R_3C^+, $C_6H_5^+$, GaH_3	交界碱	$C_6H_5NH_2$, C_5H_5N, N_3^-, NO_2^-, SO_3^{2-}, N_2

2. 软硬酸碱规则 "硬亲硬，软亲软，软硬交界就不管"。它表示硬酸倾向于与硬碱结合，软酸倾向于与软碱结合，这样形成的配合物稳定性大；交界酸与软碱或硬碱结合、交界碱与软酸或硬酸结合的倾向差不多，形成的配合物稳定性差别不大；硬酸与软碱或软酸与硬碱并不是不能形

成配合物,而是形成的配合物稳定性小。这一经验规则在一定程度上能说明一些配合物的稳定性。例如,Al^{3+}(硬酸)和 F^-(硬碱)形成的 $[AlF_6]^{3-}$ 比 Al^{3+} 和 Cl^-(软碱)形成的 $[AlCl_6]^{3-}$ 更稳定;$[Ag(CN)_2]^-$(软 - 软结合)的稳定性比 $[Ag(NH_3)_2]^+$(软 - 硬结合)大得多;Fe^{3+}(硬酸)和两可配体 SCN^- 形成的 $[Fe(NCS)_6]^{3-}$ 配离子,配位原子为 N(硬),而不是 S(软)。

软硬酸碱规则是经验性的总结,对酸碱难以作出"软""硬"的定量的确定,不能符合全部的实际情况,有不少例外。由于配合物的成键情况比较复杂,人们对软硬酸碱的研究尚不够深入,目前还不能简单地用"硬亲硬,软亲软"来全面阐述配合物的稳定性。

第四节　配合物的应用

目前,配位化学已经渗透到自然科学的多种领域,在生物化学、生化检验、环境监测、药物合成等方面具有极为广泛的应用。自然界中的大多数化合物是以配合物的形式存在的。

一、在离子分离及鉴定方面的应用

分析化学中常常利用配合物的性质进行离子的分离及鉴定。例如,利用 $NH_3 \cdot H_2O$ 与 Cu^{2+} 作用形成稳定的、深蓝色的 $[Cu(NH_3)_4]^{2+}$ 配离子鉴定 Cu^{2+} 的存在;用丁二肟在弱碱性介质中与 Ni^{2+} 作用形成难溶性的、鲜红色的配合物沉淀来鉴定 Ni^{2+};用 KSCN 与 Fe^{3+} 作用形成较稳定的、血红色的 $[Fe(SCN)_n]^{3-n}$ 配离子,或利用 $K_4[Fe(CN)_6]$ 与 Fe^{3+} 生成特征的蓝色 $Fe_4[Fe(CN)_6]_3$ 溶液来鉴定 Fe^{3+} 的存在,该反应不仅用以定性检验溶液中 Fe^{3+} 的存在,而且还可根据溶液颜色的深浅,用比色的方法定量确定 Fe^{3+} 的含量。

某些难溶电解质与适当的配位剂作用,可转化为易溶配合物,这一性质常用于某些金属离子的分离。例如,当溶液中含有 Zn^{2+} 和 Al^{3+} 时,用 $NH_3 \cdot H_2O$ 与它们反应,由于 NH_3 与 Zn^{2+} 作用形成较稳定的、可溶性的 $[Zn(NH_3)_4]^{2+}$ 配离子留在溶液中,而 Al^{3+} 同 $NH_3 \cdot H_2O$ 反应生成 $Al(OH)_3$ 沉淀,过滤就可将 Zn^{2+} 同 Al^{3+} 分离开来。工业上常用多磷酸盐来处理锅炉用水,由于它能与水中的 Ca^{2+}、Mg^{2+} 形成稳定的、可溶性的配离子,可防止 Ca^{2+}、Mg^{2+} 与 SO_4^{2-} 或 CO_3^{2-} 结合成难溶盐沉积在锅炉内壁形成水垢。

在含有多种金属离子的溶液中,要鉴定某种金属离子时,其他金属离子往往会与试剂发生类似的反应而干扰鉴定。因此,化学分析时必须首先消除共存离子的干扰,再进行各个离子的分析鉴定。消除干扰的方法很多,利用配位反应降低干扰离子浓度以消除干扰的方法,叫做配位掩蔽法。

二、在生物化学方面的应用

配合物在生物化学中具有广泛和重要的作用。生物体中的许多金属元素都是以配合物的形式存在的,在植物生长中起光合作用的叶绿素是镁的配合物;能够固定空气中 N_2 的植物固氮酶,实际上是铁钼蛋白，它能在常温、常压下将空气中的 N_2 转化为 NH_3 等，为植物直接吸收；在人体生理过程中起重要作用的各种酶也都是配合物，例如人体中的血红素就是典型的金属配合物。氧以血红蛋白配合物的形式被红血球吸收，并担任输送氧的任务。某些分子或阴离子，如 CO 和 CN^- 等，能与血红蛋白形成比血红蛋白 O_2 更为稳定的配合物，使血红蛋白中断送氧，造成组织缺氧而中毒，这就是煤气（含 CO）及氰化物中毒的基本原理。

三、在药物开发方面的应用

无机药物可依其来源分为天然无机药物和合成无机药物。前者主要是矿物药物（如雄黄、砒石）和某些贵金属单质（如金、银）；后者主要是近几十年来开发出的配合物药物，如顺铂（抗癌）、金（Ⅰ）的巯基配合物（治疗类风湿关节炎）等。配合物药物作为无机药物的重要组成部分，是一个十分活跃的研究领域。

20 世纪 60 年代，罗森伯格（Marshall B. Rosenberg）等人偶然发现了顺铂 cis-[Pt(NH$_3$)$_2$Cl$_2$] 的抗肿瘤活性，此后，人们开始系统地研究这类配合物的结构与药效关系。目前已有二十多个铂基药物相继进入临床试验，其中顺铂、卡铂和奥沙利铂在全球范围内被批准进入临床应用。这些药物对于膀胱癌、肺癌、淋巴癌、子宫癌、骨肉瘤、头颈部鳞癌等有良好疗效，对于睾丸癌的治愈率高达 90% 以上。随着现代合成和分析技术的提高，人们对金配合物的药用价值认识越来越深入。金（Ⅰ）的巯基配合物代谢产物 [Au(CN$_2$)]$^-$ 可以抑制体免疫缺陷病毒（human immunodeficiency virus，HIV）的复制，金（Ⅲ）配合物与金（Ⅰ）配合物可以在生物体内相互转变，其药效和毒性密切相关。此外，与配合物有关的药物还有螯合剂，乙二胺四乙酸盐是常用的螯合剂之一。对于进入生物体的外源性金属或过量必需金属元素，可通过螯合作用将其除去，以避免中毒。

总之，利用配体可以改变外源性金属离子的生物学效应，也可以调节必需金属元素在体内的平衡，从而可以研制出各种各样的治疗和诊断试剂，如抗肿瘤药物、抗微生物药物、抗病毒药物、抗偏瘫药物、抗风湿药物、光疗敏化剂和磁共振成像造影剂。

四、在中药化学方面的应用

随着研究技术的迅速发展、研究手段的不断提高，人们对中药配位化学理论以及中药金属配合物的认识更加深入，中药配位化学的研究发展到了前所未有的高度。在中药中，其活性成分大多含有羰基、羧基、羟基、巯基等可以形成配位键的基团，而铜、锌、镁等金属离子则可以作为中心离子，和中药中的一些活性成分形成配合物。这些配合物相对于原来配体，某些药理药效得到了加强，或是具有新的药理学活性，或减轻了毒性。如：中药的黄酮类成分与金属离子形成配合物后，其抗菌、抗病毒、抗感染、抗肿瘤、降血糖、抗溃疡和抗自由基等生物活性会显著增强，原因可能是配合物形成后结构发生改变而使其更易接近靶点产生更强的结合力。大黄素配体在与金属锌盐形成配合物后，在一定浓度下对超氧自由基（O$_2^-$）、二苯代苦味肼基自由基（DPPH）、羟基自由基（OH）三种自由基的清除率都有明显提高，使之抗氧化的能力大大提高。

在传统的中药制剂过程中,金属离子常常经煎煮进入汤剂中,可与中药中的成分如生物碱、黄酮、香豆素、蒽醌、有机酸等形成配合物。同时也印证了中药配位学说中有机活性成分和微量元素之间的协同抗氧化作用。在实际应用方面,中药金属配合物的生物活性在抗肿瘤、抗氧化、抗菌等应用领域广受关注,而独特的物理化学性质也令其在化学合成、化合物分离纯化、化合物结构修饰、化合物性质改良等方面大有作为。

本章小结

本章主要学习了配合物的定义、组成、命名、类型、异构,配合物的化学键理论,配合物的稳定性及应用。主要知识点归纳如下。

1. 配合物的基本概念

(1)定义与组成:凡是含有配位单元的化合物称为配合物。配位单元是配合物的特征部分,由中心原子(离子)和配体组成,也称为配合物的内界。配合物一般由内界和外界组成,内界以外部分称为配合物的外界。配体中直接和中心原子(离子)键合的原子称为配位原子。配位原子的数目称为配位数。

(2)命名:配合物的外界与内界之间的命名遵循一般无机化合物的命名原则。内界的命名按照配体数→配体名称→"合"→中心离子名称(氧化值)的顺序进行。配体数目以中文一、二、三等数字表示,配体数目为一时,可省略不写;不同配体名称之间以圆点"·"分开;配体顺序按先无后有,先负后中,先 A 后 Z,先少后多的原则;最后一种配体与中心离子间用"合"字连接;中心离子的氧化值用罗马数字在圆括号中标明。

(3)配合物的类型及异构:常见的配合物有简单配合物、螯合物及多核配合物等。配合物的组成相同,空间排列方式不同所产生的异构现象,称为几何异构,也称为顺反异构。$n=4$ 的平面四方形配合物与 $n=6$ 的正八面体配合物具有几何异构体。

2. 配合物的化学键理论

(1)价键理论:中心离子(原子)与配体以配位键结合。中心离子(原子)所提供的空轨道首先进行杂化,形成具有一定空间伸展方向的杂化轨道,再分别与配位原子的孤对电子轨道重叠形成配位键。配合物的空间构型取决于中心离子(原子)所提供杂化轨道的数目和类型。利用中心离子的外层空轨道(ns, np, nd)杂化形成的配合物称为外轨型配合物。利用内层 $(n-1)$d 轨道和外层空轨道(ns, np)杂化形成的配合物称为内轨型配合物。

(2)晶体场理论:中心离子(原子)与配体以静电作用结合,同时,在配体晶体场的作用下,中心离子的 d 轨道发生能级分裂,d 电子从未分裂的 d 轨道进入分裂后 d 轨道时,所产生的总能量降低值,称为晶体场稳定化能(CFSE)。CFSE 值的大小是衡量配合物稳定性的一个因素。晶体场分裂能是指晶体场中 d 轨道分裂后的高能级轨道与低能级轨道之间的能量差,用符号 Δ 表示。分裂能 Δ:正方形>八面体>四面体;分裂能 Δ 和成对能 P 的相对大小决定电子排布,从而可判断高、低自旋态。配合物的颜色与 d-d 跃迁有关。

3. 配合物的稳定性

(1)配合物的稳定性:可用总生成反应的平衡常数即稳定常数 $K_{稳}^{\ominus}$ 来衡量。对同类型的配合物，$K_{稳}^{\ominus}$ 越大越稳定。不同类型配合物的稳定性通过计算判断。

（2）影响配合物稳定性的外在因素：溶液的酸度、沉淀反应、氧化还原反应以及配体取代反应均会使配位平衡移动，从而影响配合物的稳定性。

（3）影响配合物稳定性的内在因素：主要是中心离子（或原子）及配体的性质。包括中心离子（或原子）的电荷和位置、配体的性质（配体碱性、螯合效应、空间效应）。硬软酸碱规则能在一定程度上预测配合物的稳定性。

4. 配合物的应用 在金属离子分离及鉴定、生物化学、药物开发、中药化学等方面具有极为广泛的应用。

拓展阅读

独特的催化，无尽的能源

过渡元素容易形成配合物，许多过渡元素及其化合物也因此具有独特的催化性能。过渡金属化合物在反应过程中与反应物分子配位，形成不稳定的中间产物配合物，这些配合物具有高度的与其他反应物分子发生进一步反应的活性，从而加速反应的进行，最后，产物自催化剂的中心原子解配，过渡金属化合物作为中间产物起到了配位催化作用。例如，德国化学家齐格勒（Karl Ziegler）与意大利的纳塔（Giulio Natta）因发明使用过渡金属钛的化合物作催化剂（齐格勒—纳塔催化剂）而分享了 1963 年的诺贝尔化学奖。

随着化石能源的不断消耗以及社会环保意识的提高，对新能源的需求越来越大。2016 年 2 月 2 日，科技日报报道，诺贝尔化学奖获得者、南加州大学化学系教授乔治•欧拉率领团队，首次采用基于过渡金属钌的催化剂，将从空气中捕获的二氧化碳直接转化为甲醇燃料，转化率高达 79%。该研究既可去除大气中的温室气体二氧化碳，生成的甲醇还能作为汽油的替代燃料，为人类获得无尽能源的梦想提供了可能。

习题

1. 下列化合物中哪些是配合物？哪些是螯合物？哪些是复盐？哪些是简单盐？

  （1）$CaSO_4 \cdot 5H_2O$ （2）$(NH_4)_2[Fe(Br)_5(H_2O)]$

  （3）$[Ni(en)_2]Cl_2$ （4）$(NH_4)_2SO_4 \cdot FeSO_4 \cdot 6H_2O$

  （5）$KCl \cdot MgCl_2 \cdot 6H_2O$ （6）$[Pt(NH_3)_2(OH)_2]Cl_2$

  （7）$[Cu(NH_2CH_2COOH)_2]SO_4$ （8）$KAl(SO_4)_2 \cdot 12H_2O$

2. 命名下列配合物，并指出配离子的电荷、中心离子（原子）的化合价及中心离子（原子）的配位数。

  （1）$[Co(NH_3)_6]Br_3$ （2）$K_3[Co(SCN)_6]$

  （3）$Na[Co(CO)_4]$ （4）$[Co(ONO)(NH_3)_5]SO_4$

  （5）$[PtCl_2(NH_3)_2]$ （6）$[Ni(NH_3)_2(C_2O_4)]$

  （7）$[Pt(NH_2)(NO_2)(NH_3)_2]$ （8）$H_2[SiF_6]$

3．预测下列各组所形成的两种配离子之间的稳定性的大小，并简单说明原因。

（1）Ag^+ 与 $S_2O_3^{2-}$ 或 Br^- 配合

（2）Pd^{2+} 与 SCN^- 或 ROH 配合

（3）Fe^{3+} 与 F^- 或 CN^- 配合

（4）Cu^{2+} 与 NH_2CH_2COOH 或 CH_3COOH 配合

4．根据价键理论，判断下列有关配合物的说法正确与否。

（1）价键理论认为，配合物具有不同的空间构型是由于中心离子（或原子）采用不同杂化轨道与配体成键的结果。

（2）价键理论能够较好地说明配合物的配位数、空间构型、磁性和稳定性，也能解释配合物的颜色。

（3）价键理论认为，在配合物形成时由配体提供孤对电子进入中心离子（或原子）的空的价电子轨道而形成配位键。

（4）同一元素带有不同电荷的离子作为中心离子，与相同配体形成配合物时，中心离子的电荷越多，其配位数一般也越大。

（5）价键理论认为，所有中心离子（或原子）都既能形成内轨型配合物，又能形成外轨型配合物。

（6）所有内轨型配合物都呈反磁性，所有外轨型配合物都呈顺磁性。

（7）内轨型配合物往往比外轨型配合物稳定，螯合物比简单配合物稳定，则螯合物必定是内轨型配合物。

（8）Ni^{2+} 的四面体构型的配合物，必定是顺磁性的。

5．根据晶体场理论，判断下列有关配合物的说法正确与否。

（1）按照晶体场理论，对给定的任一中心离子而言，强场配体造成 d 轨道的分裂能大。

（2）晶体场理论认为配合物的中心离子与配体之间的作用力是静电引力。

（3）具有 d^0、d^{10} 结构的配离子都没颜色，因为不能产生 d-d 跃迁。

（4）按照晶体场理论，在八面体场中，中心离子 d 轨道分裂后组成 d_ε 轨道的是 $d_{x^2-y^2}$ 和 d_{z^2}。

（5）按照晶体场理论，中心离子的电荷数越高，半径越大，分裂能就越小。

（6）高自旋配合物的稳定常数一定小于低自旋配合物的稳定常数。

（7）按照晶体场理论，在不同空间构型的配合物中，分裂能 Δ 值不同。

（8）晶体场理论在说明配合物结构时，考虑中心离子与配体之间的静电作用的同时，还考虑了中心离子与配体之间的共价键成分。

6．按照配位平衡原理，判断下列说法正确与否。

（1）在某些金属的难溶盐中，加入含有可与该金属离子配位的试剂时，有可能使金属难溶盐的溶解度增大。

（2）所有物质都会因生成某一配合物而使溶解度增大。

（3）所有配合物在水中都有较大的溶解度。

（4）在含有少量 AgCl 沉淀的溶液中，加入适量的氨水，可以使 AgCl 溶解，如果再加入适量的 HNO_3 溶液，又可看到 AgCl 沉淀生成。

（5）AgI 在氨水中的溶解度大于在水中的溶解度。

（6）在 5.0ml 0.10mol/L $AgNO_3$ 溶液中，加入等体积等浓度的 NaCl 溶液，生成 AgCl 沉淀。只要加入 1.0ml 0.10mol/L $NH_3 \cdot H_2O$ 溶液，AgCl 就因生成 $[Ag(NH_3)_2^+]$ 而全部溶解。

（7）在 [Ni(NH₃)₆]²⁺ 溶液中加入乙二胺(en)，将会有 [Ni(en)₃]²⁺ 生成。

（8）在 FeCl₃ 溶液中先加入少量 KCNS(s)，再加入适量的 NaF 溶液，最终溶液呈血红色。

7. 将铜片浸在 1.00mol/L [Cu(NH₃)₄]²⁺ 和 1.00mol/L NH₃ 混合溶液中，用标准氢电极为正极，测得电动势为 0.054 3V，计算 [Cu(NH₃)₄]²⁺ 的稳定常数 $K_稳^\ominus$。已知：$E_{Cu^{2+}/Cu}^\ominus = +0.341\,9V$。

8. 向 1L 0.12mol/L 的 CuSO₄ 溶液中加入 1L 3.0mol/L 的氨水，求平衡时溶液中的 Cu²⁺ 浓度。已知：[Cu(NH₃)₄]²⁺ 的 $K_稳^\ominus = 2.09 \times 10^{13}$。

9. 试计算 298K 时 AgBr 在 1.0mol/L 氨水中的溶解度。已知：$K_{sp}^\ominus(AgBr) = 5.35 \times 10^{-13}$，[Ag(NH₃)₂]⁺ 的 $K_稳^\ominus = 1.12 \times 10^7$。

第九章同步练习

（郭　惠　马鸿雁）

第十章 主族元素

【学习目标】

掌握：s区、p区各族元素的通性；元素性质与电子层结构的关系及成键特征。

熟悉：s区重要化合物的基本性质；p区重要化合物的基本性质。

了解：s区、p区元素在医药中的应用。

主族元素包括s区和p区元素，其中s区元素包括周期表中的ⅠA族和ⅡA族元素，p区元素包括ⅢA～ⅧA族(也称为0族)元素，p区元素包括了除氢以外的所有非金属元素、准金属元素和一部分金属元素。元素在周期表中的位置反映了元素的原子结构，主族元素核外电子排布呈现周期性的变化，与结构有关的性质也呈现周期性的变化。生命必需的29种元素中，11种常量元素都是主族元素，18种微量元素或痕量元素中有8种属于主族元素。主族元素在医药领域具有广泛应用。

第一节 s区元素

最后一个电子填充到s轨道上的元素称为s区元素，包括ⅠA族和ⅡA族元素，其价层电子构型分别为ns^1和ns^2，它们的原子最外层有1～2个s电子，在化学反应中表现很强的金属性。因ⅠA族元素的氧化物溶于水呈强碱性，所以称为碱金属。由于H原子失去一个电子后成为H^+，与碱金属相似，也被列于ⅠA族。ⅡA族元素又称为碱土金属。

一、氢

氢是宇宙中含量最丰富的元素，估计占所有原子总数的75%以上，为一切元素之源。幼年星体几乎100%是氢，但在地球的空气中，氢气的含量极微，体积分数约为1%，在自然界中氢主要以化合态形式存在，水、碳氢化合物及所有生物组织中都含有氢。

（一）氢原子的成键方式

氢的电离能以及电子亲合能代数值都不太小，电负性居于中间地位，所以氢与金属或非金属都可以化合，在形成化学键时，其成键方式主要有以下几种情况。

1. 失去价电子形成 H^+（质子） 质子的半径小,约为氢原子半径的几万分之一,所以质子具有很强的电场,能使邻近的原子或分子强烈变形而与它结合在一起。故除了气态的质子流以外,一般不存在自由质子,比如水溶液中的 H^+ 是以水合离子 H_3O^+ 的形式存在。

2. 形成共价键氢 很容易同其他非金属通过共用电子对结合,形成共价型氢化物。

3. 获得一个电子形成 H^- 这是氢和活泼金属化合形成离子型氢化物的价键特征。由于 H^- 有较大的半径,容易变形,仅存于离子型氢化物晶体中,在水中立即水解产生 H_2。

（二）单质氢及氢化物

氢气是所有气体中最轻的气体,具有无色、无嗅、无味、可燃的性质。由于氢分子之间的引力小,致使其熔点和沸点极低,很难液化。氢在水中的溶解度很小,273K 时 1 体积水仅能溶解 2% 体积的氢,但可大量溶解于镍、钯、铂等金属中。

化学性质方面,氢分子是相对稳定的。单质氢在常温下不活泼。在化学反应中,氢既可失去一个电子,又可得到一个电子,所以氢几乎能和除稀有气体外的所有元素结合,生成不同类型的化合物。氢的化合物可分为三类:离子型氢化物,即 s 区元素的氢化物;共价型氢化物,即 p 区元素的氢化物;过渡型氢化物,即 d 区、ds 区元素的氢化物。本节重点讨论离子型氢化物及其性质。

与卤素原子不同,氢形成 H^- 的过程是强烈吸热的。由于这一过程的吸热性,氢原子只同活泼性最强的金属,如碱金属、碱土金属(铍和镁除外)形成离子型氢化物。

$$2M + H_2 \Longrightarrow 2MH \quad （M 指碱金属）$$

$$M + H_2 \Longrightarrow MH_2 \quad （M 指 Ca、Sr、Ba）$$

离子型氢化物都是白色盐状晶体,一般都是由金属和氢气在高温条件下直接反应来合成的。离子型氢化物都是极强的还原剂:

$$H_2 + 2e^- \Longrightarrow 2H^+ \qquad E^{\ominus}(H_2/H^-) = -2.25V$$

所以离子型氢化物遇水立即发生氧化还原反应,生成 H_2 和金属氢氧化物:

$$MH + H_2O \Longrightarrow MOH + H_2 \uparrow$$

固态 NaH 在 673K 时能将 $TiCl_4$ 还原为金属钛。

H^- 能在非极性溶剂中同 B^{3+}、Al^{3+} 等结合成复合氢化物。

$$4LiH + AlCl_3 \xrightarrow{乙醚} Li[AlH_4] + 3LiCl$$

这类化合物包括 $Na[BH_4]$、$Li[AlH_4]$、$Al[BH_4]_3$ 等。其中 $Li[AlH_4]$ 是重要的还原剂。在有机合成中,复合氢化物是一种重要的官能团还原剂,如将羧基还原为醇,将硝基还原为氨基等。

【思考题 10-1】NaH 在水溶液中是否存在?

二、碱金属

（一）碱金属的通性

碱金属包括周期表 ⅠA 族中的锂、钠、钾、铷、铯、钫六种元素,其中氧化物溶于水呈强碱性,所以称为碱金属。其中,钠和钾属于常见元素;锂、铷、铯属于稀有金属;钫为放射性元素。碱金属的基本性质列于表10-1中。

表10-1　碱金属的基本性质

性质	锂	钠	钾	铷	铯
元素符号	Li	Na	K	Rb	Cs
原子序数	3	11	19	37	55
离子半径/pm	68	95	133	148	169
第一电离能/(kJ/mol)	521	494	421	405	371
电负性	0.98	0.93	0.82	0.82	0.79
沸点/K	1 603	1 165	1 033	961	963
熔点/K	453.5	370.8	336.7	311.9	301.7
硬度(金刚石=10)	0.6	0.4	0.5	0.3	0.2
导电性(Hg=1)	11	21	14	8	8

　　同族元素随原子序数的增加,从 Li 到 Cs 金属活泼性依次增加;离子半径、原子半径递增,电负性、水合能、电离能、单质的熔点、沸点和硬度递减,表现出较好的规律性。

　　碱金属原子最外层分别只有一个 ns 电子,而次外层是稀有气体的8电子结构(Li 的次外层是2电子结构),由于内层电子的屏蔽作用较强,故这些元素很容易失去最外层的电子,形成+1价的离子型化合物,这是碱金属的一个重要特点。碱金属的原子半径在同周期元素中(除稀有气体外)是最大的,而核电荷在同周期元素中是最小的。与同周期的元素比较,最活泼的金属元素总是碱金属元素。

(二)碱金属的单质

　　1. 物理性质　碱金属的密度都小于 $2g/cm^3$,其中锂、钠、钾最轻,密度均小于 $1g/cm^3$,能浮在水面上,属于轻金属,具有金属光泽。碱金属的硬度也很小,可以用刀子切割。由于碱金属原子半径较大,又只有一个价电子,因此形成的金属键很弱,它们的熔点、沸点都较低。

　　碱金属具有良好的导电性、导热性,其中以钠的导电性为最好。碱金属可以相互溶解形成液体合金,例如,钾、钠合金在有机合成上用作还原剂;碱金属与汞形成汞齐,钠汞齐常用作有机合成的还原剂。

　　2. 化学性质　由于最外层只有一个电子,碱金属的化学活泼性很强,它们能直接或间接地与电负性较大的非金属元素形成相应的化合物。

　　碱金属在空气中极易形成 M_2CO_3 的覆盖层,因此要将它们保存在无水的煤油中。锂的密度很小,能浮在煤油上,所以将其保存在液体石蜡中。

　　碱金属的 $E^{\ominus}(M^+/M)$ 数值都很小,所以它们都是很强的还原剂。由于碱金属能同水反应而放出 H_2,所以实际上它们作为还原剂主要应用于干态反应或有机反应中,而不用于水溶液中的反应。

　　碱金属及其挥发性化合物都具有特征的焰色,称为焰色反应。产生焰色反应的原因是它们的原子或离子受热时,电子容易被激发,被激发的电子从较高能级跃迁到较低能级时,相应的能量以光的形式释放出来,产生线状光谱。不同的原子因为结构不同而产生不同颜色的火焰。分析化学中常利用焰色反应来鉴定这些金属元素的存在。

(三) 碱金属的化合物

1. 氧化物 碱金属与氧能形成三种类型的氧化物,即普通氧化物、过氧化物和超氧化物,这些氧化物都是离子化合物,在其晶格中分别含有 O^{2-}、O_2^{2-} 和 O_2^-。在充足的空气中,碱金属燃烧的正常产物如下:

Li 的主要产物为普通氧化物,化学式为 Li_2O;

Na 的主要产物为过氧化物,即 Na_2O_2;

K、Rb、Cs 的主要产物为超氧化物,化学式为 MO_2。

(1) 普通氧化物:碱金属中只有锂能在空气中燃烧生成 Li_2O。

$$4\,Li + O_2 =\!=\!=\!= 2\,Li_2O$$

其他碱金属的普通氧化物是用金属与它们的过氧化物或硝酸盐作用而制得的,如:

$$Na_2O_2 + 2\,Na =\!=\!=\!= 2\,Na_2O$$

$$2\,KNO_3 + 10\,K =\!=\!=\!= 6\,K_2O + N_2\uparrow + O_2\uparrow$$

碱金属氧化物的颜色从 Li_2O(白色)到 Cs_2O(橙红色)逐渐加深,它们的熔点比碱土金属氧化物的熔点低得多。

碱金属氧化物与水反应生成相应氢氧化物:

$$M_2O + H_2O =\!=\!=\!= 2\,MOH$$

上述反应的程度从 Li_2O 到 Cs_2O 依次加强,Li_2O 与水反应很慢,Rb_2O 和 Cs_2O 与水反应燃烧甚至爆炸。

(2) 过氧化物:过氧化物是含有过氧离子 O_2^{2-} 的化合物,可看作是 H_2O_2 的盐。碱金属都能形成过氧化物。

按照分子轨道理论,O_2^{2-} 的分子轨道电子排布式为:

$$(\sigma_{1s})^2(\sigma_{1s}^*)^2(\sigma_{2s})^2(\sigma_{2s}^*)^2(\sigma_{2p_x})^2[(\pi_{2p_y})^2(\pi_{2p_z})^2][(\pi_{2p_y}^*)^2(\pi_{2p_z}^*)^2]$$

过氧离子 O_2^{2-} 中有一个 σ 键,键级为1。由于不含有未成对电子,因而 O_2^{2-} 具有逆磁性。

过氧化钠 Na_2O_2 是最有应用价值的碱金属过氧化物。将金属钠在铝制容器中加热到 300℃,并通入不含二氧化碳的干燥空气,得到淡黄色的 Na_2O_2 粉末:

$$2\,Na + O_2 =\!=\!=\!= Na_2O_2$$

过氧化钠与水或稀酸在室温下反应生成过氧化氢:

$$Na_2O_2 + 2H_2O =\!=\!=\!= 2NaOH + H_2O_2$$

$$Na_2O_2 + H_2SO_4(稀) =\!=\!=\!= Na_2SO_4 + H_2O_2$$

过氧化钠与二氧化碳反应,放出氧气:

$$2Na_2O_2 + 2CO_2 =\!=\!=\!= 2Na_2CO_3 + O_2\uparrow$$

过氧化钠是一种强氧化剂,工业上用作漂白剂,也可以用来作为制得氧气的来源。Na_2O_2 可作高空飞行和潜水时的供氧剂和 CO_2 的吸收剂。

（3）超氧化物：除了锂外，其余碱金属都能形成超氧化物 MO_2。

一般说来，金属性很强的元素容易形成含氧较多的氧化物，因此，钾、铷、铯易生成超氧化物。

超氧化物中含有超氧离子 O_2^-，它比 O_2 多一个电子，按照分子轨道理论 O_2^- 的分子轨道电子排布式为：

$$(\sigma_{1s})^2(\sigma_{1s}^*)^2(\sigma_{2s})^2(\sigma_{2s}^*)^2(\sigma_{2p_x})^2[(\pi_{2p_y})^2(\pi_{2p_z})^2][(\pi_{2p_y}^*)^2(\pi_{2p_z}^*)^1]$$

O_2^- 中有一个 σ 键和一个三电子 π 键，键级为 1.5。由于含有一个未成对电子，因而 O_2^- 具有顺磁性。

超氧化物是很强的氧化剂，与水和稀酸发生激烈反应，产生氧气和过氧化氢。像 Na_2O_2 一样，超氧化物也能除去 CO_2 和再生 O_2，也用于急救器和潜水、登山等方面。

$$4\,KO_2 + 2\,CO_2 =\!\!=\!\!= 2\,K_2CO_3 + 3\,O_2\uparrow$$

2. 氢氧化物　碱金属元素的氧化物遇水能发生剧烈反应，生成相应的碱：

$$M_2O + H_2O =\!\!=\!\!= 2MOH$$

碱金属的氢氧化物在空气中易吸水而潮解，故固体 NaOH 常用作干燥剂。碱金属的氢氧化物在水中都是易溶的，溶解时还放出大量的热。在碱金属氢氧化物中，除 LiOH 是中强碱外，其余都是强碱，溶解度较大而且在水中可以完全电离。

三、碱土金属

（一）碱土金属的通性

ⅡA 族元素包括铍、镁、钙、锶、钡、镭六种元素。碱土金属的基本性质列于表 10-2 中。

表 10-2　碱土金属的基本性质

性质	铍	镁	钙	锶	钡
元素符号	Be	Mg	Ca	Sr	Ba
原子序数	4	12	20	38	56
离子半径 /pm	31	65	99	113	135
第一电离能 /（kJ/mol）	900	736	590	548	502
第二电离能 /（kJ/mol）	1 768	1 460	1 152	1 070	971
电负性	1.57	1.31	1.00	0.95	0.89
氧化值	+2	+2	+2	+2	+2
沸点 /K	3 243	1 380	1 760	1 653	1 913
熔点 /K	1 550	923	1 111	1 041	987
硬度（金刚石 =10）	4.0	2.0	1.5	1.8	—
导电性（Hg =1）	5.2	21.4	20.8	4.2	—

（二）碱土金属的单质

1. 物理性质　碱土金属的密度都小于 $5g/cm^3$，也都是轻金属，具有金属光泽。硬度也很小，钙、锶、钡可以用刀子切割。碱土金属有两个价电子，原子半径比碱金属小，形成的金属键稍强，故熔沸点比碱金属高。

2.化学性质 碱土金属的化学活泼性也较强,但比碱金属的活泼性弱。铍和镁与冷水作用很慢,因为铍和镁表面有致密的氧化物保护膜,在水中形成一层难溶的氢氧化物,能阻止金属与水的进一步作用。

碱土金属中的钙、锶、钡及其挥发性化合物也会产生焰色反应,其中Ca、Sr和Ba的焰色反应分别为橙红、洋红和绿色。

(三)碱土金属的化合物

1.氧化物 碱土金属与氧主要形成两种类型的氧化物,即普通氧化物和过氧化物,Be、Mg、Ca、Sr的主要产物为普通氧化物,化学式为MO,Ba的主要产物为过氧化物,即BaO_2。

碱土金属离子带两个单位的正电荷,且离子半径较小,其氧化物的晶格能很大,难以熔化。BeO为两性氧化物,其他均为碱性氧化物。所有的碱土金属氧化物难以受热分解,BeO和MgO因为有很高的熔点,常用于制造耐火材料。钙、锶、钡的氧化物都能与水剧烈反应生成碱,并放出大量的热,反应的剧烈程度从CaO到BaO依次增大。

碱土金属过氧化物是含有过氧离子O_2^{2-}的化合物,可看作是H_2O_2的盐。碱土金属元素在一定条件下都能形成过氧化物,以过氧化钡较为重要,BaO与O_2加热到400℃以上即可得到BaO_2,但不能超过800℃,否则生成的BaO_2又会分解。

过氧化钡与稀酸反应生成H_2O_2,这是实验室制备H_2O_2的方法。

$$BaO_2 + H_2SO_4 \!=\!=\!= BaSO_4 + H_2O_2$$

除铍、镁外,其他碱土金属也能形成超氧化物,这里不再介绍。

2.氢氧化物 碱土金属中BeO几乎不与水反应,MgO与水缓慢反应生成相应的碱,其他碱土金属元素的氧化物遇水都能发生剧烈反应,生成相应的碱。

碱土金属的氢氧化物的溶解度较小,其中$Be(OH)_2$和$Mg(OH)_2$是难溶的氢氧化物。碱土金属氢氧化物的碱性与同周期碱金属氢氧化物比较要弱,其中$Be(OH)_2$为两性氢氧化物,其他的氢氧化物是强碱或中强碱。因在空气中易吸水而潮解,固体$Ca(OH)_2$常用作干燥剂。

(四)对角线规则

在s区和p区元素中,除了同族元素的性质相似外,左上方ⅠA族与右下方的ⅡA族元素及化合物的性质有相似性,这种相似性称为对角线规则。如下:

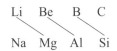

例如,Li和Mg两种元素及化合物性质相似,表现在锂、镁在过量的氧气中燃烧时都不生成过氧化物,而是生成普通氧化物;它们都能与氮和碳直接化合而生成氮化物和碳化物;它们与水反应均较缓慢;锂和镁的氢氧化物是中强碱,溶解度都不大,加热时可分别分解为Li_2O和MgO;锂和镁的某些盐类如氟化物、碳酸盐、磷酸盐难溶于水;它们的碳酸盐在加热时均能分解为相应的氧化物和二氧化碳等。

第二节　p区元素

p区元素包括ⅢA～ⅧA族（也称为0族）六个族的元素。p区元素具有以下特点：

（1）p区同族元素自上而下原子半径逐渐增大，元素金属性逐渐增强，非金属性逐渐减弱。除ⅧA族外，都是由典型的非金属元素经准金属过渡到典型的金属元素。

（2）p区元素（0族除外）原子的价层电子构型为$ns^2np^{1\sim5}$。ns、np电子均可参与成键，因此它们具有多种氧化值，这点不同于s区元素。并且在同一周期，随着价层np电子的增多，失电子趋势减弱，逐渐变为共用电子，甚至变为得电子。因此p区非金属元素除有正氧化值外，还有负氧化值。ⅢA～ⅤA族同族元素自上而下低氧化值化合物的稳定性增强，高氧化值化合物的稳定性减弱，这种现象称为"惰性电子对效应"。

（3）p区金属的熔点一般较低，金属间可形成低熔合金。

（4）p区处于分区线上的元素具有半导体性质，为制造半导体的重要材料。

下面对p区元素按族进行讨论。

一、卤族元素

周期表中第ⅦA族元素包括氟、氯、溴、碘和砹五种元素。在自然界，氟主要以萤石（CaF_2）和冰晶石（Na_3AlF_6）等矿物存在，氯、溴、碘主要以钠、钾、钙、镁的无机盐形式存在于海水中，海藻是碘的重要来源，砹是放射性元素。

（一）卤族元素结构特征

卤素原子具有ns^2np^5的价层电子构型，这个结构特征决定了卤素容易得到1个电子，达到8电子稳定结构。但随着卤素原子序数增加，原子半径逐渐增大，它们的性质又有一定的差异。卤族元素的基本性质汇列于表10-3中。

表 10-3　卤族元素的一些基本性质

性质	氟	氯	溴	碘
元素符号	F	Cl	Br	I
原子序数	9	17	35	53
相对原子质量	18.99	35.45	79.90	126.90
共价半径 /pm	64	99	114	133
离子半径 /pm	136	181	195	216
电负性	3.98	3.16	2.96	2.66
电子亲和能 /（kJ/mol）	328.2	348.6	324.5	295
第一电离能 /（kJ/mol）	1 682	1 251	1 140	1 008
离子水合能 /（kJ/mol）	−507	−368	−335	−293
主要氧化值	−1,0	−1,0,+1 +3,+5,+7	−1,0,+1 +3,+5,+7	−1,0,+1 +3,+5,+7

卤素是同周期中原子半径最小,电负性、第一电离能(除稀有气体)最大的元素,因而卤素是同周期中最活泼的非金属元素,卤素的结构特点决定了卤素具有得一个电子成为卤素阴离子的强烈趋势,卤素最突出的化学性质是氧化性。

氟的电负性最大,氟只有 -1 氧化值。氯、溴、碘等元素还可显示出 $+1$、$+3$、$+5$、$+7$ 的氧化值,这些氧化值突出表现在氯、溴、碘的含氧化物和卤素的互化物中。在卤素互化物中,原子半径大(电负性小)的原子作中心原子显正氧化态,原子半径小(电负性大)的原子显负氧化态,如 ClF_3、BrF_5、IBr_5 等。

卤素的元素电势图如下:

$E_A^\ominus/V$

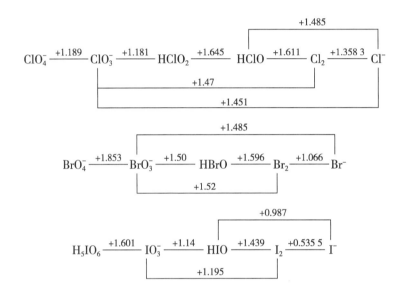

(二)卤素单质性质

1. 物理性质　由于卤素原子最外层有 7 个电子,两个卤素原子间可以通过共用 1 对电子形成 8 电子稳定结构,所以卤素单质都是双原子分子。分子间靠色散力相结合,易溶于有机溶剂。它们的熔沸点、密度等由 $F_2 \to I_2$ 随分子间色散力的增大而增大。

在常温下,氟和氯呈气态,溴是液态,碘是易升华的固体。卤素单质在水中的溶解度不大(除了氟能与水剧烈反应外)。氯、溴、碘的水溶液分别称为氯水、溴水、碘水。卤素单质在有机溶液中的溶解度比在水中的溶解度大的多,常可以用有机溶剂萃取卤素单质。卤素单质都有刺激性气味,可刺激黏膜,其蒸气有毒,吸入过多可导致死亡。

2. 化学性质　在化学反应中卤素原子都有夺取一个电子,成为卤素离子 X^- 的强烈倾向,因此与同周期其他元素相比,卤素的非金属性是最强的,卤素单质的氧化性是最强的。本族元素自上而下,电负性逐渐减小,因而由氟到碘非金属性依次减小,卤素单质的氧化能力依次减弱。卤素可以和金属、非金属发生氧化还原反应,也可以和水反应,如:

$$3F_2 + S == SF_6$$

$$Cl_2 + 2S == Cl_2S_2$$

$$Zn + I_2 == ZnI_2$$

$$2X_2 + 2H_2O \xrightarrow{\hspace{2cm}} 4H^+ + 4X^- + O_2\uparrow$$

还可发生卤素间的置换反应,如:

$$Cl_2 + 2Br^- \xrightarrow{\hspace{2cm}} Br_2 + 2Cl^-$$

【思考题 10-2】为什么 KI 溶液中通入氯气时,开始溶液呈现红棕色,继续通入氯气,颜色褪去?

(三)重要的化合物

1. 卤化氢和氢卤酸

(1)物理性质:卤化氢都是具有刺激性臭味的无色气体,从氯到碘,它们的氢化物的熔、沸点逐渐升高。但由于 HF 分子间存在氢键,HF 的熔沸点会突出地高于同族其他卤化氢。

卤化氢有较高的热稳定性,热稳定性按着 HF－HCl－HBr－HI 的顺序急剧下降。HF 在很高温度下并不显著地离解,HCl 和 HBr 在 1 000℃ 时略有分解,而 HI 在 300℃ 时即部分分解。

卤化氢是极性分子,它们都易溶于水,水溶液称为氢卤酸。在空气中与水蒸气结合形成细小的酸雾而发烟。

(2)化学性质:氢卤酸在水溶液中可以电离出氢离子和卤素离子,因此酸性和还原性是氢氟酸的主要化学性质。

1)酸性:除氢氟酸外,氢卤酸都是强酸。氢氟酸呈现弱酸性是因为键能很大而只能发生部分电离:

$$HF + H_2O \xrightleftharpoons{\hspace{1cm}} F^- + H_3O^+ \quad (298K, K_a^\ominus = 6.61 \times 10^{-4})$$

但电离度随着浓度增大而增大,这是因为在浓溶液中部分 F^- 通过氢键与未电离的 HF 分子缔合成二聚分子:

$$F^- + HF \xrightleftharpoons{\hspace{1cm}} HF_2^- \qquad K_a^\ominus = 5.1$$

有利于 HF 的电离,当浓度大于 5mol/L 时,氢氟酸成为强酸。

2)还原性:氢卤酸有一定的还原性,其还原能力按 HF－HCl－HBr－HI 的顺序增加。如浓硫酸能氧化溴化氢和碘化氢,但不能氧化氟化氢和氯化氢。

$$2HBr + H_2SO_4(浓) \xrightarrow{\hspace{2cm}} Br_2 + SO_2\uparrow + 2H_2O$$

$$8HI + H_2SO_4(浓) \xrightarrow{\hspace{2cm}} 4I_2 + H_2S\uparrow + 4H_2O$$

故不能用浓硫酸与溴化物或碘化物反应制取溴化氢或碘化氢,须改用非氧化性的酸(如磷酸)。

(3)氢氟酸的特性:氢氟酸不宜贮存于玻璃器皿中,因为它能与 SiO_2 或硅酸盐反应生成气态 SiF_4,因此应盛于塑料容器里。

$$SiO_2 + 4HF \xrightarrow{\hspace{2cm}} SiF_4\uparrow + 2H_2O$$

利用 HF 的这一特性可在玻璃上刻蚀标记和花纹。卤素和氢卤酸均有毒,能强烈刺激呼吸系统。氢氟酸有强的腐蚀性,对细胞组织、骨骼有严重的破坏作用。液态溴和氢氟酸与皮肤接触易引起难以治愈的灼伤,使用时应注意安全。如发现皮肤沾有氢氟酸时,需立即用大量清水冲洗,敷以稀氨水。

2. 卤化物和多卤化物

(1)卤化物:卤素与电负性比它小的元素形成的化合物称为卤化物。卤化物包括金属卤化物和非金属卤化物。

金属卤化物大体可分为离子型卤化物和共价型卤化物两大类型。

一般说来,碱金属、碱土金属(铍除外)和低价态的过渡元素与卤素形成的是离子型卤化物,如 KCl、CaCl$_2$、FeCl$_2$ 等。离子型卤化物在常温下是固态,具有较高的熔点和沸点,能溶于极性溶剂,在溶液及熔融状态下均导电。

卤素与高价态的金属元素多形成共价型卤化物,如 AlCl$_3$、FeCl$_3$ 等。除此外卤素与非金属元素也形成共价型卤化物,如 AlCl$_3$、FeCl$_3$、CCl$_4$、TiCl$_4$、PCl$_5$ 等。共价型卤化物在常温时是气体或易挥发的固体,具有较低的熔、沸点,熔融时不导电,易溶于有机溶剂难溶于水。溶于水的非金属卤化物往往发生强烈水解,大多生成非金属含氧酸和卤化氢。

(2)多卤化物:金属卤化物能与卤素单质加合生成多卤化物。

$$KI + I_2 \Longrightarrow KI_3$$

医药上配制药用碘酒(碘酊)时,加入适量的 KI 可使碘的溶解度增大,保持了碘的消毒杀菌作用。

3. 卤素含氧酸及其盐　卤素中的氯、溴和碘可以形成四种类型的含氧酸,分别为次卤酸(HXO)、亚卤酸(HXO$_2$)、卤酸(HXO$_3$)和高卤酸(HXO$_4$),氧化值分别为 +1、+3、+5、+7。氟的电负性大于氧,所以一般不生成含氧酸及其盐。

卤素含氧酸及其盐主要的性质是酸性、氧化性和稳定性,并且随卤素种类及卤素氧化值的不同呈现一定的规律性。

(1)含氧酸的酸性:卤素的含氧酸(H$_m$XO$_n$)中,可离解的质子均与氧原子相连(X—O—H键),氧原子的电子密度决定含氧酸的酸性强弱,而中心原子(X)的电负性、原子半径以及氧化值等因素会影响氧原子的电子密度。

1)相同中心原子的含氧酸:高氧化值的含氧酸的酸性一般比低氧化值的强。中心原子氧化值越高,其正电性越强,对氧原子上的电子吸引力越强,使得与氧原子相连的质子易电离,酸性增强,如 HClO$_4$ > HClO$_3$ > HClO$_2$ > HClO。

2)不同中心原子的含氧酸:当氧化值相同,酸性和中心原子的电负性及半径有关。中心原子的电负性越大,半径越小,氧原子的电子密度越小,O—H 键减弱,酸性越强,如 HClO > HBrO > HIO。

当氧化值不同时中心原子电荷、半径及电负性与酸性有关,如同一周期不同元素最高氧化值含氧酸的酸性变化规律为:HClO$_4$ > H$_2$SO$_4$ > H$_3$PO$_4$ > H$_4$SiO$_4$。

(2)含氧酸及含氧酸盐的氧化性:含氧酸的氧化还原性比较复杂,目前还没有一个统一的解释。一般变化规律是,相同中心原子的含氧酸,低氧化值含氧酸的氧化性较强,如 HClO > HClO$_3$ > HClO$_4$;HNO$_2$ > HNO$_3$(稀)。可以认为含氧酸被还原的过程有中心原子和氧原子间键的断裂,X—O 键越强,或者需要断裂的 X—O 键越多,含氧酸越稳定,氧化性越弱。

含氧酸的氧化性强于含氧酸盐,含氧酸根在酸性介质中的氧化性强于在碱性介质中。

(3)含氧酸及含氧酸盐的稳定性:含氧酸及含氧酸盐的稳定性和分子对应的结构有关,分子结构越对称,稳定性越强,如 HClO$_4$ > HClO$_3$ > HClO$_2$ > HClO。含氧酸盐的稳定性大于相应的含氧酸,如 NaClO$_3$ > HClO$_3$。

（4）次卤酸及其盐：次卤酸具有弱酸性和不稳定性。次卤酸都是弱酸,其酸性随卤素原子半径增大而减弱。同时次卤酸极不稳定,易分解,仅能存在于水溶液中,在室温按下列两种方式进行分解：

$$2HXO \Longrightarrow 2HX + O_2 \qquad 分解反应$$

$$3HXO \Longrightarrow 2HX + HXO_3 \qquad 歧化反应$$

次氯酸的强氧化性和漂白杀菌能力就是基于它的分解反应。

ClO^- 在室温和低于室温时歧化速度缓慢,当加热到 348K 以上歧化反应速度非常快。另外光照及加入催化剂（氧化钴或氧化镍）都可加速歧化反应。

次卤酸盐中比较重要的是次氯酸盐,次氯酸及其盐的氧化性强于氯。将氯气与廉价的消石灰作用,通过歧化反应可制得漂白粉：

$$2Cl_2 + 3Ca(OH)_2 \Longrightarrow Ca(ClO)_2 + CaCl_2 \cdot Ca(OH)_2 \cdot 2H_2O$$

次氯酸钙 $Ca(ClO)_2$ 是漂白粉的有效成分,它的漂白、消毒作用由 ClO^- 的氧化作用而产生。将氯气通入氢氧化钠后再加入少量硼酸,可得到一种活性更强的消毒剂。

【思考题 10-3】潮湿空气中漂白粉为什么会失效？

（5）卤酸及其盐：卤酸的稳定性较次卤酸高,常温下氯酸和溴酸只能存在于水溶液中,加热或浓度较高时剧烈分解。

$$3HClO_3 \Longrightarrow HClO_4 + Cl_2 \uparrow + 2O_2 \uparrow + H_2O$$

$$4HBrO_3 \Longrightarrow 2Br_2 + 5O_2 \uparrow + 2H_2O$$

碘酸以白色晶体状态存在,常温下较为稳定。

卤酸中氯酸和溴酸都是强酸,碘酸是中强酸（$pK_a^{\ominus} = 0.804$）。

卤酸的浓溶液都是强氧化剂,其中以溴酸的氧化性最强。它们被还原为单质的电极电势值见卤素的元素电势图,故可发生下列的置换反应：

$$2HClO_3 + I_2 \Longrightarrow 2HIO_3 + Cl_2 \uparrow$$

$$2HBrO_3 + I_2 \Longrightarrow 2HIO_3 + Br_2$$

$$2HBrO_3 + Cl_2 \Longrightarrow 2HClO_3 + Br_2$$

卤酸盐的热稳定性皆高于相应的酸。它们在酸性溶液中都是强氧化剂,在水溶液中氧化性不明显。固体卤酸盐,特别是氯酸钾是强氧化剂,与易燃物如碳、硫、磷及有机物等混和,受撞击会猛烈爆炸,氯酸钾大量用于制造火柴、信号弹、焰火等。

（6）高卤酸及其盐：高氯酸是无机酸中最强的酸之一,其酸性是硫酸的 10 倍。纯的高氯酸不稳定,在贮藏过程中可能会发生爆炸,市售试剂为 70% 溶液。浓热的高氯酸氧化性很强,遇到有机化合物会发生爆炸性反应。而稀冷的高氯酸溶液没有明显的氧化性,当遇到活泼金属如锌、铁等,则放出氢气：

$$Zn + 2HClO_4 \Longrightarrow Zn(ClO_4)_2 + H_2 \uparrow$$

高氯酸根为正四面体结构,结构对称,所有的价电子与氧共用,其对金属离子的配位能力很弱,因此高氯酸常用于配位测定中离子强度的调节。另外高氯酸盐除了 K^+、Ru^+、Cs^+ 的盐外,其他高氯酸盐都易溶于水。

高溴酸也是极强的酸,它是比高氯酸、高碘酸更强的氧化剂。浓度在 55% 以下的 $HBrO_4$ 溶液才能长期稳定存在。

高卤酸盐较稳定，例如，$KClO_4$ 的分解温度高于 $KClO_3$，用 $KClO_4$ 制成的炸药称"安全炸药"。

（四）卤族元素在医药中的应用

卤素中，碘可以直接药用，内服复方碘制剂用于治疗甲状腺肿大、慢性关节炎、动脉血管硬化等，以及与碘化钾或碘化钠配制成碘酊外用做消毒剂。在医药上很多时候用到有机碘分子，如甲状腺素、有机碘造影剂醋碘苯酸。

药用盐酸含 HCl 9.5%～10.5%（g/ml）内服用于治疗胃酸缺乏症。SnF_2 可制成药物牙膏。人体牙齿珐琅质中含氟（CaF_2）约为 0.5%，氟的缺乏是产生龋齿的原因之一。用 SnF_2 制成的药物牙膏可增强珐琅质的抗腐蚀能力，预防龋齿。但是摄入过量时会出现氟中毒，牙釉质出现黄褐色的斑点，形成氟斑牙。

生理盐水中氯化钠的质量浓度为 9g/L，主要用于消炎杀菌及用于由于出血或腹泻等疾病引起的缺水症。氯化钾具有利尿作用，用于心脏性或肾脏性水肿及缺钾症等。

漂白粉的有效成分是 $Ca(ClO)_2$，做杀菌消毒剂。

二、氧族元素

周期表中第ⅥA族包括氧、硫、硒、碲、钋五种元素，通称氧族元素。自然界中氧和硫主要以单质形式存在，硒和碲以化合物形式存在，为半导体材料，钋为放射性元素。

（一）氧族元素结构特征

氧族元素的价电子层 ns^2np^4 中有 6 个价电子，决定了它们都具有非金属元素的特性，在化学反应中，它们都能结合两个电子，形成氧化值为 -2 的离子化合物或共价化合物。

氧族元素的电负性、电子亲和能和电离能均比同周期相应卤素小，因此非金属性不如卤族元素活泼。随着电离能的降低，本族元素从非金属过渡到金属。氧和硫为非金属，硒和碲为半金属，钋是典型的金属。它们的性质汇列在表 10-4 中。

表 10-4　氧族元素的基本性质

性质	氧	硫	硒	碲
元素符号	O	S	Se	Te
原子序数	8	16	34	52
相对原子质量	15.99	32.05	78.96	127.60
共价半径 /pm	66	104	117	137
离子半径 /pm	140	184	198	221
电负性	3.44	2.58	2.55	2.10
电子亲和能 /（k/mol）	141	200.4	195	190.1
第一电离能 /（kJ/mol）	1 310	1 000	941	870
离子水合能 /（kJ/mol）	-507	-368	-335	-293
主要氧化值	-2, 0	-2, 0, +2, +4, +6	-2, 0, +2, +4, +6	-2, 0, +2, +4, +6

氧的电负性仅次于氟，在一般的化合物中，氧的氧化值为 -2，而硫、硒、碲能显正氧化态，当与电负性大的元素结合时，它们价电子层中的空 nd 轨道也可参加成键，所以这些元素可显示 $+2$、$+4$、$+6$ 氧化值。

氧族元素的电势图如下：

$E_A^{\ominus}/V$

$$\text{O}_3 \xrightarrow{+2.076} \text{O}_2 \xrightarrow{+0.695} \text{H}_2\text{O}_2 \xrightarrow{+1.776} \text{H}_2\text{O}$$
（O₂ 到 H₂O 上方标 +1.229）

$$\text{S}_2\text{O}_8^{2-} \xrightarrow{+2.01} \text{SO}_4^{2-} \xrightarrow{+0.217\,2} \text{H}_2\text{SO}_3 \xrightarrow{+0.51} \text{S}_4\text{O}_6^{2-} \xrightarrow{+0.08} \text{S}_2\text{O}_3^{2-} \xrightarrow{+0.5} \text{S} \xrightarrow{+0.142} \text{H}_2\text{S}$$
（H₂SO₃ 到 S₂O₃²⁻ 上方标 +0.40）

氧族元素都有同素异形体，例如氧有 O_2 和 O_3 两种；硫的同素异形体较多，最常见的有晶状的菱形硫（斜方硫）、单斜硫和无定形硫。

（二）重要化合物

1. 过氧化氢　纯的过氧化氢（H_2O_2）是一种淡蓝色的黏稠液体，与水以任意比例互溶，过氧化氢的水溶液俗称双氧水，质量浓度在 $30\sim300\text{g/L}$。市售 30% 的试剂水溶液有强烈的腐蚀性，使用时应当小心。

（1）结构：过氧化氢分子中有一个过氧链（—O—O—），过氧链两端的氧原子上各连着一个氢原子。每个氧原子都是采取不等性 sp³ 杂化形成四个杂化轨道，两个 sp³ 杂化轨道中各有两个成单电子，其中一个和另一个氧原子的 sp³ 杂化轨道重叠形成 O—O σ键，一个则同氢原子的 1s 轨道重叠形成 O—H σ键。其余两个含有孤电子对的杂化轨道不参与成键。由于每个氧原子上的两个孤电子对间的排斥作用，使得 O—H 键向 O—O 键靠拢，故键角 $\angle$HOO 小于四面体键角。过氧化氢分子不是直线形结构，它的几何构型可以形象地看作是一本半敞开的书，两个氢原子分别在两页纸面上，两页纸之间的夹角为 93°51′，过氧键在书本的夹缝上。

（2）性质：H_2O_2 的化学性质与结构密切相关，H_2O_2 分子中的过氧键的键能较小，故不稳定，容易分解放出 O_2。在较低温度和高纯度时分解速度慢，受热时分解温度急剧增大，若受热到 426K 以上便剧烈分解。

$$2\text{H}_2\text{O}_2 = 2\text{H}_2\text{O} + \text{O}_2$$

光照、碱性介质和少量重金属离子（如 Fe^{2+}、Mn^{2+}、Cu^{2+}、Cr^{3+}）的存在，都将大大加快其分解速度。为了降低和防止过氧化氢分解，在实验室里常把过氧化氢避光保存在阴凉条件下的棕色瓶或塑料容器中。

过氧化氢是极弱的二元酸，在水中微弱地电离：

$$\text{H}_2\text{O}_2 \rightleftharpoons \text{H}^+ + \text{HO}_2^- \qquad K_1^{\ominus} = 2.24 \times 10^{-12}$$

过氧化氢中的氧处于中间氧化值（-1），因此它既可做氧化剂又可做还原剂。由电极电势可知，H_2O_2 在酸性或碱性介质中都是氧化剂，在酸性溶液中是一种强氧化剂，如：

$$\text{H}_2\text{O}_2 + 2\text{H}^+ + \text{I}^- = 2\text{H}_2\text{O} + \text{I}_2$$

$$4H_2O_2 + PbS \Longrightarrow 4H_2O + 2PbSO_4\downarrow$$

$$3H_2O_2 + 2CrO_2^- + 2OH^- \Longrightarrow 2CrO_4^{2-} + 4H_2O$$

利用 H_2O_2 的氧化性可以漂白丝、毛织物和油画，也可以作为杀菌剂。H_2O_2 是一种无公害的强氧化剂，纯 H_2O_2 是火箭燃料的高能氧化剂。

当遇到强氧化剂时，H_2O_2 表现出还原性：

$$Cl_2 + H_2O_2 \Longrightarrow 2HCl + O_2\uparrow$$

$$2KMnO_4 + 5H_2O_2 + 3H_2SO_4 \Longrightarrow 2MnSO_4 + 5O_2\uparrow + K_2SO_4 + 8H_2O$$

医疗上，在没有氧气瓶的情况下，可利用 H_2O_2 和 $KMnO_4$ 的反应设计输氧装置。H_2O_2 有消毒、防腐、除臭等功效，医疗上常用 3% 的 H_2O_2 消毒杀菌。

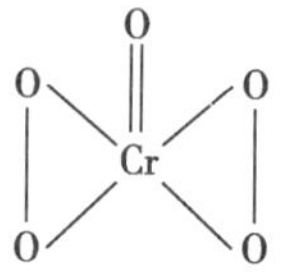

（3）鉴别：H_2O_2 脱去两个质子后形成过氧离子 O_2^{2-}，药典上鉴别 H_2O_2 就是利用它在酸性溶液中能与 $K_2Cr_2O_7$ 作用生成过氧化铬：

● 图 10-1　过氧化铬的结构

$$4H_2O_2 + Cr_2O_7^{2-} + 2H^+ \Longrightarrow 2CrO_5 + 5H_2O$$

过氧化铬的结构见图 10-1。

CrO_5 显蓝紫色，因含有过氧键，在水溶液中很不稳定易分解，释放氧气：

$$CrO_5 + 12H^+ \Longrightarrow 4Cr^{3+} + 6H_2O + 7O_2\uparrow$$

但 CrO_5 在乙醚中较稳定，故反应前先加一些乙醚便可萃取出 CrO_5，这也是检验 Cr(Ⅵ) 的灵敏反应。

2. 硫化氢和金属硫化物　硫化氢比空气略重，是无色有臭鸡蛋味的有毒气体。空气中如含有 0.1% 的 H_2S 就会迅速引起头疼、眩晕等症状。大量吸入 H_2S 会引起严重的中毒甚至死亡。H_2S 能与血红蛋白中的 Fe^{2+} 生成 FeS 沉淀，使 Fe^{2+} 失去正常的生理功能。空气中 H_2S 的允许含量不得超过 0.01mg/L。

H_2S 分子的结构与水类似，分子中的硫采取不等性 sp^3 杂化，呈 V 形，它是一个极性分子，但极性弱于水分子。

硫化氢稍溶于水，常温时饱和的 H_2S 水溶液的浓度约为 0.1mol/L，其水溶液称为氢硫酸，它是二元弱酸。

$$H_2S \Longrightarrow H^+ + HS^- \qquad K_{a1}^\ominus = 1.32 \times 10^{-7}$$

$$HS^- \Longrightarrow H^+ + S^{2-} \qquad K_{a2}^\ominus = 7.08 \times 10^{-15}$$

硫化氢具有强还原性，能被氧化为单质硫或更高的氧化态，如：

$$H_2S + I_2 \Longrightarrow 2HI + S\downarrow$$

$$4Cl_2 + H_2S + 4H_2O \Longrightarrow H_2SO_4 + 8HCl$$

$$H_2S + H_2SO_4(浓) \Longrightarrow SO_2\uparrow + 2H_2O + S\downarrow$$

硫化氢水溶液在空气中放置时会逐渐变浑浊，也是由于 H_2S 被氧化为 S 的缘故。

金属硫化物可以分为可溶性硫化物和难溶性硫化物两种。碱金属硫化物和硫化铵是易溶于水的（同时水解），其余大多数硫化物都是难溶于水，并具有不同的特征颜色，一些常见金属硫化物的颜色见表 10-5。

表 10-5　几种金属硫化物的颜色

化合物	颜色	化合物	颜色	化合物	颜色
ZnS	白	MnS	肉色	NiS	黑
CdS	黄	SnS	褐色	PbS	黑
Cu_2S	黑	CuS	黑	HgS	黑
FeS	黑	CoS	黑	Bi_2S_2	黑

难溶金属硫化物可溶解在不同的酸中,在酸中的溶解情况与溶度积常数有一定关系。难溶硫化物在酸中的溶解分为以下三种情况。

（1）$K_{sp}^{\ominus}$ 较大（$>10^{-24}$）的金属硫化物如 MnS、CoS、NiS 及 ZnS 等可溶于盐酸:

$$ZnS + 2HCl =\!=\!= ZnCl_2 + H_2S\uparrow$$

（2）$K_{sp}^{\ominus}$ 较小（$10^{-30} < K_{sp}^{\ominus} < 10^{-25}$）的金属硫化物不溶于稀盐酸但溶于浓盐酸,生成相应配合物和硫化氢气体:

$$CdS + 4HCl =\!=\!= CdCl_4^{2-} + H_2S\uparrow + 2H^+$$

（3）$K_{sp}^{\ominus} < 10^{-30}$ 的金属硫化物如 CuS、AgS、PbS 等能溶于硝酸:

$$3CuS + 2NO_3^- + 8H^+ =\!=\!= 3Cu^{2+} + 3S\downarrow + 2NO\uparrow + 4H_2O$$

$K_{sp}^{\ominus}$ 非常小的 HgS 只能溶于王水:

$$3HgS + 2HNO_3 + 12HCl =\!=\!= 3[HgCl_4]^{2-} + 6H^+ + 3S\downarrow + 2NO\uparrow + 4H_2O$$

在王水中 S^{2-} 和 Hg^{2+} 的浓度同时降低,使溶液中离子积小于它的 $K_{sp}^{\ominus}$。

金属硫化物的不同溶解性及特征颜色,在分析化学中可用于鉴别、分离不同的金属。

由于 S^{2-} 是弱酸根离子,所以不论是易溶硫化物还是微溶硫化物,都有不同程度的水解作用:

$$Na_2S + H_2O =\!=\!= NaHS + NaOH$$

$$2CaS + 2H_2O =\!=\!= Ca(OH)_2 + Ca(HS)_2$$

高价金属硫化物几乎完全水解:

$$Al_2S_3 + 6H_2O =\!=\!= 2Al(OH)_3\downarrow + 3H_2S\uparrow$$

因此, Al_2S_3、Cr_2S_3 等硫化物在水溶液中实际是不存在的。

3. 硫的含氧酸及其盐　硫能形成多种含氧酸,但许多只能以盐的形式存在。硫的若干重要含氧酸汇列于表 10-6 中。

表 10-6　硫的重要含氧酸

名称	化学式	硫的氧化值	结构式	存在形式
亚硫酸	H_2SO_3	$+IV$	$HO-\overset{\overset{O}{\|\|}}{S}-OH$	盐
焦亚硫酸	$H_2S_2O_5$	$+IV$	$HO-\overset{\overset{O}{\|\|}}{S}-O-\overset{\overset{O}{\|\|}}{S}-OH$	盐
连二亚硫酸	$H_2S_2O_4$	$+III$	$HO-\overset{\overset{O}{\|\|}}{S}-\overset{\overset{O}{\|\|}}{S}-OH$	盐

名称	化学式	硫的氧化值	结构式	存在形式
硫酸	H_2SO_4	$+Ⅵ$	$HO-\overset{\overset{O}{\|\|}}{\underset{\underset{O}{\|\|}}{S}}-OH$	盐、酸
焦硫酸	$H_2S_2O_7$	$+Ⅵ$	$HO-\overset{\overset{O}{\|\|}}{\underset{\underset{O}{\|\|}}{S}}-O-\overset{\overset{O}{\|\|}}{\underset{\underset{O}{\|\|}}{S}}-OH$	盐、酸
硫代硫酸	$H_2S_2O_3$	$+Ⅱ$	$HO-\overset{\overset{S}{\|\|}}{\underset{\underset{O}{\|\|}}{S}}-OH$	盐
连硫酸	$H_2S_xO_6$ ($x=2\sim6$)		$OH-\overset{\overset{O}{\|\|}}{\underset{\underset{O}{\|\|}}{S}}-S_x-\overset{\overset{O}{\|\|}}{\underset{\underset{O}{\|\|}}{S}}-OH$ ($x=0\sim4$)	盐
过一硫酸	H_2SO_5	$+Ⅷ$	$HO-O-\overset{\overset{O}{\|\|}}{\underset{\underset{O}{\|\|}}{S}}-OH$	盐、酸
过二硫酸	$H_2S_2O_8$	$+Ⅶ$	$HO-\overset{\overset{O}{\|\|}}{\underset{\underset{O}{\|\|}}{S}}-O-O-\overset{\overset{O}{\|\|}}{\underset{\underset{O}{\|\|}}{S}}-OH$	盐、酸

（1）亚硫酸及其盐：二氧化硫的水溶液称为亚硫酸（H_2SO_3）溶液。H_2SO_3 不能从水溶液中被分离出来，它应该是 SO_2 的各种水合物，在水中存在电离平衡。

亚硫酸是二元中强酸，可以形成它的正盐和酸式盐。

亚硫酸及盐中硫的氧化值为+4，因此亚硫酸及盐既有氧化性又有还原性，但以还原性为主。

$$Na_2SO_3 + Cl_2 + H_2O =\!=\!=\!= Na_2SO_4 + 2HCl$$

这一反应广泛应用于印染工业中漂白织物的去氯剂中，在医药中可作为卤素中毒的解除剂。

SO_2、亚硫酸及盐的还原性强弱为 $SO_3^{2-} > H_2SO_3 > SO_2$。亚硫酸盐具有较强的还原性，如亚硫酸钠溶液很容易被空气中的氧氧化。

$$2Na_2SO_3 + O_2 =\!=\!=\!= 2Na_2SO_4$$

为保护注射剂药品中的主要成分不被氧化，常加亚硫酸钠作为抗氧剂。

只有遇到强还原剂时才表现出氧化性：

$$SO_3^{2-} + 2H_2S + 2H^+ =\!=\!=\!= 3S\downarrow + 3H_2O$$

（2）硫酸及其盐：纯硫酸是无色的油状液体，市售浓硫酸一般含96%～98%的 H_2SO_4，密度为1.85g/cm³，浓度为18mol/L，是常用的高沸点（611K）酸。

硫酸是二元强酸，在水溶液中第一步电离是完全的，第二步是部分电离（$K_2^\ominus = 1.02 \times 10^{-2}$）。

稀硫酸具有一般酸的通性，它的氧化性是 H_2SO_4 中 H^+ 的作用，而浓硫酸中基本上是以 H_2SO_4 分子的形成存在，由于 H^+ 的反极化作用，使其结构的稳定性下降，处于最高氧化态的硫（+6）易获得电子显示氧化性。

热的浓硫酸具有强氧化性,可以氧化多种金属和非金属,本身的还原产物通常是 SO_2,但在强还原剂作用下,可被还原为 S 或 H_2S。

$$C + 2H_2SO_4(浓) \Longrightarrow CO_2\uparrow + 2SO_2\uparrow + 2H_2O$$

$$3Zn + 4H_2SO_4(浓) \Longrightarrow S + 3ZnSO_4 + 4H_2O$$

H_2SO_4 与水能以任意比例混合,以氢键形成一系列稳定的水合物,故浓硫酸有强烈的吸水性,在工业和实验室中常用作干燥剂,如干燥氯气、氢气和二氧化碳等气体。正是由于浓硫酸的强吸水性,它不但能吸收游离的水分,还能从糖类等有机化合物中夺取与水分子组成相当的氢和氧,使这些有机物炭化:

$$C_{12}H_{22}O_{11}(蔗糖) \Longrightarrow 11H_2O + 12C$$

因此,浓 H_2SO_4 又具有脱水性,能严重破坏动植物的组织,使用时必须注意安全。

硫酸可以形成正盐和酸式盐。稳定的固态酸式硫酸盐只有最活泼的碱金属能形成。酸式硫酸盐均能溶于水,由于 HSO_4^- 部分电离而使溶液显酸性。

酸式硫酸盐受热可脱水生成焦硫酸盐:

$$2KHSO_4 \Longrightarrow K_2S_2O_7 + H_2O$$

正盐中除 Ag_2SO_4、$CaSO_4$ 微溶,$BaSO_4$、$PbSO_4$ 难溶外,其他都溶于水。可溶性的硫酸盐在水溶液中析出晶体常带有结晶水,如 $CuSO_4 \cdot 5H_2O$;还容易形成复盐,如 $(NH_4)SO_4 \cdot FeSO_4 \cdot 6H_2O$(摩尔盐)、$K_2SO_4 \cdot Al_2(SO_4)_3 \cdot 24H_2O$(明矾)。

(3)硫代硫酸及其盐:硫代硫酸($H_2S_2O_3$)极不稳定,不能游离存在,但它的盐却能稳定存在。其中最重要的是硫代硫酸钠 $Na_2S_2O_3 \cdot 5H_2O$,俗称海波或大苏打。硫代硫酸根离子的两个硫是不等价的,可看作是硫酸根中的一个非羟基氧原子被硫原子所替代的产物,因此,$S_2O_3^{2-}$ 的构型与 SO_4^{2-} 相似,为四面体型。

硫代硫酸钠是无色透明的柱状结晶,易溶于水,其水溶液显弱碱性。

硫代硫酸钠在中性、碱性溶液中很稳定,在酸性溶液中迅速分解,得到 H_2SO_3 的分解产物 SO_2 和固体 S:

$$Na_2S_2O_3 + 2HCl \Longrightarrow 2NaCl + S\downarrow + SO_2\uparrow + H_2O$$

利用此性质可定性鉴定硫代硫酸根离子。定影液遇酸失效,也是基于此反应。医药上根据这一反应,用 $Na_2S_2O_3$ 来治疗疥疮,先用 40% 的 $Na_2S_2O_3$ 溶液擦洗患处,几分种后再用 5% 的盐酸擦洗,即生成具有高效杀菌能力的 S 和 SO_2。

$S_2O_3^{2-}$ 具有非常强的配合能力,是一种常用的配位剂:

$$2S_2O_3^{2-} + AgBr \Longrightarrow [Ag(S_2O_3)_2]^{3-} + Br^-$$

照相术上用它作为定影液,溶去照相底片上未感光的 AgBr。医药上根据 $Na_2S_2O_3$ 的还原性和配合能力,常用作卤素及重金属离子的解毒剂。

(4)过二硫酸及其盐:含有过氧链的硫的含氧酸称为过氧硫酸,简称过硫酸。过二硫酸 $H_2S_2O_8$ 可以看成是过氧化氢中的两个氢原子同时被两个—SO_3H 基团取代的产物。

过二硫酸是白色结晶,化学性质与浓硫酸相似。过二硫酸也有强的吸水性、脱水性并有极强的氧化性,能使纸张炭化。过二硫酸的标准电极电势仅次于 F_2。

$$S_2O_8^{2-} + 2e^- \Longrightarrow 2SO_4^{2-} \qquad E^{\ominus} = +1.96V$$

常用的过二硫酸盐有 $K_2S_2O_8$ 和 $(NH_4)_2S_2O_8$，它们都是强氧化剂。

【思考题 10-4】在药用氯化钠的杂质限量检查时，铁盐的比色分析时用到 $(NH_4)_2S_2O_8$，请问它的作用是什么？

（三）氧族元素在医药中的应用

医疗上常用 3% H_2O_2 治疗口腔炎、化脓性中耳炎等。

天然的含少量杂质的硫黄（S_8）又叫石硫黄或土硫黄。制硫黄较为纯净，内服可以散寒、祛痰、壮阳通便，外用解毒、杀虫、疗疮，常用的是 10% 硫黄软膏。

硫代硫酸钠（$Na_2S_2O_3$）可内服可外用；硫代硫酸钠制剂内服可用于治疗氰化物、砷、汞、铅、铋、碘中毒，外用治疗慢性皮炎、疥疮等。

硒是人体必需的微量元素。亚硒酸钠是补硒药，具有降低肿瘤发病率和预防心肌损伤性疾病的作用。

三、氮族元素

氮族元素为周期表的第 VA 族，包括氮、磷、砷、锑、铋五种元素。绝大多数的氮以单质状态存在于空气中，磷则以化合态存在于自然界中。砷、锑、铋主要以硫化物存在，如雄黄（As_4S_4）、雌黄（As_4S_6）等。

氮和磷是动植物不可缺少的元素，在植物体中磷主要存在于种子的蛋白质中，在动物体则含于脑、血液和神经组织的蛋白质中。

（一）氮族元素结构特征

氮族元素原子的价电子层结构通式为 ns^2np^3，价电子层中 p 轨道处于半充满状态，结构稳定，与卤族、氧族比较，要获得或失去电子形成 ±3 价的离子都较为困难，因此，形成共价化合物是本族元素的特征，主要形成 −3、+3、+5 三个氧化值的共价化合物。

本族元素表现出从典型非金属元素到典型金属元素的完整过渡。氮和磷是典型的非金属，随着原子半径增大，砷过渡为半金属，锑和铋为金属元素。氮族元素的一些基本性质汇列于表 10-7 中。

表 10-7　氮族元素的基本性质

性质	氮	磷	砷	锑	铋
元素符号	N	P	As	Sb	Bi
原子序数	7	15	33	51	83
相对原子质量	14.01	30.97	74.92	121.75	208.98
共价半径 /pm	70	110	121	141	155
电负性	3.04	2.19	2.18	2.05	2.02
第一电子亲和能 /(kJ/mol)	−58	74	77	101	100
第一电离能 /(kJ/mol)	1 402	1 012	944	832	703
主要氧化值	±1, ±2, ±3, +4, +5	−3, +3 +5, +1	−3, +3 +5	−3, +3 +5	−3, +3 +5

氮族元素原子随着原子序数的增加，外层电子填充在$(n-1)$d、$(n-2)$f轨道上，对核的屏蔽效应增强，原子半径依次增大。本族开始出现惰性电子对效应，即具有$ns^2np^{1\sim6}$价电子构型的p区元素，随着核电荷数的增加，ns^2上的电子受核的吸引力增强，能级显著降低，不易参与成键，出现从上到下低氧化态趋于稳定的现象。在ⅢA～ⅤA族中，有明显的"惰性电子对效应"，因此从氮到铋形成的稳定氧化态趋势是高氧化态(+5)过渡到低氧化态(+3)，氮、磷主要形成氧化值为+5的化合物，砷和锑氧化值为+5和+3的化合物都是最常见的，而氧化值为+3的铋的化合物要比氧化值为+5的化合物稳定得多。

氮的原子半径小，能形成较强的π三重键(如N≡N等)及离域π键(如NO_3^-中的π_4^6键)，所以氮可形成许多本族其他元素所没有的多重键化合物。由于氮没有可被利用的d轨道，不会形成配位数超过4的化合物。本族其他元素的原子在成键时，最外层空的nd也可能参与成键，形成配位数为5或6的化合物。

（二）重要化合物

1. 氨和铵盐　氨是一种有刺激性气味的无色气体。在氨分子中，氮原子采取不等性sp^3杂化，分子呈三角锥形。由于氨为极性分子，具有很强的极性，且与水能以氢键结合，形成缔合分子，故它极易溶于水，常压293K时，水可溶解氨的体积比为1:700，氨水的密度小于$1g/cm^3$。溶有氨的水溶液通常称为氨水，一般市售氨水的密度为$0.91g/cm^3$，浓度为15mol/L，是常用的弱碱。由于NH_3分子间存在氢键，所以NH_3的沸点、蒸发热都高于同族其他元素的氢化物。氨的主要化学性质如下：

（1）还原性：氨分子中的N原子处于最低氧化态(-3)，因此具有还原性。在一定条件下能被多种氧化剂氧化，生成氮气或氧化值较高的氮的化合物，如：

$$3Cl_2 + 2NH_3 === 6HCl + N_2$$

（2）加合反应：氨分子中氮原子上含有孤电子对，氨作为路易斯碱，能与许多含有空轨道的离子或分子形成各种形式的加合物。表现在氨能和金属离子形成氨配合物，如$[Ag(NH_3)_2]^+$等。

氨的加合性还表现在氨水的碱性上。氨水溶液中存在下列平衡：

$$NH_3 + H_2O \rightleftharpoons NH_3 \cdot H_2O \rightleftharpoons NH_4^+ + OH^-$$

氨与水分子中的H^+加合，并放出一个OH^-，氨水溶液呈弱碱性。

氨和酸作用形成易溶于水的铵盐。NH_4^+与Na^+是等电子体，其离子半径(143pm)与K^+(133pm)和Rb^+(148pm)相似，因此铵盐的性质类似于碱金属盐类。铵盐具有与钾盐，铷盐相同的晶形，溶解度也十分相似。

固体铵盐加热极易分解，其分解产物与酸根的性质有关。若相应的酸有挥发性而无氧化性，则铵盐分解产物一般为氨和相应的酸，如：

$$NH_4Cl === NH_3\uparrow + HCl\uparrow$$

$$NH_4HCO_3 === NH_3\uparrow + CO_2\uparrow + H_2O$$

若是非挥发性酸形成的铵盐，则只有氨放出，残余有酸或酸式盐。

$$(NH_4)_3PO_4 === 3NH_3\uparrow + H_3PO_4$$

$$(NH_4)_2SO_4 === NH_3\uparrow + NH_4HSO_4$$

若相应酸具有氧化性,则分解出的氨被进一步氧化为氮或氮的氧化物。

$$NH_4NO_2 =\!=\!=\!= N_2\uparrow + 2H_2O$$

$$NH_4NO_3 =\!=\!=\!= N_2O\uparrow + 2H_2O$$

温度高于 300℃ 时 NH_4NO_3 分解时产生大量的热和气体,引起爆炸性分解,因此 NH_4NO_3 可用于制造炸药。

$$2NH_4NO_3 =\!=\!=\!= 2N_2\uparrow + O_2\uparrow + 4H_2O$$

2. 氮的含氧酸及其盐　亚硝酸是一元弱酸($K_a^\ominus = 5.13\times10^{-4}$),很不稳定。只存在于冷的稀溶液中,浓溶液或加热时即歧化分解为 NO 和 NO_2。

$$2HNO_2 =\!=\!=\!= N_2O_3 + H_2O =\!=\!=\!= H_2O + NO\uparrow + NO_2\uparrow$$

亚硝酸盐比亚硝酸稳定。特别是碱金属、碱土金属的亚硝酸盐有很高的稳定性,亚硝酸盐一般都有毒,在体内容易与蛋白质结合,易转化为致癌物质亚硝胺。

在亚硝酸及其盐中氮原子具有中间氧化态 +3,NO_2^- 既有氧化性又有还原性。在碱性溶液中以还原性为主,空气中的氧就能把它氧化为 NO_3^-。在酸性介质中氧化性大于还原性,如它能将 I^- 定量氧化为 I_2。

NO_2^- 中氧原子和氮原子上都有孤对电子,是一个很好的两可配位体,可以分别以 N 或 O 原子参加配位,与许多过渡金属离子生成配离子,前者叫硝基配合物,后者叫亚硝酸根配合物,如 NO_2^- 与钴盐生成 $[Co(NO_2)(NH_3)_5]^{2+}$ 配离子。

纯硝酸是无色透明的油状液体,沸点是 359K,硝酸和水可以按任意比例混合。一般市售硝酸密度为 $1.42g/cm^3$,含 HNO_3 68%～70%,浓度相当于 15mol/L。溶有过多 NO_2 的浓 HNO_3 呈红棕色,叫"发烟硝酸"。

硝酸分子是平面型结构,其中 N 原子采取 sp^2 杂化,它的三个杂化轨道分别与氧原子形成三个 σ 键,构成一个平面三角形,氮原子上垂直于 sp^2 杂化平面的 2p 轨道与两个非羟基氧原子的 p 轨道连贯重迭形成一个三中心四电子离域 π 键(π_3^4),羟基的 H 和非羟基氧之间还存在一个分子内氢键。

硝酸是一元强酸,具有挥发性,受热或见光时发生分解反应。所以实验室通常把浓 HNO_3 盛于棕色瓶中,存放于阴凉处。

$$4HNO_3 =\!=\!=\!= 2H_2O + 4NO_2\uparrow + O_2\uparrow$$

硝酸分子中的 N 原子具有最高价态,它最突出的性质是强氧化性。硝酸可以将除氯、氧以外的非金属单质氧化成相应的氧化物或含氧酸,本身被还原为 NO,如:

$$4HNO_3 + 3C =\!=\!=\!= 3CO_2\uparrow + 4NO\uparrow + 2H_2O$$

$$2HNO_3 + S =\!=\!=\!= H_2SO_4 + 2NO\uparrow$$

除 Au、Pt 等贵重金属外,硝酸几乎可以氧化所有的金属,生成相应的硝酸盐。

但铁、铝和铬能溶于稀 HNO_3,在冷的浓 HNO_3 中因表面钝化,阻止了内部金属的进一步氧化。可用铝制容器来盛装浓硝酸。

反应中 HNO_3 的还原产物主要取决于它的浓度和金属的活泼性,实际上 HNO_3 的还原产物不是单一的,反应方程式所表示的只是最主要的还原产物,一般说来,浓 HNO_3 作为氧化剂其还原产物主要为 NO_2,稀 HNO_3 由于浓度的不同,它的主要还原产物可能是 NO、N_2O、N_2 甚至是 NH_4^+。

浓 HNO_3 和浓 HCl 的混合液(体积比为 1:3)称为王水,由于它具很强的氧化性(HNO_3、Cl_2、NOCl)和强的配位性(Cl^-),能够溶解不与硝酸反应的金属,如 Au、Pt 等。

$$Au + HNO_3 + 4HCl = H[AuCl_4] + NO\uparrow + 2H_2O$$

$$3Pt + 4HNO_3 + 18HCl = 3H_2[PtCl_6] + 4NO\uparrow + 8H_2O$$

硝酸盐大多为无色易溶于水的晶体。它的水溶液不显示氧化性,固体硝酸盐在常温下较稳定,受热时分解放出 O_2,表现出强的氧化性。硝酸盐的分解产物因金属离子的性质不同而不同,如:

$$2NaNO_3 = 2NaNO_2 + O_2\uparrow$$

$$2Pb(NO_3)_2 = 2PbO + 4NO_2\uparrow + O_2\uparrow$$

$$2AgNO_3 = 2Ag + 2NO_2\uparrow + O_2\uparrow$$

3. 磷酸及其盐　磷能形成多种含氧酸,根据磷的不同氧化态有次磷酸 H_3PO_2、亚磷酸 H_3PO_3、正磷酸 H_3PO_4。最重要的是正磷酸,简称磷酸。

磷酸是无色晶体,熔点 315.3K。磷酸分子易形成氢键,所以磷酸与水可以任意比例混溶;市售磷酸浓度为 14mol/L,是含 85%H_3PO_4 的黏稠状的浓溶液。

磷酸是一种无氧化性,高沸点的中强三元酸。磷酸经强热会发生脱水作用,根据脱去水分子数目的不同,可生成焦磷酸、三聚磷酸和四偏磷酸。

$$2H_3PO_4 = H_4P_2O_7 + H_2O \quad (焦磷酸)$$

$$3H_3PO_4 = H_5P_3O_{10} + 2H_2O \quad (三聚磷酸)$$

$$4H_3PO_4 = (HPO_3)_4 + 4H_2O \quad (四偏磷酸)$$

其分子结构式可表示如下:

（三聚磷酸）　　　　　　（四偏磷酸）

磷酸根离子具有强的配位能力,能与许多金属离子形成可溶性配合物。如与 Fe^{3+} 反应生成可溶性无色配合物 $H_3[Fe(PO_4)_2]$ 和 $H[Fe(HPO_4)_2]$,在分析化学中常用磷酸掩蔽 Fe^{3+}。

磷酸可形成正盐、磷酸一氢盐和磷酸二氢盐。绝大多数的磷酸二氢盐都易溶于水,而磷酸一氢盐和正盐除 K^+、Na^+、NH_4^+ 盐外,都难溶于水。可溶性的磷酸盐在水中有不同程度的水解;NaH_2PO_4 在水溶液中呈弱酸性,这是由于它的解离倾向强于它的水解。

正磷酸盐比较稳定,磷酸一氢盐和磷酸二氢盐受热容易脱水生成焦磷酸盐或偏磷酸盐。

【思考题 10-5】用磷酸相应的盐怎样配制 pH 为 7.4 的缓冲溶液?

4. 砷的化合物　砷的价电子构型为 $4s^24p^3$,次外层为 18 电子构型,性质与氮、磷差异较大,多数以氧化值为 +3、+5 的形式形成相应的离子型和共价型化合物。

(1)砷化氢:AsH_3(胂)是无色、有恶臭的剧毒气体。在空气中加热会燃烧,如在空气中自燃生成 As_2O_3:

$$2As_2H_3 + 3O_2 \xlongequal{\quad} 2As_2O_3 + 3H_2O$$

在缺氧的条件下，As_2H_3 受热分解为单质砷。

$$2As_2H_3 \xlongequal{\quad} 2As\downarrow + 3H_2\uparrow$$

"马氏试砷法"是检验砷的灵敏的方法，它是将试样、锌和盐酸混合，使生成的 As_2H_3 气体导入热玻璃管，As_2H_3 在玻璃管壁的受热部位分解，砷积聚出现亮黑色的"砷镜"(能检出 0.007mgAs)。有关方程式如下:

$$As_2O_3 + 6Zn + 6H_2SO_4 \xlongequal{\quad} 2AsH_3\uparrow + 6ZnSO_4 + 3H_2O$$

砷化氢是一种很强的还原剂，能使重金属从其盐中沉积出来。

$$2AsH_3 + 12AgNO_3 + 3H_2O \xlongequal{\quad} As_2O_3 + 12HNO_3 + 12Ag\downarrow$$

此反应也是检出砷的方法，称为"古氏试砷法"，检出限量为 0.005mg。

（2）砷的氧化物和含氧酸：砷的氧化物有两种，氧化值为 +3 的 As_2O_3 和氧化值为 +5 的 As_2O_5。

As_2O_3 是砷的重要化合物，俗称砒霜，是白色剧毒粉末，致死量为 0.1g。As_2O_3 微溶于水生成亚砷酸 H_3AsO_3，H_3AsO_3 仅存在于水溶液中。As_2O_3 是两性偏酸的氧化物，其水合物 H_3AsO_3 两性偏酸性($K_a^\ominus = 6\times 10^{-10}$，$K_b^\ominus = 10^{-14}$)。

As_2O_5 酸性强于 As_2O_3，其水合物砷酸 H_3AsO_4 是三元酸，易溶于水，酸的强度与磷酸相近。

砷的氧化值为 +3 的化合物，既有氧化性也有还原性，但以还原性为主。如亚砷酸盐有一定的还原性，在弱碱介质中弱氧化剂 I_2 将其氧化为砷酸盐:

$$AsO_3^{3-} + I_2 + 4OH^- \xlongequal{\quad} AsO_4^{3-} + 3H_2O + 2I^-$$

砷的氧化值为 +5 的化合物具有氧化性。在较强的酸性介质中，H_3AsO_4 是中等强度的氧化剂，可把 HI 氧化成 I_2。

$$H_3AsO_4 + 2HI \xlongequal{\quad} H_3AsO_3 + I_2 + H_2O$$

5．铋酸钠（$NaBiO_3$） 是一种很强的氧化剂，在 HNO_3 溶液中，能把 Mn^{2+} 氧化为 MnO_4^-。

$$Mn^{2+} + 5BiO_3^- + 14H^+ \xlongequal{\quad} 2MnO_4^- + 5Bi^{3+} + 7H_2O$$

由于生成 MnO_4^- 使溶液呈特征的紫红色，这一反应常用作鉴定 Mn^{2+} 的特效反应。

（三）氮族元素在医药中的应用

氨水是我国药典法定的药物。因为氨能兴奋呼吸和循环中枢，常用来治疗虚脱和休克。亚硝酸钠能使血管扩张，用于治疗心绞痛、高血压等症。

磷酸的盐类中磷酸氢钙、磷酸二氢钠和磷酸氢二钠都可作为药物。磷酸氢钙可补充人体所需的钙质和磷质，有助于儿童骨骼的生长。NaH_2PO_4 作缓泻剂，也用于治疗一般的尿道传染性病症。

作为药用的砷的无机化合物主要有雄黄（As_4S_4）、雌黄（As_4S_6）和砒霜（主要成分是 As_2O_3）等，它们在我国传统中医中应用较广，如雄黄有活血的功效；As_2O_3 有去腐拔毒功效，用于慢性皮炎如牛皮癣等。中药回疗丹（消肿止痛、解毒拔脓）中含有 As_2O_3。近年来临床用砒霜和亚砷酸内服治疗白血病，取得重大进展。

四、碳族元素

周期表中第ⅣA族元素包括碳、硅、锗、锡、铅五种元素,统称碳族元素。其中碳和硅为非金属元素,在自然界分布很广,硅在地壳中的含量仅次于氧,其丰度位居第二。锗是半金属元素,比较稀少。锡和铅是金属元素,矿藏富集易于提炼,有广泛的应用。

(一)碳族元素结构特征

碳族元素包括碳、硅、锗、锡、铅五种元素。原子的价电子层结构通式为 ns^2np^2,价电子数目与轨道数相等,它们被称为足电子原子。本族元素自上而下是由典型的非金属元素经过准金属元素过渡到金属元素。

碳族元素的一些基本性质汇列于表10-8中。

表10-8 碳族元素的一般性质

性质	碳	硅	锗	锡	铅
原子序数	6	14	32	50	82
元素符号	C	Si	Ge	Sn	Pb
原子量	12.011	28.086	72.59	118.7	207.2
共价半径/pm	77	117	122	141	175
沸点/K	4 329	2 355	2 830	2 270	1 744
熔点/K	3 550	1 410	937	232	327
第一电离能/(kJ/mol)	1 086.1	786.1	762.2	708.4	715.4
电负性	2.55	1.90	2.01	1.96	2.33
主要氧化值	$+4, +2, (-4, -2)$	$+4, (+2)$	$+4, +2$	$+4, +2$	$+2, +4$
配位数	3, 4	4	4	4, 6	4, 6
晶体结构	原子晶体(金刚石) 层状晶体(石墨)	原子晶体	原子晶体	原子晶体(灰锡) 层状晶体(白锡)	金属晶体

由于价层电子数为4,因此形成共价化合物是本族元素的特征。惰性电子对效应在本族元素中表现得比较明显。碳、硅主要的氧化态为+4,随着原子序数的增加,在锗、锡、铅中,稳定氧化态逐渐由+4变为+2。例如,铅主要以+2氧化态的化合物存在,+4氧化态的铅化合物为强氧化剂。

碳族元素有同种原子自相结合成链的特性,C的成链作用最为突出。碳不仅可以以单键或多重键形成众多化合物,且通过成链作用形成碳链、碳环,这是碳元素能形成数百万种有机化合物的基础。成链作用从C至Sn减弱,Si可以形成不太长的硅链,因此硅的化合物要比碳的化合物少得多。

(二)重要化合物

1. 碳酸及其盐 二氧化碳溶于水成碳酸。碳酸仅存在于水溶液中,在 CO_2 溶液中只有一小部分 CO_2 生成 H_2CO_3,浓度很小,浓度增大时即分解出 CO_2,碳酸为二元弱酸,可形成正盐、酸式碳酸盐和碱式碳酸盐。碳酸盐的性质主要有：

（1）溶解性：大多数酸式盐都易溶于水，铵和碱金属（锂除外）的碳酸盐易溶于水，其他金属的碳酸盐难溶于水。对难溶的碳酸盐，其相应的酸式盐溶解度大于正盐，而易溶的碳酸盐，其相应的酸式盐溶解度却比较小。

（2）水解性：酸式盐和碱金属的碳酸盐都易发生水解。

$$CO_3^{2-} + H_2O =\!=\!=\!= HCO_3^- + OH^-$$

$$HCO_3^- + H_2O =\!=\!=\!= H_2CO_3 + OH^-$$

所以碱金属碳酸盐和酸式碳酸盐溶液分别呈较强碱性和弱碱性。

当可溶性的碳酸盐作为沉淀剂与其他金属盐反应时得到不同的产物。如果金属离子不水解，反应得到的是碳酸盐。

$$2Ag^+ + CO_3^{2-} =\!=\!=\!= Ag_2CO_3\downarrow \quad （包括\ Ba^{2+}、Sr^{2+}、Mn^{2+}、Ca^{2+}）$$

如金属离子的水解性强，由于水解相互促进，得到的产物并不是该金属的碳酸盐，而是碱式碳酸盐或氢氧化物。

水解性极强的金属离子如 Al^{3+}、Fe^{3+}、Cr^{3+} 等，可沉淀为氢氧化物。

$$2Al^{2+} + 3CO_3^{2-} + 3H_2O =\!=\!=\!= 2Al(OH)_3\downarrow + 3CO_2\uparrow \quad （Fe^{3+}、Cr^{3+}）$$

有些金属离子如 Cu^{2+}、Zn^{2+} 等，有一定程度的水解，但其氢氧化物的溶解度与碳酸盐的溶解度相差不大，则可沉淀为碱式碳酸盐。

$$2Cu^{2+} + 2CO_3^{2-} + H_2O =\!=\!=\!= Cu_2(OH)_2CO_3\downarrow + CO_2\uparrow \quad （Pb^{2+}、Zn^{2+}、Co^{2+}、Ni^{2+}、、Mg^{2+}）$$

（3）热稳定性：碳酸及其盐的热稳定性较差。酸式碳酸盐及大多数碳酸盐受热时都易分解，如：

$$CaCO_3 \xrightarrow{\triangle} CaO + CO_2\uparrow$$

$$Ca(HCO_3)_2 \xrightarrow{\triangle} CaCO_3 + CO_2\uparrow + H_2O$$

后一个反应是自然界溶洞中石笋、钟乳石的形成反应。

碳酸及其盐的热稳定性规律为碳酸盐高于相应的酸式碳酸盐，酸式碳酸盐又高于碳酸，如碱金属盐及其酸稳定性规律是：

$$H_2CO_3 < MHCO_3 < M_2CO_3$$

H_2CO_3 极不稳定，常温也易分解。$NaHCO_3$ 在 150℃ 分解为 Na_2CO_3。Na_2CO_3 在 1 800℃ 以上才能分解为 Na_2O。

碱土金属的碳酸盐的热稳定性按 Be^{2+}、Mg^{2+}、Ca^{2+}、Sr^{2+} 的顺序依次增强，过渡金属碳酸盐稳定性差，这可以用离子极化理论来解释。

2. 硅酸及其盐　硅酸的种类很多，它的组成很复杂，常以通式 $x\mathrm{SiO_2}\cdot y\mathrm{H_2O}$ 表示。硅酸中以简单的单酸形式存在的只有正硅酸 H_4SiO_4 和它的脱水产物偏硅酸 H_2SiO_3，习惯上把 H_2SiO_3 称为硅酸。

硅酸是极弱的二元酸，它的溶解度极小，很容易被其他的酸从硅酸盐溶液中置换出来。用 Na_2SiO_3 与 HCl 或 NH_4Cl 溶液作用可制得硅酸：

$$Na_2SiO_3 + 2HCl =\!=\!=\!= H_2SiO_3 + 2NaCl$$

$$Na_2SiO_3 + 2NH_4Cl =\!=\!=\!= H_2SiO_3 + 2NaCl + 2NH_3(g)$$

硅酸有聚合特性,上述反应中生成的单分子硅酸并不立即沉淀出来,而是这些单分子逐渐聚合成多硅酸后形成硅酸溶胶。若硅酸浓度较大或向溶液中加入电解质,即得白色胶冻状、软而透明的半固体的硅酸凝胶,将它充分洗涤干燥脱水后成为多孔性透明的白色固体,称为硅胶。硅胶由于内表面积大具有强烈的吸附能力,是很好的干燥剂、吸附剂及催化剂载体。

自然界中硅酸盐种类很多,有可溶性和不溶性两大类。除碱金属外,其他金属的硅酸盐都不溶于水,天然硅酸盐都是难溶的。可溶性 Na_2SiO_3 是人工合成的硅酸盐,它强烈水解使溶液显碱性:

$$Na_2SiO_3 + 2H_2O =\!=\!= NaOH + NaH_3SiO_4 \qquad (硅酸氢钠)$$

水解形成的硅酸氢钠很容易聚合成二硅酸氢钠:

$$2NaH_3SiO_4 =\!=\!= Na_2H_4Si_2O_7 + H_2O \qquad (二硅酸氢钠)$$

水玻璃,工业上叫泡花碱,主要是硅酸钠的水溶液,其实是多种硅酸盐的混合物。水玻璃是黏度很大的浆状溶液,广泛用于肥皂、洗涤剂的填料以及制作硅酸盐胶黏剂。木材和织物用水玻璃浸泡后,可以防腐、阻燃。

天然硅酸盐分布极广,地壳的95%是硅酸盐矿。硅酸盐矿石长期受到空气中 CO_2 及 H_2O 的侵蚀后,会逐渐风化分解,生成的可溶性物质随雨水带到江河湖海,留下了大量的黏土和砂子。

天然硅酸盐中最重要的是沸石类的铝硅酸盐($Na_2O \cdot Al_2O_3 \cdot 2SiO_2 \cdot nH_2O$),它具有由 SiO_4 四面体和 AlO_4 四面体通过共用顶角氧原子连接而成的立体骨架结构,其中有许多笼状空穴和孔径均匀的孔道。这种结构使它很容易可逆地吸收或失去水及其他小分子,如氨和甲醇等,而将大的分子留在外面,起到了筛选分子的作用,故有"分子筛"之称。分子筛具有吸附能力和离子交换能力,其吸附选择性高、容量大、稳定性好,并可以活化再生反复使用,是一类优良的吸附剂,已广泛用于医疗、食品、化工、环保等方面。

【思考题 10-6】如何由水玻璃制备硅胶干燥剂?

3. 锡和铅的化合物

(1)二氯化锡:二氯化锡 $SnCl_2 \cdot 2H_2O$ 是一种无色的晶体,它易水解生成碱式盐沉淀。

$$SnCl_2 + H_2O \rightleftharpoons Sn(OH)Cl + HCl$$

$SnCl_2$ 易被空气中氧气氧化:

$$2Sn^{2+} + O_2 + 4H^+ =\!=\!= 2Sn^{4+} + 2H_2O$$

因此,在配制 $SnCl_2$ 溶液时,要先将 $SnCl_2$ 固体溶解在少量浓盐酸中,再加水稀释,同时在新配置的 $SnCl_2$ 溶液中加入少量锡粒,以防止 Sn^{2+} 被空气氧化。

$SnCl_2$ 是实验室中常用的还原剂,在酸性介质中能将 Fe^{3+} 还原为 Fe^{2+},将 $HgCl_2$ 还原为 Hg_2Cl_2 及单质 Hg。

$$2HgCl_2 + SnCl_2 =\!=\!= SnCl_4 + Hg_2Cl_2 \downarrow (白色)$$

$$Hg_2Cl_2 + SnCl_2 =\!=\!= SnCl_4 + 2Hg \downarrow (黑色)$$

上述反应很灵敏,常用来检验汞盐的存在。

(2)铅的氧化物:铅有四种氧化物,它们在不同温度时的变化如下。

$$PbO_2 \xrightarrow{\sim 327℃} Pb_2O_3 \xrightarrow{\sim 420℃} Pb_3O_4 \xrightarrow{\sim 605℃} PbO$$

Pb_2O_3 及 Pb_3O_4 是 PbO 和 PbO_2 的混合氧化物。

PbO 俗称密陀僧,为黄色粉末,不溶于水,是两性偏碱性的氧化物,易溶于醋酸和硝酸,难溶于碱。在医药上具有消毒、杀虫、防腐的功效。

PbO_2 在酸性溶液中是一个强氧化剂(惰性电子对效应的结果),能把浓盐酸氧化为氯气,还能把 Mn^{2+} 氧化为紫色的 MnO_4^-。

$$PbO_2 + 4HCl \rule[0.4ex]{2em}{0.4pt} PbCl_2 + 2H_2O + Cl_2 \uparrow$$

$$5PbO_2 + 2Mn^{2+} + 4H^+ \rule[0.4ex]{2em}{0.4pt} 2MnO_4^- + 5Pb^{2+} + 2H_2O$$

PbO_2 受热易分解放出氧气。它与可燃物磷、硫一起研磨即着火,可用于制造火柴。

Pb_3O_4 为鲜红色的粉末,俗称铅丹或红丹。Pb_3O_4 中铅的氧化值为 +4,因此具有强氧化性。

$$Pb_3O_4 + 8HCl(浓) \rule[0.4ex]{2em}{0.4pt} 3PbCl_2 + 4H_2O + Cl_2 \uparrow$$

(三)碳族元素在医药中的应用

碳、硅是人体必需的元素,组成生物体的基本原料是碳氢化合物。碳族在药物方面的应用较多。

药用活性炭具有强烈的吸附作用,利用其吸附性,内服可用于治疗腹泻、胃肠胀气,做抗发酵剂;也可作为解毒剂,用于生物碱中毒和汞盐等重金属盐的中毒;制药工业中大量用作脱色剂。

炉甘石的主要成分为 $ZnCO_3$,有燥湿、收敛、防腐、生肌功能,外用治疗创伤出血、皮肤溃疡、湿疹等。

醋酸铅与蛋白质产生沉淀状的蛋白化合物,并在组织表面形成蛋白膜,故有收敛功效。醋酸铅软膏用于治疗痔疮,但不宜常用,以免铅中毒。

铅丹(主要成分为 Pb_3O_4 或 Pb_2O_3)具有直接杀灭细菌、寄生虫和阻止黏液分泌的作用,对消炎、止痛、收敛和生肌具有较好的作用。外科主要用于制膏药。

三硅酸镁($2MgO \cdot 3SiO_2 \cdot nH_2O$)为抗酸药,主要用于治疗胃酸过多、胃及十二指肠溃疡等;阳起石是硅酸镁、硅酸钙、硅酸铁的混合物,温肾壮阳,主治阳痿、腰膝冷痹、月经不调等。

五、硼族元素

周期表中第ⅢA族,包括硼、铝、镓、铟、铊五种元素,通称硼族元素。硼以化合物形式存在于自然界,主要存在形式有硼砂($Na_2B_4O_7 \cdot 10H_2O$)、硼镁($Mg_2B_2O_5 \cdot H_2O$)等。铝在地壳中的含量仅次于氧和硅,占第三位。镓、铊是分散的稀有元素,常与其他矿共生。铊及其化合物都有毒,误食少量的铊盐可使毛发脱落。

(一)硼族元素结构特征

硼族元素包含硼、铝、镓、铟、铊五种元素,它们的价层电子构型为 ns^2np^1,最高氧化值为 +3。硼是本族中唯一的非金属元素,其他都是金属元素。硼族元素的一些基本性质汇列于表 10-9 中。

表 10-9 硼族元素的性质

性质	硼	铝	镓	铟	铊
原子序数	5	13	31	49	81
元素符号	B	Al	Ga	In	Tl
原子量	10.81	26.98	69.72	114.82	204.37
共价半径 /pm	88	143	122	163	170
第一电离能 /(kJ/mol)	801	577	579	558	589
电子亲和能	23	44	36	34	50
电负性	2.04	1.61	1.81	1.73	2.04
主要氧化值	+3	+3	+1, +3	+1, +3	+1, +3

从表 10-9 可看出,硼和铝在原子半径、电离能和电负性等性质上有较大的差异。在硼族元素中,随着原子序数的增加,硼族元素的金属性大体上依次增加。

硼族元素原子的价电子层轨道有 ns、np_x、np_y、np_z 四个,但提供的价电子只有三个,这种价电子数少于价电子层轨道数的原子,称为"缺电子原子"。硼以形成氧化值为 +3 的共价型分子为特征,形成的化合物由于成键的电子对数,比稀有气体电子构型缺少一对电子,被称为"缺电子化合物",是典型的路易斯酸。它们有非常强的接受电子对的能力,因此,这种分子能自身聚合以及和电子对给予体形成稳定的配合物等,如 BF_3 很容易与具有孤电子对的氨形成配合物。

(二)重要化合物

1. 乙硼烷 硼能生成一系列有挥发性的共价型氢化物,这种氢化物与烷烃相似,故通称硼烷。其中最简单的是乙硼烷。

乙硼烷是"缺电子"化合物,硼原子没有足够的价电子形成正常的 σ 键,而是形成了"缺电子多中心键"。乙硼烷在硼烷中具有特殊的地位,它是制备其他硼烷的原料,并应用于合成化学中,它对结构化学的发展起了很大的作用。

常温下硼烷为气体,不稳定,在空气中激烈燃烧且释放出大量的热量:

$$B_2H_6 + 3O_2 \rightleftharpoons B_2O_3 + 3H_2O$$

硼烷水解也放出大量的热,生成硼酸和氢气:

$$B_2H_6 + 6H_2O \rightleftharpoons 2H_3BO_3 + 6H_2 \uparrow$$

硼烷具有强还原性,可被氧化剂氧化,如:

$$B_2H_6 + 6Cl_2 \rightleftharpoons 2BCl_3 + 6HCl$$

2. 硼酸 硼酸 H_3BO_3 或写为 $B(OH)_3$ 是白色的鳞片状晶体,有滑腻感,可作润滑剂。分子间通过氢键连接成层状结构,这种缔合作用使它在冷水中的溶解度小,加热破坏氢键,溶解度增大。

硼酸受热会逐渐脱水,生成偏硼酸 HBO_2、B_2O_3,B_2O_3 又可与水反应生成偏硼酸 HBO_2 和硼酸,它们互为可逆过程。

$$B_2O_3 \underset{-H_2O}{\overset{+H_2O}{\rightleftharpoons}} 2HBO_2 \underset{-H_2O}{\overset{+H_2O}{\rightleftharpoons}} 2H_3BO_3$$

硼酸是一元弱酸($K_a^\ominus = 5.37 \times 10^{-10}$),$H_3BO_3$ 的酸性并不是它本身能给出质子,而是由于硼酸是一个缺电子分子,其中硼原子的空轨道接受了 H_2O 分子中的 OH^- 上的孤对电子,而释放出 H^+,

所以硼酸是典型的路易斯酸。

$$HO-\underset{\underset{OH}{|}}{\overset{\overset{OH}{|}}{B}} + H_2O \Longrightarrow \left[HO-\underset{\underset{OH}{|}}{\overset{\overset{OH}{|}}{B}}\blacktriangleleft OH\right]^- + H^+$$

由于硼酸是弱酸,对人体的受伤组织有缓和的防腐消毒作用而用作医药上的消毒剂,食品工业上用它作防腐剂。

【思考题 10-7】硼烷最简单的形式是什么?硼的杂化方式是什么?

3．硼砂　硼砂是无色半透明的晶体或白色结晶粉末,化学名称是四硼酸钠,化学式为 $Na_2B_4O_5(OH)_4 \cdot 8H_2O$,习惯上写为 $Na_2B_4O_7 \cdot 10H_2O$。

硼砂在干燥的空气中易失水风化,加热到较高温度时可失去全部结晶水成为无水盐。硼砂易溶于水,易水解,其水溶液显示强碱性,这种水溶液具有缓冲作用。硼砂主要用于洗涤剂生产中的添加剂。

许多金属氧化物可以熔于硼砂烁烧得到的熔融体中,生成不同颜色的偏硼酸的复盐,如:

$$Na_2B_4O_7 + CoO \Longrightarrow Co(BO_2)_2 \cdot 2NaBO_2 \qquad (蓝宝石色)$$

$$Na_2B_4O_7 + NiO \Longrightarrow Ni(BO_2)_2 \cdot 2NaBO_2 \qquad (热时紫色,冷时棕色)$$

在分析化学上用硼砂来鉴定这些金属离子,称为硼砂珠实验。

(三) 硼族元素在医药中的应用

硼酸医药上用作消毒剂。2%～5% 的硼酸水溶液可用于洗眼、漱口等,10% 的软膏用于治疗皮肤溃疡。用硼酸作原料与甘油制成的硼酸甘油酯用于治疗中耳炎。

硼砂在中药上叫盆砂,冰硼散及复方硼砂含漱剂的成分即为硼砂。其作用与硼酸相似,可治疗咽喉炎、口腔炎、中耳炎。

氢氧化铝内服能中和胃酸,其产物 $AlCl_3$ 还有收敛止血的作用,可以保护胃黏膜,用于治疗胃酸过多、胃溃疡,口服用药作用缓慢持久。

明矾 $[KAl(SO_4)_2 \cdot 12H_2O]$,中药称白矾,经锻制加工后称为枯矾或苦矾。白矾内服有祛痰燥湿、敛肺止血的功效,外用多为枯矾,有收敛止痒和解毒的功效,用作伤口的收敛止血剂,还可用于治疗皮炎和湿疹。明矾也是常用的净水剂。

本章小结

s 区、p 区包括了元素周期表中所有的主族元素。本章在 s 区、p 区各族元素电子层结构特点及成键特征基础上,重点讨论了单质及重要化合物的性质。主要内容归纳如下。

s 区元素包括周期系 I A 族元素和 II A 族元素,价层电子构型分别为 ns^1 和 ns^2。s 区元素是最活泼的金属元素。在 s 区元素中,同一族元素随着核电荷数增加,同族元素的原子半径、离子半径逐渐增大,电离能逐渐减小,电负性(除第二周期元素)逐渐减小,金属性、还原性逐渐增强。碱金属和碱土金属中的镁、钙、锶、钡在氢气流中加热,可以分别生成离子型氢化物。离子型氢化物与水都发生剧烈的水解反应而放出氢气,并且具有强还原性。

碱金属的盐大多数是离子晶体,并易溶于水,它们的熔、沸点较高,有较强的热稳定性。但其硝酸盐热稳定性较差,加热时易分解。碱土金属盐的离子键特征比碱金属差,溶解度与热稳定性相比于碱金属的盐均较差。

p 区元素包括ⅢA～ⅧA 六个族的元素。p 区元素具有以下特点:①与 s 区元素相似,p 区同族元素自上而下原子半径逐渐增大,元素金属性逐渐增强,非金属性逐渐减弱。除ⅦA 族外,都是由典型的非金属元素经准金属过渡到典型的金属元素。②p 区元素(0 族除外)原子的价层电子构型为 $ns^2np^{1～5}$。ns、np 电子均可参与成键,由此它们具有多种氧化值,这点不同于 s 区元素。并且在同一周期,随着价层 np 电子的增多,失电子趋势减弱,逐渐变为共用电子,甚至变为得电子。因此,p 区非金属元素除有正氧化值外,还有负氧化值。ⅢA～ⅤA 族同族元素自上而下低氧化值化合物的稳定性增强,高氧化值化合物的稳定性减弱,这种现象称为"惰性电子对效应"。③p 区金属的熔点一般较低,金属间可形成低熔合金。④p 区处于分区线上的元素具有半导体性质,为制造半导体的重要材料。

卤素是典型的非金属元素,应重点掌握卤素含氧酸及其盐的主要的性质:酸性、氧化性和稳定性,并且随卤素种类及卤素氧化值的不同呈现一定的规律性。氧族元素的非金属性较卤素稍差,重点掌握硫酸、硫酸盐等重要性质及在医学中应用。氮族元素、碳族元素及硼族元素中,每一族元素自上而下都是由非金属过渡到金属元素,重点掌握硝酸、磷酸及其盐的重要性质,碳酸盐、碳酸氢盐的性质及炉甘石、铅丹等在医学中应用,硼酸和氢氧化铝、明矾等在医学中的应用。

碱金属及碱土金属盐在医药中的应用

碳酸盐 Li_2CO_3 是一种抗狂躁药,主要用于治疗精神病、甲状腺功能亢进症、急性痢疾、白细胞减少症、再生障碍性贫血及某些妇科疾病等。碳酸氢钠俗称小苏打,它的水溶液呈弱碱性,常用于治疗胃酸过多和酸中毒。由于它与酒石酸氢钾在溶液中反应生成 CO_2,它们的混合物是发酵粉的主要成分。碱土金属的碳酸盐中碳酸钙是石灰石、大理石的主要成分,也是中药珍珠、钟乳石、海蛤壳的主要成分。

硫酸盐 $Na_2SO_4 \cdot 10H_2O$ 称为芒硝,在空气中易风化脱水变为无水硫酸钠。无水硫酸钠在中药中称为玄明粉,为白色的粉末,在医药上,芒硝和玄明粉都用作缓泻剂,芒硝还有消热消肿作用。主要作用泻热通便,润燥软坚,用于治疗痔疮、急性乳腺炎、腹胀、急性湿疹等疾病。碱土金属的硫酸盐大部分难溶于水,重要的硫酸盐有俗称生石膏的二水硫酸钙 $CaSO_4 \cdot 2H_2O$,受热脱去部分水生成烧石膏(煅石膏、熟石膏) $2CaSO_4 \cdot H_2O$。这是一个可逆反应,熟石膏与水混合成糊状时逐渐硬化重新又成生石膏,在医疗上用作石膏绷带;生石膏内服有清热泻火的功效,熟石膏有解热消炎的作用,外用可治疗湿疹、烫伤、疥疮溃烂等。七水硫酸镁($MgSO_4 \cdot 7H_2O$)俗称泻盐,内服可作为缓泻剂和十二指肠引流剂,其注射剂主要用于抗惊厥。硫酸钡又称重晶石,是唯一无毒的钡盐,对 X 射线有强烈的吸收作用,医药上常用于胃肠道 X 射线造影检查。

氯化钠矿物药名为大青盐,是维持体液平衡的重要盐分,缺乏时会引起恶心、呕吐、衰竭和肌痉,故常把氯化钠配制成生理盐水(0.85%～0.9%),供流血或失水过多的病人补充体液。氯化钙用于治疗钙缺乏症,也可用于抗过敏药和消炎药。氯化钾可用于治疗各种原因引起的缺钾症,它也是一种利尿剂,多用于心脏性或肾脏性的水肿。碘化钾用于配制碘酊。

习题

1. 泻盐的化学式是(　　)

    A. $MgCO_3$ B. $Mg(OH)_2$

    C. $MgSO_4 \cdot 7H_2O$ D. MgO

2. 熟石膏的化学成分是(　　)

    A. Na_2SO_4 B. $CaSO_4$

    C. $2CaSO_4 \cdot H_2O$ D. $Na_2SO_4 \cdot 10H_2O$

3. 在实验室中配制 $SnCl_2$ 溶液,常在溶液中放入少量固体 Sn 粒,其理由是(　　)

    A. 防止 Sn^{2+} 水解   B. 防止 $SnCl_2$ 溶液产生沉淀

    C. 防止 $SnCl_2$ 溶液挥发   D. 防止 Sn^{2+} 被氧化

4. 对卤素及其单质的描述正确的是(　　)

    A. 卤素是最活泼的金属元素,从氟到碘金属性逐渐减弱;卤素单质都是强还原剂,从氟到碘还原性减弱

    B. 卤素是最活泼的非金属元素,从氟到碘非金属性逐渐增强;卤素单质都是强氧化剂,从氟到碘氧化性增强

    C. 卤素是最活泼的非金属元素,从氟到碘非金属性减弱;卤素单质都是强氧化剂,从氟到碘氧化性减弱

    D. 卤素是非金属元素,其单质是氧化剂,但其非金属性、氧化性均无规律性可言

5. 实验室中如何保存碱金属 Li、Na、K?

6. 为什么碳酸盐比碳酸更稳定一些?

7. 说明卤化氢热稳定性、还原性及酸性的递变规律。

8. 漂白粉长期暴露于空气中为什么会失效?

9. 含有 Ca^{2+}、Mg^{2+} 和 SO_4^{2-} 的粗食盐如何精制?写出反应式。

10. 用马氏试砷法检验 As_2O_3,写出有关反应式。

第十章同步练习

(杨爱红　刘秀波)

第十一章 副族元素

【学习目标】

掌握：副族元素的概念、d 区元素通性；副族元素理化性质与价层电子组态的关系。

熟悉：副族元素与主族元素在结构及元素周期性质上的区别；铬、锰、铁、铜、银、锌、汞单质及其
重要化合物的物理、化学性质。

了解：副族元素在医药上的应用。

第一节　副族元素概述

副族元素都是金属元素，位于长式周期表中部的第三列到第十二列（从左至右），包括 d 区、ds 区及 f 区元素。从在周期表的位置来看，副族元素像一座渡桥，将左边 s 区的典型金属元素与右边 p 区的准金属、非金属元素连接起来；从元素的金属性来看，第四、五、六周期从左到右，逐渐由活泼的金属经副族元素过渡到非金属。通常将副族元素中的 d 区和 ds 区元素称为过渡元素或过渡金属，f 区元素称内过渡元素（关于过渡元素的范围，存在不同的看法，广义的过渡元素包括 d 区、ds 区及 f 区元素）。从原子的电子层结构来看，同周期副族元素从左到右，价电子依次填充 $(n-1)d$ 轨道，恰好完成 d 轨道从填充 1 个电子开始逐渐增加直至完全填满的过渡[f 区元素的价电子依次填充 $(n-2)f$ 轨道，直至 $(n-2)f$ 轨道完全填满]。

过渡元素原子的价电子层构型为 $(n-1)d^{1\sim10}ns^{1\sim2}$（Pd 为 $4d^{10}$）。价电子层结构的特征使得同周期过渡元素在性质上具有一定的相似性，同时也与主族元素性质有较大不同。习惯上，人们将过渡元素分为四个过渡系。第四周期从钪到锌是第一过渡系，第五周期从钇到镉是第二过渡系，第六周期从镧到汞是第三过渡系，第七周期从锕（Ac）开始到 112 号元素鿔（Cn）为第四过渡系。第一过渡系又称为轻过渡元素，其余过渡系称为重过渡元素。见表 11-1。

副族元素的ⅢB 族包含 32 个元素，既有 d 区元素钪 Sc、钇 Y，又有镧系、锕系 30 个 f 区元素。其中，钪 Sc、钇 Y、镧 La 和其他镧系元素在性质上非常相似，在自然界中常共生在一起，称为稀土元素，常用 RE（Rare Earth）表示。

到目前为止，周期表中副族元素共有 68 个，其中，轻过渡元素在自然界中含量较为丰富，其单质和化合物在生产生活中应用较广。重过渡元素在自然界中丰度虽低，但某些重过渡元素在许

多领域有着重要的应用。有些副族元素还具有一定的生理功能,与人类健康息息相关。鉴于篇幅,本章重点介绍 d 区、ds 区元素的通性及常见元素及其重要化合物。

表 11-1　副族元素在周期表中的位置

IA	IIA	IIIB	IVB	VB	VIB	VIIB		VIIIB		IB	IIB	IIIA	IVA	VA	VIA	VIIA	0
H																	He
Li	Be											B	C	N	O	F	Ne
Na	Mg											Al	Si	P	S	Cl	Ar
K	Ca	Sc	Ti	V	Cr	Mn	Fe	Co	Ni	Cu	Zn	Ga	Ge	As	Se	Br	Kr
Rb	Sr	Y	Zr	Nb	Mo	Tc	Ru	Rh	Pd	Ag	Cd	In	Sn	Sb	Te	I	Xe
Cs	Ba	La	Hf	Ta	W	Re	Os	Ir	Pt	Au	Hg	Tl	Pb	Bi	Po	At	Rn
Fr	Ra	Ac	Rf	Db	Sg	Bh	Hs	Mt	Ds	Rg	Cn						

镧系	La	Ce	Pr	Nd	Pm	Sm	Eu	Gd	Tb	Dy	Ho	Er	Tm	Yb	Lu
锕系	Ac	Th	Pa	U	Np	Pu	Am	Cm	Bk	Cf	Es	Fm	Md	No	Lr

【思考题 11-1】副族元素与主族元素相比,在价电子层结构方面有何特点?

第二节　d 区元素

一、通性

(一)原子结构特征与基本性质

1. 结构特征　d 区元素包括元素周期表中的ⅢB 族(镧系、锕系除外)到ⅧB 族共四行八列的 30 个元素,其原子结构的共同特征是最后一个电子填充在次外层的 d 轨道上,最外层的 s 轨道上有 1~2 个电子,价电子层结构式为$(n-1)d^{1\sim9}ns^{1\sim2}$(钯除外,其价电子层结构式为 $4d^{10}5s^0$)。ⅢB 族中的镧和锕两个元素,虽然价电子层结构式为$(n-1)d^1ns^2$,从原子结构特征看应属于 d 区元素,但由于镧与其他镧系元素、锕与其他锕系元素性质极其相近,习惯上,将这两个元素分别归入镧系和锕系,归属 f 区(有些教材将镧和锕两个元素归属 d 区)。d 区元素都是金属元素。

d 区元素的$(n-1)d$轨道和 ns 轨道能量较为接近,不仅最外层的 ns 电子可参与化学反应,在一定条件下,$(n-1)d$ 上的部分或全部电子也可参与成键。d 区元素最后一个电子填充在次外层的$(n-1)d$轨道上,与主族元素最后一个电子填充在最外层的 ns 轨道相比,对最外层电子的屏蔽效应较大。这样,同周期的 d 区元素,虽然从左到右核电荷递增,但有效核电荷增加得很缓慢,呈现出性质上的水平相似性。结构决定性质,d 区元素原子在原子结构上的相似性,使得该区元素在性质上有许多共同特征,也使得 d 区元素性质与主族元素有较大不同。表 11-2 列出了第四周期 d 区元素的一些基本性质。

表 11-2　第四周期 d 区元素的基本性质

元素	钪	钛	钒	铬	锰	铁	钴	镍
原子序数	21	22	23	24	25	26	27	28
价电子层结构	$3d^14s^2$	$3d^24s^2$	$3d^34s^2$	$3d^54s^1$	$3d^54s^2$	$3d^64s^2$	$3d^74s^2$	$3d^84s^2$
共价半径 /pm	162	147	134	128	127	126	124	124
第一电离能 /(kJ/mol)	632	661	648	653	716	762	757	736
电负性	1.36	1.54	1.63	1.66	1.77	1.8	1.88	1.91
$E^{\ominus}(M^{2+}/M)$/V	—	−1.63	−1.18	−0.91	−1.18	−0.44	−0.28	−0.25

2．原子半径　对同一周期的元素来讲，电子层数相同，决定原子半径主要是有效核电荷。同周期的 d 区元素，从左到右，原子半径总体变化趋势是逐渐变小，但变化幅度较缓慢。这是由于同周期的 d 区元素随着原子序数的递增，新增加的电子填充在次外层的$(n-1)$d 轨道上，d 电子的屏蔽效应较大，有效核电荷增加缓慢，从而原子半径缓慢变小。到了 I B、II B 族(ds 区)，由于次外层 d 电子处于全充满状态，电子云接近球形对称，屏蔽效应进一步增大，有效核电荷不但不增加，反而有所减小，核对外层电子的吸引力下降，原子半径略有增大。

同族的 d 区元素，从上到下，原子的电子层数增多，原子半径变化的总趋势是加大的。但由于镧系收缩的影响，对于副族元素乃至其右边的 p 区元素，同族的第五、六周期两元素的原子半径非常接近。

3．电离能和电负性　d 区元素的第一电离能和电负性不具备主族元素递变的规律。但从总趋势来看，d 区同周期的元素从左到右第一电离能和电负性增大；除III B 族、IV B 族外，d 区及 ds 区的同族元素从上到下第一电离能和电负性均增大。但无论从左到右还是从上到下，交错现象时有发生。

4．金属性　过渡元素金属性的变化规律与主族元素不同。过渡金属在水溶液中的活泼性，可由其标准电极电势 $E^{\ominus}(M^{2+}/M)$判断，$E^{\ominus}(M^{2+}/M)$越小，金属的还原能力越强。从表 11-2 可看到，第一过渡系的 d 区元素，$E^{\ominus}(M^{2+}/M)$均小于 $E^{\ominus}(H^+/H)$，其金属单质均可从非氧化性酸中置换出氢气。

结合标准电极电势、第一电离能、电负性数据，同一周期 d 区元素，从左到右，金属性缓慢减弱。同族的 d 区元素，由于镧系收缩的影响，除III B 族(钪分族)外，其他各族从上到下金属性依次减弱，这一规律与主族元素刚好相反。钪分族的钪、钇、镧是过渡元素中最活泼的金属，其活泼性接近于碱土金属：在空气中能迅速被氧化，与水作用放出氢气等。除钪分族外，第二、第三过渡系的金属单质均不活泼，一般不易和强酸反应，钌、锇等与王水都很难反应。

5．单质的物理性质　一般情况下，对金属元素而言，核电荷越大，半径越小，参与形成金属键的价电子数目越多，则金属键能越大，晶格能越高，原子堆积越紧密。d 区元素原子半径通常较主族元素的要小，并且原子的$(n-1)$d 和 ns 电子均可参与形成金属键，它们的熔沸点较高，密度较大，硬度较大。尤其是第六周期镧系以后的金属，其原子半径与第五周期的同族元素相近，但核电荷数增加了 32，其密度特别大，熔、沸点非常高。第六周期的 W 是熔点最高的金属，其熔点为 3 683K，沸点为 5 933K；Os 是最重的金属，其密度高达 22.57g/cm³。另外，Cr 是最硬的金属，其莫氏硬度仅次于金刚石。

d 区元素的原子和离子通常具有未成对的 d 电子,其单质和化合物大多具有顺磁性。Fe、Co、Ni 还具有铁磁性。

(二)多变氧化值

d 区元素的($n-1$)d 和 ns 轨道能级相近,($n-1$)d 和 ns 电子均可参与成键,多数元素存在多种氧化值。

因($n-1$)d 和 ns 电子均可参与成键,同一周期,从ⅢB 族到ⅦB 族,($n-1$)d 和 ns 电子数目之和分别为 3~7,相应的,其最高氧化值也从 3 逐步增加到 7,亦即最高氧化值与族数、价电子数相等。但再往右,d 电子超过了 5 个,成键时,因 d 轨道半充满时能量较低较稳定,价电子参与成键的倾向减弱,除 Ru 和 Os 最高氧化值为 +8 外,最高氧化值逐渐降低,可变氧化值数目减少。见表 11-3。

表 11-3　第四周期 d 区元素的氧化值

元素	Sc	Ti	V	Cr	Mn	Fe	Co	Ni
价层电子构型	$3d^14s^2$	$3d^24s^2$	$3d^34s^2$	$3d^54s^1$	$3d^54s^2$	$3d^64s^2$	$3d^74s^2$	$3d^84s^2$
氧化值	+2	+2	+2	+2	<u>+2</u>	<u>+2</u>	<u>+2</u>	<u>+2</u>
	<u>+3</u>	+3	+3	<u>+3</u>	+3	<u>+3</u>	+3	+3
		<u>+4</u>	+4	+4	<u>+4</u>	+4	+4	+4
			<u>+5</u>	+5	+5	+5		
				<u>+6</u>	+6	+6		
					<u>+7</u>			

注:画横线的表示常见氧化值。

另外,从上到下,高氧化态趋于稳定。第一过渡系的 d 区元素低氧化值化合物比较稳定,但其高氧化值化合物多为强氧化剂(易发生反应);第二、第三过渡系的 d 区元素高氧化值化合物比较稳定,其低氧化值化合物多为还原剂。如:ⅥB 族中,第一过渡系的铬元素的高氧化值化合物铬酸是氧化剂,但其同族的第二过渡系的钼酸、第三过渡系的钨酸即使在酸中也没有氧化性;ⅦB 族中,第一过渡系的高锰酸钾是强氧化剂,但高铼酸($HReO_4$)氧化性很弱,较稳定。

(三)易形成配合物

d 区元素的原子或离子的价层电子轨道有($n-1$)d、ns、np、nd,它们具有较多能级相近的空轨道,与配位原子靠近时容易发生杂化,这种构型易于接受配体的孤电子对;同时,过渡元素的离子半径较小,核电荷数较多,对配位原子的孤电子对吸引力较强,且对配体的极化作用强。这些因素使得它们具有很强的形成配合物的倾向。

d 区元素的原子或离子多可形成配位数为 2、3、4、5、6 甚至更高配位数的配合物。大部分 d 区元素的原子还可以与 CO 配合,生成羰基化合物,其中,C 是配位原子,如 $Ni(CO)_4$、$Co_2(CO)_8$、$Mo(CO)_6$、$Fe(CO)_5$ 等金属有机化合物。在这些羰基化合物中,中心原子的氧化值为 0。羰基化合物通常易挥发,有较大毒性,受热易分解。d 区元素原子在较低温度下与 CO 配合成羰基化合物,在较高温度下分解重新得到金属,利用此性质可以提纯金属。

（四）颜色特征

d 区元素的化合物、水合离子、配离子大多具有一定的颜色，这是副族元素区别于主族元素的又一特征。第一过渡系元素水合离子的颜色特征见表 11-4。

表 11-4　第一过渡系元素水合离子的颜色特征

d 电子构型	$3d^0$ $3d^{10}$	$3d^1$ $3d^9$	$3d^2$ $3d^8$	$3d^3$ $3d^7$	$3d^4$ $3d^6$	$3d^5$
未成对电子数	0	1	2	3	4	5
水合离子及颜色	Sc^{3+} 无色 Ti^{4+} 无色 Zn^{2+} 无色	Ti^{3+} 紫红 Cu^{2+} 蓝色	V^{3+} 绿色 Ni^{2+} 绿色	Cr^{3+} 紫色 V^{2+} 紫色 Co^{2+} 粉红	Cr^{2+} 淡蓝 Mn^{3+} 淡蓝 Fe^{2+} 浅绿	Mn^{2+} 浅粉红 Fe^{3+} 浅紫

过渡金属水合离子呈现一定的颜色，源于其 d 轨道未充满，在水分子配位体场的影响下，d 轨道发生能级分裂，分裂后的轨道能级差刚好处于可见光能量范围内，这样，离子的 d 电子吸收可见光发生 d-d 跃迁，从而离子呈现一定的颜色。未成对电子数为 0 的 d^0、d^{10} 电子构型过渡金属离子，如 Sc^{3+}、Ti^{4+}、Zn^{2+} 等，因不能在可见光区范围内发生 d-d 跃迁，水合离子为无色。

过渡金属的含氧酸根离子通常也有颜色，如 MnO_4^- 呈紫色，MnO_4^{2-} 呈绿色，VO_3^- 呈黄色，CrO_4^{2-} 呈黄色，$Cr_2O_7^{2-}$ 呈橙红色，这些颜色的产生与电荷迁移跃迁有关。

【思考题 11-2】同族的 d 区元素，从上至下，其金属性有何变化规律？

二、铬及其重要化合物

铬（chromium，Cr）位于周期表第四周期、第ⅥB 族。该族包含 $_{24}Cr$、$_{42}Mo$、$_{74}W$ 三个元素，价电子层构型为 $(n-1)d^5ns^1$（W 为 $5d^46s^2$），价层未成对电子数多，金属键能大，金属单质硬度大，熔、沸点为同周期中最高。其中，铬是硬度最大的金属，钨是熔点最高的金属。

铬的价层电子构型为 $3d^54s^1$，常见氧化态为 +2、+3、+6，其中 +3 氧化态最稳定。铬的元素电势图如下：

$$E_A^\ominus/V \quad Cr_2O_7^{2-} \xrightarrow{1.33} Cr^{3+} \xrightarrow{0.41} Cr^{2+} \xrightarrow{-0.91} Cr$$

$$E_B^\ominus/V \quad Cr_2O_7^{2-} \xrightarrow{-0.13} Cr(OH)_3 \xrightarrow{-1.1} Cr(OH)_2 \xrightarrow{-1.4} Cr$$

$$CrO_2^- \xrightarrow{-1.2}$$

铬表面易生成紧密的氧化物薄膜而呈惰态，具有很强的抗腐蚀性，不溶于冷的硝酸和王水。

铬主要用于电镀和炼钢。单质铬电镀在金属部件或仪器表面，不但可增加光泽，提高美感，同时也增强了耐磨性和抗蚀性。炼钢中加入铬元素，可增大钢材硬度、耐磨、耐热及抗腐蚀性能。不锈钢中添加的主要元素就是铬，铬在表面形成的致密钝化膜，可阻止外界对钢材的腐蚀；同时，铬的融入，可提高钢材的硬度；铬还可与钢材中的碳结合（生成复杂的碳化铬），提高钢材的性能。通常的不锈钢中铬含量在 12% 以上。

1. 铬（Ⅲ）化合物　较重要的铬（Ⅲ）的化合物有 Cr_2O_3、$Cr(OH)_3$、可溶性铬（Ⅲ）盐及铬（Ⅲ）

配合物。

Cr_2O_3、$Cr(OH)_3$ 均具有明显的两性。Cr_2O_3 呈绿色,硬度大,极难熔化(熔点 2 548K),微溶于水,能溶于酸,也能溶于碱,但经过煅烧的 Cr_2O_3 不溶于酸。因化学性质稳定,在玻璃、陶瓷、油漆等行业中被广泛地用作颜料,称为铬绿。$Cr(OH)_3$ 为灰蓝色粉末。

Cr_2O_3 和 $Cr(OH)_3$ 与酸作用生成蓝紫色的铬(Ⅲ)盐,铬(Ⅲ)盐溶液中加入适量的碱,可析出灰蓝色胶状沉淀 $Cr(OH)_3$,Cr_2O_3 和 $Cr(OH)_3$ 与强碱作用生成亮绿色的亚铬酸盐。

$$Cr_2O_3 + 6HCl = 2CrCl_3 + 3H_2O$$

$$CrCl_3 + 3NaOH = 3NaCl + Cr(OH)_3\downarrow$$

$$Cr(OH)_3 + 3HCl = CrCl_3 + 3H_2O$$

$$Cr_2O_3 + 2NaOH + 3H_2O = 2Na[Cr(OH)_4]$$

$$Cr(OH)_3 + NaOH = Na[Cr(OH)_4]$$

$[Cr(OH)_4]^-$ 可简写为 CrO_2^-(亚铬酸根)。

在酸性溶液中,Cr^{3+} 很稳定,还原性很弱,只有很强的氧化剂如过硫酸盐、高锰酸钾才能将其氧化成橙红色的 $Cr_2O_7^{2-}$。

$$2Cr^{3+} + 3S_2O_8^{2-} + 7H_2O = Cr_2O_7^{2-} + 6SO_4^{2-} + 14H^+$$

在碱性环境中,Cr^{3+} 有较强的还原性,可被稀 H_2O_2 溶液氧化成黄色的 CrO_4^{2-},溶液颜色由绿色变为黄色,这一反应可用来鉴定 Cr^{3+}。

$$2[Cr(OH)_4]^- + 3H_2O_2 + 2OH^- = 2CrO_4^{2-} + 8H_2O$$
$$\text{(亮绿色)} \qquad\qquad\qquad\qquad \text{(黄色)}$$

Cr^{3+} 的价电子层排布式为 $3d^34s^04p^0$,易与 NH_3、H_2O、X^-、CN^-、$C_2O_4^{2-}$ 等形成配位数为 6 的配合物,也可与两种或以上的配体生成混合配体配合物、桥联多核配合物。

2. Cr(Ⅵ)化合物　Cr(Ⅵ)具有很强的极化作用,无论在晶体或溶液中均不存在简单的 Cr^{6+}。较重要的 Cr(Ⅵ)化合物有 CrO_3、铬酸盐和重铬酸盐。

CrO_3 俗称铬酐,暗红色针状或片状晶体,有毒,易溶于水生成重铬酸,也可溶于乙醇、乙醚。熔点较低(469K),热稳定性差,加热到 707～784K 分解为 Cr_2O_3 和氧气。

$$4CrO_3 \xrightarrow{\triangle} 2Cr_2O_3 + 3O_2\uparrow$$

CrO_3 有强氧化性,与有机化合物可强烈反应,甚至起火、爆炸。有机反应中,CrO_3 常被用作氧化剂。

重铬酸钾($K_2Cr_2O_7$)俗称红矾钾,重铬酸钠($Na_2Cr_2O_7$)俗称红矾钠,两者都是橙红色晶体,易溶于水。在水溶液中,橙红色的 $Cr_2O_7^{2-}$ 和黄色的 CrO_4^{2-} 存在着以下平衡:

$$2CrO_4^{2-} + 2H^+ \rightleftharpoons Cr_2O_7^{2-} + H_2O$$

在酸性溶液中,主要以橙红色的 $Cr_2O_7^{2-}$ 形式存在;在碱性溶液中,H^+ 与 OH^- 结合,平衡向左移动,主要存在形式为黄色的 CrO_4^{2-}。

由铬的元素电势图可知,碱性环境中,CrO_4^{2-} 稳定,酸性环境中,$Cr_2O_7^{2-}$ 是强氧化剂,其还原产物为 Cr^{3+}。$Cr_2O_7^{2-}$ 与 Fe^{2+} 的反应,可用来定量测定铁。

$$K_2Cr_2O_7 + 6FeSO_4 + 7H_2SO_4 = 3Fe_2(SO_4)_3 + Cr_2(SO_4)_3 + K_2SO_4 + 7H_2O$$

重铬酸钾在酸性条件下,可被乙醇还原:

$$3CH_3CH_2OH + 2K_2Cr_2O_7 + 8H_2SO_4 \Longrightarrow 3CH_3COOH + 2Cr_2(SO_4)_3 + 2K_2SO_4 + 11H_2O$$

上反应可用来检测酒驾。司机对填充有吸附了 $K_2Cr_2O_7$ 的硅胶颗粒吹气,根据硅胶变色程度(橙红色变为蓝紫色),可判断是否酒驾。

铬酸和重铬酸均为强酸,仅存在于水溶液中,其中重铬酸的酸性强于铬酸。

实验室常用的铬酸洗液是饱和 $K_2Cr_2O_7$ 和浓硫酸的混合液,具有强氧化性和去污能力,可用于洗涤玻璃器皿。新配制的铬酸洗液呈棕红色,当洗液变为黑绿色时,大部分的 $Cr_2O_7^{2-}$ 已变为 Cr^{3+},洗液已失效,废液可用硫酸亚铁处理后排放。由于铬酸洗液有强腐蚀性,且 Cr(Ⅵ)是致癌物质,能用一般洗液洗净的器皿,尽量不要使用铬酸洗液。

通常铬酸盐的溶解度比重铬酸盐小得多。重铬酸盐中,除重铬酸银外,溶解度一般都较大;铬酸盐中,除碱金属盐、铵盐、铬酸镁外,一般都难溶于水。向重铬酸盐溶液中加入沉淀剂,通过重铬酸根离子与铬酸根离子的相互转换,最终生成的都是铬酸盐沉淀。例如:向可溶性重铬酸盐溶液中,加入 Ba^{2+}、Pb^{2+}、Ag^+ 时,分别生成柠檬黄色的 $BaCrO_4$、黄色的 $PbCrO_4$、砖红色的 Ag_2CrO_4 沉淀。这些颜色鲜明的沉淀反应,常被用来定性鉴别 Ba^{2+}、Pb^{2+}、Ag^+。

3. 铬(Ⅲ)和铬(Ⅵ)的相互转化　由铬元素的元素电势图可看到,铬(Ⅵ)在酸性介质中,以 $Cr_2O_7^{2-}$ 形式存在,在碱性介质中,以 CrO_4^{2-} 形式存在;酸性介质中,$Cr_2O_7^{2-}$ 是强氧化剂,被还原成稳定存在的 Cr^{3+};碱性介质中,CrO_4^{2-} 很稳定,氧化性很弱,基本上没有氧化能力,因为 $E^\ominus[CrO_4^{2-}/Cr(OH)_3)] = -0.13V$,但 CrO_2^- 还原能力较强。

因此,欲将铬(Ⅲ)化合物转化为铬(Ⅵ)化合物,可在碱性环境中,加入 H_2O_2、Br_2、Na_2O_2 等氧化剂,即可将铬(Ⅲ)化合物氧化为铬(Ⅵ)化合物。欲将铬(Ⅵ)化合物转化为铬(Ⅲ)化合物,可在酸性环境中,加入 H_2S、I^-、Fe^{2+} 等还原剂,即可将铬(Ⅵ)化合物还原为铬(Ⅲ)化合物。

4. 过氧基配合物　在酸性溶液中,$Cr_2O_7^{2-}$ 与 H_2O_2 作用,可生成蓝色的过氧基配合物 $[CrO(O_2)_2]$,又称过氧化铬 CrO_5。过氧化铬在水溶液中不稳定,易分解放出 O_2,但在乙醚或戊醇溶液中,可稳定存在,显深蓝色。故可利用在重铬酸盐的酸性溶液中加入少许乙醚和过氧化氢溶液,振摇后乙醚层呈现蓝色的反应来鉴定 Cr(Ⅵ)和 H_2O_2。

$$Cr_2O_7^{2-} + 4H_2O_2 + 2H^+ \Longrightarrow 2CrO(O_2)_2 + 5H_2O$$

【思考题 11-3】使用铬酸洗液要注意些什么?

三、锰及其重要化合物

锰(manganese, Mn)位于周期表第四周期、第ⅦB族。该族包含 $_{25}Mn$、$_{43}Tc$、$_{75}Re$ 三个元素,价电子层构型为 $(n-1)d^5ns^2$。其中,锰为较常见的金属元素,$_{43}Tc$(锝)为第一个人工合成元素,在自然界虽有天然分布,但含量较低,主要靠人工合成。

锰的价层电子构型为 $3d^54s^2$,常见氧化值有 +2、+3、+4、+6、+7。锰在地壳中的丰度约 0.085%,在所有元素中居第 12 位,在过渡元素中仅次于铁和钛,居第 3 位。重要的矿石有软锰矿(MnO_2)、黑锰矿(Mn_3O_4)、菱锰矿($MnCO_3$)。工业上锰主要用于生产合金钢,也可作为炼钢过程中的脱氧剂和脱硫剂。

锰的元素电势图如下：

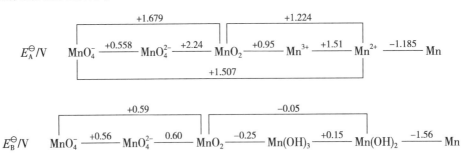

从元素电势图可以看到，锰单质无论在酸性还是碱性介质中，还原能力都很强；锰（Ⅲ）和锰（Ⅵ）化合物可发生歧化反应，尤其在酸性环境中，歧化反应的倾向非常强烈。例如：

$$3MnO_4^{2-} + 2H_2O \Longrightarrow 2MnO_4^- + MnO_2 + 4OH^-$$

$$2Mn^{3+} + 2H_2O \Longrightarrow Mn^{2+} + MnO_2 + 4H^+$$

$$Mn + 2HCl \Longrightarrow MnCl_2 + H_2 \uparrow$$

$$Mn + S \xrightarrow{\triangle} MnS$$

1. 锰（Ⅱ）化合物　锰金属与稀的非氧化性酸作用，可得到各种 Mn^{2+} 盐。锰（Ⅱ）的强酸盐均易溶于水，但部分弱酸盐如 $MnCO_3$、MnS、$Mn_3(PO4)_2$、MnC_2O_4 等难溶于水。

近中性或弱碱性介质中，S^{2-} 与 Mn^{2+} 反应，生成深肉色的 $MnS \cdot nH_2O$ 沉淀。无水 MnS 呈绿色，溶度积为 2.5×10^{-10}（无定形）或 2.5×10^{-13}（晶形），难溶于水，但可溶于醋酸等弱酸性溶液中，因此 MnS 不能在酸性介质中生成沉淀。例如，在 0.1mol/L 的醋酸溶液中，反应式如下：

$$MnS + 2HAc \Longrightarrow Mn(Ac)_2 + H_2S \uparrow$$

$$
\begin{aligned}
K^{\ominus} &= \frac{[Mn^{2+}][Ac^-]^2[H_2S]}{[HAc]^2} \\
&= \frac{[Mn^{2+}][S^{2-}][Ac^-]^2[H^+]^2[H_2S]}{[HAc]^2[S^{2-}][H^+]^2} \\
&= \frac{K_{sp}^{\ominus}[K_a^{\ominus}(HAc)]^2}{K_{a1}^{\ominus}(H_2S)K_{a2}^{\ominus}(H_2S)} \\
&= \frac{2.5 \times 10^{-10} \times (1.75 \times 10^{-5})^2}{1.32 \times 10^{-7} \times 7.08 \times 10^{-15}} \\
&= 81.9
\end{aligned}
$$

由反应的平衡常数可知，MnS 与 HAc 的反应较易进行。如果再考虑到 H_2S 的挥发，上述反应将进行得很彻底。

Mn^{2+} 在酸性溶液中很稳定，只有 PbO_2、$[(NH_4)_2S_2O_8]$、$NaBiO_3$ 等少数强氧化剂才能将其氧化成 MnO_4^-。例如：

$$5PbO_2 + 2Mn^{2+} + 5SO_4^{2-} + 4H^+ \xrightarrow{\triangle} 2MnO_4^- + 5PbSO_4 + 2H_2O$$

$$2Mn^{2+} + 5BiO_3^- + 14H^+ \Longrightarrow 2MnO_4^- + 5Bi^{3+} + 7H_2O$$

上述反应均使溶液变紫红色，可用来鉴定 Mn^{2+}。

Mn^{2+} 在碱性环境中稳定性较差，易生成 $Mn(OH)_2$。空气中的氧即能将 Mn（Ⅱ）氧化成 Mn（Ⅳ）。例如：

$$2Mn^{2+} + 2OH^- \Longrightarrow Mn(OH)_2 \downarrow （白色）$$

$$2Mn(OH)_2 + O_2 =\!=\!=\!= 2MnO_2 \cdot H_2O \downarrow (棕色)$$

2．锰（Ⅳ）化合物　最重要的锰（Ⅳ）化合物是二氧化锰（MnO_2），为黑色粉末，不溶于水，常温下很稳定，在地壳中主要以软锰矿形式存在。其用途很广，大量用作玻璃工业中的脱色剂、油漆油墨的干燥剂、有机反应的催化剂及氧化剂、电池中的去极化剂等。

在锰的元素电势图中，锰（Ⅳ）处于中间氧化态，即可被氧化，也可被还原，但主要作为氧化剂使用。在酸性环境中，MnO_2 是强氧化剂，可与浓盐酸反应制备氯气，与浓硫酸反应放出氧气。

$$MnO_2 + 4HCl(浓) \overset{\triangle}{=\!=\!=\!=} MnCl_2 + 2H_2O + Cl_2\uparrow$$

$$2MnO_2 + 2H_2SO_4(浓) \overset{\triangle}{=\!=\!=\!=} 2MnSO_4 + 2H_2O + O_2\uparrow$$

在碱性介质中，MnO_2 具有还原性。例如：

$$3MnO_2 + KClO_3 + 6KOH \overset{\triangle}{=\!=\!=\!=} 3K_2MnO_4 + KCl + 3H_2O$$

上反应可用来制备 K_2MnO_4。

3．锰（Ⅵ）化合物　常见的锰（Ⅵ）化合物是锰酸钾（K_2MnO_4）或锰酸钠（Na_2MnO_4）。锰酸钾为深绿色固体，只能存在于强碱性环境中。在酸性或近中性条件下，锰酸根易歧化为高锰酸根与二氧化锰。

$$3MnO_4^{2-} + 2H_2O =\!=\!=\!= 2MnO_4^- + 4OH^- + MnO_2\downarrow$$

$$3MnO_4^{2-} + 4H^+ =\!=\!=\!= 2MnO_4^- + 2H_2O + MnO_2\downarrow$$

锰酸钾可由 MnO_2 同 KOH 熔融制备，这是获取较纯净的 K_2MnO_4 的方法：

$$2MnO_2 + 4KOH + O_2 \overset{\triangle}{=\!=\!=\!=} 2K_2MnO_4 + 2H_2O\uparrow$$

4．锰（Ⅶ）化合物　锰（Ⅶ）化合物中，应用最广的是高锰酸钾 $KMnO_4$，俗名灰锰氧，暗紫色晶体，易溶于水，溶液呈现高锰酸根（MnO_4^-）特有的紫色。

高锰酸钾为易制毒化学品，属于公安部门管制的化学试剂，未经公安部门批准不能随意买卖。

高锰酸钾固体在常温黑暗中较为稳定，但受热至 473K 以上可分解，实验室常利用该反应来制备少量的氧气：

$$2KMnO_4 \overset{\triangle}{=\!=\!=\!=} K_2MnO_4 + MnO_2 + O_2\uparrow$$

高锰酸钾溶液放置过久会缓慢分解，受热或被日光照射将加速其分解。高锰酸钾固体及溶液均需储于棕色瓶中，避光保存。

高锰酸钾溶液在酸性条件下，易分解：

$$4KMnO_4 + 4H^+ =\!=\!=\!= 4MnO_2\downarrow + 3O_2\uparrow + 2H_2O + 4K^+$$

分解产生的 MnO_2 为加速 $KMnO_4$ 分解的催化剂，上述反应为"自动催化"反应，分解速度较快。

高锰酸钾在中性或微碱性条件下，分解较慢：

$$4MnO_4^- + 4OH^- =\!=\!=\!= 4MnO_4^{2-} + O_2\uparrow 2H_2O$$

高锰酸钾是锰元素的最高氧化态化合物，其特征性质是强氧化性。无论在酸性、中性还是碱性环境中，高锰酸钾均具备氧化性，但其氧化能力及还原产物随溶液的酸度不同而异。酸性环境中，高锰酸钾氧化能力很强，还原产物为近乎无色的 Mn^{2+}；在近中性条件下，高锰酸钾被还原为

棕褐色的 MnO_2；碱性条件下，高锰酸钾被还原为绿色的 MnO_4^{2-}。以高锰酸钾与亚硫酸盐在不同酸度下的反应为例：

$$2MnO_4^- + 5SO_3^{2-} + 6H^+ \rightleftharpoons 2Mn^{2+} + 5SO_4^{2-} + 3H_2O（酸性环境）$$

$$2MnO_4^- + 3SO_3^{2-} + H_2O \rightleftharpoons 2MnO_2\downarrow + 3SO_4^{2-} + 2OH^-（中性环境）$$

$$2MnO_4^- + SO_3^{2-} + 2OH^- \rightleftharpoons 2MnO_4^{2-} + SO_4^{2-} + H_2O（碱性环境）$$

高锰酸钾在酸性介质中的强氧化性在分析化学中应用广泛，可用来定量测定 H_2O_2、草酸盐、亚铁盐的含量：

$$2MnO_4^- + 5H_2O_2 + 6H^+ \rightleftharpoons 2Mn^{2+} + 5O_2\uparrow + 8H_2O$$

$$2MnO_4^- + 5C_2O_4^{2-} + 16H^+ \rightleftharpoons 2Mn^{2+} + 10CO_2\uparrow + 8H_2O$$

$$MnO_4^- + 5Fe^{2+} + 8H^+ \rightleftharpoons Mn^{2+} + 5Fe^{3+} + 4H_2O$$

高锰酸钾可用作防腐剂、消毒剂、除臭剂、解毒剂及织物和油脂的漂白剂等。

【思考题 11-4】高锰酸钾在不同酸度环境中，其氧化能力及还原产物有何不同？

锰与健康
（文档）

四、铁及其重要化合物

铁（iron, Fe）位于周期表第四周期、第Ⅷ B 族。第Ⅷ B 族在周期表中比较特殊，包含了 3 个纵列。其中，第一过渡系的 3 个第Ⅷ B 族元素 $_{26}Fe$（铁）、$_{27}Co$（钴）、$_{28}Ni$（镍）称为铁系元素。由于镧系收缩的影响，第二过渡系的第Ⅷ B 族元素 $_{44}Ru$（钌）、$_{45}Rh$（铑）、$_{46}Pd$（钯）以及第三过渡系的 $_{76}Os$（锇）、$_{77}Ir$（铱）、$_{78}Pt$（铂）性质相近，且与铁系元素差别较大，通常将这 6 个元素合称为铂系元素。6 个铂系元素和 ds 区 I B 族的 $_{47}Ag$、$_{79}Au$ 元素一起被称为贵金属。铁系元素在地壳中丰度较高，较为常见，铂系元素为稀有金属。铁系元素均具有铁磁性。

在铁系元素中铁元素分布最广，约占地壳质量的 5.1%，在所有元素中居于第四位，仅次于氧、硅、铝。铁的主要矿石有赤铁矿 Fe_2O_3、磁铁矿 Fe_3O_4、菱铁矿 $FeCO_3$、黄铁矿 FeS_2 等。钴和镍在自然界中常共生，重要的钴矿和镍矿有辉钴矿 CoAsS 和镍黄铁矿 $NiS\cdot FeS$。

铁、钴和镍单质均具有白色金属光泽，密度较大，熔点较高。铁具备良好的延展性、导电性及导热性，其最重要的用途是冶炼钢材及制造合金。铁在潮湿空气中，表面易生成暗红色结构疏松的铁锈（主要成分为 $Fe_2O_3\cdot nH_2O$）。锈蚀的主要因素是空气和水，在钢材表面涂覆铬、锡、锌、高分子材料等防护层可防止锈蚀。钴和镍常温下对水和空气稳定。

铁的价层电子构型为 $3d^64s^2$，常见氧化值为 +2、+3，最高氧化值为 +6，铁的元素电势图如下：

$$E_A^\ominus/V \quad FeO_4^{2-} \xrightarrow{+2.20} Fe^{3+} \xrightarrow{+0.771} Fe^{2+} \xrightarrow{-0.447} Fe$$
$$\underset{-0.041}{\underline{\qquad\qquad\qquad}}$$

$$E_B^\ominus/V \quad FeO_4^{2-} \xrightarrow{+0.72} Fe(OH)_3 \xrightarrow{-0.56} Fe(OH)_2 \xrightarrow{-0.891} Fe$$

铁是中等活泼金属，可从非氧化性稀酸中置换出氢气，生成 Fe^{2+}。常温时，铁和铬、铝一样，与冷的浓硝酸、浓硫酸作用时，表面可被钝化。因此，可以用铁制容器储运浓硫酸、浓硝酸；但稀硝酸等可溶解铁。浓碱溶液可侵蚀铁。钴和镍与强碱不发生反应，也不被浓硝酸钝化，与浓硝酸反应剧烈,在稀硝酸中缓慢溶解。

1. 铁的氧化物 铁有三种氧化物:FeO、Fe_3O_4、Fe_2O_3。

FeO 为黑色固体,碱性,易溶于非氧化性酸形成铁($Ⅱ$)盐,可在隔绝空气的条件下,加热分解草酸亚铁制得:

$$FeC_2O_4 \xrightarrow{\triangle} FeO + CO\uparrow + CO_2\uparrow$$

FeO 在848K以下不稳定,可歧化为 Fe 和 Fe_3O_4。

Fe_3O_4 是混合氧化态($Fe^{Ⅱ}$ 和 $Fe^{Ⅲ}$)的氧化物,黑色固体,不溶于水和酸,是一种铁氧体磁性物质,又称磁性氧化铁、磁铁、吸铁石、氧化铁黑等,具有很好的电导性质,其电导是 Fe_2O_3 的百万倍。

Fe_2O_3 俗称氧化铁红,为砖红色固体,常用作着色剂及防锈底漆。Fe_2O_3 主要显碱性,溶于非氧化性酸生成铁($Ⅲ$)盐,也有一定的两性:

$$Fe_2O_3 + 2NaOH \xrightarrow{\triangle} 2NaFeO_2 + H_2O$$

2. 铁的氢氧化物 Fe^{2+} 可与氢氧化钠等溶液反应,生成 $Fe(OH)_2$ 白色沉淀。空气中的氧可氧化 $Fe(OH)_2$,白色沉淀很快变为暗绿色,继而变为红棕色的 $Fe(OH)_3$:

$$4Fe(OH)_2 + O_2 + 2H_2O == 4Fe(OH)_3\downarrow$$

$Fe(OH)_3$ 和 $Fe(OH)_2$ 均难溶于水。$Fe(OH)_2$ 主要呈碱性,$Fe(OH)_3$ 具两性,以碱性为主。$Fe(OH)_3$ 与酸作用生成铁($Ⅲ$)盐,与热的浓强碱溶液作用生成铁($Ⅲ$)酸盐:

$$Fe(OH)_3 + KOH \xrightarrow{\triangle} KFeO_2 + 2H_2O$$

3. 铁($Ⅱ$)盐 最重要的铁($Ⅱ$)盐是七水硫酸亚铁 $FeSO_4·7H_2O$,俗名绿矾(中药上称皂矾),淡绿色晶体,农业上用于防治病虫害,临床上用于治疗缺铁性贫血。

硫酸亚铁可与硫酸铵形成复盐硫酸亚铁铵:$(NH_4)_2SO_4·FeSO_4·6H_2O$,俗称摩尔盐,化学性质较硫酸亚铁稳定得多,容易保存,分析化学中可作为基准物,用来标定 $KMnO_4$ 或 $K_2Cr_2O_7$ 等溶液,反应中摩尔盐作还原剂:

$$6Fe^{2+} + Cr_2O_7^{2-} + 14H^+ == 6Fe^{3+} + 2Cr^{3+} + 7H_2O$$

绿矾在空气中可缓慢风化,失去部分结晶水,同时表面被氧化生成黄褐色的碱式硫酸铁:

$$4FeSO_4 + 2H_2O + O_2 == 4Fe(OH)SO_4$$

在酸性介质中,Fe^{2+} 较稳定,碱性环境中迅速被氧化成 Fe^{3+}。因此,亚铁盐溶液久置常有棕色沉淀。Fe^{2+} 溶液宜新鲜配制,并加入适量的酸抑制 Fe^{2+} 水解,同时放入几颗铁钉以防止氧化:

$$Fe + 2Fe^{3+} == 3Fe^{2+}$$

4. 铁($Ⅲ$)盐 由铁的元素电势图可知,酸性介质下,Fe^{3+} 是中等强度的氧化剂,可将 I^-、$SnCl_2$、SO_2、H_2S、Fe、Cu 等氧化,自身被还原成 Fe^{2+}。例如:

$$2Fe^{3+} + 2I^- == 2Fe^{2+} + I_2$$

最重要的铁盐是三氯化铁 $FeCl_3$,为棕褐色共价化合物,可用氯气和铁粉在高温下直接反应制得:

$$2Fe + 3Cl_2 \xrightarrow{\triangle} 2FeCl_3$$

无水 $FeCl_3$ 熔点555K,沸点588K,易升华。673K以上,蒸气中有双聚分子 Fe_2Cl_6 存在,

1 023K 以上，双聚分子解离为单分子。

FeCl₃ 易溶于水，Fe^{3+} 在酸性较强的水溶液中通常以淡紫色的 $[Fe(H_2O)_6]^{3+}$ 形式存在，即使处于酸性环境中（例如 pH＝1）仍易水解而显黄色。Fe^{3+} 的水解过程较复杂，历经逐级水解、缩合、聚合，最终生成棕红色的 $Fe(OH)_3$（或写成 $Fe_2O_3 \cdot nH_2O$）沉淀。当 pH＞2 时，容易得到红棕色的 Fe(OH)₃ 胶状沉淀。习惯上，可将 Fe^{3+} 的水解反应写成：

$$Fe^{3+} + H_2O \Longrightarrow Fe(OH)^{2+} + H^+$$

$$Fe(OH)^{2+} + H_2O \Longrightarrow Fe(OH)_2^+ + H^+$$

$$Fe(OH)_2^+ + H_2O \Longrightarrow Fe(OH)_3 + H^+$$

5．重要的配合物　铁（Ⅱ）、铁（Ⅲ）容易形成多种配合物，可以与 F^-、Cl^-、SCN^-、CN^-、$C_2O_4^{2-}$ 等离子、CO、NO 等分子以及许多有机试剂形成配合物。铁（Ⅲ）配合物通常比铁（Ⅱ）配合物稳定性高。

1951 年美国杜肯大学的 Kealy 与 Paulson 首次合成了二茂铁 $[(C_5H_5)_2Fe]$。X 射线研究结果表明，两个 π 键配位体环戊二烯 $C_5H_5^-$ 的环平面是平行的，Fe^{2+} 夹在它们的中间，Fe^{2+} 与 $C_5H_5^-$ 的离域 π 键形成有效的配位键。见图 11-1。

二茂铁在常温下为橙黄色粉末，有樟脑气味，不溶于水，易溶于苯、乙醚等有机溶剂，可作为燃料油的添加剂提高燃烧效率，也可作导弹和卫星的涂料。

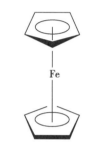

● 图 11-1　二茂铁结构

Fe^{2+} 和 Fe^{3+} 可与 CN^- 配合，形成氰配合物。

Fe^{2+} 与 CN^- 形成的配合物六氰合铁（Ⅱ）酸钾 $K_4[Fe(CN)_6]$ 又名亚铁氰化钾，其三水合物 $K_4[Fe(CN)_6] \cdot 3H_2O$ 是黄色晶体，俗称黄血盐。黄血盐加热可失去所有结晶水，形成亚铁氰化钾白色粉末。在黄血盐溶液中，加入 Fe^{3+}，立刻产生名为普鲁士蓝的深蓝色沉淀：

$$K^+ + Fe^{3+} + [Fe(CN)_6]^{4-} \Longrightarrow KFe[Fe(CN)_6] \downarrow （普鲁士蓝，深蓝色）$$

这个反应常用来检测 Fe^{3+}。

Fe^{3+} 与 CN^- 形成的配合物六氰合铁（Ⅲ）酸钾 $K_3[Fe(CN)_6]$ 又名铁氰化钾，为深红色晶体，俗称赤血盐。在赤血盐中，加入 Fe^{2+}，立刻产生名为滕氏蓝的深蓝色沉淀：

$$K^+ + Fe^{2+} + [Fe(CN)_6]^{3-} \Longrightarrow KFe[Fe(CN)_6] \downarrow （滕氏蓝，深蓝色）$$

这个反应常用来检测 Fe^{2+}。

现代结构研究表明，上述普鲁士蓝与滕氏蓝组成与结构完全相同，为同一物质。

Fe^{3+} 与 F^- 可生成无色的 $[FeF_n]^{3-n}（n＝1\sim6）$ 配离子，分析化学中，常加入 NaF 作掩蔽剂，消除样品中 Fe^{3+} 的干扰。

Fe^{3+} 可与 SCN^- 反应生成 $[Fe(SCN)_n]^{3-n}（n＝1\sim6）$。向 FeCl₃ 溶液中加入 KSCN，溶液立即呈现 $[Fe(SCN)_n]^{3-n}$ 配离子特征的血红色：

$$FeCl_3 + KSCN \Longrightarrow [Fe(SCN)]Cl_2 + KCl$$

这个反应很灵敏，可用来比色鉴定 Fe^{3+}。

【思考题 11-5】如何定性检测 Fe^{2+} 和 Fe^{3+}？

普鲁士蓝沉淀的形成（视频）

滕氏蓝沉淀的形成（视频）

五、d 区元素及其化合物在医药中的应用

过渡元素与人类健康密切相关。人体必需的二十九种元素中,有九种属于过渡元素。这九种均为人体必需的微量元素,分别是 d 区的钒、铬、锰、铁、钴、镍、钼及 ds 区的铜和锌。这些元素在人体内含量虽少,但都起着特定的生理功能,对于维持人体正常的运转发挥着不可替代的作用。这些元素在人体内的含量都存在一个适宜范围,含量过高或过低均会引起相应疾病。目前,临床上已有许多微量元素药物制剂,还有微量元素注射液,如安达美注射液,该药液含有铬、铜、铁、锰、钼、硒、锌、钾等多种微量元素,能够保证锌、锰、铜、磷、铁的每日需要量,为肠外营养的添加剂,适用于妊娠妇女补充微量元素。

d 区元素的许多化合物都有着药理功能。钴元素的化合物在医药医疗方面应用较广。例如:维生素 B_{12} 是 Co^{2+} 的卟啉类螯合物,也是目前唯一已知的含无机金属离子的维生素,参与人体蛋白质的合成,促进红细胞发育,维持肌体正常的造血功能,如果体内缺乏维生素 B_{12},血液中将可能出现没有细胞核的巨红细胞,造成恶性贫血。维生素 B_{12} 还可辅助治疗肝炎、银屑病、多发性神经炎等。此外,临床上使用的甲钴胺片、甲钴胺胶囊、甲钴胺注射液等含钴药物可用于周围神经病及巨红细胞性贫血的治疗。钴 60 放射治疗机是临床常用的对恶性肿瘤进行放射治疗的大型医疗设备。加拿大、以色列、法国、日本等国家普遍使用放射物质钴 60 杀菌,高剂量使用时它放射出的强力 γ 射线几乎可以彻底消灭所有细菌。

Fe^{2+} 是血红蛋白的重要组成成分,在人体内氧气的输送过程中起着至关重要的作用。含有铁元素的矿物药种类很多,中成药铁粉散、七味铁屑丸、御史散、磁朱丸的主要成分为 Fe_3O_4,具有接骨续筋、散瘀止疼功效的八厘散主要成分是 FeS_2,用于治疗缺铁性贫血的皂矾的主要成分是 $FeSO_4 \cdot 7H_2O$。目前临床用于口服补铁的制剂有乳酸亚铁、富马酸亚铁、葡萄糖酸亚铁等。

高锰酸钾有极强的杀菌作用,临床上常用不同浓度的高锰酸钾稀溶液清洗溃疡及脓肿。

铂系元素配合物在抗癌领域有着重要的应用,如顺铂临床上可用于卵巢癌、前列腺癌、睾丸癌、肺癌、鼻咽癌、食管癌、恶性淋巴瘤、头颈部鳞癌、甲状腺癌及成骨肉瘤等多种实体肿瘤的治疗,均能显示疗效。目前已研发出卡铂、奥沙利铂等铂类抗癌药。

第三节 ds 区元素

ds 区元素是指元素周期表中的 ⅠB、ⅡB 两族元素,也称铜族元素和锌族元素,此两族元素也属于过渡金属元素。ds 区元素的价层电子构型是 $(n-1)d^{10}ns^{1\sim2}$,由于它们的次外层 d 轨道为全充满构型,所以体现的性质与其他过渡金属元素有所不同。ⅠB 族包括铜($_{29}Cu$)、银($_{47}Ag$)、金($_{79}Au$)、轮($_{111}Rg$),ⅡB 族包括锌($_{30}Zn$)、镉($_{48}Cd$)、汞($_{80}Hg$)、鿔($_{112}Cn$),其中 Rg、Cn 为人工合成元素,本书不讨论。

ds 区元素的基本性质见表 11-5。

表 11-5　ds 区元素的基本性质

性质	铜	银	金	锌	镉	汞
原子序数	29	47	79	30	48	80
元素符号	Cu	Ag	Au	Zn	Cd	Hg
相对原子质量	63.546	107.86	196.966 5	65.39	112.41	200.59
价电子层构型	$3d^{10}4s^1$	$4d^{10}5s^1$	$5d^{10}6s^1$	$3d^{10}4s^2$	$4d^{10}5s^2$	$5d^{10}6s^2$
金属半径 /pm	128	144	144	134	149	151
离子半径 /pm	77	115	138	74	97	110
第一电离能 /(kJ/mol)	745.3	730.8	889.8	915	873	1 013
第二电离能 /(kJ/mol)	1 957.3	2 072.6	1 973.3	1 743	1 641	1 820
常见氧化值	+1, +2	+1	+1, +3	+2	+2	+2
标准电极电势 $E^{\ominus}(M^{n+}/M)/V$	+0.521 +0.340	+0.799 6	+1.68 +1.498	−0.761 8	−0.462 9	+0.851
单质颜色	紫红色	银白色	黄色	银白色	银白色	银白色

一、ⅠB 族元素

ⅠB 族元素也叫做铜族元素,包括铜(copper, Cu)、银(silver, Ag)、金(gold, Au)。

铜族金属密度大,熔点高,延展性很好,特别是金,1g 金能抽成长达 3km 金丝,或压成厚约 0.000 1mm 的金箔。铜族元素导电性能优良,在所有金属中,Ag 的导电性第一,铜第二,金第三,之后才是铝等其他族的元素。

铜族元素价层电子构型为 $(n-1)d^{10}ns^1$,其最外层 ns 电子和次外层 $(n-1)d$ 电子的能量相差不大,与其他元素反应时,不仅 ns 电子能参加反应,$(n-1)d$ 电子在一定条件下也可以失去 1~2 个电子。所以铜族元素与第一主族不同的是,它能形成 +1、+2、+3 三种氧化值,铜常见的为 +1、+2,银常见的为 +1,金常见的为 +3。从 Cu 到 Ag,原子半径随电子层数的增大而增大,但并不明显;从银到金,因镧系收缩影响,原子半径基本相同。从铜到金,核电荷增大较多,故从铜到金,核对最外层电子的吸引力增大了许多,金属活泼性依次减弱。铜族元素离子为 18 电子层结构,具有很强的极化力和明显的变形性,所以铜族元素容易形成共价型化合物,易形成配合物。

氧化数为 +1 是铜族元素的共有特征。在酸性溶液中,仅 Ag^+ 能稳定存在,Cu^+ 和 Au^+ 均会发生歧化,但在与强配合剂如 CN^- 形成的配合物中可稳定存在。

(一)铜及其重要化合物

1. 单质铜　单质铜是一种呈紫红色光泽的金属,其密度为 8.9g/cm³,属于重金属。铜具有优良的导热性和导电性,其熔点为(1 356.6±0.2)K,沸点为 2 840K。铜的延展性和机械加工性很好。

自然界中的铜,多数以化合物即铜矿物存在。铜是唯一的能大量天然产出的金属,也存在于各种矿石如黄铜矿($Cu_2S \cdot Fe_2S_3$)、辉铜矿(Cu_2S)、赤铜矿(Cu_2O)和孔雀石[$Cu(OH)_2 \cdot CuCO_3$]等中。

铜在干燥的空气中很稳定,但在潮湿的空气里,其表面可逐渐生成一层绿色的碱式碳酸铜 $Cu_2(OH)_2CO_3$ 或 $Cu(OH)_2 \cdot CuCO_3$,这层绿色的物质叫铜绿或铜锈:

$$2Cu + O_2 + H_2O + CO_2 =\!=\!= Cu(OH)_2 \cdot CuCO_3$$

铜原子的价层电子构型为 $3d^{10}4s^1$,常见氧化值为 $+2$ 和 $+1$,最高氧化值为 $+3$。铜的元素电势图如下:

酸性溶液: $E_A^\ominus/V$ $\qquad$ $CuO^+ \xrightarrow{\ 1.8\ } Cu^{2+} \xrightarrow{\ 0.152\ } Cu^+ \xrightarrow{\ 0.521\ } Cu$
$$\underset{0.337}{\underline{\qquad\qquad\qquad\qquad}}$$

碱性溶液: $E_B^\ominus/V$ $\qquad$ $Cu(OH)_2 \xrightarrow{\ -0.08\ } Cu_2O \xrightarrow{\ -0.358\ } Cu$

由元素电势图可知,在酸性溶液中 Cu^+ 不稳定,容易发生歧化反应生成 Cu^{2+} 和 Cu:

$$2Cu^+ =\!=\!= Cu + Cu^{2+}$$

$E^\ominus(Cu^{2+}/Cu) > 0$,说明 Cu 的还原能力比 H_2 小,不能从稀酸中置换出氢气。在金属活动性顺序中 Cu 位于氢之后,与非氧化性的稀酸不反应,但能溶于硝酸和热浓硫酸,略溶于浓盐酸中:

$$Cu + 4HNO_3(浓) =\!=\!= Cu(NO_3)_2 + 2NO_2\uparrow + 2H_2O$$

$$3Cu + 8HNO_3(稀) =\!=\!= 3Cu(NO_3)_2 + 2NO\uparrow + 4H_2O$$

$$Cu + 2H_2SO_4(浓) \xrightarrow{\triangle} CuSO_4 + SO_2\uparrow + 2H_2O$$

$$2Cu + 8HCl(浓) \xrightarrow{\triangle} 2H_3[CuCl_4] + H_2\uparrow$$

2. 铜(Ⅰ)的重要化合物

(1)氧化亚铜 Cu_2O:不同制备方法获得的 Cu_2O 晶粒大小不同,可以呈现黄色、橙黄色、鲜红色或深棕色等多种颜色。Cu_2O 对热很稳定,加热至 1 508K 时熔融,继续升高温度,Cu_2O 会发生分解反应:

$$2Cu_2O \xrightarrow{>1\,508K} 4Cu + O_2\uparrow$$

Cu_2O 难溶于水,易溶于稀硫酸,并发生歧化反应:

$$Cu_2O + H_2SO_4 =\!=\!= CuSO_4 + Cu\downarrow + H_2O$$

Cu_2O 可溶于氨水生成无色的 $[Cu(NH_3)_2]^+$:

$$Cu_2O + 4NH_3 + H_2O =\!=\!= 2[Cu(NH_3)_2]OH$$

$[Cu(NH_3)_2]^+$ 不稳定,容易被空气中的氧气氧化成蓝色的 $[Cu(NH_3)_4]^{2+}$,利用此反应可除去气体中的氧:

$$4[Cu(NH_3)_2]^+ + 8NH_3 + 2H_2O + O_2 =\!=\!= 4[Cu(NH_3)_4]^{2+} + 4OH^-$$

Cu_2O 也易溶于氢卤酸,形成稳定的配合物:

$$Cu_2O + 4HX =\!=\!= 2H[CuX_2] + H_2O$$

(2)硫化亚铜 Cu_2S:Cu_2S 外观呈黑色或灰黑色,难溶于水,在自然界中形成辉铜矿。Cu_2S 可用过量的铜和硫加热制得:

$$2Cu(过量) + S \xrightarrow{\triangle} Cu_2S$$

也可以用硫酸铜溶液和硫代硫酸钠溶液作用,生成 Cu_2S 沉淀,分析化学中常用此反应定量测定铜:

$$2Cu^{2+} + 2S_2O_3^{2-} + 2H_2O \xrightarrow{\triangle} Cu_2S\downarrow + S\downarrow + 2SO_4^{2-} + 4H^+$$

（3）配合物：Cu^+ 的价层电子构型为 $3d^{10}4s^0$，具有空的 s、p 轨道，通常以 sp、sp^2 或 sp^3 等杂化轨道与 X^-、NH_3、CN^- 等配体形成配位数为 2、3、4 的配离子。配位数为 2 的配离子，空间构型为直线型，如 $[CuCl_2]^-$。配位数为 4 的配离子，空间构型为四面体，如 $[Cu(CN)_4]^{3-}$。因 Cu^+ 的 3d 轨道全满，不发生 d-d 跃迁，其配合物一般没有颜色。

3. 铜（Ⅱ）的重要化合物

（1）氧化铜 CuO 和氢氧化铜 $Cu(OH)_2$：向含有 Cu^{2+} 的溶液中加入强碱，可生成淡蓝色的氢氧化铜絮状沉淀。当氢氧化铜加热至 353K 时会脱水生成黑褐色的氧化铜。氧化铜具有热稳定性，当温度超过 1 273K 时才会分解为氧化亚铜。氧化铜加热时易被 H_2、C、CO、NH_3 等还原为单质铜：

$$Cu^{2+} + 2OH^- = Cu(OH)_2\downarrow$$

$$Cu(OH)_2 \xrightarrow{353K} CuO\downarrow + H_2O$$

$$4CuO \xrightarrow{>1\,273K} 2Cu_2O + O_2\uparrow$$

$$3CuO + 2NH_3 \xrightarrow{\triangle} 3Cu + 3H_2O + N_2\uparrow$$

氢氧化铜微显两性，既能溶于酸又能溶于过量的强碱溶液，与浓碱反应生成蓝紫色的 $[Cu(OH)_4]^{2-}$：

$$Cu(OH)_2 + H_2SO_4 = CuSO_4 + H_2O$$

$$Cu(OH)_2 + 2NaOH = Na_2[Cu(OH)_4]$$

（2）常见铜（Ⅱ）盐：常见的铜（Ⅱ）盐有 $CuSO_4$、$CuCl_2$、CuS 等。

硫酸铜（$CuSO_4$）为白色粉末，具有很强的吸水性，吸水后反应生成蓝色的五水合硫酸铜晶体（俗称胆矾或蓝矾）。因此，可利用此性质来检验乙醇、乙醚等有机溶剂中的微量水分，同时可作干燥剂。一般用热浓硫酸和铜反应或在有氧气存在的条件下热的稀硫酸与铜反应而制得硫酸铜：

$$Cu + 2H_2SO_4(浓) \xrightarrow{\triangle} CuSO_4 + SO_2\uparrow + 2H_2O$$

$$2Cu + 2H_2SO_4(稀) + O_2 \xrightarrow{\triangle} 2CuSO_4 + 2H_2O$$

五水合硫酸铜遇热可逐步失去结晶水：

$$CuSO_4\cdot 5H_2O \xrightarrow{375K} CuSO_4\cdot 3H_2O \xrightarrow{423K} CuSO_4\cdot H_2O \xrightarrow{523K} CuSO_4$$

硫酸铜是制备其他含铜化合物的重要原料。与石灰乳混合可得波尔多液，用作杀菌剂。在医药上用作收敛剂和催吐剂。

由 Cu 的元素电势图可知，Cu^{2+} 具有较弱的氧化性，只有能形成亚铜配合物或者难溶亚铜化合物时方可被还原。例如，KI 可将溶液中的 Cu^{2+} 还原成白色的 CuI 沉淀：

$$4I^- + 2Cu^{2+} = 2CuI\downarrow + I_2$$

硫酸铜的 Cu^{2+} 在碱性酒石酸钾钠溶液中成为深蓝色的配离子溶液，医学上称为斐林试剂（Fehling reagent），可将脂肪醛氧化成羧酸，Cu^{2+} 被还原成砖红色的氧化亚铜（Cu_2O）沉淀。例如，葡糖醛基（—CHO）与斐林试剂的反应：

$$2Cu(OH)_2 + C_5H_{11}O_5-CHO = C_5H_{11}O_5-COOH + Cu_2O\downarrow(砖红色) + 2H_2O$$

利用上述反应, 可检验尿糖含量。

氯化铜(CuCl₂)是共价化合物, 无水 CuCl₂ 呈棕黄色, 可溶于水, 也可溶于乙醇、丙酮等有机溶剂中。浓度很大时, CuCl₂ 溶液呈黄绿色, 随着浓度降低, CuCl₂ 溶液颜色变为绿色, 浓度较稀时, 呈蓝色。黄色是 $[CuCl_4]^{2-}$ 配离子的颜色, 蓝色是 $[Cu(H_2O)_4]^{2+}$ 的颜色, 两者并存时呈绿色。

无水 CuCl₂ 受热可分解为 CuCl:

$$2CuCl_2 \xrightarrow{773K} 2CuCl + Cl_2 \uparrow$$

硫化铜(CuS)为黑褐色无定形粉末或粒状物, 极难溶于水。在硫酸铜溶液中通入硫化氢即生成黑色硫化铜沉淀:

$$CuSO_4 + H_2S \xrightarrow{\quad} CuS \downarrow + H_2SO_4$$

硫化铜不溶于水和稀酸, 但溶于热的稀硝酸溶液中:

$$3CuS + 8HNO_3(稀) \xrightarrow{\triangle} 3Cu(NO_3)_2 + 2NO_2 \uparrow + 3S \downarrow + 4H_2O$$

硫化铜也可溶于浓氰化钾溶液中, 生成 $[Cu(CN)_4]^{3-}$:

$$2CuS + 10CN^- \xrightarrow{\quad} 2[Cu(CN)_4]^{3-} + 2S^{2-} + (CN)_2 \uparrow$$

该反应中, CN⁻ 既是配位剂又是还原剂, CN⁻ 和 (CN)₂ 都有剧毒, 需慎用!

(3) Cu(Ⅱ)和 Cu(Ⅰ)的相互转化: 从离子的价层电子构型分析, Cu(Ⅰ)的结构是 $3d^{10}4s^0$, 应该比 Cu(Ⅱ)的 $3d^94s^0$ 稳定, 同时铜的第二电离能(1 970kJ/mol)较高, 气态时 Cu(Ⅰ)较难再失去一个电子变成 Cu(Ⅱ), 因此 Cu(Ⅰ)化合物应当比 Cu(Ⅱ)化合物稳定。事实上, 在气态或固态时, Cu(Ⅰ)化合物确实比 Cu(Ⅱ)化合物稳定。

由于 Cu(Ⅱ)的极化作用比 Cu(Ⅰ)强, Cu(Ⅱ)化合物的共价性比 Cu(Ⅰ)化合物高得多, 相应的, Cu(Ⅱ)化合物的热稳定性比 Cu(Ⅰ)化合物低得多, 在高温下, Cu(Ⅱ)化合物不稳定, 易分解为 Cu(Ⅰ)化合物, 例如, CuO 加热到 1 273K 以上就分解为 O_2 和 Cu_2O, CuCl₂ 加热到 773K 以上可分解为 CuCl 和 Cl₂。这些例子足可证明固态的 Cu(Ⅰ)化合物确实比固态 Cu(Ⅱ)化合物稳定。

但在水溶液中, 因 Cu^{2+} 电荷高、半径小, 且水合能(2 121kJ/mol)比 Cu^+ 的(593kJ/mol)大得多, 同时 Cu^{2+} 的水合能也比 Cu 的第二电离能(1 970kJ/mol)大, 故在水溶液中 Cu^+ 没有 Cu^{2+} 稳定, 易发生歧化反应:

$$2Cu^+ \xrightarrow{\quad} Cu + Cu^{2+}$$

该歧化反应在 298K 时平衡常数很大($K^{\ominus} = 1.7 \times 10^6$), 说明歧化反应进行得很完全, 因此 Cu^{2+} 在水溶液中很稳定。为了使溶液中的 Cu^{2+} 转化为 Cu^+, 只有大大降低 Cu^+ 的浓度, 通常的方法是向溶液中加入沉淀剂或配位剂, 使 Cu^+ 转化成难溶沉淀或稳定配合物。例如, 铜与氯化铜在热浓盐酸中形成 Cu(Ⅰ)的化合物:

$$Cu + CuCl_2 \xrightarrow{\quad} 2CuCl \downarrow$$

$$CuCl + HCl \xrightarrow{\quad} HCuCl_2$$

可见在水溶液中, 游离的 Cu^+ 是不能稳定存在的, 很快就歧化为 Cu^{2+} 和 Cu, 只有结合成难溶物或稳定配离子时, Cu(Ⅰ)才能稳定存在。

综上所述, Cu(Ⅰ)和 Cu(Ⅱ)化合物各在一定条件下稳定存在, 当条件变化时, 又可相互转化。

铜与健康
(文档)

（二）银及其重要化合物

1. **单质银**　银是有白色光泽的金属，其化学性质稳定，导热、导电性能很好。银具有很高的延展性，可以碾压成只有 0.000 03cm 厚的透明箔，1g 重的银粒就可以拉成约 2km 长的细丝。银在自然界中很少以游离态单质存在，主要以含银化合物矿石存在。

银的价层电子构型为 $4d^{10}5s^1$，主要形成氧化值为 +1 的化合物，氧化值为 +2 的化合物很少。

银的元素电势图如下：

酸性溶液：$E_A^\ominus/V$　　　　$AgO^+ \xrightarrow{\ 2.1\ } Ag^{2+} \xrightarrow{\ 1.98\ } Ag^+ \xrightarrow{\ 0.799\ } Ag$

碱性溶液：$E_B^\ominus/V$　　　　$Ag_2O_3 \xrightarrow{\ 0.74\ } AgO \xrightarrow{\ 0.57\ } Ag_2O \xrightarrow{\ 0.344\ } Ag$

由银的元素电势图可知：在酸性介质中 Ag^+ 具有一定的氧化性，Ag 和 Ag^{2+} 易发生反歧化反应，生成 Ag^+。

银易与硫以及硫化氢反应生成黑色的硫化银，这在失去光泽的银币或其他物品上很常见，银在高温下可以和氧气反应，生成棕色的氧化银：

$$4Ag + 2H_2S + O_2 \xrightarrow{} 2Ag_2S + 2H_2O$$

$$2Ag + S \xrightarrow{} Ag_2S$$

$$4Ag + O_2 \xrightarrow{} 2Ag_2O$$

银可溶于硝酸和浓硫酸中：

$$3Ag + 4HNO_3 \xrightarrow{} 3AgNO_3 + NO\uparrow + 2H_2O$$

$$2Ag + 2H_2SO_4(浓) \xrightarrow{\triangle} Ag_2SO_4 + SO_2\uparrow + 2H_2O$$

2. **氧化银（Ag_2O）**　Ag_2O 为对光敏感的暗棕色粉末，难溶于水。通常由可溶性银盐与强碱反应而制得：

$$Ag^+ + 2OH^- \xrightarrow{} Ag_2O\downarrow + H_2O$$

Ag_2O 对热不稳定，加热到 573K 时完全分解：

$$2Ag_2O \xrightarrow{573K} 4Ag + O_2\uparrow$$

Ag_2O 容易被 CO 或 H_2O_2 所还原：

$$Ag_2O + CO \xrightarrow{} 2Ag + CO_2\uparrow$$

$$Ag_2O + H_2O_2 \xrightarrow{} 2Ag + H_2O + O_2\uparrow$$

3. **硝酸银（$AgNO_3$）**　硝酸银为无色透明片状晶体，易溶于水和氨水，溶于乙醚和甘油，微溶于无水乙醇，几乎不溶于浓硝酸。纯硝酸银对光稳定，如有微量的有机物存在或日光直接照射即逐渐分解，故其水溶液和固体常被保存在棕色玻璃瓶中。

硝酸银可通过将银溶于硝酸，然后蒸发并结晶而制得：

$$3Ag + 4HNO_3 \xrightarrow{} 3AgNO_3 + NO\uparrow + 2H_2O$$

硝酸银晶体对热不稳定，加热到 713K 或见光时分解：

$$2AgNO_3 \xrightarrow{713K\ 或光} 2Ag + 2NO_2\uparrow + O_2\uparrow$$

由 Ag 的元素电势图可知，在酸性环境中，Ag^+ 具备一定的氧化能力，可被许多中强或强还原剂还原成 Ag，例如：

$$H_3PO_3 + 2AgNO_3 + H_2O = H_3PO_4 + 2Ag\downarrow + 2HNO_3$$

硝酸银溶液由于含有大量银离子,故氧化性较强,并有一定腐蚀性,一旦皮肤沾上硝酸银溶液,就会出现黑色斑点即生成了黑色的蛋白银,故使用时注意不要让硝酸银接触皮肤。医学上常用10%的 $AgNO_3$ 溶液作消毒剂和腐蚀剂。

4. 卤化银(AgX)　将 Ag_2O 溶于氢氟酸中,蒸发结晶制得 AgF。其他卤化银可在硝酸银溶液中加入相应的可溶性卤化物制得,例如:

$$AgNO_3 + HCl = AgCl\downarrow + HNO_3$$

上反应可用于检验物质中是否含有氯离子。

表11-6列出了卤化银的主要物理性质。

表 11-6　卤化银的主要物理性质

化合物	AgF	AgCl	AgBr	AgI
颜色	白色	白色	浅黄色	黄色
溶解度/(mg/L)	1.8×10^6	30	5.5	0.056
晶格类型	NaCl	NaCl	NaCl	ZnS
离子半径之和/pm	262	307	321	342
共价半径之和/pm	205	233	248	267

从表11-6中可知,卤化银中只有 AgF 易溶于水,其余难溶于水,溶解度从 $AgCl$、$AgBr$、AgI 顺序依次降低,颜色依次加深。这些性质反映了从 AgF 到 AgI 键型的变化,即从主要为离子型化合物递变到主要为共价型化合物。

$AgCl$、$AgBr$、AgI 都具有感光性,见光易分解:

$$AgX \xrightarrow{h\nu} 2Ag + X_2$$

AgX 因可溶解出少量的 Ag^+,也具备较弱的氧化性,可被强还原剂还原:

$$2AgBr + 2NH_2OH = N_2\uparrow + 2Ag\downarrow + 2HBr + 2H_2O$$

5. 配合物　Ag^+ 的价层电子构型为 $4d^{10}$,外层具有空的 s、p 轨道,所以 Ag^+ 常形成 sp 杂化轨道,与配体形成配位数为2的直线型配合物,如 $[Ag(NH_3)_2]^+$、$[Ag(SCN)_2]^-$ 等。Ag^+ 成配离子的稳定性顺序如下:

$$[Ag(CN)_2]^- > [Ag(S_2O_3)_2]^{3-} > [Ag(NH_3)_2]^+ > [AgCl_2]^-$$

Ag_2S 为比 AgI 更难溶的黑色沉淀,但在浓氰化钠溶液中可转化成稳定的离子而溶解:

$$Ag_2S + 4CN^- = 2[Ag(CN)_2]^- + S^{2-}$$

$[Ag(NH_3)_2]^+$ 具有弱氧化性,在加热条件下可以将醛基氧化为羧基,而自身则被还原为单质银,这个反应叫银镜反应,在有机化学中用它来鉴定醛基。在制造热水瓶的过程中,瓶胆上镀银就是利用银氨配离子与甲醛或葡萄糖的反应:

$$2[Ag(NH_3)_2]^+ + RCHO + 2OH^- = RCOONH_4 + 2Ag\downarrow + 3NH_3 + H_2O$$

硝酸银的氨水溶液,即银氨溶液(起化学反应的是 $[Ag(NH_3)_2]^+$),称为托伦试剂,氧化能力比斐林试剂稍强,不但可氧化脂肪醛,还可氧化芳香醛。

【思考题 11-6】在人类历史的发展过程中,在没有相应化学知识的时代,为什么不同地区的国家均选择了ⅠB族元素作为货币? 为什么ⅠB族元素从上到下,价格越来越贵?

二、ⅡB族

ⅡB族也叫做锌族,包括锌(zinc,Zn)、镉(cadmium,Cd)、汞(mercury,Hg)。ⅡB族的价层电子构型为$(n-1)d^{10}ns^2$。由于锌族元素最外层的ns轨道和次外层的$(n-1)d$轨道电子全充满,且ns电子与$(n-1)$电子的能量差远大于铜族元素,因此,在通常情况下,只失去2个电子,其元素的氧化值为 + 2。锌和镉的常见氧化值为 + 2,也存在氧化值为 + 1 的化合物,只不过它们极不稳定,仅在熔融的氯化物(氧化值为 + 2)与融解的金属反应时生成,但在水中立即歧化。而 Hg 元素除常见的氧化值为 + 2 的化合物稳定存在外,其 + 1 化合物也能稳定存在,原因是 Hg 原子中 4f 电子对 6s 电子的屏蔽较小,使汞的第一电离能特别高,从而引起"惰性电子对效应"。

锌、镉、汞的化学活泼性随着原子序数的增大而递减,但是比铜族强。单质活泼性顺序为:Zn > Cd > Hg; Zn > Cu, Cd > Ag, Hg > Au。

与其他副族元素相比,锌族元素一个重要的特点是熔沸点低,原因是其元素的金属键弱。

(一)锌及其重要化合物

1. 单质锌 是一种银白色略带淡蓝色金属,密度为 $7.14g/cm^3$,熔点为 692.6K。锌的价层电子构型为$3d^{10}4s^2$,常见氧化值为 + 2。

锌的元素电势图如下:

$$E_A^\ominus/V \qquad Zn^{2+} \xrightarrow{-0.7618} Zn$$

$$E_B^\ominus/V \qquad Zn(OH)_2 \xrightarrow{-1.245} Zn$$

由元素电势图可知,酸性介质中,Zn 的化学性质很活泼。在常温下潮湿的空气中,其表面可生成一层薄而致密的碱式碳酸锌膜,阻止进一步氧化:

$$4Zn + 2O_2 + 3H_2O + CO_2 =\!=\!=\!= ZnCO_3 \cdot 3Zn(OH)_2$$

当温度达到 1 273K 后,锌在空气中燃烧成氧化锌:

$$2Zn + O_2 \xrightarrow{\triangle} 2ZnO$$

锌是两性金属,既能与酸反应也能与碱反应:

$$Zn + 2HCl =\!=\!=\!= ZnCl_2 + H_2\uparrow$$

$$Zn + 2NaOH + 2H_2O =\!=\!=\!= Na_2[Zn(OH)_4] + H_2\uparrow$$

$$Zn + 4NH_3 + 2H_2O =\!=\!=\!= [Zn(NH_3)_4](OH)_2 + H_2\uparrow$$

锌在自然界主要以硫化物形式存在,如闪锌矿(ZnS)。锌是人体必需的微量元素之一,在人体生长发育、生殖遗传、免疫、内分泌等重要生理过程中起着极其重要的作用。

2. ZnO 和 Zn(OH)$_2$ 在锌盐溶液中加入适量强碱,可生成白色的 Zn(OH)$_2$沉淀:

$$ZnCl_2 + 2NaOH \rightleftharpoons Zn(OH)_2\downarrow + 2NaCl$$

氢氧化锌显两性,既可溶于强酸生成锌盐,又可溶于强碱生成四羟基合锌(Ⅱ)配离子:

$$Zn(OH)_2 + 2H^+ \rightleftharpoons Zn^{2+} + 2H_2O$$

$$Zn(OH)_2 + 2OH^- \rightleftharpoons [Zn(OH)_4]^{2-}$$

当 $Zn(OH)_2$ 受热时容易脱水生成 ZnO(俗名锌白)。ZnO 是两性氧化物,既能与酸反应生成锌(Ⅱ)盐,也能与碱反应生成锌酸盐:

$$ZnO + 2HCl \rightleftharpoons ZnCl_2 + H_2O$$

$$ZnO + 2NaOH + 2H_2O \rightleftharpoons Na_2[Zn(OH)_4]$$

ZnO 难溶于水,常用作白色颜料。在加热时,ZnO 由白、浅黄逐步变为柠檬黄色,当冷却后黄色便褪去,利用这一特性,把它掺入油漆或加入温度计中,做成变色油漆或变色温度计。ZnO 在有机合成工业中可用作催化剂,也是制备各种锌化合物的基本原料。ZnO 无毒,具有收敛性和一定的杀菌能力,在医药上常调制成软膏使用。

3. 硫化锌(ZnS) ZnS 难溶于水,它同 $BaSO_4$ 共沉淀所形成的等物质的量的混合晶体 $ZnS \cdot BaSO_4$ 叫做锌钡白,俗称立德粉。锌钡白的遮盖能力比锌白强,无毒性,大量用作白色油漆颜料。ZnS 在 H_2S 气氛中灼烧,即转变为晶体。若在晶体 ZnS 中加入微量的含 Cu、Mn、Ag 的化合物作活化剂,经紫外线或可见光照射后能发出不同颜色的荧光,这种材料叫荧光粉,可制作荧光屏、发光油漆等。

4. 氯化锌($ZnCl_2$) $ZnCl_2$ 为白色极易潮解的固体,是溶解度最大的固体盐(298K 时,432g/100gH_2O),其浓溶液因形成配位酸[二氯·羟基合锌(Ⅱ)酸]而有显著的酸性:

$$ZnCl_2 + H_2O \rightleftharpoons H[ZnCl_2(OH)] + HCl$$

$H[ZnCl_2(OH)]$ 能溶解金属氧化物,在焊接金属时可用 $ZnCl_2$ 浓溶液(俗称熟镪水)消除金属表面上的氧化物:

$$FeO + 2H[ZnCl_2(OH)] \rightleftharpoons Fe[ZnCl_2(OH)]_2 + H_2O$$

$$Fe_2O_3 + 6H[ZnCl_2(OH)] \rightleftharpoons 2Fe[ZnCl_2(OH)]_3 + 3H_2O$$

$ZnCl_2$ 具有一定的共价性,可溶于乙醇、丙酮、乙醚等有机溶剂,在水溶液中可较弱地水解:

$$ZnCl_2 + H_2O \rightleftharpoons Zn(OH)Cl + HCl$$

$ZnCl_2$ 吸水性很强,可用作干燥剂,还可用于电镀、医药、木材防腐和农药等领域。

5. 配合物 Zn^{2+} 的价层电子构型为 $3d^{10}$,其最外层具有空的 s、p 轨道,所以 Zn^{2+} 能与多种配体形成稳定的配合物,并且由于次外层 d 轨道上已经排满电子,没有 d-d 跃迁,因此,这些配合物通常是无色的。

(二)汞及其重要化合物

1. 单质汞 汞俗称水银。由于汞的惰性电子对效应非常显著,$6s^2$ 电子不容易参加成键,导致其金属键非常弱,金属的内聚力很小,在常温常压下呈液态的银白色金属,且具有流动性。同时也由于上述原因,汞的化学性质稳定。汞常温下即可蒸发,汞蒸气和汞的化合物多有剧毒,可慢性中毒。

汞的价层电子构型为 $5d^{10}6s^2$,常见氧化值为 +1 和 +2。

汞的元素电势图如下:

$$E_A^\ominus/V \quad \overset{\displaystyle +0.854}{\overbrace{Hg^{2+} \xrightarrow{+0.911} Hg_2^{2+} \xrightarrow{+0.798\,6} Hg}}$$

$$HgCl_2 \xrightarrow{+0.53} Hg_2Cl_2 \xrightarrow{+0.268}$$

$$E_B^\ominus/V \quad HgO \xrightarrow{0.098} Hg$$

由汞的元素电势图可知: 在酸性介质中 Hg^{2+} 可以稳定存在。Hg_2^{2+} 为双原子离子, 两个 $Hg(I)$ 共用 1 对 6s 电子, 以达到稳定的电子构型。

汞几乎可与所有的普通金属形成合金, 包括金和银, 但不包括铁。这些合金统称汞合金(或汞齐)。

汞须在加热至沸才缓慢与氧作用生成氧化汞, 但在温度大于 773K 时又重新分解为汞和氧:

$$2Hg + O_2 \underset{>773K}{\overset{\text{加热至沸}}{\rightleftharpoons}} 2HgO$$

汞只能溶于硝酸或热的浓硫酸中:

$$3Hg + 8HNO_3 \xrightarrow{\triangle} 3Hg(NO_3)_2 + 2NO\uparrow + 4H_2O$$

$$Hg + 2H_2SO_4(浓) \xrightarrow{\triangle} Hg(SO_4)_2 + SO_2\uparrow + 2H_2O$$

2. 汞(I)的化合物　Hg_2Cl_2 是一种不溶于水的白色粉末, 无毒, 因味略甜, 俗称甘汞, 医药上可用作轻泻剂, 化学上可用来制造甘汞电极。Hg_2Cl_2 不稳定, 在光的照射下, 容易分解成汞和氯化汞, 故应把氯化亚汞贮存在棕色瓶中:

$$Hg_2Cl_2 \xrightarrow{\text{光}} HgCl_2 + Hg$$

Hg_2Cl_2 与氨水反应可以生成氯化氨基汞和汞, 从而使沉淀显灰色:

$$Hg_2Cl_2 + 2NH_3 =\!=\!=\!= [Cl-Hg-NH_2]\downarrow(白) + Hg\downarrow(灰) + NH_4Cl$$

用此反应可以鉴别 Hg_2^{2+} 和 Hg^{2+}。

3. 汞(II)的化合物

（1）氧化汞（HgO）: HgO 为红色或黄色斜方晶体, 难溶于水, 有毒。在汞盐的溶液中加入碱, 生成黄色的 HgO:

$$Hg^{2+} + 2OH^- =\!=\!=\!= HgO + H_2O$$

红色的 HgO 一般是由硝酸汞受热分解或者由碳酸钠与硝酸汞反应制得:

$$2Hg(NO_3)_2 \xrightarrow{\triangle} 2HgO\downarrow(红) + 4NO_2\uparrow + O_2\uparrow$$

$$Hg(NO_3)_2 + Na_2CO_3 \xrightarrow{\triangle} HgO\downarrow(红) + CO_2\uparrow + 2NaNO_3$$

黄色 HgO 在低于 573K 加热时可以转变成红色 HgO, 两者晶体结构相同, 颜色不同仅是由于晶粒大小不同所致, 黄色晶粒较细小, 红色晶粒较大。

（2）氯化汞（$HgCl_2$）: $HgCl_2$ 为白色针状晶体, 微溶于水, 熔点低, 易升华, 故又称为升汞。$HgCl_2$ 可以通过硫酸汞和氯化钠作用而制得:

$$HgSO_4 + 2NaCl \Longrightarrow HgCl_2 + Na_2SO_4$$

$HgCl_2$ 与稀氨水反应,生成白色氯化氨基汞沉淀:

$$HgCl_2 + 2NH_3 \Longrightarrow HgNH_2Cl\downarrow + NH_4Cl$$

酸性溶液中 $HgCl_2$ 为较强的氧化剂,可以被某些还原剂(如 $SnCl_2$)还原成白色的 Hg_2Cl_2:

$$2HgCl_2 + SnCl_2 + 2HCl \Longrightarrow Hg_2Cl_2\downarrow(白) + H_2[SnCl_6]$$

如果 $HgCl_2$ 过量,生成的 Hg_2Cl_2 可被进一步还原为灰黑色的金属汞:

$$Hg_2Cl_2 + SnCl_2 + 2HCl \Longrightarrow 2Hg\downarrow(灰黑) + H_2[SnCl_6]$$

上述反应可用以检验 Hg^{2+} 或 Sn^{2+}。

$HgCl_2$ 有剧毒,内服 $0.2\sim0.4g$ 可以致死,它的稀溶液具有杀菌作用,在外科上用作消毒剂。

(3)硫化汞(HgS):HgS 为黑色或红色晶体(或无定形粉末),难溶于水。在 Hg^{2+} 的溶液中通入 H_2S,得到黑色 HgS 沉淀:

$$Hg^{2+} + H_2S \Longrightarrow HgS\downarrow(黑) + 2H^+$$

黑色 HgS 加热到 $659K$ 即可转变为比较稳定的红色晶体,红色 HgS 为六方晶系 α 型,黑色 HgS 为立方晶系 β 型。

HgS 是溶解度最小的金属硫化物,它不溶于盐酸及硝酸,只溶于王水:

$$3HgS + 12HCl + 2HNO_3 \Longrightarrow 3H_2[HgCl_4] + 3S\downarrow + 2NO\uparrow + 4H_2O$$

HgS 的天然矿物称为辰砂或朱砂,呈朱红色,中药用作安神镇静药。

(4)配合物:Hg^{2+} 的价层电子构型为 $5d^{10}$,外层具有空的 s、p 轨道,容易与 X^-、CN^-、SCN^- 等形成配位数为 2 或 4 的稳定的无色配离子。如 Hg^{2+} 与适量的 I^- 作用生成橙红色的 HgI_2 沉淀,HgI_2 继续与过量 I^- 作用生成无色的 $[HgI_4]^{2-}$:

$$Hg^{2+} + 2I^- \Longrightarrow HgI_2(橙色)$$

$$HgI_2 + I^- \Longrightarrow [HgI_4]^{2-}(无色)$$

$K_2[HgI_4]$ 和 KOH 的混合溶液称为奈斯勒(Nessler)试剂。如果溶液中有微量的 NH_4^+ 存在,滴加 Nessler 试剂,会立即生成红棕色沉淀,此反应常用来鉴定 NH_4^+:

$$NH_4Cl + 2K_2[HgI_4] + 4KOH \Longrightarrow Hg_2NI\cdot H_2O\downarrow(红棕色) + KCl + 7KI + 3H_2O$$

4. Hg(Ⅰ)与 Hg(Ⅱ)的互相转化 Hg_2^{2+} 和 Hg^{2+} 在溶液中存在下列平衡:

$$Hg + Hg^{2+} \Longrightarrow Hg_2^{2+}$$

上述反应的平衡常数 $K^\ominus = 79.2$,可用于亚汞盐的制备。

当加入能与 Hg^{2+} 生成难溶物或难解离配合物的试剂时,Hg_2^{2+} 也可发生歧化:

$$S^{2-} + Hg_2^{2+} \Longrightarrow Hg\downarrow + HgS\downarrow$$

$$Hg_2^{2+} + 4I^- \Longrightarrow [HgI_4]^{2-} + Hg\downarrow(灰黑)$$

【思考题 11-7】常见的两性金属、两性氧化物、两性氢氧化物有哪些?

三、ds 区元素在医药中的应用

在 ds 区元素中,铜和锌均是人体必需的微量元素。

正常人体内含有铜的总量为 $80\sim120mg/70kg$,铜在人体内主要以血浆铜蓝蛋白的形式存在,细胞色素 C 氧化酶和超氧化物歧化酶等中也含有铜元素。铜在保护血管、心脏健康，促进皮肤结缔组织合成，维护脑、神经细胞的发育等过程中发挥着重要的作用，含铜酶可催化人体内许多涉及氧的电子传递的反应。人体所需要的铜主要靠从食物中摄取，体内含铜量缺乏，将导致免疫功能低下、小细胞低色素贫血、机体应激能力降低、肝脾肿大、白癜风、骨骼病变等；摄入铜过量，会引起铜中毒。急性铜中毒多为误服，表现为肌痛、腹痛、腹泻，可并发酸中毒、胰腺炎、休克等；严重者出现血红蛋白尿、肾小管坏死、急性肾功能衰竭死亡等后果。慢性中毒多见于铜代谢障碍，例如 Wilson 病。

中药胆矾的主要成分是硫酸铜，其具有较强的杀灭真菌的能力，外用可治疗真菌感染皮肤病，内服可作催吐剂。对非腐蚀性药物中毒，可口服 0.5% 硫酸铜溶液 100～200ml 催吐，用手指伸入咽喉根部促使呕吐，并立即送医院救治。

硫酸铜在农业生产中应用于防治农作物感染真菌。铜离子具有消毒杀菌的作用，所以可以用硫酸铜溶液来做农药。通常将硫酸铜和石灰、水按一定比例混合配制成波尔多液，喷洒在农作物表面，形成带有铜离子的保护膜，可以起到预防感染的作用，用于霜霉病、枯萎病和叶斑病等的防治。利用硫酸铜液处理小麦种子，可防治小麦腥黑穗病。以铜为基础的无机化合物农药有：硫酸铜、波尔多液、碱式砷酸铜、碱式氯化铜、碱式硫酸铜、碱式碳酸铜、灭菌铜、铜铵合剂、硫酸铜锌、硅酸铜、磷酸铜等。

锌是人体最重要的生命元素之一，在必需微量元素中，其在人体中含量仅次于铁。成人体内含锌的总量约为 2.3g，主要分布在骨骼和肌细胞中。已发现锌是人体内 80 多种酶的组成元素，在机体的新陈代谢中发挥着重要的生理功能。人体摄取锌主要来自食物。成人缺锌时，可造成免疫功能低下，易被病毒或细菌感染，发生消化系统或心血管系统的病变；儿童缺锌时，可造成生长发育不良、智力低下、贫血、嗜睡、眼科疾病等。目前常见的补锌剂有硫酸锌、葡萄糖酸锌、甘草酸锌等，可用于防治锌缺乏引起的食欲差、贫血、生长发育迟缓、营养性侏儒等疾病。锌的毒性比铜小，但长期大剂量服用含锌制剂，也会造成锌中毒。

矿物药炉甘石的主要成分就是碳酸锌，性味甘，平，具有解毒、明目退翳、收敛止痒的功效。常见中成药妙喉散、生肌散中就含有炉甘石粉。

对人体有严重危害的 d 区、ds 区元素主要是镉（Cd）和汞（Hg）。镉积聚在人体肾脏、动脉和肝脏内，能拮抗人体对钙的吸收，干扰锌的生理功能，引起骨病痛、动脉粥样硬化、肾功能不良、心血管等疾病。镉进入人体的主要途径是被镉污染了的水。汞积聚于脑、肝和肾脏中，不易排除，可引起脑炎、神经系统受损、四肢麻痹、双目失明甚至死亡。汞中毒主要源自呼吸吸入或皮肤直接吸收了含汞蒸气，或者误食。人体摄入的有害元素或过量的必需元素，可用适当的螯合剂药物与这些金属离子生成稳定的螯合物排出体外。

汞虽对人体有毒，但适当运用也可治病。中医药中就有很多汞类矿物药，例如，朱砂可安神定惊、解毒，其主要成分是 HgS，代表性的中成药有朱砂安神丸；轻粉可攻毒去腐，主要成分是 Hg_2Cl_2，代表性的中成药有桃花散、白玉膏。红粉可拔毒祛脓、去腐生肌，其主要成分是 HgO，代表性的中成药有九转丹。$HgCl_2$（升汞）具有很强的杀菌作用，可用于非金属外科手术器械的消毒，中成药白降九一丹中就含有 $HgCl_2$ 和 Hg_2Cl_2，可用以拔毒祛脓、去腐生肌。

副族元素位于长式周期表中部的第三列到第十二列（从左至右），包括 d 区、ds 区及 f 区元素。本章在剖析原子电子层结构特点基础上，讨论了 d 区、ds 区常见元素单质及其重要化合物的性质和反应。

1. **d 区元素**　包括元素周期表中的ⅢB 族（镧系、锕系除外）到Ⅷ族共四行八列的 30 个元素，其原子结构的共同特征是最后一个电子填充在次外层的 d 轨道上，最外层的 s 轨道上有 1～2 个电子，价电子层结构式为 $(n-1)d^{1\sim9}ns^{1\sim2}$（钯除外，其价电子层结构式为 $4d^{10}5s^0$）。d 区元素原子在原子结构上的相似性，使得该区元素在性质上有许多共同特征：d 区元素的原子半径、电离能和电负性变化规律不具备主族元素递变的规律。由于镧系收缩的影响，第五、第六周期同族的两个元素原子半径极其接近。从总体的变化趋势看，同周期从左至右，d 区元素的原子半径减小，第一电离能和电负性增大；同族从上到下，d 区元素的原子半径增大，第一电离能和电负性亦增大（ⅢB 族、ⅣB 族除外）。同一周期 d 区元素，从左到右，金属性缓慢减弱；同族的 d 区元素，除ⅢB 族（钪分族）外，其他各族从上到下金属性依次减弱。d 区元素单质的物理性质相似。原子或离子通常含有未成对的 d 电子，单质和化合物大多具有顺磁性，Fe、Co、Ni 还具有铁磁性。d 区元素氧化态具有多变性，原子或离子容易形成配合物，d 区元素化合物、水合离子或配离子大多具有颜色。

d 区元素中需要熟悉铬、锰、铁的性质以及其重要化合物的性质和反应。铬和铁与冷的浓硝酸、浓硫酸作用时表面可被钝化。铬酸盐溶解度比重铬酸盐小，可溶性重铬酸盐中加入沉淀剂，生成的是铬酸盐沉淀。铬（Ⅵ）在酸性介质中，以 $Cr_2O_7^{2-}$ 形式存在，在碱性介质中，以 CrO_4^{2-} 形式存在；酸性介质中，$Cr_2O_7^{2-}$ 是强氧化剂，被还原成稳定存在的 Cr^{3+}；碱性介质中，CrO_4^{2-} 很稳定，但 $E_A^{\ominus}$ 还原能力较强，易被氧化为 CrO_4^{2-}。高锰酸钾无论在酸性、中性还是碱性环境中均具备氧化性，但其氧化能力及还原产物随溶液的酸度不同而异。Fe^{3+} 为中等强度的氧化剂。黄血盐溶液中加入 Fe^{3+}，可生成普鲁士蓝；赤血盐溶液中加入 Fe^{2+}，可生成滕氏蓝。Fe^{3+} 与 SCN^- 反应生成的 $[Fe(SCN)_n]^{3-n}$ 具特征的血红色。

Cr_2O_3、$Cr(OH)_3$ 均具有两性，Fe_2O_3、$Fe(OH)_3$ 亦具两性，但以碱性为主。

2. **ds 区元素**　指元素周期表中的ⅠB 族、ⅡB 两族元素即铜族元素和锌族元素，此两族元素也属于过渡金属元素。ds 区元素的价层电子构型是 $(n-1)d^{10}ns^{1\sim2}$，它们的次外层 d 轨道为全充满构型，性质与其他过渡金属元素有所不同。ⅠB 族包括铜（$_{29}Cu$）、银（$_{47}Ag$）、金（$_{79}Au$）、錀（$_{111}Rg$），ⅡB 族包括锌（$_{30}Zn$）、镉（$_{48}Cd$）、汞（$_{80}Hg$）、鿔（$_{112}Cn$），其中 Rg、Cn 为人工合成元素。

ds 区元素中需要熟悉铜、银、锌、汞的重要化合物及其性质。锌为两性金属，氧化锌、氢氧化锌均显两性。氢氧化铜呈两性偏碱性。铜（Ⅰ）在气态或固态时稳定，在水溶液中易歧化为铜和铜（Ⅱ）。Hg（Ⅰ）与 Hg（Ⅱ）在一定条件下互相转化。托伦试剂氧化能力比斐林试剂稍强，不但可氧化脂肪醛，还可氧化芳香醛。

特殊的ⅢB族

当我们讨论各族元素的特征和性质时,有一个族最为化学工作者所津津乐道,它就是ⅢB族。

在元素周期表中,ⅢB族最神奇也最另类。第一,它是包含元素最多的一个族,共包含32个已知元素,包括$_{21}$Sc、$_{39}$Y、镧系元素($_{57}$La～$_{71}$Lu)、锕系元素($_{89}$Ac～$_{103}$Lr);第二,在过渡元素中,它是包含d区元素最少的一个族,只有两个元素:$_{21}$Sc、$_{39}$Y;第三,ⅢB族是唯一同时含有两个区元素的族:包含d区元素$_{21}$Sc、$_{39}$Y及全部的f区元素(内过渡元素);第四,它也是包含放射性元素最多的族,ⅢB族中的放射性元素有16个,即$_{61}$Pm以及全部15个锕系元素;第五,ⅢB族是包含人造元素最多的族;第六,作为副族元素,ⅢB族元素无论是元素的电离能、电负性还是金属性的变化规律,都既与主族元素不同,又与其他的副族元素不同,显得特立独行:它不具备同族主族金属元素电离能、电负性从上到下均明显减小,金属性明显增大的特点,也不像其他副族元素同族自上到下电离能、电负性总体趋势增大,金属性总体趋势减小,而是从钪到钇再到镧,电离能先略微增大,再明显减小,电负性逐渐减小,金属性都较活泼难分高下;第七,ⅢB族是过渡元素中最活泼的金属,钪、钇和许多镧系元素都能与水反应生成氢气;第八,ⅢB族是最具战略意义的一族,ⅢB族中存在着我国一类极其重要的战略资源:稀土。

稀土元素是指元素周期表中原子序数为57到71的15种镧系元素,以及与镧系元素化学性质相似的钪(Sc)和钇(Y)共17种元素。全部17种稀土元素都位于ⅢB族内。

稀土由于其优良的光电磁等物理特性,能与其他材料组成性能各异、品种繁多的新型材料,其最显著的功能就是大幅度提高其他产品的质量和性能。稀土科技一旦用于军事,必然带来军事科技的跃升,比如大幅度提高用于制造坦克、飞机、导弹的钢材、铝合金、镁合金、钛合金的战术性能,利用稀土材料可以转换波长增强光能的特点,在夜间将红外线转变为可见光,从而大幅提高夜视功能探清敌方目标。而且,稀土同样是电子、激光、核工业、超导等诸多高科技产品的润滑剂。

稀土在新材料领域应用极广,而新材料的出现将改变整个世界,故稀土有"工业维生素""工业黄金"之称,是当今世界极其重要的战略资源——物以"稀"为贵!

习题

1. 试述过渡元素的通性。
2. 试从原子结构理论说明第四周期过渡金属元素在性质上的基本共同点。
3. 试从原子结构方面说明铜族元素和碱金属元素在化学性质上的差异。
4. 写出下列物质的化学式:

    绿矾、氧化铁红、摩尔盐、赤血盐、黄血盐、二茂铁、普鲁士蓝

5．解释下列实验现象：

（1）当 Na_2CO_3 溶液与 $FeCl_3$ 溶液反应时，为什么生成的是氢氧化铁沉淀而不是碳酸铁沉淀？

（2）深绿色的 K_2MnO_4 遇酸则变为紫红色溶液且有棕色沉淀生成。

（3）在含有 Cu^{2+} 的溶液中加入适量的含 CN^- 溶液时有白色沉淀和气体放出，若 CN^- 过量时白色沉淀逐渐消失。

（4）在绝对无氧条件下，向含有 Fe^{2+} 的溶液加入 NaOH 溶液后，生成白色沉淀，随后逐渐成红棕色。

（5）在酸性介质中，用锌还原 $Cr_2O_7^{2-}$ 时，溶液颜色由橙色经绿色而变成蓝色，放置一段时间后又变回绿色。

（6）银器放置在含有 H_2S 的空气中会慢慢变黑。

6．判断推理题

（1）某黄色固体，不溶于水，而溶于稀的热盐酸生成橙红色溶液，冷却后析出白色沉淀，加热后白色沉淀又消失，此物质是什么？写出反应方程式。

（2）铬的某化合物 A 是橙红色溶于水的固体，将 A 用浓盐酸处理产生黄绿色刺激性气体 B 和生成暗绿色溶液 C。在 C 中加入 KOH 溶液，先生成灰蓝色沉淀 D，继续加入过量的 KOH 溶液则沉淀消失，变成绿色溶液 E。在 E 中加入 H_2O_2 加热则生成黄色溶液 F，F 用稀酸酸化，又变为原来的化合物 A 的溶液。A、B、C、D、E、F 各是什么物质？写出各步反应方程式。

（3）有一淡绿色晶体，可溶解于水，其水溶液可使蓝色石蕊试纸变红，同时能与 $BaCl_2$ 溶液生成不溶于酸的白色沉淀，将所得溶液再用硫酸酸化后，加入少量 $KMnO_4$ 后溶液红色褪去，再滴入淀粉碘化钾试液，溶液呈蓝色。另取此晶体配成的溶液，加酸酸化后，加入少量 $K_3[Fe(CN)_6]$ 试剂，则有深蓝色沉淀生成。此绿色晶体是什么化合物？写出有关反应方程式。

（4）有一锰的化合物 A，它是难溶于水的黑色粉末状物质，A 与浓硫酸反应得到淡红色溶液 B，且有无色气体 C 放出，B 溶液与强碱作用生成白色沉淀 D，此沉淀易被空气氧化成棕色 E。若将 A 与 KOH、$KClO_3$ 一起混合加热熔融可得一绿色固体物质 F，将 F 溶于水并通入 CO_2，则溶液变成紫红色 G，且又析出 A。A、B、C、D、E、F、G 各为何物？写出有关反应方程式。

（5）加热蓝色化合物晶体 A 得到白色粉末 B，A 溶液与 NaOH 反应生成淡蓝色絮状沉淀 C，C 溶于浓 NaOH 溶液中生成蓝紫色溶液 D。溶液 A 与 H_2S 反应生成黑色沉淀 E，E 不溶于盐酸而溶于热硝酸中生成蓝色溶液 F 和淡黄色沉淀 G。溶液 A 与 $BaCl_2$ 溶液在酸性条件下反应生成白色沉淀 H。A、B、C、D、E、F、G、H 各为何物？写出有关反应方程式。

7．试区别三种白色粉末：$CuCl$、$AgCl$、Hg_2Cl_2。

8．分离鉴定下列各组离子：

（1）Zn^{2+} 和 Al^{3+}

（2）Zn^{2+} 和 Cd^{2+}

（3）Mg^{2+} 和 Zn^{2+}

（4）Fe^{3+}、Al^{3+}、Cr^{3+} 和 Ni^{2+}

第十一章同步练习

（黎勇坤　宋　慧）

习题答案

第二章

1. 均匀稳定的;溶质本性;溶剂本性

2. 依数性;稀溶液的依数性包括蒸汽压下降、沸点升高、凝固点降低和渗透压;蒸汽压下降

3. 溶剂摩尔分数

4. 半透膜;膜两侧单位体积内溶剂分子数不相等

5. 280~320mmol/L;308mmol/L;50.0g/L

6. C 7. A 8. D 9. C 10. B

11. 解:(1)盐酸的摩尔质量为36.5g/mol,则该盐酸的物质的量浓度为

$$c_{HCl} = \frac{n_{HCl}}{V_{溶液}} = \frac{m_{HCl}/M_{HCl}}{V_{溶液}} = \frac{\omega_{HCl}d\,1\,000ml}{M_{HCl} \times 1.00L}$$

$$= \frac{0.37 \times 1.19g/ml \times 1\,000ml}{36.5g/mol \times 1.00L} = 12.06mol/L$$

设溶液的总质量为100g,则其摩尔分数为

$$x_{HCl} = \frac{n_{HCl}}{n_{HCl} + n_{H_2O}} = \frac{\dfrac{37g}{36.5g/mol}}{\dfrac{37g}{36.5g/mol} + \dfrac{63g}{18g/mol}} = 0.22$$

(2)氨水的摩尔质量为17g/mol,则该氨水的物质的量浓度为

$$c_{NH_3} = \frac{n_{NH_3}}{V_{溶液}} = \frac{m_{NH_3}/M_{NH_3}}{V_{溶液}} = \frac{\omega_{NH_3}d\,1\,000ml}{M_{NH_3} \times 1.00L}$$

$$= \frac{0.28 \times 0.90g/ml \times 1\,000ml}{17g/mol \times 1.00L} = 15mol/L$$

设溶液的总质量为100g,则其摩尔分数为

$$x_{NH_3} = \frac{n_{NH_3}}{n_{NH_3} + n_{H_2O}} = \frac{\dfrac{28g}{17g/mol}}{\dfrac{28g}{17g/mol} + \dfrac{72g}{18g/mol}} = 0.29$$

12. 解:100ml水质量约为100g,则混合后体积为111.1g/(1.07g/ml)=103.83ml

NaCl的摩尔质量为58.5g/mol,则该NaCl的物质的量浓度为

$$c_{NaCl} = \frac{n_{NaCl}}{V_{溶液}} = \frac{m_{NaCl}/M_{NaCl}}{V_{溶液}}$$

$$= \frac{11.1g}{58.5g/mol \times 0.103\,83L} = 1.83mol/L$$

其摩尔分数为

$$x_{NaCl} = \frac{n_{NaCl}}{n_{NaCl} + n_{H_2O}} = \frac{\dfrac{11.1g}{58.5g/mol}}{\dfrac{11.1g}{58.5g/mol} + \dfrac{100g}{18g/mol}} = 0.033$$

13. 答: 葡萄糖为非电解质, HAc 为弱电解质, NaCl 和 $BaCl_2$ 为强电解质。在水溶液中, 其质点数大小依次为: $BaCl_2 >$ NaCl$>$HAc$>$葡萄糖, 所以凝固点最高的为葡萄糖, 渗透压最大的为 $BaCl_2$。

14. 解: 凝固点降低值: $\Delta T_f = K_f b_B = 179.8 - 169.6 = 10.2K$

$$M(B) = \frac{K_f m(B)}{\Delta T_f m(A)} = \frac{39.70K \cdot kg/mol \times 0.115g}{10.2K \times 1.36 \times 10^{-3}kg} = 329.1g/mol$$

15. 解: $C_3H_8O_3$ 的摩尔质量为92g/mol

$$\Delta T_b = K_b b_B = K_b \frac{n_B}{m_A} = \frac{K_b m_B}{M_B m_A} = \frac{0.512K \cdot kg/mol \times 1.5g}{92g/mol \times 30 \times 10^{-3}kg}$$
$$= 0.278K$$

溶液的沸点 $T_b = 100 + 0.278 = 100.278℃$

16. 解:
$$\pi = c(B)RT = \frac{m(B)/M(B)}{V}RT$$

则
$$M(B) = \frac{m(B)RT}{\pi V} = \frac{40.00g \times 8.314kPa \cdot L/(mol \cdot K) \times 298K}{1.52kPa \times 1.0L}$$
$$= 6.52 \times 10^4 g/mol$$

该 Hb 的摩尔质量为 $6.52 \times 10^4 g/mol$。

17. 解: $\Delta T_f = K_f b_B = 278.5 - 277.04 = 1.46K$

$$M(B) = \frac{K_f m(B)}{\Delta T_f m(A)} = \frac{5.1K \cdot kg/mol \times 2.0g}{1.46K \times 20.0 \times 10^{-3}kg} = 349.3g/mol$$

则每摩尔孕酮分子中原子个数分别为:

H: $349.3 \times 9.5\%/1 \approx 33$

O: $349.3 \times 10.2\%/16 \approx 2$

C: $349.3 \times 80.3\%/12 \approx 23$

所以可能的分子式为 $C_{23}H_{33}O_2$。

第三章

1. (1) 错误 (2) 错误 (3) 错误 (4) 正确 (5) 错误 (6) 错误

2. A 3. A 4. $K_3^\ominus = K_1^\ominus \times K_2^\ominus$

5. 答: CO 的平衡分压是 2.74×10^5 Pa; H_2 的平衡分压是 5.48×10^5 Pa。

6. 答: SO_2 的分压是 9.67×10^4 Pa。

　　　　SO_2Cl_2 的分压 7.93×10^4 Pa。

　　　　Cl_2 的分压是 1.97×10^5 Pa。

第四章

1.（1）正确　（2）正确　（3）错误　（4）错误

2.（1）D　（2）B　（3）C　（4）B

3.（1）酸：H_2S，HCl

碱：CO_3^{2-}，NO_2^-，Ac^-，OH^-

两性物质：HS^-，$H_2PO_4^-$，H_2O，NH_3（液氨作为溶剂时，也是两性物质）

（2）2.6∶1；基本保持不变；增强

4．0.31%　5．11.57

6．最多能配制3.3L缓冲溶液，$c(NH_3)$约为0.11mol/L，$c(NH_4^+)$约为0.20mol/L。

7．（1）11.70　（2）0.82　（3）5.12　（4）4.76。

8．$NaHCO_3$的质量为7.6g；Na_2CO_3的质量为22.4g。

第五章

1．答：根据化学平衡移动原理，可以通过比较体系浓度积Q与溶度积$K_{sp}^{\ominus}$的大小关系来判断反应方向的规律称为溶度积规则。

对于任一难溶电解质溶液体系：若$Q=K_{sp}^{\ominus}$，体系是沉淀-溶解平衡状态，溶液是饱和溶液；若$Q<K_{sp}^{\ominus}$，溶液是不饱和溶液，无沉淀产生，若体系中有沉淀，沉淀溶解；若$Q>K_{sp}^{\ominus}$，体系会有沉淀生成。

2．答：生理盐水中，由于$NaCl$对$CaCO_3$产生盐效应、使$CaCO_3$溶解度增大；$AgCl$在生理盐水中，由于$NaCl$电离出的Cl^-对$AgCl$产生同离子效应而使$AgCl$溶解度降低。

3．答：由于$Zn^{2+}+H_2S\rightarrow ZnS+2H^+$，酸性$H_2S$溶液抑制$ZnS$的生成。若在通入$H_2S$之前，加入适量固体$NaAc$，则溶液呈碱性，再通入$H_2S$时生成的$H^+$被$OH^-$中和，有利于$Zn^{2+}+H_2S\rightarrow ZnS+2H^+$正向进行，可产生更多的$ZnS$。

4．$Mg(OH)_2$在水中溶解度为1.12×10^{-4}mol/L；在0.10mol/L $NaOH$中溶解度为5.61×10^{-10}mol/L；在0.10mol/L $MgCl_2$中的溶解度为3.74×10^{-6}mol/L。

5．根据溶度积规则判断，能生成Ag_2CrO_4沉淀。

6．根据溶度积规则判断，不能产生PbI_2沉淀。

7．有$Mg(OH)_2$沉淀产生。

8．控制溶液pH≤0.71，即可使ZnS不沉淀。

9．溶液中H^+浓度应控制在0.06～0.34mol/L之间。

10．要达到分离Cr^{3+}和Cd^{2+}，需要控制5.60≤pH≤7.93。

第六章

1．S_2^{2-}：-1；$S_2O_3^{2-}$：$+2$；$S_4O_6^{2-}$：$+2.5$；S：0；SO_3：$+6$；SO_2：$+4$；SO_4^{2-}：$+6$

2．答：

（1）$H_2O_2+2I^-+2H^+ =\!=\!= I_2+2H_2O$；氧化剂$H_2O_2$，还原剂$I^-$。

（2）$5NaBiO_3(s)+2Mn^{2+}+14H^+ =\!=\!= 5Bi^{2+}+2MnO_4^-+5\ Na^++7H_2O$；氧化剂$NaBiO_3$，还原剂$Mn^{2+}$。

（3）$(NH_4)_2S_2O_8 + 2FeSO_4 \Longrightarrow Fe_2(SO_4)_3 + (NH_4)_2SO_4$；氧化剂 $S_2O_8^{2-}$，还原剂 Fe^{2+}。

（4）$K_2Cr_2O_7 + 3Na_2SO_3 + 4H_2SO_4(稀) \longrightarrow Cr_2(SO_4)_3 + 3Na_2SO_4 + K_2SO_4 + 4H_2O$；氧化剂 $Cr_2O_7^{2-}$，还原剂 SO_3^{2-}。

（5）$[Cr(OH)_4]^- + 2ClO^- \Longrightarrow CrO_4^{2-} + 2Cl^- + 2H_2O$；氧化剂 $[Cr(OH)_4]^-$，还原剂 ClO^-。

3. 答：

（1）因为 $E^{\ominus}(Fe^{3+}/Fe^{2+}) = 0.771V$，$E^{\ominus}(O_2/H_2O) = 1.229V$。在空气中 $FeSO_4$ 溶液会发生如下反应：$4Fe^{2+} + O_2 + 4H^+ \Longrightarrow 4Fe^{3+} + 2H_2O$，所以溶液会变色。

（2）已知 $E^{\ominus}(MnO_2/Mn^{2+}) = 1.224V$，$E^{\ominus}(Cr_2O_7^{2-}/Cr^{3+}) = 1.33V$，$E^{\ominus}(Cl_2/Cl^-) = 1.3583V$。实验室常用氧化剂如 $Cr_2O_7^{2-}$、MnO_2 等在酸性介质中氧化能力增强，对于电对 Cl_2/Cl^- 来说增大 Cl^- 浓度，Cl^- 还原性增强，所以用浓盐酸可以制备氯气。

4. 解：

（1）已知 $E^{\ominus}(Ni^{2+}/Ni) = -0.276V$，$E^{\ominus}(Ag^+/Ag) = 0.7996V$

电池反应：$Ni^{2+} + 2Ag \Longrightarrow Ni + 2Ag^+$

$$E(正) = E^{\ominus}(Ni^{2+}/Ni) + \frac{0.0592}{2}\lg c(Ni^{2+}) = -0.276 + \frac{0.0592}{2}\lg 0.2 = -0.297V$$

$$E(负) = E^{\ominus}(Ag^+/Ag) + \frac{0.0592}{1}\lg c(Ag^+) = 0.7996 + \frac{0.0592}{1}\lg 0.05 = 0.7226V$$

$$E_{MF} = E(正) - E(负) = -0.297V - 0.7226V = -1.02V$$

电池反应不能正向自发进行

$$\lg K^{\ominus} = \frac{nE_{MF}^{\ominus}}{0.0592} = \frac{2 \times (-0.276 - 0.7996)}{0.0592} = -36.338$$

$$K^{\ominus} = 4.59 \times 10^{-37}$$

（2）已知 $E^{\ominus}(Cu^{2+}/Cu) = 0.3419V$，$E^{\ominus}(Pb^{2+}/Pb) = -0.1262$

电池反应：$Cu^{2+} + Pb \Longrightarrow Cu + Pb^{2+}$

$$E(正) = E^{\ominus}(Cu^{2+}/Cu) + \frac{0.0592}{2}\lg c(Cu^{2+}) = 0.3419 + \frac{0.0592}{2}\lg 0.3 = 0.326V$$

$$E(负) = E^{\ominus}(Pb^{2+}/Pb) + \frac{0.0592}{2}\lg c(Pb^{2+}) = -0.1262 + \frac{0.0592}{2}\lg 0.5 = -0.135V$$

$$E_{MF} = E(正) - E(负) = 0.326V - (-0.135V) = 0.461V > 0$$

电池反应正向自发进行

$$\lg K^{\ominus} = \frac{nE_{MF}^{\ominus}}{0.0592} = \frac{2 \times (0.3419 - (-0.1262))}{0.0592} = 15.81$$

$$K^{\ominus} = 6.46 \times 10^{15}$$

5. 解：

（1）$(-)Zn | Zn^{2+}(1mol/L) \| Cu^{2+}(1mol/L) | Cu(+)$

$$E_{MF}^{\ominus} = E^{\ominus}(Cu^{2+}/Cu) - E^{\ominus}(Zn^{2+}/Zn) = 0.3419 - (-0.7618) = 1.1037V$$

（2）$E(Cu^{2+}/Cu) = E^{\ominus}(Cu^{2+}/Cu) + \frac{0.0592}{2}\lg c(Cu^{2+})$

$$= 0.3419 + \frac{0.0592}{2}\lg 0.01 = 0.2827V$$

$$E(Zn^{2+}/Zn) = E^{\ominus}(Zn^{2+}/Zn) + \frac{0.059\ 2}{2}\lg c(Zn^{2+}) = -0.761\ 8 + \frac{0.059\ 2}{2}\lg 0.01 = -0.821V$$

$$E_{MF} = E(Cu^{2+}/Cu) - E(Zn^{2+}/Zn) = 0.282\ 7 - (-0.821) = 1.104V$$

$$(3)\ \lg K^{\ominus} = \frac{nE_{MF}^{\ominus}}{0.059\ 2} = \frac{2 \times 1.103\ 7}{0.059\ 2} = 37.28 \qquad K^{\ominus} = 1.9 \times 10^{37}$$

6. $E_{MF} = E(Ag^+/Ag) - E(Cu^{2+}/Cu) = 0.436V$

$$E(Cu^{2+}/Cu) = E^{\ominus}(Cu^{2+}/Cu) + \frac{0.059\ 2}{2}\lg c(Cu^{2+}) = 0.341\ 9 + \frac{0.059\ 2}{2}\lg 0.01 = 0.282\ 7V$$

$$E(Ag^+/Ag) = E_{MF} + E(Cu^{2+}/Cu) = 0.436 + 0.282\ 7 = 0.719V$$

$$E(Ag^+/Ag) = E^{\ominus}(Ag^+/Ag) + \frac{0.059\ 2}{1}\lg c(Ag^+)$$

代入数据得：$0.719 = 0.799\ 6 + 0.059\ 2\lg c(Ag^+)$

解得：$c(Ag^+) = 0.831mol/L$

7. 对电对 $H_3AsO_4/HAsO_2$ 来说, pH = 7.0 时

$$H_3AsO_4 + 2H^+ + 2e^- \Longleftrightarrow HAsO_2 + 2H_2O$$

$$E(H_3AsO_4/HAsO_2) = E^{\ominus}(H_3AsO_4/HAsO_2) + \frac{0.059\ 2}{2}\lg[c(H^+)]^2$$

$$= 0.560 + \frac{0.059\ 2}{2}\lg(10^{-7})^2 = 0.146V$$

$$E(H_3AsO_4/HAsO_2) < E^{\ominus}(I_2/I^-)$$

反应 $H_3AsO_4 + 2I^- + 2H^+ \Longleftrightarrow HAsO_2 + I_2 + 2H_2O$ 逆向自发进行。

8. 解：

$$(1)\ E^{\ominus}(A^{3+}/A) = \frac{2 \times E^{\ominus}(A^{3+}/A^+) + E^{\ominus}(A^+/A)}{2+1}$$

$$-0.338 = \frac{2 \times (-0.434) + E^{\ominus}(A^+/A)}{2+1}$$

$$E^{\ominus}(A^+/A) = -0.146V$$

（2）由于 $E^{\ominus}(A^+/A) > E^{\ominus}(A^{3+}/A^+)$

所以在水溶液中, A^+ 能发生歧化反应。

（3）由于 $E^{\ominus}(A^{3+}/A) < E^{\ominus}(A^+/A)$, 金属 A 与 Cl_2 发生反应时, 金属 A 的还原产物为 A^{3+}。

第七章

1. 答: 基态氢原子受到火焰或者高压放电激发时, 电子就从能量最低的原子轨道跃迁至能量较高的原子轨道, 成为激发态。而处于激发态的电子是不稳定的, 就会从激发态跃迁回能量较低的原子轨道, 释放的能量以光的形式发射时, 经棱镜分光后就可以得到氢原子光谱。

氢原子光谱的波长取决于能量较高的原子轨道与能量较低的原子轨道之间的能量差：

$$\Delta E = E_2 - E_1 = \frac{hc}{\lambda}$$

由于原子轨道的能量是不连续的, 是量子化的, 所以 ΔE 的变化也是不连续的, 因此得到的氢原子光谱也是不连续的, 是线状光谱。

2. 答: 电子的波动性是和电子运动的统计性规律联系在一起的。就一个电子而言, 每次到

达什么地方是无法准确预测的,但重复极多次以后,一定是在衍射强度大的地方电子出现的概率多,在衍射强度小的地方电子出现的概率少。因此电子波是概率波,波强度的大小反映了电子出现的概率的大小。

3. 第四电子层 4s,4p,4d,4f

4. (1)4s (2)3p (3)4d (4)2p (5)4f

   (5)>(3)>(1)>(2)>(4)

5. (1)$3p_z$ (2)错误 (3)$4d_{x^2-y^2}$ (4)错误

6. (1)无,1p 原子轨道不存在

   (2)无,2s 就一个伸展方向

   (3)无,3f 原子轨道不存在

   (4)有,4f

7. (1)1 (2)0,±1 (3)3,4,5,6,7 (4)±1/2

8. (1)有错误,违背了泡利不相容原理,正确写法是 $1s^2 2s^2 2p^1$

   (2)有错误,违背了能量最低原理,正确写法是 $1s^2 2s^2 2p^2$

   (3)有错误,违背了洪德定则,正确写法是 $1s^2 2s^2 2p_x^1 2p_y^1 2p_z^1$

   (4)有错误,违背了洪德定则,正确写法是 $1s^2 2s^2 2p^6 3s^2 3p^6 3d^{10} 4s^1$

9. (1)错误 (2)错误 (3)激发态 (4)错误 (5)激发态 (6)基态

10. 2,1,0,±1/2、2,1,+1,+1/2、2,1,−1,+1/2。

11. 3p;3;3,1,0,+1/2、3,1,1,+1/2、3,1,−1,+1/2。

12. (1)$1s^2 2s^2 2p^6 3s^2 3p^6 3d^6 4s^2$ (2)铁,Fe

   (3)第四周期,第ⅧB族,d 区

13. (1)第ⅤA族元素 (2)$[Ar]3d^5 4s^1$ $_{24}Cr$ (3)$[Ar]3d^{10} 4s^1$ $_{29}Cu$

14. (1)$[Ar]4s^2$ 第四周期,ⅡA,s 区

   (2)$[Ar]3d^7 4s^2$ 第四周期,ⅧB,d 区

   (3)$[Ar]3d^{10} 4s^2 4p^2$ 第四周期,ⅣA,p 区

   (4)$[Ke]4d^{10} 5s^2$ 第五周期,ⅡB,ds 区

   (5)$[Xe]4f^{14} 5d^{10} 6s^2 6p^3$ 第六周期,ⅤA,p 区

15. (1)$_{20}Ca$ (2)$_{13}Al$ (3)$_{30}Zn$

16. 铁

17. 答:在元素周期表中,每个能级组对应元素周期表的一个周期。周期数等于该元素原子电子组态中最高能级组的序号,也等于该元素原子最外电子层的主量子数,每个周期包含的元素数目与对应的最高能级组中各轨道最多容纳的电子总数相等。

   在元素周期表中,主族元素的电子结构特征一般是次外层($n-1$)d 或倒数第三层($n-2$)f 轨道或全满、或全空,价电子组态为最外层电子构型,价电子数等于主族元素的族序数;而副族元素是除ⅠB族、ⅡB族外,次外层($n-1$)d 或倒数第三层($n-2$)f 轨道上均未完全填满,即($n-2$)f、($n-1$)d 和 ns 电子都是副族元素的价层电子,除了第ⅧB族元素外,其余各副族元素的族序数也

等于价电子层上的电子数。

元素周期表共分五个区，s 区元素价层电子组态是 ns^1 和 ns^2，包括 I A 族和 II A 族。p 区元素价层电子组态是 $ns^2np^{1\sim6}$，包括 III A～VIII A 族。d 区元素价层电子组态是 $(n-1)d^{1\sim8}ns^2$ 或 $(n-1)d^9ns^1$ 或 $(n-1)d^{10}ns^0$，包括 III B～VIII B 族。ds 区元素价层电子组态为 $(n-1)d^{10}ns^{1\sim2}$，包括 I B 族和 II B 族。f 区元素价层电子组态一般为 $(n-2)f^{0\sim14}(n-1)d^{0\sim2}ns^2$，包括镧系和锕系元素。

18．答：电负性综合考虑了电离能和电子亲合能对元素金属性和非金属性的影响，首先由鲍林提出，以一组数值的相对大小表示元素原子在分子中对成键电子的吸引能力，称为相对电负性，简称电负性。

同一周期，从左到右元素电负性递增，同一主族，自上而下元素电负性递减。对副族而言，同族元素的电负性也大体呈现这种变化趋势。因此，电负性大的元素集中在元素周期表的右上角，电负性小的元素集中在左下角。过渡元素的电负性值无明显规律。

第八章

1．σ 键：B—F，P—H，C=O，N—H，N=N，C—C，C—H，O—H

π 键：C=O，N=N，

2．sp^3，sp，sp^2，sp^3，sp^2

3．BF_3 为 sp^2 杂化，NF_3 为 sp^3 不等性杂化

4．BCl_3 为平面三角形，NF_3 为三角锥形，$SnCl_2$ 为 V 形，IF_5 为三角双锥形，CO_2 为直线形，$XeOF_4$ 为四方锥形，ClO_3^- 为三角锥形，I_3^- 为直线形，ICl_2^+ 为 V 形

5．（1）Li_2：$(\sigma_{1s})^2(\sigma_{1s}^*)^2(\sigma_{2s})^2$

Be_2：$(\sigma_{1s})^2(\sigma_{1s}^*)^2(\sigma_{2s})^2(\sigma_{2s}^*)^2$

B_2：$(\sigma_{1s})^2(\sigma_{1s}^*)^2(\sigma_{2s})^2(\sigma_{2s}^*)^2[(\pi_{2p_y})^1(\pi_{2p_z})^1]$

N_2：$(\sigma_{1s})^2(\sigma_{1s}^*)^2(\sigma_{2s})^2(\sigma_{2s}^*)^2[(\pi_{2p_y})^2(\pi_{2p_z})^2](\sigma_{2p_x})^2$

F_2：$(\sigma_{1s})^2(\sigma_{1s}^*)^2(\sigma_{2s})^2(\sigma_{2s}^*)^2(\sigma_{2p_x})^2[(\pi_{2p_y})^2(\pi_{2p_z})^2][(\pi_{2p_y}^*)^2(\pi_{2p_z}^*)^2]$

（2）最稳定的是 N_2，最不稳定的是 Be_2

（3）顺磁：B_2；反磁：Li_2，Be_2，N_2，F_2

6．N_2：$(\sigma_{1s})^2(\sigma_{1s}^*)^2(\sigma_{2s})^2(\sigma_{2s}^*)^2[(\pi_{2p_y})^2(\pi_{2p_z})^2](\sigma_{2p_x})^2$

N_2^-：$(\sigma_{1s})^2(\sigma_{1s}^*)^2(\sigma_{2s})^2(\sigma_{2s}^*)^2[(\pi_{2p_y})^2(\pi_{2p_z})^2](\sigma_{2p_x})^2(\pi_{2p_y}^*)^1$

N_2^+：$(\sigma_{1s})^2(\sigma_{1s}^*)^2(\sigma_{2s})^2(\sigma_{2s}^*)^2[(\pi_{2p_y})^2(\pi_{2p_z})^2](\sigma_{2p_x})^1$

稳定性：$N_2 > N_2^- = N_2^+$ 顺磁：N_2^-，N_2^+ 反磁：N_2

7．极性分子：NO_2，$CHCl_3$，NCl_3，SCl_2，$COCl_2$

非极性分析：$BeCl_2$，SO_3，BCl_3，SiF_4

8．（1）色散力 （2）色散力，诱导力 （3）色散力 （4）色散力、诱导力、取向力 （5）色散力、诱导力、取向力、氢键 （6）静电引力

9．（1）H_2，Ne，CO，HF （2）CF_4，CCl_4，CBr_4，CI_4

10.（1）$CaCl_2$，$BeCl_2$，$HgCl_2$

　　（2）AgF，$AgCl$，$AgBr$

　　（3）KCl，$LiCl$，$CuCl$

第九章

1. 配合物:（2），（3），（6），（7）;螯合物:（3），（7）;复盐:（4），（5），（8）;简单盐类:（1）。

2. 配合物命名:

（1）三溴化六氨合钴(Ⅲ)　（2）六硫氰酸根合钴(Ⅲ)酸钾　（3）四羰基合钴(Ⅰ)酸钠

（4）硫酸亚硝酸根·五氨合钴(Ⅲ)　（5）二氯·二氨合铂(Ⅱ)　（6）草酸根·二氨合镍(Ⅱ)

（7）胺基·硝基·二氨合铂(Ⅱ)　（8）六氟合硅(Ⅳ)酸

其他略。

3.（1）Ag^+ 与 $S_2O_3^{2-}$ 的配合物更加稳定，Ag^+ 为软酸，$S_2O_3^{2-}$ 为软碱，因此 Ag^+ 与 $S_2O_3^{2-}$ 形成的配合物更加稳定。

（2）Pd^{2+} 与 SCN^- 配合后更加稳定，Pd^{2+} 为软酸，SCN^- 为软碱，因此他们形成的配合物更加稳定。

（3）Fe^{3+} 与 F^- 结合更加稳定，Fe^{3+} 为硬酸，F^- 为硬碱，因此他们形成的配合物更加稳定。

（4）Cu^{2+} 与 NH_2CH_2COOH 结合更加稳定，因为前者的配体中有 N、O 两个配伍原子，后者仅有 O。

4.（1）（正确）（2）（错误）（3）（正确）（4）（正确）（5）（错误）（6）（错误）（7）（错误）（8）（正确）

5.（1）（正确）（2）（正确）（3）（正确）（4）（错误）（5）（错误）（6）（错误）（7）（正确）（8）（错误）

6.（1）（正确）（2）（错误）（3）（错误）（4）（正确）（5）（正确）（6）（错误）（7）（正确）（8）（错误）

7. $E_{MF} = E^{\ominus}(H^+/H_2) - E^{\ominus}[Cu(NH_3)_4^{2+}/Cu] = 0.054\,3V$

即　$E^{\ominus}[Cu(NH_3)_4^{2+}/Cu] = -0.054\,3V$

由　$E^{\ominus}[Cu(NH_3)_4^{2+}/Cu] = E^{\ominus}(Cu^{2+}/Cu) - 0.059/2\lg[Cu^{2+}]$

　　$Cu^{2+} + 4NH_3 \rightleftharpoons Cu(NH_3)_4^{2+}$

得:　$K_{稳}^{\ominus} = \dfrac{1}{[Cu^{2+}]}$ 即 $[Cu^{2+}] = 1/K_{稳}^{\ominus}$

$E^{\ominus}[Cu(NH_3)_4^{2+}/Cu] = 0.34 - \dfrac{0.059}{2}\lg\dfrac{1}{K_{稳}^{\ominus}}$

$-0.054\,3 = 0.34 - \dfrac{0.059}{2}\lg K_{稳}^{\ominus}$

得:　$K_{稳}^{\ominus} = 2.32 \times 10^{13}$

8. $[Cu^{2+}] = 2.4 \times 10^{-15} mol/L$

9. $AgBr + 2NH_3 \rightleftharpoons [Ag(NH_3)_2]^{2+} + Br^-$

此反应的 $K^{\ominus} = K_{sp}^{\ominus} K_{稳}^{\ominus}$　　　代入数值得: $K^{\ominus} = 5.8 \times 10^{-5}$

设 $AgBr$ 在此溶液中的溶解度为 s mol/L

代入数值得: $s = 7.6 \times 10^{-2} mol/L$

第十章

1．C 2．C 3．D 4．C

5．答：Li、Na、K 是活泼的金属，极易氧化变质同时又与水反应产生氢气，保存要注意不与空气、水接触，由于它们密度小，所以锂只能保存在液体石蜡或封存在固体石蜡中，而钠、钾应保存在煤油中。

6．答：碳酸盐与碳酸的热稳定性规律为 $M_2CO_3 > MHCO_3 > H_2CO_3$，由于 H^+ 特强的极化作用，使碳酸盐稳定性大大降低。如 Na_2CO_3 溶液加热到 $850℃$（固体 $> 1\,000℃$）开始分解，$NaHCO_3$ 则加热到 $150℃$（固体 $> 270℃$）开始分解，H_2CO_3 则在室温稍微受热就会分解。反应如下：

$$Na_2CO_3 \xrightarrow{\text{灼烧}} Na_2O + CO_2$$

$$2NaHCO_3 \xrightarrow{150℃} Na_2CO_3 + CO_2 + H_2O$$

$$H_2CO_3 \xrightarrow{\triangle} CO_2 + H_2O$$

7．答：从 $HF \rightarrow HI$，酸性、还原性依次增强，热稳定性减弱，原因是 $H—X$ 键能减小。X 又处于 -1 的低氧化态，随 $HF \rightarrow HI$，阴离子半径增大，失电子越容易，还原性增强。

8．答：漂白粉的有效成分为 $Ca(ClO)_2$，长期暴露于空气中，会与空气中的 CO_2 和 H_2O 作用，释放出 $HClO$，见光分解而失效。反应如下：

$$Ca(ClO)_2 + CO_2 + H_2O === 2HClO + CaCO_3 \qquad 2HClO \xrightarrow{\text{光}} 2HCl + O_2 \uparrow$$

9．答：在粗食盐中加入稍微过量的 $BaCl_2$ 溶液时，即可将 SO_4^{2-} 转化为难溶解的 $BaSO_4$ 沉淀而除去。$Ba^{2+} + SO_4^{2-} === BaSO_4 \downarrow$

再加入混合碱（$NaOH$ 和 Na_2CO_3）溶液，由于发生下列反应：

$Mg^{2+} + 2OH^- === Mg(OH)_2 \downarrow \quad Ca^{2+} + CO_3^{2-} === CaCO_3 \downarrow \quad Ba^{2+} + CO_3^{2-} === BaCO_3 \downarrow$

食盐溶液中杂质 Mg^{2+}、Ca^{2+} 以及沉淀 SO_4^{2-} 时加入的过量 Ba^{2+} 便相应转化为难溶的 $Mg(OH)_2$、$CaCO_3$、$BaCO_3$ 沉淀而通过过滤的方法除去。

注意除去 SO_4^{2-}、Mg^{2+}、Ca^{2+} 的先后顺序不可以倒置。

10．答：AsH_3 受热分解是检验砷的灵敏的方法，称为"马氏试砷法"。将试样、锌和盐酸混和，使生成的气体导入热玻璃管中。若试样中含有砷的化合物，则生成的 AsH_3 在玻璃管壁的受热部位分解，砷积聚出现亮黑色的"砷镜"（能检出 $0.007mg\,As$）。有关方程式如下：

$$As_2O_3 + 6Zn + 6H_2SO_4 === 2AsH_3 \uparrow + 6ZnSO_4 + 3H_2O$$

第十一章

1．答：①它们都是金属，具有熔点高、沸点高、硬度高、密度大等特性，而且有金属光泽，延展性、导电性和导热性都很好，不同的过渡金属之间可形成多种合金。②过渡金属的原子或离子中可能有成单的 d 电子，电子的自旋决定了原子或分子的磁性。因此，许多过渡金属有顺磁性，铁、钴、镍 3 种金属还可以观察到铁磁性。可用作磁性材料。③过渡元素的 d 电子在发生化学反应时都参与化学键的形成，可以表现出多种的氧化态。最高氧化态从钪、钇、镧的 $+3$ 一直到钌、锇的 $+8$。过渡元素在形成低氧化态的化合物时，一般形成离子键，而且容易生成水合物；在形成高氧化态的化合物时，形成的是共价键。④过渡元素的水合离子在化合物或溶液中大多显一定的颜色，这是由于具有不饱和或不规则的电子层结构造成的。⑤过渡元素具有能用于成键的空 d 轨道以及较高的电荷/半径比,都很容易与各种配位体形成稳定的配合物。

2. 答:①第四周期过渡金属元素都具有未充满的 3d 轨道,特征电子构型为 $(n-1)d^{1\sim10}ns^{1\sim2}$,具有可变的氧化态。电离能和电负性都比较小,易失去电子呈金属性,故具有较强的还原性。②与同周围主族元素的金属相比,第一过渡系金属原子一般具有较小的原子半径和较大的密度。③由于过渡金属的 d 电子和 s 电子均可作为价电子参与金属键的形成,金属键较强,因此它们有较大的硬度,有较高的熔、沸点。

3. 答:铜族元素价电子层结构为 $(n-1)d^{10}ns^1$,与碱金属元素相比,最外层电子数相同,都是 ns^1,而次外层电子数目不同,铜族元素次外层为 18 电子,而碱金属次外层为 8 个电子,18 电子的屏蔽比 8 电子要小得多,铜族的有效核电荷多,最外层 s 电子受核的引力强,不易失去,相应的电离势高,原子半径小。故与碱金属元素在化学性质上有很大的差异。铜族为不活泼的重金属,碱金属为活泼的轻金属。其性质差异如下:

性质	铜族元素	碱金属元素
①氧化态	+1、+2、+3(有变价)	+1(几乎无变价)
②第一电离势 I_1	高	低
③标准电极电势	很正	很负
④金属活泼性顺序	从 Cu→Au 减弱	从 Li→Cs 增强
⑤化学键性质	多数共价键	多数离子型
⑥配合物	易形成配合物	难形成配合物

4. 绿矾 $FeSO_4 \cdot 7H_2O$;氧化铁红 Fe_2O_3;摩尔盐 $(NH_4)_2SO_4 \cdot FeSO_4 \cdot 6H_2O$;赤血盐 $K_3[Fe(CN)_6]$;黄血盐 $K_4[Fe(CN)_6] \cdot 3H_2O$;二茂铁 $Fe(C_5H_5)_2$;普鲁士蓝 $KFe[Fe(CN)_6]$。

5. 答:

(1)Fe^{3+} 极易水解,在 pH=3.0 时开始水解,而 CO_3^{2-} 因水解显强碱性,当其相遇,发生双水解,

$$2Fe^{3+} + 3CO_3^{2-} + 3H_2O === 2Fe(OH)_3 \downarrow + 3CO_2 \uparrow$$

(2)$3MnO_4^{2-} + 4H^+ === 2MnO_4^- + 2H_2O + MnO_2$

(3)Cu^{2+} 不能和 CN^- 形成稳定的配离子,Cu^{2+} 盐溶液中加入 NaCN 溶液时,先生成 CuCN 白色沉淀和氰气放出。

$$2Cu^{2+} + 4CN^- === 2CuCN \downarrow + (CN)_2 \uparrow$$

过量的 CN^-、CuCN 溶解,形成无色的 $[Cu(CN)_4]^{3-}$ 配离子。

$$CuCN + 3CN^- === [Cu(CN)_4]^{3-}$$

(4)$Fe^{2+} + 2OH^- === Fe(OH)_2 \downarrow (白)$

$\quad 4Fe(OH)_2 + O_2 + 2H_2O === 4Fe(OH)_3 \downarrow (红棕)$

(5)$Cr_2O_7^{2-} + 3Zn + 14H^+ === 2Cr^{3+} + 3Zn^{2+} + 7H_2O$

$\quad 2Cr^{3+} + Zn === 2Cr^{2+} + Zn^{2+}$

$\quad 4Cr^{2+} + O_2 + 4H^+ === 4Cr^{3+} + 2H_2O$

(6)生成 Ag_2S

6.(1)此固体为 $PbCrO_4$(黄)

$2PbCrO_4 + 4HCl \xlongequal{\quad} 2PbCl_2 + H_2Cr_2O_7 + H_2O(稀)$　　$PbCl_2$ 不溶于冷水溶于热水

（2）A：$K_2Cr_2O_7$　　　B：Cl_2　　C：$CrCl_3$　D：$Cr(OH)_3$　　E：$KCrO_2$　　F：K_2CrO_4

$K_2Cr_2O_7 + 14HCl \xlongequal{\quad} 2KCl + 2CrCl_3 + 3Cl_2\uparrow + 7H_2O$

$Cr^{3+} + 3OH^- \xlongequal{\quad} Cr(OH)_3\downarrow$

$Cr(OH)_3 + OH^- \xlongequal{\quad} CrO_2^- + 2H_2O$

$2CrO_2^- + 3H_2O_2 + 2OH^- \xlongequal{\quad} 2CrO_4^{2-} + 4H_2O$

$2CrO_4^{2-} + 2H^+ \xlongequal{\quad} Cr_2O_7^{2-} + H_2O$

（3）$FeSO_4 \cdot 7H_2O$

$Fe^{2+} + H_2O \xlongequal{\quad} Fe(OH)^+ + H^+$　　　　$Ba^{2+} + SO_4^{2-} \xlongequal{\quad} BaSO_4\downarrow$

$5Fe^{2+} + MnO_4^- + 8H^+ \xlongequal{\quad} 5Fe^{3+} + Mn^{2+} + 4H_2O$　　　$2Fe^{3+} + 2I^- \xlongequal{\quad} 2Fe^{2+} + I_2$

$3Fe^{2+} + 2Fe(CN)_6^{3-} \xlongequal{\quad} Fe_3[Fe(CN)_6]_2\downarrow$

（4）A：MnO_2　　B：$MnSO_4$　　C：O_2　　D：$Mn(OH)_2$　　E：$MnO(OH)_2$

F：K_2MnO_4　　G：$KMnO_4$

$MnO_2 + H_2SO_4(浓) \xlongequal{\quad} MnSO_4 + \frac{1}{2}O_2 + H_2O$

$Mn^{2+} + 2OH^- \xlongequal{\quad} Mn(OH)_2$

$2Mn(OH)_2 + O_2 \xlongequal{\quad} 2MnO(OH)_2$

$3MnO_2 + 6KOH + KClO_3 \xlongequal{\quad} 3K_2MnO_4 + KCl + 3H_2O$

$3K_2MnO_4 + 2CO_2 \xlongequal{\quad} 2KMnO_4 + MnO_2 + 2K_2CO_3$

（5）A：$CuSO_4 \cdot 5H_2O$　　B：$CuSO_4$　　C：$Cu(OH)_2$　　　D：$[Cu(OH)_4]^{2-}$　　E：CuS

F：$Cu(NO_3)_2$　　G：S　　H：$BaSO_4$

方程式略

7. 答：

（1）用 $NH_3 \cdot H_2O$ 区别

①白色沉淀先溶解, 生成无色溶液, 随之即变兰者, 原物质为 CuCl:

$$CuCl + 2NH_3 \xlongequal{\quad} [Cu(NH_3)_2]^+(无色) + Cl^-$$

$$2[Cu(NH_3)_2]^+ + 4NH_3 + H_2O + \frac{1}{2}O_2 \xlongequal{\quad} 2[Cu(NH_3)_4]^{2+}(兰色) + 2OH^-$$

②白色沉淀溶解变为无色透明溶液者, 原物质为 AgCl:

$$AgCl + 2NH_3 \xlongequal{\quad} [Ag(NH_3)_2]^+ + Cl^-$$

③有灰黑色沉淀产生原物质为 Hg_2Cl_2:

$$Hg_2Cl_2 + 2NH_3 \cdot H_2O \xlongequal{\quad} HgNH_2Cl\downarrow + Hg + NH_4Cl$$

（2）用 KI 溶液区别

①仍有白色沉淀的为 CuCl:

$$CuCl + KI \xlongequal{\quad} CuI\downarrow(白) + KCl$$

②有黄色沉淀的为 AgCl:

$$AgCl + KI \xlongequal{\quad} AgCl\downarrow + KCl$$

③绿色沉淀的为 Hg_2Cl_2:

$$Hg_2Cl_2 + 2KI =\!=\!= Hg_2I_2 \downarrow (绿) + 2KCl$$

8．答：

（1）锌盐和铝盐：分别加入适量的氨水，均有白色胶状沉淀产生，滴入过量氨水后沉淀溶解的为锌盐，不溶的为铝盐：

$$Zn^{2+} + 2NH_3 \cdot H_2O =\!=\!= Zn(OH)_2 \downarrow (白) + 2NH_4^+$$

$$Zn(OH)_2 + 4NH_3 =\!=\!= [Zn(NH_3)_4]^{2+} + 2OH^-$$

$$Al^{3+} + 3NH_3 \cdot H_2O =\!=\!= Al(OH)_3 \downarrow + 3NH_4^+$$

（2）锌盐和镉盐。

（a）分别通入 H_2S，均有沉淀产生，产生白色沉淀者为锌盐，为黄色沉淀者为镉盐：

$$Zn^{2+} + 2H_2S =\!=\!= ZnS \downarrow (白) + 2H^+$$

$$Cd^{2+} + H_2S =\!=\!= CdS \downarrow (黄) + 2H^+$$

（b）在溶液中加入适量 NaOH 溶液，都有白色沉淀，加入过量稀的 NaOH 溶液，溶解的为锌盐，不溶解的为镉盐：

$$Zn^{2+} + 2OH^- =\!=\!= Zn(OH)_2 \downarrow$$

$$Zn(OH)_2 + 2OH^- =\!=\!= [Zn(OH)_4]^{2-}$$

$$Cd^{2+} + 2OH^- =\!=\!= Cd(OH)_2 \downarrow$$

（3）镁盐和锌盐。

（a）加入 2mol/L NaOH 都生成白色沉淀，加入过量的 NaOH，沉淀溶解的为锌盐，不溶者为镁盐：

$$Zn^{2+} + 2OH^- =\!=\!= Zn(OH)_2 \downarrow$$

$$Zn(OH)_2 + 2OH^- =\!=\!= [Zn(OH)_4]^{2-}$$

$$Mg^{2+} + 2OH^- =\!=\!= Mg(OH)_2 \downarrow (白)$$

（b）加入氨水都生成白色沉淀，加入过量氨水，沉淀溶解者为锌盐，否则为镁盐。

（c）在分别通入 H_2S 或加入 $(NH_4)_2S$ 时，有白色沉淀的为锌盐，否则为镁盐。

（4）Fe^{3+}、Al^{3+}、Cr^{3+} 和 Ni^{2+}

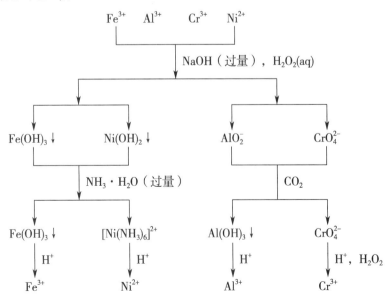

参考文献

1. 张天蓝,姜凤超,魏红. 无机化学. 5版. 北京:人民卫生出版社,2007

2. 张爱平,程向晖. 无机化学. 2版. 北京:科学出版社,2017

3. 刘斌,刘志红. 无机化学. 2版. 北京:中国医药科技出版社,2016

4. 刘幸平,吴巧凤. 无机化学. 2版. 北京:人民卫生出版社,2016

5. 金若水,王韵华,芮承国. 现代化学原理. 北京:高等教育出版社,2005

6. 武汉大学等. 无机化学. 3版. 北京:高等教育出版社,2012

7. 宋天佑,徐家宁,程功臻. 无机化学. 北京:高等教育出版社,2004

8. 周公度,段连运. 结构化学基础. 北京:北京大学出版社,2012

9. 大连理工无机化学教研室编. 无机化学. 5版. 北京:高等教育出版社,2006

10. 铁步荣,杨怀霞. 无机化学. 10版. 北京:中国中医药出版社,2016

11. 许善锦. 无机化学. 4版. 北京:人民卫生出版社,2003

12. 史启祯,韩万书,陈荣,等. 物理无机化学进展与前瞻. 西安:陕西科学技术出版社,2000

13. 颜秀茹. 无机化学与化学分析. 北京:高等教育出版社,2016

14. 宋天佑,程鹏,徐家宁,等. 无机化学. 3版. 北京:高等教育出版社,2015

15. 北京师范大学,华中师范大学,南京师范大学. 无机化学. 4版. 北京:高等教育出版社,2002

16. 杨怀霞,刘幸平. 无机化学. 北京:中国医药科技出版社,2014

17. 王致勇. 无机化学原理. 北京:清华大学出版社,1983

18. 郑一美. 药物分析与质量控制. 2版. 北京:化学工业出版社,2014

19. JAMES G,SPEIGHT P D. Lange's Handbook of Chemistry . 16th ed. McGraw-Hill Co,2004

20. WILLIAM M. HAYNES.CRC Handbook of Chemistry and Physics . 97th ed. CRC Press,2016-2017

21. 张培萍,刘丽华,董峻岭,等. 草酸钙的形成机理及影响因素. 白求恩医科大学学报,2001,27(5):567-569

22. 白铁男,马腾骧. 草酸钙结晶尿和草酸钙结石形成的关系. 国外医学. 泌尿系统分册,1987,8(3):12-14

23. 曹治权,王秀萍,曹广智,等. 中药中微量元素的存在状态与生物活性关系的研究. 广东微量元素科学,1995,2(10):18-26

24. 周发阳,徐翊雯,孙宇,等. 中药配位化学研究进展. 中国现代中药,2015,17(5):502-508

25. 陈存英. 氧化还原反应在生活中的体现. 长春理工大学学报,2011,6(2):197-198

26. 张雅丽. 碳酸氢钠在新生儿口腔护理中的应用,中国基层医药,1999(2):46-46

27. 蔡邦宏,李文超,刘茹. 奥斯特瓦尔德-物理化学之父. 科学大众•科学教育,2016,3:118-119

28. 许汉奎. 钟乳石的秘密. 大自然,2007,6:18-19

附 录

附录一　中华人民共和国法定计量单位

表1　国际单位制（SI）的基本单位

量的名称	单位名称	单位符号		定义
		中文	国际	
长度	米 meter	米	m	米：光在真空中 $\frac{1}{299\ 792\ 458}$ 秒的时间间隔内所进行的路程的长度
质量	千克 kilogram	千克	kg	千克：是质量单位，等于国际千克原器的质量
时间	秒 second	秒	s	秒：是铯-133原子基态的两个超精细能级之间跃迁所对应的辐射的9 192 631 770个周期的持续时间
电流	安[培] ampere	安	A	安培：是一恒定电流，若保持处于真空中相距1米的两无限长而圆截面可忽略的平行直导线内，则此两导线之间在每米长度上产生的力等于 2×10^{-7} 牛顿
热力学温度	开[尔文] kelvin	开	K	热力学温度：是水三相点热力学温度的 $\frac{1}{273.16}$
物质的量	摩[尔] mole	摩	mol	摩尔：是系统的物质的量，该系统中所包含的基本单元数与0.012千克 ^{12}C 的原子数目相等
发光强度	坎[德拉] candela	坎	cd	坎：是一光源发出的频率为 $540 \times 10^{12}Hz$ 的单色辐射，且在给定方向上的辐射强度为 $\frac{1}{683}$ W·Sr^{-1}（瓦特每球面度）

表2　国际单位制（SI）中具有专门名称的导出单位

量	单位名称	符号	用其他SI单位表示的表示式	用SI基本单位表示的表示式
摄氏温度	摄氏度	℃		K
频率	赫[兹]	Hz		1/s
力	牛[顿]	N		m·kg/s^2
压强	帕[斯卡]	Pa	N/m^2	kg/(m·s^2)
能[量]、热量、功	焦[耳]	J	N·m	m^2·kg/s^2
功率、辐[射能]通量	瓦[特]	W	J/s	m^2·kg/s^3

量	单位名称	符号	用其他SI单位表示的表示式	用SI基本单位表示的表示式
电荷[量]	库[仑]	C		A·s
电压、电位、电动势	伏[特]	V	W/A	$m^2 \cdot kg/(s^3 \cdot A)$
电容	法[拉]	F	C/V	$s^4 \cdot A^2/(m^2 \cdot kg)$
电阻	欧[姆]	Ω	V/A	$m^2 \cdot kg/(s^3 \cdot A^2)$
电导	西[门子]	S	A/V	$s^3 \cdot A^2/(m^2 \cdot kg)$
磁通[量]	韦[伯]	Wb	V·s	$m^2 \cdot kg/(s^2 \cdot A)$
磁感应强度、磁通密度	特[斯拉]	T	Wb/m^2	$kg/(s^2 \cdot A)$
电感	亨[利]	H	Wb/A	$M^3 \cdot kg/(s^2 \cdot A^2)$

表3 国家选定的非国际单位制单位

量的名称	单位名称	单位符号	与SI单位的关系
时间	分	min	1min=60s
	小时	h	1h=60min=3 600s
	天(日)	d	1d=24h=86 400s
质量	吨	t	1t=1 000kg
	原子质量单位	u	$1u=1.660\,540\,2(10) \times 10^{-27}kg$
体积,容积	升	L	$1L=1dm^3=10^{-3}m^3$
能量	电子伏特	eV	$1eV=1.602\,177\,33(49) \times 10^{-19}J$

附录二 常用物理常数和单位换算

表1 常用物理常数

物理量	数值
真空中的光速	$c=2.997\,924\,58 \times 10^8 m/s$
电子电荷	$e=1.602\,177\,33(49) \times 10^{-19}C=4.802\,98 \times 10^{-19}esu$(静电单位)
原子质量单位	$1u=1.660\,540\,2(10) \times 10^{-27}kg$
电子静止质量	$m_e=9.109\,389\,71(54) \times 10^{-31}kg=0.000\,548\,58u$(原子质量单位)
质子静止质量	$m_p=1.672\,623(10) \times 10^{-27}kg$
玻尔半径	$\alpha_o=5.291\,772\,49(24) \times 10^{-11}m=52.917\,724\,9(24)pm$
摩尔气体常数	$R=8.314\,510(70)J/(mol \cdot K)=0.082\,053L \cdot atm/(mol \cdot K)$
阿伏伽德罗常数	$N_A=6.022\,136\,7(36) \times 10^{23}/mol$
普朗克常数	$h=6.626\,068\,96(33) \times 10^{-34}J \cdot s=4.135\,667\,43(35) \times 10^{-15}eV \cdot s$ $=6.626\,068\,96(33) \times 10^{-27}erg \cdot s$
玻尔兹曼常数	$k=1.380\,658(24) \times 10^{-23}J/K$
法拉第常数	$F=9.648\,530\,9(29) \times 10^4 C/mol$

表 2　常用单位换算

1 米（m）= 100 厘米（cm）= 10^3 毫米（mm）= 10^6 微米（μm）= 10^9 纳米（nm）= 10^{10} 埃（Å）= 10^{12}（pm）
1 大气压（atm = 1.013 25 巴（bar）= 1.013 25 × 10^5（Pa）= 760 毫米汞柱（mmHg）（0℃）= 1.033 5 × 10^4 毫米水柱（mm H_2O）
1 卡（cal）= 4.184 0 焦耳（J）= 4.184 0 × 10^7 尔格（erg）
1 大气压·升 = 101.33 焦耳（J）= 24.202 卡（cal）
1 电子伏特（eV）= 1.602 2 × 10^{-18} 焦（J）= 23.061 千卡/摩尔（kcal/mol）
1 波数（cm^{-1}）= 1.986 5 × 10^{-23}J

附录三　常见弱酸、弱碱在水中的电离常数（298K）

弱酸或弱碱	分子式	$K_a^\ominus$（或 $K_b^\ominus$）	$pK_a^\ominus$（或 $pK_b^\ominus$）
砷酸	H_3AsO_4	6.30×10^{-3}	2.20
		1.05×10^{-7}	6.98
		3.16×10^{-12}	11.50
硼酸	H_3BO_3	5.75×10^{-10}	9.24
碳酸	H_2CO_3	4.17×10^{-7}	6.38
		5.62×10^{-11}	10.25
氢氰酸	HCN	6.17×10^{-10}	9.21
铬酸	H_2CrO_4	1.05×10^{-1}	0.98
		3.16×10^{-7}	6.50
氢氟酸	HF	6.61×10^{-4}	3.18
亚硝酸	HNO_2	5.16×10^{-4}	3.29
过氧化氢	H_2O_2	2.24×10^{-12}	11.65
		1.0×10^{-25}	
磷酸	H_3PO_4	7.59×10^{-3}	2.12
		6.31×10^{-8}	7.20
		4.37×10^{-13}	12.36
亚磷酸	H_3PO_3	5.01×10^{-2}	1.30
		2.51×10^{-7}	6.60
氢硫酸	H_2S	1.32×10^{-7}	6.88
		7.08×10^{-15}	14.15
硫酸	H_2SO_4	1.02×10^{-2}	1.99
亚硫酸	H_2SO_3	1.26×10^{-2}	1.90
		6.31×10^{-8}	7.18
硫氰酸	HSCN	1.41×10^{-1}	0.85
偏硅酸	H_2SiO_3	1.70×10^{-10}	9.77
		1.60×10^{-12}	11.80
次氯酸	HClO	2.90×10^{-8}	7.54
次溴酸	HBrO	2.82×10^{-9}	8.55
次碘酸	HIO	3.16×10^{-11}	10.50
硫代硫酸	$H_2S_2O_3$	2.52×10^{-1}	0.60
		1.90×10^{-2}	1.72
甲酸（蚁酸）	HCOOH	1.80×10^{-4}	3.74
醋酸	HAc	1.75×10^{-5}	4.76
草酸	$H_2C_2O_4$	5.37×10^{-2}	1.27
		5.37×10^{-2}	4.27
氨	NH_3	1.74×10^{-5}	4.76
羟胺	NH_2OH	9.12×10^{-9}	8.04

附录四 难溶化合物的溶度积（298K）

难溶化合物	$K_{sp}^{\ominus}$	难溶化合物	$K_{sp}^{\ominus}$	难溶化合物	$K_{sp}^{\ominus}$
卤化物		Bi_2S_3	1.0×10^{-97}	CuSCN	1.77×10^{-13}
AgCl	1.77×10^{-10}	CuS	6.3×10^{-36}	$Hg_2(SCN)_2$	3.2×10^{-20}
AgBr	5.35×10^{-13}	Cu_2S	2.5×10^{-48}	硫酸盐	
AgI	8.52×10^{-17}	α-CoS	4.0×10^{-21}	Ag_2SO_4	1.20×10^{-5}
CuBr	6.27×10^{-9}	β-CoS	2.0×10^{-25}	$BaSO_4$	1.08×10^{-10}
CaF_2	3.45×10^{-11}	FeS	6.3×10^{-18}	$CaSO_4$	4.93×10^{-5}
CuI	1.27×10^{-12}	Hg_2S	1.0×10^{-47}	Hg_2SO_4	6.5×10^{-7}
CuCl	1.72×10^{-7}	HgS 红色	4.0×10^{-53}	$PbSO_4$	5.53×10^{-8}
Hg_2Cl_2	1.43×10^{-18}	HgS 黑色	1.6×10^{-52}	$SrSO_4$	3.44×10^{-7}
Hg_2I_2	5.2×10^{-29}	MnS 晶形	2.5×10^{-13}	草酸盐	
MgF_2	5.16×10^{-11}	MnS 无定形	2.5×10^{-10}	$Ag_2C_2O_4$	5.40×10^{-12}
$PbBr_2$	6.60×10^{-6}	α-NiS	3.2×10^{-19}	$BaC_2O_4 \cdot H_2O$	2.3×10^{-8}
PbI_2	9.8×10^{-9}	β-NiS	1.0×10^{-24}	BaC_2O_4	1.6×10^{-7}
PbF_2	3.3×10^{-8}	γ-NiS	2.0×10^{-26}	$CaC_2O_4 \cdot H_2O$	2.32×10^{-9}
$PbCl_2$	1.70×10^{-5}	PbS	8.0×10^{-28}	$CdC_2O_4 \cdot 3H_2O$	1.42×10^{-8}
SrF_2	4.33×10^{-9}	α-ZnS	1.6×10^{-24}	$MgC_2O_4 \cdot 2H_2O$	4.83×10^{-6}
氢氧化物		β-ZnS	2.5×10^{-22}	$MnC_2O_4 \cdot 2H_2O$	1.70×10^{-7}
AgOH	2.0×10^{-8}	Sb_2S_3	1.5×10^{-93}	$ZnC_2O_4 \cdot 2H_2O$	1.38×10^{-9}
$Al(OH)_3$	1.3×10^{-33}	碳酸盐		磷酸盐	
$Bi(OH)_3$	6.0×10^{-31}	Ag_2CO_3	8.46×10^{-12}	Ag_3PO_4	8.89×10^{-17}
$Co(OH)_2$ 新	5.92×10^{-15}	$BaCO_3$	2.58×10^{-9}	$AlPO_4$	9.84×10^{-21}
CuOH	1.0×10^{-14}	$CaCO_3$	3.36×10^{-9}	$Ba_3(PO_4)_2$	3.4×10^{-23}
$Cu(OH)_2$	2.2×10^{-20}	$CoCO_3$	1.4×10^{-13}	$BiPO_4$	1.3×10^{-23}
$Cr(OH)_3$	6.3×10^{-31}	$CuCO_3$	1.4×10^{-10}	$Ca_3(PO_4)_2$	2.07×10^{-33}
$Ca(OH)_2$	5.02×10^{-6}	$FeCO_3$	3.13×10^{-11}	$Co_3(PO_4)_2$	2.05×10^{-35}
$Cd(OH)_2$ 新	7.2×10^{-15}	Hg_2CO_3	3.6×10^{-17}	$Cu_3(PO_4)_2$	1.40×10^{-37}
$Co(OH)_3$	1.6×10^{-44}	$MnCO_3$	2.24×10^{-11}	$FePO_4 \cdot H_2O$	9.91×10^{-16}
$Fe(OH)_3$	2.79×10^{-39}	$MgCO_3$	6.82×10^{-6}	$MgNH_4PO_4$	2.5×10^{-13}
$Fe(OH)_2$	4.87×10^{-17}	$NiCO_3$	1.42×10^{-7}	$Mg_3(PO_4)_2$	1.04×10^{-24}
$Hg(OH)_2$	3.2×10^{-26}	$PbCO_3$	7.4×10^{-14}	$Ni_3(PO_4)_2$	4.74×10^{-32}
$Hg_2(OH)_2$	2.0×10^{-24}	$SrCO_3$	5.6×10^{-10}	$Pb_3(PO_4)_2$	8.0×10^{-43}
$Mg(OH)_2$	5.61×10^{-12}	$ZnCO_3$	1.46×10^{-10}	$Sr_3(PO_4)_2$	4.0×10^{-28}
$Mn(OH)_2$	1.9×10^{-13}	铬酸盐		$Zn_3(PO_4)_2$	9.0×10^{-33}
$Ni(OH)_2$ 新	5.48×10^{-16}	Ag_2CrO_4	1.12×10^{-12}	磷酸一氢盐	
$Pb(OH)_2$	1.43×10^{-20}	$BaCrO_4$	1.17×10^{-10}	$CaHPO_4$	1.0×10^{-7}
$Pb(OH)_4$	3.2×10^{-66}	$CaCrO_4$	7.1×10^{-4}	$CoHPO_4$	2.0×10^{-7}
$Sn(OH)_2$	5.45×10^{-27}	$PbCrO_4$	2.8×10^{-13}	$PbHPO_4$	1.3×10^{-10}
$Sn(OH)_4$	1×10^{-56}	$SrCrO_4$	2.2×10^{-5}	其他	
$Zn(OH)_2$	3.0×10^{-17}	氰化物		AgAc	1.94×10^{-3}
$Zn(OH)_2$ 陈	1.2×10^{-17}	AgCN	5.97×10^{-17}	$Ag_2Cr_2O_7$	2.0×10^{-7}
$Tl(OH)_2$	1.68×10^{-44}	CuCN	3.47×10^{-20}	BiOCl	1.8×10^{-31}
硫化物		$Hg_2(CN)_2$	5.0×10^{-40}	$KClO_4$	1.05×10^{-2}
As_2S_3	2.1×10^{-22}	硫氰化物		$K_2[PtCl_6]$	7.48×10^{-6}
Ag_2S	6.3×10^{-50}	AgSCN	1.03×10^{-12}		

附录五　标准电极电势表（298K）

1. 在酸性溶液中

电极平衡式	$E_A^{\ominus}/V$
$Li^+ + e^- \rightleftharpoons Li$	-3.045
$K^+ + e^- \rightleftharpoons K$	-2.931
$Ba^{2+} + 2e^- \rightleftharpoons Ba$	-2.912
$Sr^{2+} + 2e^- \rightleftharpoons Sr$	-2.899
$Ca^{2+} + 2e^- \rightleftharpoons Ca$	-2.868
$Na^+ + e^- \rightleftharpoons Na$	-2.714
$Mg^{2+} + 2e^- \rightleftharpoons Mg$	-2.372
$Al^{3+} + 3e^- \rightleftharpoons Al$	-1.662
$Mn^{2+} + 2e^- \rightleftharpoons Mn$	-1.185
$Se + 2e^- \rightleftharpoons Se^{2-}$	-0.924
$Cr^{2+} + 2e^- \rightleftharpoons Cr$	-0.913
$Zn^{2+} + 2e^- \rightleftharpoons Zn$	$-0.761\,8$
$Cr^{3+} + 3e^- \rightleftharpoons Cr$	-0.744
$Ag_2S(固) + 2e^- \rightleftharpoons 2Ag + S^{2-}$	-0.691
$Ga^{3+} + 3e^- \rightleftharpoons Ga$	-0.56
$As + 3H^+ + 3e^- \rightleftharpoons AsH_3$	-0.608
$H_3PO_3 + 2H^+ + 2e^- \rightleftharpoons H_3PO_2 + H_2O$	-0.499
$2CO_2 + 2H^+ + 2e^- \rightleftharpoons H_2C_2O_4$	-0.49
$S + 2e^- \rightleftharpoons S^{2-}$	-0.476
$Fe^{2+} + 2e^- \rightleftharpoons Fe$	-0.447
$Cr^{3+} + e^- \rightleftharpoons Cr^{2+}$	-0.407
$Cd^{2+} + 2e^- \rightleftharpoons Cd$	-0.403
$Se + 2H^+ + 2e^- \rightleftharpoons H_2Se$	-0.36
$PbSO_4(固) + 2e^- \rightleftharpoons Pb + SO_4^{2-}$	$-0.358\,8$
$In^{3+} + 3e^- \rightleftharpoons In$	$-0.338\,2$
$Tl^+ + e^- \rightleftharpoons Tl$	$-0.336\,3$
$Co^{2+} + 2e^- \rightleftharpoons Co$	-0.280
$H_3PO_4 + 2H^+ + 2e^- \rightleftharpoons H_3PO_3 + H_2O$	-0.276
$Ni^{2+} + 2e^- \rightleftharpoons Ni$	-0.257
$AgI(固) + e^- \rightleftharpoons Ag + I^-$	$-0.152\,2$
$Sn^{2+} + 2e^- \rightleftharpoons Sn$	$-0.137\,5$
$Pb^{2+} + 2e^- \rightleftharpoons Pb$	$-0.126\,2$

电极平衡式	$E_A^\ominus$/V
$Fe^{3+} + 3e^- \rightleftharpoons Fe$	-0.041
$2H^+ + 2e^- \rightleftharpoons H_2$	0.000
$AgBr(固) + e^- \rightleftharpoons Ag + Br^-$	$+0.0713$
$S_4O_6^{2-} + 2e^- \rightleftharpoons 2S_2O_3^{2-}$	$+0.08$
$TiO^{2+} + 2H^+ + e^- \rightleftharpoons Ti^{3+} + H_2O$	$+0.10$
$S + 2H^+ + 2e^- \rightleftharpoons H_2S(气)$	$+0.142$
$Sn^{4+} + 2e^- \rightleftharpoons Sn^{2+}$	$+0.151$
$Cu^{2+} + e^- \rightleftharpoons Cu^+$	$+0.159$
$SbO^+ + 2H^+ + 3e^- \rightleftharpoons Sb + H_2O$	$+0.212$
$SO_4^{2-} + 4H^+ + 2e^- \rightleftharpoons H_2SO_3^{2-} + H_2O$	$+0.2172$
$AgCl(固) + e^- \rightleftharpoons Ag + Cl^-$	$+0.2223$
$HAsO_2 + 3H^+ + 3e^- \rightleftharpoons As + 2H_2O$	$+0.2475$
$Hg_2Cl_2(固) + 2e^- \rightleftharpoons 2Hg + 2Cl^-$	$+0.2681$
$BiO^+ + 2H^+ + 3e^- \rightleftharpoons Bi + H_2O$	$+0.302$
$VO^{2+} + 2H^+ + e^- \rightleftharpoons V^{3+} + H_2O$	$+0.337$
$Cu^{2+} + 2e^- \rightleftharpoons Cu$	$+0.3419$
$Fe(CN)_6^{3-} + e^- \rightleftharpoons Fe(CN)_6^{4-}$	$+0.36$
$2H_2SO_3 + 2H^+ + 4e^- \rightleftharpoons S_2O_3^{2-} + H_2O$	$+0.40$
$4H_2SO_3 + 4H^+ + 6e^- \rightleftharpoons S_4O_6^{2-} + 6H_2O$	$+0.51$
$Cu^+ + e^- \rightleftharpoons Cu$	$+0.521$
$I_2(固) + 2e^- \rightleftharpoons 2I^-$	$+0.5355$
$H_3AsO_4 + 2H^+ + 2e^- \rightleftharpoons HAsO_2 + H_2O$	$+0.560$
$MnO_4^- + e^- \rightleftharpoons MnO_4^{2-}$	$+0.558$
$2HgCl_2 + 2e^- \rightleftharpoons Hg_2Cl_2(固) + 2Cl^-$	$+0.63$
$O_2(气) + 2H^+ + 2e^- \rightleftharpoons H_2O_2$	$+0.695$
$Fe^{3+} + e^- \rightleftharpoons Fe^{2+}$	$+0.771$
$Hg_2^{2+} + 2e^- \rightleftharpoons 2Hg$	$+0.7986$
$Ag^+ + e^- \rightleftharpoons Ag$	$+0.7996$
$AuBr_4^- + 2e^- \rightleftharpoons AuBr_2^- + 2Br^-$	$+0.805$
$AuBr_4^- + 3e^- \rightleftharpoons Au + 4Br^-$	$+0.854$
$Cu^+ + I^- + e^- \rightleftharpoons CuI(固)$	$+0.86$
$NO_3^- + 3H^+ + 2e^- \rightleftharpoons HNO_2 + H_2O$	$+0.934$
$AuBr_2^- + e^- \rightleftharpoons Au + 2Br^-$	$+0.957$
$HIO + H^+ + 2e^- \rightleftharpoons I^- + H_2O$	$+0.987$
$HNO_2 + H^+ + e^- \rightleftharpoons NO(气) + H_2O$	$+0.99$
$VO_2^+ + 2H^+ + e^- \rightleftharpoons VO^{2+} + H_2O$	$+1.00$

电极平衡式	$E_A^{\ominus}/V$
$AuCl_4^- + 3e^- \rightleftharpoons Au + 4Cl^-$	$+1.002$
$Br_2(液) + 2e^- \rightleftharpoons 2Br^-$	$+1.066$
$Br_2(水) + 2e^- \rightleftharpoons 2Br^-$	$+1.087$
$ClO_4^- + 2H^+ + 2e^- \rightleftharpoons ClO_3^- + 3H_2O$	$+1.189$
$IO_3^- + 6H^+ + 5e^- \rightleftharpoons \frac{1}{2}I_2 + 3H_2O$	$+1.195$
$MnO_2(固) + 4H^+ + 2e^- \rightleftharpoons Mn^{2+} + 2H_2O$	$+1.224$
$O_2(气) + 4H^+ + 4e^- \rightleftharpoons 2H_2O$	$+1.229$
$Cr_2O_7^{2-} + 14H^+ + 6e^- \rightleftharpoons 2Cr^{3+} + 7H_2O$	$+1.33$
$ClO_4^- + 8H^+ + 7e^- \rightleftharpoons \frac{1}{2}Cl_2 + 4H_2O$	$+1.339$
$Cl_2(气) + 2e^- \rightleftharpoons 2Cl^-$	$+1.3583$
$HIO + H^+ + e^- \rightleftharpoons \frac{1}{2}I_2 + H_2O$	$+1.45$
$ClO_3^- + 6H^+ + 6e^- \rightleftharpoons Cl^- + 3H_2O$	$+1.451$
$PbO_2(固) + 4H^+ + 2e^- \rightleftharpoons Pb^{2+} + 2H_2O$	$+1.455$
$ClO_3^- + 6H^+ + 5e^- \rightleftharpoons \frac{1}{2}Cl_2 + 2H_2O$	$+1.47$
$HClO + H^+ + 2e^- \rightleftharpoons Cl^- + H_2O$	$+1.485$
$BrO_3^- + 6H^+ + 6e^- \rightleftharpoons Br^- + 3H_2O$	$+1.484$
$Mn^{3+} + e^- \rightleftharpoons Mn^{2+}(7.5mol/LH_2SO_4)$	$+1.488$
$Au(III) + 3e^- \rightleftharpoons Au$	$+1.498$
$MnO_4^- + 8H^+ + 5e^- \rightleftharpoons Mn^{2+} + 4H_2O$	$+1.51$
$BrO_3^- + 6H^+ + 5e^- \rightleftharpoons \frac{1}{2}Br_2 + 3H_2O$	$+1.52$
$HBrO + H^+ + e^- \rightleftharpoons \frac{1}{2}Br_2 + H_2O$	$+1.596$
$H_5IO_6 + H^+ + 2e^- \rightleftharpoons IO_3^- + 3H_2O$	$+1.601$
$HClO + H^+ + e^- \rightleftharpoons \frac{1}{2}Cl_2 + H_2O$	$+1.611$
$HClO_2 + 2H^+ + 2e^- \rightleftharpoons HClO + H_2O$	$+1.645$
$MnO_4^- + 4H^+ + 3e^- \rightleftharpoons MnO_2 + 4H_2O$	$+1.679$
$Au^+ + e^- \rightleftharpoons Au$	$+1.68$
$PbO_2(s) + SO_4^{2-} + 4H^+ + 2e^- \rightleftharpoons PbSO_4(固) + 2H_2O$	$+1.691$
$Ce^{4+} + e^- \rightleftharpoons Ce^{3+}$	$+1.72$
$H_2O_2 + 2H^+ + 2e^- \rightleftharpoons 2H_2O$	$+1.776$
$Co^{3+} + e^- \rightleftharpoons Co^{2+}$	$+1.92$

电极平衡式	$E_A^\ominus/V$
$S_2O_8^{2-} + 2e^- \rightleftharpoons 2SO_4^{2-}$	$+2.01$
$O_3 + 2H^+ + 2e^- \rightleftharpoons O_2 + H_2O$	$+2.076$
$FeO_4^{2-} + 8H^+ + 3e^- \rightleftharpoons Fe^{3+} + 4H_2O$	$+2.1$
$F_2(气) + 2e^- \rightleftharpoons 2F^-$	$+2.866$
$F_2(气) + 2H^+ + 2e^- \rightleftharpoons 2HF$	$+3.053$

2．在碱性溶液中

电极平衡式	$E_B^\ominus/V$
$Ca(OH)_2 + 2e^- \rightleftharpoons Ca + 2OH^-$	-3.02
$Ba(OH)_2 + 2e^- \rightleftharpoons Ba + 2OH^-$	-2.99
$La(OH)_3 + 3e^- \rightleftharpoons La + 3OH^-$	-2.76
$Mg(OH)_2 + 2e^- \rightleftharpoons Mg + 2OH^-$	-2.69
$H_2BO_3^- + H_2O + 3e^- \rightleftharpoons B + 4OH^-$	-2.5
$SiO_3^{2-} + 3H_2O + 4e^- \rightleftharpoons Si + 6OH^-$	-1.697
$HPO_3^{2-} + 3H_2O + 2e^- \rightleftharpoons H_2PO_2^- + 3OH^-$	-1.65
$Mn(OH)_2 + 2e^- \rightleftharpoons Mn + 2OH^-$	-1.56
$Cr(OH)_3 + 3e^- \rightleftharpoons Cr + 3OH^-$	-1.3
$Zn(CN)_4^{2-} + 2e^- \rightleftharpoons Zn + 4CN^-$	-1.26
$ZnO_2^{2-} + 2H_2O + 2e^- \rightleftharpoons Zn + 4OH^-$	-1.215
$As + 3H_2O + 3e^- \rightleftharpoons AsH_3 + 3OH^-$	-1.21
$CrO_2^- + 2H_2O + 3e^- \rightleftharpoons Cr + 4OH^-$	-1.2
$2SO_3^{2-} + 2H_2O + 2e^- \rightleftharpoons S_2O_4^{2-} + 4OH^-$	-1.12
$PO_4^{3-} + 2H_2O + 2e^- \rightleftharpoons HPO_3^{2-} + 3OH^-$	-1.05
$Zn(NH_3)_4^{2+} + 2e^- \rightleftharpoons Zn + 4NH_3$	-1.04
$SO_4^{2-} + H_2O + 2e^- \rightleftharpoons SO_3^{2-} + 2OH^-$	-0.93
$P + 3H_2O + 3e^- \rightleftharpoons PH_3(气) + 3OH^-$	-0.87
$2NO_3^- + 2H_2O + 2e^- \rightleftharpoons N_2O_4 + 3OH^-$	-0.85
$S_2O_3^{2-} + 3H_2O + 4e^- \rightleftharpoons 2S + 6OH^-$	-0.74
$Co(OH)_2 + 2e^- \rightleftharpoons Co + 2OH^-$	-0.73
$SO_3^{2-} + 3H_2O + 4e^- \rightleftharpoons S + 6OH^-$	-0.66
$PbO + H_2O + 2e^- \rightleftharpoons Pb + 2OH^-$	-0.576
$Fe(OH)_3 + e^- \rightleftharpoons Fe(OH)_2 + OH^-$	-0.56
$S + 2e^- \rightleftharpoons S^{2-}$	-0.508
$NO_2^{2-} + H_2O + e^- \rightleftharpoons NO + 2OH^-$	-0.46

电极平衡式	$E_B^\ominus/V$
$Cu(OH)_2 + 2e^- \rightleftharpoons Cu + 2OH^-$	-0.224
$O_2 + H_2O + 2e^- \rightleftharpoons HO_2^- + OH^-$	-0.146
$CrO_4^{2-} + 2H_2O + 3e^- \rightleftharpoons Cr(OH)_3 + 5OH^-$	-0.13
$HgO + H_2O + 2e^- \rightleftharpoons Hg + 2OH^-$	$+0.0977$
$[Co(NH_3)_6]^{3+} + e^- \rightleftharpoons [Co(NH_3)_6]^{2+}$	$+0.108$
$IO_3^- + 2H_2O + 4e^- \rightleftharpoons IO^- + 4OH^-$	$+0.15$
$IO_3^- + 3H_2O + 6e^- \rightleftharpoons I^- + 6OH^-$	$+0.26$
$O_2 + 2H_2O + 4e^- \rightleftharpoons 4OH^-$	$+0.401$
$IO^- + H_2O + 2e^- \rightleftharpoons I^- + 2OH^-$	$+0.485$
$MnO_4^- + 2H_2O + 3e^- \rightleftharpoons MnO_2 + 4OH^-$	$+0.59$
$MnO_4^{2-} + 2H_2O + 2e^- \rightleftharpoons MnO_2 + 4OH^-$	$+0.60$
$ClO_3^- + 3H_2O + 6e^- \rightleftharpoons Cl^- + 6OH^-$	$+0.62$
$ClO^- + H_2O + 2e^- \rightleftharpoons Cl^- + 2OH^-$	$+0.89$
$O_3 + H_2O + 2e^- \rightleftharpoons O_2 + 2OH^-$	$+1.24$

附录六　配离子的稳定常数（298K）

配位体	金属离子	配体数	$K_稳^\ominus$	$\lg K_稳^\ominus$
Cl^-	Ag^+	2	1.10×10^5	5.04
	Cd^{2+}	4	6.31×10^2	2.80
	Co^{3+}	1	2.63	1.42
	Cu^+	3	5.01×10^5	5.7
	Hg^{2+}	4	1.17×10^{15}	15.07
	Pt^{2+}	4	1.0×10^{16}	16.0
	Sb^{3+}	6	1.29×10^4	4.11
	Sn^{2+}	4	3.02	1.48
	Tl^{3+}	4	1.0×10^{18}	18.00
	Zn^{2+}	4	1.58	0.20
Br^-	Ag^+	4	5.37×10^{48}	48.73
	Bi^{3+}	4	1.99×10^7	7.30
	Bi^{3+}	6	5.01×10^9	9.70
	Cd^{2+}	4	5.01×10^3	3.70

配位体	金属离子	配体数	$K_{稳}^{\ominus}$	$\lg K_{稳}^{\ominus}$
NH_3	Ag^+	2	1.12×10^7	7.05
	Cd^{2+}	4	1.32×10^7	7.12
	Cd^{2+}	6	1.38×10^5	5.14
	Co^{2+}	6	1.29×10^5	5.11
	Co^{3+}	6	1.58×10^{35}	35.2
	Cu^+	2	7.24×10^{10}	10.86
	Cu^{2+}	4	2.09×10^{13}	13.32
	Fe^{2+}	2	1.58×10^2	2.2
	Hg^{2+}	4	1.90×10^{19}	19.28
	Ni^{2+}	4	9.12×10^7	7.96;
	Ni^{2+}	6	5.50×10^8	8.74
	Pt^{2+}	6	2.0×10^{35}	35.3
	Zn^{2+}	4	2.88×10^9	9.46
CN^-	Ag^+	2	1.26×10^{21}	21.1
	Au^+	2	2.0×10^{38}	38.3
	Cd^{2+}	4	6.02×10^{18}	18.78
	Cu^+	2	1.0×10^{24}	24.0;
	Cu^+	4	2.0×10^{30}	30.30
	Fe^{2+}	6	1.0×10^{35}	35
	Fe^{3+}	6	1.0×10^{42}	42
	Hg^{2+}	4	2.51×10^{41}	41.4
	Ni^{2+}	4	2.00×10^{31}	31.3
	Zn^{2+}	4	5.01×10^{16}	16.70
F^-	Al^{3+}	6	6.92×10^{19}	19.84
	Fe^{2+}	1	6.3	0.8
	Fe^{3+}	1	1.90×10^5	5.28
	Fe^{3+}	2	2.0×10^9	9.30
	Fe^{3+}	5	5.89×10^{15}	15.77
	Sb^{3+}	4	7.94×10^{10}	10.9
	Sn^{2+}	3	3.16×10^9	9.50
I^-	Ag^+	2	5.50×10^{11}	11.74;
	Ag^+	3	4.79×10^{13}	13.68
	Bi^{3+}	6	6.31×10^{18}	18.80
	Cd^{2+}	4	2.57×10^5	5.41
	Cu^+	2	7.08×10^8	8.85
	Hg^{2+}	2	6.61×10^{23}	23.82;
	Hg^{2+}	4	6.76×10^{29}	29.83
	Pb^{2+}	4	2.95×10^4	4.47

配位体	金属离子	配体数	$K_{稳}^{\ominus}$	$\lg K_{稳}^{\ominus}$
SCN⁻	Ag^+	2	3.72×10^7	7.57;
	Ag^+	4	1.20×10^{10}	10.08
	Cu^+	2	1.51×10^5	5.18
	Cd^{2+}	4	4.0×10^3	3.6
	Fe^{3+}	3	1.0×10^5	5.00
	Fe^{3+}	6	1.26×10^6	6.10
	Hg^{2+}	4	1.70×10^{21}	21.23
$S_2O_3^{2-}$	Ag^+	2	2.88×10^{13}	13.46
	Cd^{2+}	2	2.75×10^6	6.44
	Cu^+	2	1.66×10^{12}	12.22
	Hg^{2+}	4	1.74×10^{33}	33.24
（EDTA）⁴⁻	Al^{3+}	1	1.35×10^{16}	16.13
	Bi^{3+}	1	6.31×10^{22}	22.8
	Ca^{2+}	1	1.0×10^{11}	11.0
	Cd^{2+}	1	2.51×10^{16}	16.4
	Co^{2+}	1	2.04×10^{16}	16.31
	Co^{3+}	1	1.0×10^{36}	36
	Cr^{3+}	1	1.0×10^{23}	23.0
	Cu^{2+}	1	5.01×10^{18}	18.7
	Fe^{2+}	1	2.14×10^{14}	14.33
	Hg^{2+}	1	6.31×10^{21}	21.80
	Mg^{2+}	1	4.36×10^8	8.64
	Ni^{2+}	1	3.63×10^{18}	18.56
	Pb^{2+}	1	2.0×10^{18}	18.3
	Sn^{2+}	1	1.26×10^{22}	22.1
	Zn^{2+}	1	2.51×10^{16}	16.4
en	Ag^+	2	5.01×10^7	7.70
	Cd^{2+}	3	1.23×10^{12}	12.09
	Co^{2+}	3	8.71×10^{13}	13.94
	Co^{3+}	3	4.90×10^{48}	48.69
	Cu^+	2	6.31×10^{10}	10.80
	Cu^{2+}	3	1.0×10^{21}	21.00
	Fe^{2+}	3	5.01×10^9	9.70
	Hg^{2+}	2	2.00×10^{23}	23.3
	Mn^{2+}	3	4.68×10^5	5.67
	Ni^{2+}	3	2.14×10^{18}	18.33
	Zn^{2+}	3	1.29×10^{14}	14.11

配位体	金属离子	配体数	$K_{稳}^{\ominus}$	$\lg K_{稳}^{\ominus}$
$C_2O_4^{2-}$	Co^{2+}	3	5.01×10^9	9.7
	Cu^{2+}	2	1.86×10^{10}	10.27
	Fe^{2+}	3	1.66×10^5	5.22
	Fe^{3+}	3	1.58×10^{20}	20.2
	Mn^{2+}	2	6.31×10^5	5.80
	Mn^{3+}	3	2.63×10^{19}	19.42
	Ni^{2+}	3	3.16×10^8	8.5
	Zn^{2+}	3	1.41×10^8	8.15

（邹淑君　杨爱红）

元素 周期 表

图例说明：

原子序数 **92** **U**（元素符号，红色指放射性元素）
元素名称 铀（注*的是人造元素）
外围电子层排布，括号指可能的电子层排布 **5f³6d¹7s²**
相对原子质量 **238.0**

非金属 · **金属** · **过渡元素**

族 / 周期	IA 1	IIA 2	IIIB 3	IVB 4	VB 5	VIB 6	VIIB 7	VIII 8	VIII 9	VIII 10	IB 11	IIB 12	IIIA 13	IVA 14	VA 15	VIA 16	VIIA 17	0 18
1	1 H 氢 1s¹ 1.008																	2 He 氦 1s² 4.003
2	3 Li 锂 2s¹ 6.941	4 Be 铍 2s² 9.012											5 B 硼 2s²2p¹ 10.81	6 C 碳 2s²2p² 12.01	7 N 氮 2s²2p³ 14.01	8 O 氧 2s²2p⁴ 16.00	9 F 氟 2s²2p⁵ 19.00	10 Ne 氖 2s²2p⁶ 20.18
3	11 Na 钠 3s¹ 22.99	12 Mg 镁 3s² 24.31											13 Al 铝 3s²3p¹ 26.98	14 Si 硅 3s²3p² 28.09	15 P 磷 3s²3p³ 30.97	16 S 硫 3s²3p⁴ 32.07	17 Cl 氯 3s²3p⁵ 35.45	18 Ar 氩 3s²3p⁶ 39.95
4	19 K 钾 4s¹ 39.10	20 Ca 钙 4s² 40.08	21 Sc 钪 3d¹4s² 44.96	22 Ti 钛 3d²4s² 47.87	23 V 钒 3d³4s² 50.94	24 Cr 铬 3d⁵4s¹ 52.00	25 Mn 锰 3d⁵4s² 54.94	26 Fe 铁 3d⁶4s² 55.85	27 Co 钴 3d⁷4s² 58.93	28 Ni 镍 3d⁸4s² 58.69	29 Cu 铜 3d¹⁰4s¹ 63.55	30 Zn 锌 3d¹⁰4s² 65.39	31 Ga 镓 4s²4p¹ 69.72	32 Ge 锗 4s²4p² 72.61	33 As 砷 4s²4p³ 74.92	34 Se 硒 4s²4p⁴ 78.96	35 Br 溴 4s²4p⁵ 79.90	36 Kr 氪 4s²4p⁶ 83.80
5	37 Rb 铷 5s¹ 85.47	38 Sr 锶 5s² 87.62	39 Y 钇 4d¹5s² 88.91	40 Zr 锆 4d²5s² 91.22	41 Nb 铌 4d⁴5s¹ 92.91	42 Mo 钼 4d⁵5s¹ 95.94	43 Tc 锝* 4d⁵5s² [99]	44 Ru 钌 4d⁷5s¹ 101.1	45 Rh 铑 4d⁸5s¹ 102.9	46 Pd 钯 4d¹⁰ 106.4	47 Ag 银 4d¹⁰5s¹ 107.9	48 Cd 镉 4d¹⁰5s² 112.4	49 In 铟 5s²5p¹ 114.8	50 Sn 锡 5s²5p² 118.7	51 Sb 锑 5s²5p³ 121.8	52 Te 碲 5s²5p⁴ 127.6	53 I 碘 5s²5p⁵ 126.9	54 Xe 氙 5s²5p⁶ 131.3
6	55 Cs 铯 6s¹ 132.9	56 Ba 钡 6s² 137.3	57-71 La-Lu 镧系	72 Hf 铪 5d²6s² 178.5	73 Ta 钽 5d³6s² 180.9	74 W 钨 5d⁴6s² 183.8	75 Re 铼 5d⁵6s² 186.2	76 Os 锇 5d⁶6s² 190.2	77 Ir 铱 5d⁷6s² 192.2	78 Pt 铂 5d⁹6s¹ 195.1	79 Au 金 5d¹⁰6s¹ 197.0	80 Hg 汞 5d¹⁰6s² 200.6	81 Tl 铊 6s²6p¹ 204.4	82 Pb 铅 6s²6p² 207.2	83 Bi 铋 6s²6p³ 209.0	84 Po 钋 6s²6p⁴ [209]	85 At 砹 6s²6p⁵ [210]	86 Rn 氡 6s²6p⁶ [222]
7	87 Fr 钫 7s¹ [223]	88 Ra 镭 7s² [226]	89-103 Ac-Lr 锕系	104 Rf 𬬻* (6d²7s²) [267]	105 Db 𬭊* (6d³7s²) [268]	106 Sg 𬭳* (6d⁴7s²) [271]	107 Bh 𬭛* (6d⁵7s²) [272]	108 Hs 𬭶* (6d⁶7s²) [270]	109 Mt 鿏* (6d⁷7s²) [276]	110 Ds 𫟼* (6d⁸7s²) [281]	111 Rg 𬬭* (6d⁹7s²) [280]	112 Cn 鿔* (6d¹⁰7s²) [285]	113 Nh 鿭* (7s²7p¹) [284]	114 Fl 𫓧* (7s²7p²) [289]	115 Mc 镆* (7s²7p³) [288]	116 Lv 𫟷* (7s²7p⁴) [293]	117 Ts 鿬* (7s²7p⁵) [291]	118 Og 鿫* (7s²7p⁶) [294]

镧系

57 La 镧 5d¹6s² 138.9	58 Ce 铈 4f¹5d¹6s² 140.1	59 Pr 镨 4f³6s² 140.9	60 Nd 钕 4f⁴6s² 144.2	61 Pm 钷 4f⁵6s² [145]	62 Sm 钐 4f⁶6s² 150.4	63 Eu 铕 4f⁷6s² 152.0	64 Gd 钆 4f⁷5d¹6s² 157.3	65 Tb 铽 4f⁹6s² 158.9	66 Dy 镝 4f¹⁰6s² 162.5	67 Ho 钬 4f¹¹6s² 164.9	68 Er 铒 4f¹²6s² 167.3	69 Tm 铥 4f¹³6s² 168.9	70 Yb 镱 4f¹⁴6s² 173.0	71 Lu 镥 4f¹⁴5d¹6s² 175.0

锕系

89 Ac 锕 6d¹7s² [227]	90 Th 钍 6d²7s² 232.0	91 Pa 镤 5f²6d¹7s² 231.0	92 U 铀 5f³6d¹7s² 238.0	93 Np 镎 5f⁴6d¹7s² [237]	94 Pu 钚 5f⁶7s² [244]	95 Am 镅 5f⁷7s² [243]	96 Cm 锔 5f⁷6d¹7s² [247]	97 Bk 锫* 5f⁹7s² [247]	98 Cf 锎* 5f¹⁰7s² [251]	99 Es 锿* 5f¹¹7s² [252]	100 Fm 镄* 5f¹²7s² [257]	101 Md 钔* 5f¹³7s² [258]	102 No 锘* 5f¹⁴7s² [259]	103 Lr 铹* (5f¹⁴6d¹7s²) [262]

0族电子数（电子层 / 电子数）

周期	电子层	0族电子数
1	K	2
2	L, K	8, 2
3	M, L, K	8, 8, 2
4	N, M, L, K	8, 18, 8, 2
5	O, N, M, L, K	8, 18, 18, 8, 2
6	P, O, N, M, L, K	8, 18, 32, 18, 8, 2
7	Q, P, O, N, M, L, K	8, 18, 32, 32, 18, 8, 2